社会保险费
进阶指南
2020

王明世　编著

中国财经出版传媒集团
中国财政经济出版社

图书在版编目（CIP）数据

社会保险费进阶指南 / 王明世编著. --北京：中国财政经济出版社，2020.7
ISBN 978-7-5095-9540-4

Ⅰ.①社… Ⅱ.①王… Ⅲ.①社会保险-保险费-征收-财政政策-中国 Ⅳ.①F842.61

中国版本图书馆 CIP 数据核字（2020）第 018262 号

责任编辑：樊　闽　　　　　　　责任校对：徐艳丽
封面设计：北京兰卡绘世

中国财政经济出版社 出版
URL：http：//www.cfeph.cn
E-mail：cfeph@cfeph.cn

社址：北京市海淀区阜成路甲 28 号　邮政编码：100142
营销中心电话：010-88191537
北京鑫海金澳胶印有限公司印刷 各地新华书店经销
787×1092 毫米　16 开　24 印张　574 000 字
2020 年 7 月第 1 版　2020 年 7 月北京第 1 次印刷
定价：76.00 元
ISBN 978-7-5095-9540-4
（图书出现印装问题，本社负责调换）
本社质量投诉电话：010-88190744
打击盗版举报热线：010-88191661　QQ：2242791300

前言

PREFACE

社会保险是现代社会保障制度的重要组成部分，关系到国家治理能力和治理体系现代化，涉及千千万万的广大自然人，专业性高、政策性强。2018 年以来，国家平稳有序地推进社会保险费征收体制改革。尤其是 2019 年 5 月社会保险费新政出台为减税降费注入了新的内涵，进一步激发了市场主体的内生动力。学好用好社会保险费的基础业务，对于推进社会保险费征缴规范化和维护缴费人自身合法权益，促进社会和谐稳定，推动经济高质量发展都具有重要意义。

本书立足基础理论和应用实践，贴近实战，以社会保险费政策的沿革脉络、实体政策解读、社会保险费与用工模式为重点，对社会保险费基础政策进行全面梳理。本书在编撰过程中，力求体现通用性、专业性和实战性。除对社会保险费进行专门讲解外，还对需要把握的社会保险费相关领域作适当拓展。如，劳务外包、劳务派遣、非全日制用工、离退休人员返聘、新经济平台等用工方式或经营方式对社会保险费影响较大，读者可以借助本书迅速全面地掌握相关基础业务，减少违规风险。

该书既可适用于税务机关、人力资源社会保障部门、医疗保障部门、高校社会保险费政策的学习和培训，也可适用于税务干部、纳税人、缴费人以及涉税服务、人力资源行业等从业人员参考。为使本书更具可操作性、实用性、全面性，本书将各项政策以菜单形式在附录予以展示，对正文中的政策来源和出处详尽标引，以便读者按图索骥，举一反三，融会贯通。

本书内容截至 2020 年 6 月 30 日，参考不少文件资料，援引了若干专家论述，尽可能标明出处，但有的地方援引可能挂一漏万，未尽标明，尚望海涵。社会保险费内容丰富，掌握较为不易，为此，本书切合领会和掌握的基本要求，对部分章节特编写练习题附后，既立足于基础业务，又作适当拓展，可供读者自练自测，以适应不同领域、不同层次读者的需求。本书在撰写过程中，税务系统相关领导、相关税务学院的专家教授提出了不少专业性指导意见。业内唐枫、韩学文等同仁，长沙理工大学经济管理学院财务系的王乾同学帮助搜集素材。在此，对他们的关心和大力支持表示衷心感谢！

社会保险费涉及面广，地域差异大，业务要求高。只有将其与课堂教学、调研和实践应用相呼应相融合，才能源源不断为本书提供丰富的滋养，才能体现无比鲜活的生动性和更为蓬勃的生命力。本人囿于水平，力有不逮，加之时间仓促，书中疏漏之处在所难免，恳请广大专家和读者批评指正，以便今后持续再版修正（相关试题、培训课件请联系作者，作者电子信箱：328590474@qq.com）。

编者

2020 年 6 月 30 日

CONTENTS 目录

第1章

绪论

1.1 社会保险与社会保险费

党的十九大报告提出，要按照兜底线、织密网、建机制的要求，全面建成覆盖全民、城乡统筹、权责清晰、保障适度、可持续的多层次社会保障体系。[①] 社会保障是一个庞大而复杂的系统，社会保障体系包括社会保险、社会救济、社会福利、社会优抚等多方面。社会保险作为现代社会保障制度的重要组成部分，更是社会保障的核心内容，社会保险涉及社会保险参保、社会保险经办、社会保险费征缴、社会保险待遇、社会保险基金管理、社会保险监督、社会保险争议及法律责任等内容，社会保险制度直接关系到经济社会生活的稳定、和谐发展。

1.1.1 社会保险与社会保险费

所谓社会保险，是指国家通过强制手段对国民收入进行分配和再分配形成专门的基金，对劳动者因年老、患病、失业、工伤、生育、死亡等原因暂时或永久丧失劳动能力不能劳动或者暂时中断劳动而失去生活来源时，在物质上给予社会性帮助的一种社会保障制度。社会保险作为社会保障的制度主体，是现代社会治理的必要手段和有效工具，对于推进国家治理体系与治理能力现代化具有重要意义。

2011 年 7 月 1 日我国实施《中华人民共和国社会保险法》（以下简称《社会保险法》，其他法律名称简称用法相同），社会保险正式进入社会经济生活。谈到社会保险，就必然涉及社会保险费。所谓社会保险费，是指在社会保险基金的筹集过程中，被保险人按照规定的征收标准和期限向社会保险费征收机构缴纳的费用，它是社会保险基金的最主要来源，是社会保险的保险人（国家）为了承担法定的社会保险责任，而向被保险人（缴费人）收缴的费用。

除了城乡居民和灵活就业人员，社会保险费缴纳主体一般为用人单位。例如，我国境内的用人单位和个人依法缴纳社会保险费，有权查询缴费和个人权益记录，

---

① 习近平．决胜全面建成小康社会　夺取新时代中国特色社会主义伟大胜利．2017 年 10 月 18 日在中国共产党第十九次全国代表大会上向大会作的报告．

要求经办机构提供社会保险咨询等相关服务。《社会保险法》对于用人单位的概念没有展开进一步表述。[①]《劳动法》规定，在中华人民共和国境内的企业、个体经济组织和与之形成劳动关系的劳动者，国家机关、事业组织、社会团体和与之建立劳动合同关系的劳动者，都属于用人单位的范畴[②]。即“用人单位是指雇佣劳动力组织生产劳动，且向劳动者支付工资等劳动报酬的单位。”

社会保险费的特征：

1. 社会共济性

也称互济性。社会保险按照“大数”和“平均数”法则，而不是通常所说的“拆东墙补西墙”，在全社会范围内统筹集资金，建立社会保险基金，实现基金互助共济，以多数人的经济力量均衡分担少数人的社会风险。其覆盖范围越广，统筹层次越高，抵御风险的能方就越强。

2. 责任分担性

参保人享受社会保险待遇，理所当然应缴纳社会保险费。社会保险费多缴多得、少缴少得、长缴长得、不缴不得，有一定的补偿性，这是其不同于税收的一个鲜明特点，个人、用人单位和国家这三者利益具有内在的一致性，决定了这三者都应当承担一定的社会保险责任。

3. 国家主导性

众所周知，社会保险不同于商业保险，具有一定的强制性，通过立法强制用人单位和员工参加，政府参与社会保险组织和运作，并对社会保险工作进行监督。但对城乡居民和灵活就业人员而言，社会保险又有一定的自愿性。因此，片面认为社会保险具有强制性或具有自愿性，都是不全面的。

社会保险与商业保险还有一个重要区别就是不具有营利性。显而易见的是，社会保险承担着社会保障的功能，与商业保险相比，这两种保险的性质不同，就决定了这两种保险的对象作用、适用原则，其保障功能也不同，这里本书就不再展开。

1.1.2 我国社会保险费的政策沿革

1.1.2.1 社会保险费政策的历史回顾

1. 第一阶段

1951—1985年，该阶段为工会领导下由企业代征代发社会保险费阶段。这段时

① 《中华人民共和国社会保险法》第四条.

② 《中华人民共和国劳动法》第二条.

期为我国社会保险的初始阶段，可以谓之为“社会保险费1.0版本”。其具有两个特征：一是缴费主体单一化，费用一般由实行劳动保险的企业行政方面负担。二是组织调剂统筹化。中华全国总工会为全国劳动保障事业的最高领导机关，有权调节劳动保险基金缴费30%，并在全国内进行调剂。1954年9月，国务院成立并设立劳动部；1975年9月，国务院决定设立国家劳动总局；1979年国家劳动总局设置福利保险司；1982年，我国成立劳动人事部，组织机构的完善为社会保险改革奠定了前提。

2. 第二阶段

1986—1998年，该阶段为社会保险经办机构征缴阶段。这段时期为改革开放后的探索时期，相关社会保险法律陆续出台，可以归结为两个特征：一是缴费主体社会化，由企业、个人和国家三方负担，以企业和个人负担为主，国家适当给予补助或补贴；二是缴费依据法律化，1994年国家出台《劳动法》，明确由社会保险费基金经办机构征收社会保险费，这是社会保险费立法的重要里程碑。在1988年4月国务院第二次机构改革中，人事部成立，劳动人事部撤销，组建了劳动部。

3. 第三阶段

1998—2018年，该阶段为社会保险经办机构和税务机关征缴并行阶段。这段时期《社会保险费征缴暂行条例》和《社会保险法》先后出台，明确了社会保险的参保登记、社会保险费征缴管理等系列基本制度，初步构建了社会保险费征缴制度体系。

（1）社会保险费征收主体双元化。1998年财政部《企业职工基本养老保险基金实行收支两条线管理暂行规定》。征收主体有两个，社会保险费经办机构可以单独征缴；经省政府授权确定，税务部门也可以代征，这是规范性文件中首次有社会保险费代征的提法。

（2）社会保险费税务机关代征法律化。1999年国务院出台《社会保险费征缴暂行条例》，首次明确税务机关的代征地位，税务机关对社会保险费也有相应的检查权限和手段。

（3）社会保险费征收一体化。2010年10月国家出台《社会保险法》，于2011年7月1日起施行，首次要求社会保险费实行统一征收，授权国务院制定具体办法和步骤。

1998年3月，国务院新一轮机构改革，在劳动部基础上组建劳动和社会保障部。2008年3月31日，在原人事部与劳动和社会保障部的基础上新组建人力资源和社会保障部。

4. 第四阶段

2018年3月，根据第十三届全国人民代表大会第一次会议批准的国务院机构改革方案，将人力资源和社会保障部的军官转业安置职责整合，组建退役军人事务部；将人力资源和社会保障部的城镇职工和城镇居民基本医疗保险、生育保险职责整合，组建国家医疗保障局。

2018 年 7 月 20 日，中共中央办公厅、国务院办公厅印发的《国税地税征管体制改革方案》提出，合并省级和省级以下国税地税机构，划转社会保险费和非税收入征管职责，构建优化高效统一的税收征管体系。为确保企业特别是小微企业社会保险缴费的负担有实质性下降，确保职工各项社会保险待遇不受影响、按时足额支付，2019 年 4 月国务院办公厅印发《降低社会保险费率综合方案》，对降低养老保险单位缴费比例、继续阶段性降低失业保险、工伤保险费率、调整社会保险费缴费基数政策、加快推进养老保险省级统筹、提高养老保险基金中央调剂比例、稳步推进社会保险费征收体制改革、建立工作协调机制、认真做好组织落实工作进行了部署。这次中央同时下调费率和费基（以下简称“双降”），重要的是，此次“双降”并非阶段性的。社会保险费征收体制改革和“双降”前所未有，标志着我国在社会保险费在“深水区”改革向前推进了一大步。[①] 社会保险费政策和征缴逐步进入规范化轨道。[②]

1.1.2.2 2018 年以来社会保险费征收体制改革的发展脉络

2018 年以来，国家对社会保险费征收体制进行较大调整。2018 年 2 月 28 日，党的十九届三中全会出台《深化党和国家机构改革方案》，其中在第四十六项关于“改革国税地税征管体制”中明确提出，为提高社会保险资金征管效率，将基本养老保险费、基本医疗保险费、失业保险费等各项社会保险费交由税务部门统一征收。2018 年 7 月 20 日，中共中央办公厅、国务院办公厅出台《国税地税征管体制改革方案》，改革国税地税征管体制，合并省级和省级以下国税地税机构，划转社会保险费和非税收入征管职责。同年 7 月 30 日，国务院出台《关于做好社会保险费和非税收入征管职责划转工作的指导意见》（国办发〔2018〕74 号），对社会保险费和非税收入征管职责划转整体要求、工作内容、职责分工具体明确。8 月 17 日，国家税务总局出台《社会保险费和非税收入征管职责划转工作方案》，明确相关阶段的工作任务，并于当月对社会保险费和第一批非税收入征管职责划转交接工作提出相关要求。

2018 年 9 月 6 日，国务院常务会议对社会保险费征缴提出明确要求，在社会保险费征收机构改革到位前，各地一律保持现有征收政策不变；严禁自行集中清缴；

---

① 郑秉文．社会保险费降费与规范征收：基于公共政策分析思考［J］．税务研究，2019（6）.

② 国务院办公厅印发《降低社会保险费率综合方案》的通知（国办发〔2019〕13 号）.

抓紧研究费率降低等问题。2018 年 9 月 13 日，国家税务总局办公厅印发《关于稳妥有序做好社会保险有关工作的通知》（税总办发〔2018〕142 号），对稳妥有序做好社会保险有关工作提出了具体要求。9 月 18 日，国务院常务会议要求各地一律保持现有政策不变，要求国家税务总局和人力资源和社会保障部（以下简称“人社部”）在社会保险费征收机构改革到位前，各地一律保持现有社会保险费政策不变。9 月 19 日，国家税务总局等四部委在答记者问时提出，只改变征收主体，原有政策不变。9 月 21 日，人社部办公厅印发《关于贯彻落实国务院常务会议精神切实做好稳定社会保险费费征收工作的意见》（人社厅函〔2018〕246 号）。2018 年 10 月 16 日，人社部公布《社会保险领域严重失信“黑名单”管理暂行办法（征求意见稿）》，社会保险费“黑名单”实行“谁列入、谁管理、谁负责”，实施动态管理。

2018 年 11 月 2 日，国务院常务会议做出决定，对符合条件的努力稳定就业的参保企业，可通过减费方式，返还企业及其职工缴纳的 50% 失业保险费。对符合条件的失业人员及时发放失业保险金，其个人应缴纳的基本医疗保险等费用从失业保险基金中列支。对符合条件的生活困难失业人员给予临时生活补助、临时救助或纳入最低生活保障。同时为减轻企业负担，促进扩大就业，会议决定，对用人单位和职工失业保险缴费比例总和从 3% 阶段性降至 1% 的现行政策，2019 年 4 月底到期后继续延续实施。

2018 年 11 月 16 日，国家税务总局专门印发《关于实施进一步支持和服务民营经济发展若干措施的通知》（税总发〔2018〕174 号），就社会保险费征缴提出要稳定社会保险费缴费方式，积极配合有关部门研究提出降低社会保险费费率等建议，确保总体上不增加企业负担，确保企业社会保险费缴费实际负担有实质性下降。各级税务机关在社会保险费征管机制改革过程中，要确保缴费方式稳定，积极配合有关部门合理编制体现减费要求的社会保险费收入预算，严格按照人大审议通过的预算负责征收。对包括民营企业在内的缴费人以前年度欠费，一律不得自行组织开展集中清缴。

为加快推进社会信用体系建设，健全跨部门失信联合惩戒机制，打击社会保险领域违法失信行为，2018 年 11 月 22 日国家发展和改革委对社会保险领域严重失信企业及其有关人员实施联合惩戒备忘录，联合惩戒的对象是指人力资源社会保障部、国家税务总局和医疗保障局会同有关部门确定的违反社会保险相关法律、法规和规章的企事业单位及其有关人员。①

① 国家发展和改革委印发《关于对社会保险领域严重失信企业及其有关人员实施联合惩戒的合作备忘录》的通知（发改财金〔2018〕1704 号）。

2019年3月5日，李克强总理在《政府工作报告》中提出，2019年要明显降低企业社会保险费缴费负担。下调城镇职工基本养老保险单位缴费比例，各地可降至16%。稳定现行征缴方式，各地在征收体制改革过程中不得采取增加小微企业实际缴费负担的做法，不得自行对历史欠费进行集中清缴。继续执行阶段性降低失业和工伤保险费率政策。加快推进养老保险省级统筹改革，继续提高企业职工基本养老保险基金中央调剂比例、划转部分国有资本充实社会保险费基金。既要减轻企业缴费负担，又要保障职工社会保险费待遇不变、养老金合理增长并按时足额发放，使社会保险费基金可持续、企业与职工同受益。随即2019年3月26日国务院召开常务会议，提出自5月1日起各地可将城镇职工基本养老保险单位缴费率从原20%降至16%等，并提出若干配套措施，同时要求各地不得采取任何增加小微企业实际缴费负担的做法，不得自行对历史欠费进行集中清缴，确保职工社会保险费待遇不受影响、养老金按时足额发放。为落实2019年3月26日国务院常务会议精神，2019年4月1日国务院出台《降低社会保险费率综合方案》（国办发〔2019〕13号），提出社会保险费改革的六项措施：

（1）降低养老保险单位缴费比例。自2019年5月1日起，降低城镇职工基本养老保险费率到16%，各省具体调整或过渡方案于4月15日前报人社部、财政部备案。

（2）继续阶段性降低失业保险、工伤保险费率。自2019年5月1日起，实施失业保险总费率1%的省，延长阶段性降低失业保险费率的期限至2020年4月30日。自2019年5月1日起，延长阶段性降低工伤保险费率的期限至2020年4月30日，工伤保险基金累计结余可支付月数在18~23个月的统筹地区可以现行费率为基础下调20%，累计结余可支付月数在24个月以上的统筹地区可以现行费率为基础下调50%。

（3）调整社保缴费基数政策。调整就业人员平均工资计算口径。各省应以本省城镇非私营单位就业人员平均工资和城镇私营单位就业人员平均工资加权计算的全口径城镇单位就业人员平均工资，核定社保个人缴费基数上下限，合理降低部分参保人员和企业的社保缴费基数。调整就业人员平均工资计算口径后，各省要制定基本养老金计发办法的过渡措施，确保退休人员待遇水平平稳衔接。

完善个体工商户和灵活就业人员缴费基数政策。个体工商户和灵活就业人员参加企业职工基本养老保险，可以在本省全口径城镇单位就业人员平均工资的60%~300%选择适当的缴费基数。

（4）加快推进养老保险省级统筹。2020年年底前实现企业职工基本养老保险基金省级统筹。

（5）提高养老保险基金中央调剂比例。加大企业职工基本养老保险基金中央调剂力度，2019年中央调剂比例提至3.5%。

（6）稳步推进社会保险费征收体制改革。企业职工基本养老保险和企业职工其他险种缴费，原则上暂按现行征收体制继续征收，稳定缴费方式，“成熟一省、移交一省”。①

2020 年 1 月，新冠肺炎疫情暴发以来，国家相关部门坚决贯彻落实习近平总书记重要讲话精神和党中央、国务院各项决策部署，作出快速和有效应对，连续出台包括社会保险费政策在内的系列新冠肺炎疫情防控税费优惠政策。2020 年 2 月 18 日国务院常务会议决定阶段性减免企业社会保险费；2 月 20 日，国务院联防联控机制阶段性减免企业社保费、医保费和缓缴住房公积金发布会公布阶段性减免医疗保险费措施；2 月 21 日，人力资源和社会保障部、财政部、税务总局出台《关于阶段性减免企业社会保险费的通知》（人社部发〔2020〕11 号），国家医保局、财政部、税务总局也随即出台《关于阶段性减征职工基本医疗保险费的指导意见》（医保发〔2020〕6 号），对减免社会保险费的具体政策进行明确。

2020 年 5 月 22 日，国务院总理李克强在第十三届全国人民代表大会第三次会议上作《政府工作报告》时提出，要加大“六稳”工作力度，保居民就业、保基本民生、保市场主体、保粮食能源安全、保产业链供应链稳定、保基层运转，坚定实施扩大内需战略，维护经济发展和社会稳定大局，确保完成决战决胜脱贫攻坚目标任务，全面建成小康社会。报告关于社会保险费方面提出，要加大减税降费力度。强化阶段性政策，与制度性安排相结合，放水养鱼，助力市场主体纾困发展。2020 年继续执行下调企业养老保险费率等制度，新增减税降费约 5000 亿元。2020 年前期出台六月前到期的减税降费政策，包括免征中小微企业养老、失业和工伤保险单位缴费，执行期限全部延长到年底。坚决把减税降费政策落到企业，留得青山，赢得未来。2020 年对低收入人员实行社保费自愿缓缴政策，涉及就业的行政事业性收费全部取消。加大基本民生保障力度。上调退休人员基本养老金，提高城乡居民基础养老金最低标准。全国近 3 亿人领取养老金，必须确保按时足额发放。完善退役军人优抚安置制度。做好因公殉职人员抚恤。扩大失业保险保障范围，将参保不足 1 年的农民工等失业人员都纳入常住地保障。扩大低保保障范围，对城乡困难家庭应保尽保，将符合条件的城镇失业和返乡人员及时纳入低保。对因灾因病遭遇暂时困难的人员，都要实施救助。要切实保障所有困难群众基本生活，保民生也必将助力更多失业人员再就业敢创业。②

---

① 《国务院办公厅关于印发降低社会保险费率综合方案的通知》（国办发〔2019〕13 号）.

② 2020 年 5 月 22 日国务院总理李克强在第十三届全国人民代表大会第三次会议上的《政府工作报告》.

1.2 社会保险费制度概述

社会保险是国家一项社会保障制度的重要组成部分，是保证人民群众生活的基本保障，保障公民在年老、疾病、失业、工伤、生育等情况下依法从国家和社会获得物质帮助的权利。当然，公民享受社会保险待遇离不开之前的社会保险费征缴。在社会保险基金的筹集过程当中，雇员和雇主按照规定的数额和期限向社会保险机构缴纳的社会保险费，它是社会保险基金的最主要来源。社会保险费与税收在特征上既有重合性又有差异性，但在要素构成上有可类比性，税收有纳税义务人、课税对象、税率、计税依据（税基）、纳税环节、纳税期限、优惠政策等税制要素，社会保险费也有缴费人缴费险种、费率、缴费基数、缴费环节、缴费期限、优惠政策等费制要素，这就为我们全面了解和掌握社会保险费提供了较好的参照。

1.2.1 基本养老保险制度

目前我国社会保险有五大险种，包括基本养老保险、基本医疗保险、失业保险、工伤保险和生育保险，基本养老保险是其中最主要的险种。所谓基本养老保险，是指缴费达到法定期限并且个人达到法定退休年龄后，国家和社会提供帮助以保证年老者稳定，实现老有所养，可靠的生活来源的社会保障制度。

基本养老保险包括企业职工基本养老保险、机关事业单位基本养老保险、灵活就业人员基本养老保险、城乡居民养老保险（目前，有的地区新农村养老保险与城镇居民养老保险已合并，合称城乡居民养老保险；没有合并的地区仍分别表述为新农村养老保险、城镇居民养老保险）。

1.2.2 基本医疗保险制度

基本医疗保险是指按照国家规定缴纳一定比例的医疗保险费，在参保人因患病和意外伤害而发生医疗费用后，由医疗保险基金支付其医疗费用的保险制度。

基本医疗保险包括企业职工基本医疗保险、机关事业单位职工基本医疗保险、灵活就业人员基本医疗保险、城乡居民医疗保险（目前，有的地区将新型农村合作医疗保险与城镇居民基本医疗保险合并，合称城乡居民医疗保险；没有合并的地区仍分别表述为新型农村合作医疗保险、城镇居民医疗保险）。

参加城镇职工基本医疗保险的个人，达到法定退休年龄时累计缴费达到国家规定年限的，退休后不再缴纳基本医疗保险费，按照国家规定享受基本医疗保险待遇。①

1.2.3 失业保险制度

失业保险是指国家为失业而暂时失去工资收入的社会成员提供物质帮助，以保障失业人员的基本生活，维持劳动力的再生产，为失业人员重新就业创造条件的一项社会保险制度。

享受失业保险待遇的一般条件：

（1）非本人原因中断就业的；

（2）所在单位和本人已按规定履行缴费义务满一年；

（3）已经进行失业登记，并有求职要求的。

失业保险金领取期限最长一般为24个月。失业保险金的标准，由省、自治区、直辖市人民政府确定，不得低于城市居民最低生活保障标准。失业人员在领取失业保险金期间，参加职工基本医疗保险，享受基本医疗保险待遇。其应缴纳的基本医疗保险费从失业保险基金中支付，个人不缴纳基本医疗保险费。②

1.2.4 工伤保险制度

工伤保险不同于基本医疗保险。所谓工伤保险，是指由用人单位缴纳工伤保险费，对劳动者因工作原因遭受意外伤害或者职业病，从而造成死亡、暂时或永久丧失劳动时，给职工相关人员工伤保险待遇的一种社会保险制度。

用人单位为职工缴费后就能享受工伤保险待遇。职工所在用人单位未依法缴纳工伤保险费的，发生工伤事故的，由用人单位支付工伤保险待遇。用人单位不支付的，从工伤保险基金中先行支付。从工伤保险基金中先行支付的工伤保险待遇应当由用人单位偿还。

---

① 《中华人民共和国社会保险法》第二十七条.

② 《中华人民共和国社会保险法》第四十七条、第四十八条.

1.2.5　生育保险制度

生育保险是指由用人单位缴纳保险费，其职工及配偶按照国家规定享受生育保险待遇的一项社会保险制度。生育保险待遇主要包括生育津贴和生育医疗待遇，生育险待遇不受户籍限制，参加生育保险的人员，如果在异地生育，其相关待遇按照参保地政策标准执行。

享受生育保险待遇的一般条件：

符合国家和省人口与计划生育规定，用人单位为职工累计缴费满1年以上，并且继续缴费的。

用人单位已经缴纳生育保险费的，其职工享受生育保险待遇；职工未就业配偶按照国家规定享受生育医疗费用待遇。所需资金从生育保险基金中支付。①

1.2.6　生育保险与基本医疗保险合并实施

为进一步增强生育保险保障功能，提高社会保险基金的共济能力，推进生育保险和基本医疗保险合并实施改革，2016年12月25日第十二届全国人民代表大会常务委员会第二十五次会议决定，授权国务院在部分省市暂时调整适用《社会保险法》第六十四条、第六十六条关于生育保险基金单独建账、核算以及编制预算的规定，将生育保险基金并入职工基本医疗保险基金征缴和管理。试点方案由国务院做出安排，并报全国人民代表大会常务委员会备案，自2017年1月1日起施行，实施期限为二年。② 2017年1月19日国务院印发两险合并实施试点方案，按照保留险种、保障待遇、统一管理、降低成本的总体思路，于2017年6月底前启动试点，试点期限为一年左右。③

经过试点实践，我国推行生育保险与基本医疗保险合并的条件逐渐成熟；2018年12月29日，第十三届全国人民代表大会常务委员会第七次会议决定将《社会保险法》第六十四条第一款中的“各项社会保险基金按照社会保险险种分别建账，分

---

① 《中华人民共和国社会保险法》第五十四条.

② 全国人民代表大会常务委员会关于授权国务院在河北省邯郸市等12个试点城市行政区域暂时调整适用《中华人民共和国社会保险法》有关规定的决定（2016年12月25日第十二届全国人民代表大会常务委员会第二十五次会议通过）.

③ 《国务院办公厅关于印发生育保险和职工基本医疗保险合并实施试点方案的通知》（国办发〔2017〕6号）.

账核算，执行国家统一的会计制度”修改为“除基本医疗保险基金与生育保险基金合并建账及核算外，其他各项社会保险基金按照社会保险险种分别建账，分账核算。社会保险基金执行国家统一的会计制度。”将第六十六条中的“社会保险基金预算按照社会保险项目分别编制”修改为“除基本医疗保险基金与生育保险基金预算合并编制外，其他社会保险基金预算按照社会保险项目分别编制。”随即，2019 年 3 月 6 日国务院正式出台两险合并实施意见，提出实现参保同步登记、基金合并运行、征缴管理一致、监督管理统一、经办服务一体化的要求。主要包括：

（1）统一参保登记。结合全民参保登记计划，参加职工基本医疗保险的在职职工同步参加生育保险，促进实现应保尽保。

（2）统一基金征缴和管理。生育保险基金并入职工基本医疗保险基金，统一征缴和统筹层次。按照用人单位参加该两险缴费比例之和确定新的用人单位职工基本医疗保险费率，个人不缴纳生育保险费。

（3）统一医疗服务管理。医疗保险经办机构与定点医疗机构签订医疗服务协议时，将生育医疗服务有关要求和指标纳入协议，并强化对生育医疗服务的监控。

（4）统一经办和信息服务。经办管理统一由基本医疗保险经办机构负责，经费列同级财政。充分利用医保平台实行一体化运行。原有生育保险医疗费用结算平台可暂时保留，条件成熟后并入医保平台。

（5）生育保险待遇不受影响。生育保险待遇所需资金从职工基本医疗保险基金中支付。生育津贴支付期限按照《女职工劳动保护特别规定》的产假期限执行。①

总之，用人单位的职工应当参加基本养老保险、基本医疗保险、失业保险、工伤保险和生育保险。用人单位和职工按照国家规定共同缴纳基本养老保险费、基本医疗保险费、失业保险费；用人单位应当单独缴纳工伤保险费和生育保险费，个人不缴纳工伤保险费和生育保险费（见表 1－1）。

表 1－1　社会保险费缴纳主体

险种	基本养老保险		基本医疗保险		失业保险		工伤保险		生育保险	
	用人单位	职工	用人单位	职工	用人单位	职工	用人单位	职工	用人单位	职工
	√	√	√	√	√	√	√	×	√	×

无雇工的个体工商户、未在用人单位参加基本养老保险、基本医疗保险的非全日制从业人员以及其他灵活就业人员参加基本养老保险和基本医疗保险，由个人缴纳基本养老保险费和基本医疗保险费。公务员和参照公务员法管理的工作人员养老

① 《国务院办公厅关于全面推进生育保险和职工基本医疗保险合并实施的意见》（国办发〔2019〕10 号）。

保险的办法由国务院规定。城乡居民一般参加基本养老保险和基本医疗保险。①

1.3 国外社会保险制度借鉴与启示

世界上许多国家的社会保障资金实行国家、企业、个人三方共同负担保障，其社会保障收入主要来源于社会保障税或者工薪税、政府的财政拨款、社会保障基金的投资收益或各种形式的捐赠。在经济与合作组织（OECD）的一些国家或地区，社会保障税或者工薪税已经成为本国的主体税种。1952 年 6 月，联合国专门机构国际劳工组织（ILO），在总结各国社会保障立法的基础上，制订并通过《社会保障（最低标准）公约》，该条约共 87 条，另设附录；对医疗、疾病津贴、失业津贴、老龄津贴、家庭津贴、残疾津贴等规定了最低支付标准，标志着社会保险日益国际化。目前世界上有 59 个国家批准了该公约，中国目前还没有参与。在批准的国家中，也并非对条约条款全部实施，有的国家有保留，仅对其中部分条款认可。本节以美国、欧盟等国家或者地区为例，简要介绍国外社会保险制度，以资为我国构建中国特色社会保险制度提供借鉴。

1.3.1 美国

美国充分动用税收优惠政策建立并完善养老保险的三大支柱。第一支柱是强制实施的联邦公共养老金，即老年、遗属及残障保险（OASDI 计划）。1935 年美国制定《社会保障法案》，规定支付养老保险的税收条款和工薪税以筹集社会保障资金，标志着社会保障制度化，对“二战”后社会保障制度的全球化产生了很大影响。美国历经 1937 年、1956 年改革，称为 OASDI 计划。第二支柱为企业年金，由雇主和雇员共同缴费。主要包括适用于私营部门员工的 401（k）企业年金计划，适用于政府公务员和非营利性事业单位员工的 457 和 403（b）职业年金计划，其中以 401（k）企业年金计划最为著名。第三支柱为个人储蓄养老制度。包括个人退休账户

① 《中华人民共和国社会保险法》第十条、第二十三条、第三十三条、第四十四条、第五十三条.

（Individual Retirement Account，IRA）和商业养老保险，税收递延以 EET 为基本模式，辅以 TEE 模式。[①] 其税制主要要素的构成如下：

纳税人。按照适用对象的不同，工薪税被称为联邦保险缴款法案税和自雇者缴款法案税。前者纳税人为雇主和雇员，雇员的工薪税由雇主扣缴；后者纳税人是自营职业者，有点类似于我国的灵活就业人员，由其自主申报纳税。

计税依据。纳税人是雇员的，工薪税计税依据是工资薪金；纳税人是自营职业者的，须就其扣除了各项经营费用的净经营所得缴纳双方的工薪税，与我国社会保险费缴费基数类似，美国工薪税应税所得也有上限。

税率。OASDI 税率为 12.4%，雇主、雇员各自负担 6.2%；医疗保险税率为 2.9%，雇主和雇员各自负担 1.45%。

征收管理。由国内收入局（IRS）征收。纳税人或代扣代缴人按季度申报，于每个季度终了后次月的最后一日截止，年度汇总申报时限则与个税同步。

1.3.2 德国

德国是欧盟的主要国家之一，以福利国家著称，在世界上最先实行社会保险。1883 年德国颁布了《疾病保险法》，建立了世界上第一个医疗保险制度；1884 年、1889 年德国国会陆续通过了《工伤事故保险法》《老年和残疾社会保险法》。1911 年，德国将上述三部法律合并为《帝国保障法》，这是世界上第一套完整的社会保险体系。[②] 此后社会保险制度不断完善，成为德国社会不可或缺的、非常重要的部分。

德国社会保险（Sozialversicherung）是社会保障的核心和柱石，是法律规定的义务性保险，包括养老保险、医疗保险、失业保险和事故保险四个项目。社会保险以互助为基础，保险费用由职工及其所在的单位共同负担，职工及其家庭在遇到疾病、年老、失业和工伤的情况下，可从保险机构得到经济上的支持。除个别高收入者外，所有职工都必须参加社会保险。他们每月要缴纳保险费（直接从工资中扣除），养老保险费占工资的 19%，医疗保险费占 14% 左右（因医疗保险机构不同而略有差异），失业保险费占 4%。这三项保险费由职工本人支付一半，所在单位支付一半。事故保险费全部由职工所在单位支付。目前德国社会保障重点放在如何维持巩固这一制度上，对养老保险和医疗保险进行一些改革，把费用尽量控制在一定的水平。

养老保险。老年人生活主要靠法定养老保险、企业养老保险和私人人寿保险来

① 杨宜勇，吴香雪．养老保险制度体系改革与税收扶持机制研究［J］．税务研究，2018（1）．

② 谭建淋主编．社会保险知识读本．北京：经济科学出版社，2020 年 3 月．

保障，以法定养老保险最为重要。每个职工参加法定养老保险，保险费占工资的19%，按月缴纳，职工和雇主各付一半。这些保险费用支付退休者的养老金，不足部分由联邦政府以财政补助。管理法定养老金的保险机构：各州的机构专为工人保险，联邦有一机构专为职员保险，还有几个行业性的保险机构。退休职工可领到养老金，足以维持一定的生活水平。

医疗保险。德国实行医疗保险全覆盖，除高收入者外，所有职工都必须参加法定的医疗保险。保险费约占工资的14%左右（因保险机构不同略有差别），职工与工作单位各出一半。家属随职工享受医疗保险，不需要另外缴费。大学生也必须办理医疗保险。极少数没有任何经济来源者的医疗保险由社保负担。承办法定医疗保险的机构很多，有专为工人保险的机构，有专为职员保险的机构，如Barmer，DAK，它们也为大学生办理医疗保险，还有地区性的保险机构（如AOK）、行业性的机构和大型企业的保险机构。职工及其家属享受免费医疗，费用由保险机构支付。

失业保险。失业保险费占4%。有子女的失业职工每月可领到相当于其失业前净工资的67%的失业金，无子女者可领到相当于原来净工资60%的失业金。失业金青年人最多可以领一年，年老职工最多领两年。长期失业者只能领社保。

工伤事故保险。遭受工伤事故的职工也可获得各种经济支持。① 1871年德国制定《帝国强制责任法》，要求特定行业企业对雇员的职业伤害承担生活保障等私法上的责任。1884年出台的《工伤事故保险法》将职业伤害的私法责任进一步上升到公法责任的高度。100多年来，工伤事故保险制度一直处于稳定良性的运行状态，是德国较有特色和富有成效的社会保险制度。1997年，工伤事故正式写入《社会保险法典》。德国的工伤事故保险制度有效缓解了因工伤引起的劳资矛盾，维护了社会稳定。②

1.3.3　英国

鉴于脱欧等因素，本节对英国作单独表述。1946年，英国出台了《国民保险法》《国民医疗保健法》；1948年，英国首先宣布建成“福利国家”。在英国，国民保险税的分类，第一类是对雇员征收的国民保险税；第二类和第四类都是对自营者征收的国民保险税，其中第二类国民保险税是以自营者的各种所得为征收对象，采取定额征收方式，并有免征额规定，第四类国民保险税的纳税义务人与第二类基本相同，都是自

---

① 刘瑛主编.《走进德国》. https://m. sohu. com/a/299577009_99943479.

② 刘明扬. 中德社会保险制度与征管比较［J］. 税务研究，2020（05）：32－36.

营者，但计税依据是经营利润。年经营利润在“较低收入限额”和“较高收入限额”之间的纳税人，必须按规定的比例税率纳税。同时，这类国民保险税规定了税款的最高限额。第三类的征税对象是自愿缴纳者，既包括没有正式职业但又想保持领取保险金权利的人，也包括一些想增加保险金权益的雇员和个体经营者。

计税依据。第一类国民保险税的计税依据是雇员的薪金总额，纳税义务人包括雇员和雇主。其中，针对不同的人群以及收入水平，税率标准差别化。比如，对符合一定条件的已婚妇女和寡妇适用低税率；制定起征点标准，对周工资超过起征点的部分采用较高税率。

1.3.4 瑞典

以欧盟的瑞典为例，瑞典是有名的典型高福利代表国家，其社会保障税的显著特点是根据不同的承保项目分别设置，按征税项目分为养老保险、事故幸存者养老保险、疾病保险、工伤保险、父母保险、失业保险及工薪税等，专款专用，返还性强，且可以根据不同项目支出数额的变化调整税率。自 2007 年开始，瑞典对领取失业津贴、疾病津贴、残疾津贴或社会救济金 1 年以上的人免征社会保障税。自 2008 年起，为了鼓励年轻劳动力，对于雇用 18 ~ 25 岁雇员的雇主，减按 21.31% 的税率征收，这一规定也适用于自营职业者。

纳税人。雇主、雇员和自营职业者，其中雇员的社会保障税由雇主扣缴，自营职业者的税由其自行申报与缴纳。

课税对象。包括在瑞典居住者的工资所得和长期居住在瑞典的外国人的劳动所得、经营所得，以及私人公司派驻外国不满 1 年的劳动所得；政府雇员的工资所得，无须单独缴纳社会保障税，而是由各级政府按社会保障税的标准统一缴纳；65 岁以上雇员的工资所得，因其属于退休金领取者免税。

税率。按不同用途分项，采取分项比例税率，大部分由雇主缴纳。以 2008 年为例，雇主总缴款率为 32.42%；雇员按 7% 缴纳养老保险（最高限额以内），并可以从个税中抵免。自营职业者总缴款率为 30.71%，不设最高限额。

1.3.5 国外社会保障税的主要异同

1.3.5.1 不同点

国外社会保障税的名称不统一，但实质基本相同。美国为工薪税（Payroll Tax），英国为国民保险缴款（National Insurance Contributions），瑞典为社会保障税

(Social Security Tax),又称为社会保险税或社会保障缴款(Social Security Contributions)。但税制要素有一定的差异性。

1. 税种设计双元化

英国和美国设置为单一税种,执行效率高,操作简便,有利于纳税人申报缴纳。瑞典则按承保项目分项设置社会保障税,采取的是专款专用,返还性强,且可以根据不同项目支出数额的变化调整税率。

2. 纳税主体多样化

纳税主体多为雇主和雇员,也有灵活就业人员。由于灵活就业人员没有雇佣关系,对其征管稍有不同。如,美国对自营人员征收保险税,征税对象是个体业主的纯收入。一些发展中国家由于征管能力所限,只对雇主和雇员征税。

3. 计税依据以工资薪金为主

除工资薪金以外的,如资本利得、股息所得、利息收入等其他收入不计入计算基数,工薪收入额不允许有减免或费用扣除;一些国家针对自雇者以营业收入为税基,也有极少数国家以所得为税基或者按人定额征收。

4. 税率的高低取决于国情

一般为比例税率,高福利国家的税率相对较高。少数国家采用累进税率,极少国家实行地区差别税率。

5. 源泉扣缴与自行申报并行

征收管理采取源泉扣缴,方法较为简便,灵活就业人员自行申报,同个税一起缴纳。一般由税务机关征收,税款专款专用,由社会保障部门统一支配。但是,也有极少数国家由社会保障部门征收。

1.3.5.2 相同点

国外社会保障税一般需要立法才能实施,都有明确的法律依据,具有一定的强制性。其共同性主要表现在三个方面:

1. 不完全有直接受偿性

不是完全的一一对应关系,不少国家中没有缴纳过此类款项的无收入人员也可以从中获得医疗、失业等保障。

2. 累退性

如前所言,一般采用比例税率,没有扣除额和免征额,但有课税上限,也不考虑纳税家庭人口的多寡和其他特殊情况,而具有强烈的累退性。

3. 灵活机动性

因时因势而变,社会保障税的支出同一定时期的经济形势紧密联系,浮动性大。

1.3.5.3 借鉴和启示

1. 加快修订法律法规

适应社会保险费征收体制改革后的新形势，我国应逐步修订《社会保险法》《社会保险费征缴暂行条例》等系列法律法规，加快社会保险制度顶层设计，构建中国特色的社会保险制度框架体系，为社会保险费征管提供清晰而具体的法律依据。

2. 科学设计费制要素

客观地讲，社会保险费近似于税收，属于准税收，借鉴国外相关国家的成熟做法，对缴费人、课费对象、计费依据、费率进行通盘性考虑与整体性设计。目前，需要平稳推进社会保险费征收体制改革，条件成熟后实行费负平移，最后再统筹推进社会保险费（税），将其作为中央或中央地方共享税，当然这都是远景构想，需要结合国情和社会期待等各方面要素，开展大量调研、探讨和反复论证。

3. 统一征收部门

按照党的十八届三中全会提出的事权与支出相匹配的原则，结合目前社会保险费统筹的现状，宜由地方政府承担主要的社会保障责任；按照“成熟一省、划拨一省”的总要求，在社会保险费改由税务部门统一征收后，规范社会保险费的征缴程序，降低征收成本，保证社会保险基金及时入库，依法统筹调剂使用。

[延伸阅读]

国务院办公厅关于印发《降低社会保险费率综合方案》的通知

国办发〔2019〕13号

各省、自治区、直辖市人民政府，国务院各部委、各直属机构：

《降低社会保险费率综合方案》已经国务院同意，现印发给你们，请认真贯彻执行。

降低社会保险费率，是减轻企业负担、优化营商环境、完善社会保险制度的重要举措。各地区各有关部门要以习近平新时代中国特色社会主义思想为指导，全面贯彻党的十九大和十九届二中、三中全会精神，坚持稳中求进工作总基调，坚持新发展理念，统筹考虑降低社会保险费率、完善社会保险制度、稳步推进社会保险费征收体制改革，密切协调配合，抓好工作落实，确保企业特别是小微企业社会保险缴费负担有实质性下降，确保职工各项社会保险待遇不受影响、按时足额支付。

国务院办公厅

2019年4月1日

（此件公开发布）

降低社会保险费率综合方案

为贯彻落实党中央、国务院决策部署，降低社会保险（以下简称社保）费率，完善社保制度，稳步推进社保费征收体制改革，制定本方案。

一、降低养老保险单位缴费比例

自2019年5月1日起，降低城镇职工基本养老保险（包括企业和机关事业单位基本养老保险，以下简称养老保险）单位缴费比例。各省、自治区、直辖市及新疆生产建设兵团（以下统称省）养老保险单位缴费比例高于16%的，可降至16%；目前低于16%的，要研究提出过渡办法。各省具体调整或过渡方案于2019年4月15日前报人力资源和社会保障部、财政部备案。

二、继续阶段性降低失业保险、工伤保险费率

自2019年5月1日起，实施失业保险总费率1%的省，延长阶段性降低失业保险费率的期限至2020年4月30日。自2019年5月1日起，延长阶段性降低工伤保险费率的期限至2020年4月30日，工伤保险基金累计结余可支付月数在18~23个月的统筹地区可以现行费率为基础下调20%，累计结余可支付月数在24个月以上的统筹地区可以现行费率为基础下调50%。

三、调整社保缴费基数政策

调整就业人员平均工资计算口径。各省应以本省城镇非私营单位就业人员平均工资和城镇私营单位就业人员平均工资加权计算的全口径城镇单位就业人员平均工资，核定社保个人缴费基数上下限，合理降低部分参保人员和企业的社保缴费基数。调整就业人员平均工资计算口径后，各省要制定基本养老金计发办法的过渡措施，确保退休人员待遇水平平稳衔接。

完善个体工商户和灵活就业人员缴费基数政策。个体工商户和灵活就业人员参加企业职工基本养老保险，可以在本省全口径城镇单位就业人员平均工资的60%~300%选择适当的缴费基数。

四、加快推进养老保险省级统筹

各省要结合降低养老保险单位缴费比例、调整社保缴费基数政策等措施，加快推进企业职工基本养老保险省级统筹，逐步统一养老保险参保缴费、单位及个人缴费基数核定办法等政策，2020年年底前实现企业职工基本养老保险基

金省级统收统支。

五、提高养老保险基金中央调剂比例

加大企业职工基本养老保险基金中央调剂力度，2019 年基金中央调剂比例提高至 3.5%，进一步均衡各省之间养老保险基金负担，确保企业离退休人员基本养老金按时足额发放。

六、稳步推进社保费征收体制改革

企业职工基本养老保险和企业职工其他险种缴费，原则上暂按现行征收体制继续征收，稳定缴费方式，“成熟一省、移交一省”；机关事业单位社保费和城乡居民社保费征管职责如期划转。人力资源社会保障、税务、财政、医保部门要抓紧推进信息共享平台建设等各项工作，切实加强信息共享，确保征收工作有序衔接。妥善处理好企业历史欠费问题，在征收体制改革过程中不得自行对企业历史欠费进行集中清缴，不得采取任何增加小微企业实际缴费负担的做法，避免造成企业生产经营困难。同时，合理调整 2019 年社保基金收入预算。

七、建立工作协调机制

国务院建立工作协调机制，统筹协调降低社保费率和社保费征收体制改革相关工作。县级以上地方政府要建立由政府负责人牵头，人力资源社会保障、财政、税务、医保等部门参加的工作协调机制，统筹协调降低社保费率以及征收体制改革过渡期间的工作衔接，提出具体安排，确保各项工作顺利进行。

八、认真做好组织落实工作

各地区各有关部门要加强领导，精心组织实施。人力资源社会保障部、财政部、税务总局、国家医保局要加强指导和监督检查，及时研究解决工作中遇到的问题，确保各项政策措施落到实处。

[自测]

一、单项选择题（请选出您认为最符合题意的选项，将其标号填入括号中）

1. 社会保险费具备的特征有社会共济性、责任分担性和（　　）。

A. 流动性　　B. 国家主导性

C. 强制性　　D. 无偿性

2. 首次明确税务机关对社会保险费有相应检查权限和手段的法律法规是（　　）。

A.《社会保险费征缴暂行条例》

B.《社会保险法》

C.《劳动法》

D. 财政部《企业职工基本养老保险基金实行收支两条线管理暂行规定》

参考答案：

1. B

2. A

二、多项选择题（题目所列选项2～3个符合题意。请选出您认为符合题意的选项，将其标号填入括号中）

1. 为加快推进社会信用体系建设，健全跨部门失信联合惩戒机制，打击社会保险领域违法失信行为，2018年11月22日国家发展改革委对社会保险领域严重失信企业及其有关人员实施联合惩戒备忘录，联合惩戒的对象是指人力资源社会保障部、国家税务总局和医疗保障局会同有关部门确定的违反社会保险相关法律、法规和规章的企事业单位及其有关人员，其严重失信、失范行为主要包括的情形是（　　）。

A. 用人单位未按相关规定参加社会保险且拒不整改的

B. 用人单位未如实申报社会保险缴费基数且拒不整改的

C. 应缴纳社会保险费却拒不缴纳的

D. 隐匿、转移、侵占、挪用社会保险费款、基金或者违规 投资运营的

E. 以欺诈、伪造证明材料或者其他手段参加、申报社会保险和骗取社会保险基金支出或社会保险待遇的

2. 目前我国社会保险包括五个险种，包括基本养老保险、基本医疗保险和（　　）。

A. 失业保险　　B. 工伤保险

C. 财产保险　　D. 生育保险

E. 责任保险

参考答案：

1. ABCDE

2. ABD

三、判断题（判断正误，如果您认为正确，请在括号中填“√”，如果您认为错误，请在括号中填“×”）

1. 社会保险不同于商业保险，与商业保险的主要区别是看其是否具有营利性。（ ）

2. 劳动者在劳动合同解除或者终止前12个月的平均工资低于当地最低工资标准的，按照当地最低工资标准计算。劳动者工作不满12个月的，按照实际工作的月数计算平均工资。（ ）

参考答案：

1. √

答案解析：社会保险具有非营利性，与商业保险相比，这两种保险的性质不同，就决定了这两种保险的对象作用不同、适用原则不同，其保障功能也不同。

2. √

第2章

社会保险费征缴管理概述

2.1 社会保险费征缴的历史沿革与现状

梳理社会保险费征缴的历史脉络，对于促进社会保险费征管规范化具有重要意义。不同群体的社会保险费征管流程需要放在社会保险费的基本征管程序这个大框架下进行，[①] 以平稳推行社会保险费征管，努力为缴费人带来更多获得感和便利感。

2.1.1 社会保险费征缴的历史沿革

当前，社会保险费征缴的法律依据主要是《社会保险法》和《社会保险费征缴暂行条例》及相关规章和规范性文件。社会保险法，是指调整社会保险法律关系的总称。社会保险法律关系是在劳动者暂时或永久丧失劳动能力或者失业情况下，因国家和社会对其本人及家庭进行物质帮助而发生的社会关系。[②]《社会保险法》是新中国成立以来第一部社会保险制度的综合性法律，是中国特色社会主义法律体系中起支架作用的重要法律，《社会保险法》的出台，与以前颁布实施的《劳动法》《公务员法》《劳动合同法》《就业促进法》《劳动争议调解仲裁法》等法律一起，构成了我国人力资源社会保障法律体系完整的顶层架构。[③]

在社会保险费征管改革启动之前，全国 31 个省（直辖市、自治区）中，有 21 个省（市、区）已实行由税务机关征收社会保险费，其余省份仍由人社部门征收。总体而言，在 2019 年 5 月社会保险费新政实施前，各地社会保险费征缴情况较为多元，大致可以归纳为四种征缴模式：

（1）社会保险经办机构全权负责征收模式。例如，北京市、吉林省。

（2）社会保险费核定、原地税部门代征收模式。例如，江苏等省。

---

① 王明世．打造税收征管升级版：税收征管现代化的战略选择．新理财，2016（8）．

② 全国税务师职业资格考材教材编写组编．涉税服务相关法律．北京：中国税务出版社，2020 年 5 月．

③ 关于学习贯彻社会保险法的通知，人力资源和社会保障部网站，首页 > 专题 > 社会保险法 > 法规及解读 http：//www. mohrss. gov. cn/SYrlzyhshbzb/rdzt/syshehuibaoxianfa/bxffaguijijiedu/201107/t20110728_28555. html
．

（3）税务机关全权负责征收（以下简称“全责征收”）。如，广东、福建，福建的厦门模式被称为最完整、最彻底的社会保险费地税部门全责征收模式，所有社会保险费申报、缴纳均由厦门原地税部门全权负责。

（4）分类征收模式。社会保险经办机构与税务机关按类别、项目分别征收。例如，浙江省。

2.1.2　社会保险费征缴的现状

实施税费统征、采用社会保险费征收模式的基本原则是“便利征管”，本质是提升征缴效率，降低行政成本，优化资源配置。近年来，随着社会保险费征收体制改革的推进，社会保险费征缴进入一个新时期。

1. 社会保险费征管制度体系初步构建

从体系上看，基本可以分为四个层次。第一层次为法律层次，《社会保险法》以专门章节表述社会保险费征缴（第五十七条至第六十三条），当然《劳动法》《劳动合同法》等法律也略有涉及。第二层次为行政法规，以《社会保险费征缴暂行条例》为主体，对征缴管理（第七条至第十六条）进行表述。基本养老保险、基本医疗保险、失业保险、工伤保险、生育保险等专门条例或试行办法都有相应的征缴条款。第三层次为部门规章与地方规章，《社会保险费申报缴纳规定》《社会保险稽核办法》《社会保险费征缴监督检查办法》《社会保险行政争议处理办法》。第四层次为规范性文件。一些部门规章或规范性文件的内容并不都是《社会保险法》或者《社会保险费征缴暂行条例》的解释性、执行性的规定，更多的是补充社会保险费征管的内容。

2. 新型协作共治机制初步运行

社会保险费征管是综合性业务，运行初期尤其需要人保部门、医保部门、财政部门、税务部门及时研究制定和调整完善政策，加强宣传和舆论引导，做好社会保险参保登记、费源信息传递、缴费人政策性补缴费额核定、缴费人权益记录及其他参保扩面工作。当然，社会保险费的行政征收、行政处罚需要人社部门、税务部门共同参与，在衔接上也需要进一步理顺。

3. 社会保险费征管改革的逐步理顺逻辑

如前所述，社会保险费征管的基本程序是奠定其征管的“四梁八柱”。有了社会保险费征管的主体框架，具体的征管规则才可以在现有基础上调整和优化。

从宏观角度看，搭建社会保险费征管主体框架是必要的。社会保险费征管的基本程序包括前置程序和主要程序，而前置程序表现为缴费人识别（由原社会保险登记转化）、凭证管理和涉费信息提供，主要程序表现为申报缴费、费额确认（由缴费基数核定转化）、费款追征、违法调查和争议处理。这其中，费额确认相当于税收征管上的税额确认，由缴费基数核定转化，但不全然如此，参保人数的核实、费率的适用等方面都是该业务的组成部分。

以缴费人识别为逻辑起点设置社会保险费征管的前置程序，以费额确认为核心全面构建社会保险费征管的主要程序，以缴费人权利、责任分配贯穿社会保险费征管的全链条。如，在以缴费人识别为逻辑起点设置社会保险费征管的前置程序方面，社会保险费的缴费人涉及自然人（城乡居民、灵活就业人员）、企业、机关事业单位，与纳税人等行政相对人的划分不在同一纬度。近年来，国家实施“多证合一”改革，《社会保险登记管理暂行办法》（劳动和社会保障部令第 1 号）自 2019 年 4 月 30 日起被废止。相应的，《社会保险费征缴暂行条例》《社会保险费申报缴纳管理规定》等行政法规或部门规章以及规范性文件中的社会保险费登记规定归于失效。社会保险费的缴费人识别不同于税务登记中关于设立、变更、注销、报验、非正常户认定、停歇业的相关专门规定。此外，社会保险费的缴费人识别还面临两个特殊管理：一个是用人单位本身，另一个是用人单位职工。个体工商户办理社会保险费登记，要区分“有雇工的个体工商户”和“无雇工的个体工商户”，分别办理。社会保险实行一次登记制度，用人单位一经成立，就需要办理社会保险登记；同时用人单位应参加五项保险，不可选择参加。

凭证管理方面，《社会保险法》第七十四条第二款规定，社会保险经办机构应当及时为用人单位建立档案，完整、准确地记录参加社会保险的人员、缴费等社会保险数据，妥善保管登记、申报的原始凭证和支付结算的会计凭证。《社会保险法》第七十四条规定，社会保险经办机构应当及时、完整、准确地记录参加社会保险的个人缴费和用人单位为其缴费，以及享受社会保险待遇等个人权益记录，定期将个人权益记录单免费寄送本人。用人单位和个人可以免费向社会保险经办机构查询、核对其缴费和享受社会保险待遇记录，要求社会保险经办机构提供社会保险咨询等相关服务。

申报缴费方面，用人单位应当自行申报、按时足额缴纳社会保险费，非因不可抗力等法定事由不得缓缴、减免。用人单位的职工应当缴纳的社会保险费由用人单位代扣代缴，用人单位应当按月将缴纳社会保险费的明细情况告知本人。

费额确认方面，这是社会保险费征管的核心程序。主要包括参保人数、缴费基数的核实；由于城乡居民和灵活就业人员基本养老保险或者基本医疗保险是参保人自主选择档次申报缴纳，对城乡居民实质上不需要履行费额确认程序。

费款追征方面，即社会保险费追缴。一是追征对象方面，城乡居民、灵活就业人员社会保险费日常申报是以个人身份参加社会保险费按期申报，由其自主选择缴费档次或缴费基数进行缴费，也就是说这两类群体社会保险费是自愿缴纳，不具有征收的强制性。既然没有强制性，从理论上和法理上当然不能对他们实施强制性追缴。二是税务机关对欠缴社会保险费行为行政处罚上，《社会保险法》没有明确规定税务机关对社会保险费的行政处罚权，对未缴、少缴、欠缴和拒不缴纳的企业，需要采取强制执行措施时只能向人民法院提出申请。三是破产清费方面，在办理登记注销前，应当向税务机关结清应缴的社会保险费、滞纳金和罚款。四是追缴操作上有待细化和统一标准。《社会保险法》第六十三条对税务机关催缴社会保险费未果后的银行存款查询和划拨、企业提供担保、强制执行等进行了原则性的规定，但具体实际操作流程由各地自行制定。另外，还有滞纳金标准等问题，相关险种不尽相同，需要统一，不再赘述。

违法调查方面，这是社会保险费与税收有较大区别的地方。首先，税务机关有社会保险费的检查权限是有明确法律依据的，《社会保险费征缴暂行条例》第十八条规定，按照省、自治区、直辖市人民政府关于社会保险费征缴机构的规定，劳动保障行政部门或者税务机关依法对单位缴费情况进行检查时，被检查的单位应当提供与缴纳社会保险费有关的用人情况、工资表、财务报表等资料，如实反映情况，不得拒绝检查，不得谎报、瞒报。劳动保障行政部门或者税务机关可以记录、录音、录像、照相和复制有关资料；但是，应当为缴费单位保密。劳动保障行政部门（本书中劳动保障行政部门的职能，现分设于人力资源和社会保障部门、医疗保障部门，为行文方便，若干表述暂保持原称谓）、税务机关的工作人员在行使该职权时，应当出示执行公务证件。该条例第十九条规定，劳动保障行政部门或者税务机关调查社会保险费征缴违法案件时，有关部门、单位应当给予支持、协助。

争议处理方面，社会保险费争议范围远小于社会保险争议，社会保险费争议在某些程序方面也较纳税争议复杂。所谓社会保险行政争议，是指经办机构在依照法律、法规及有关规定经办社会保险事务过程中，与公民、法人或者其他组织之间发生的争议。[①] 因为社会保险费争议，涉及用人单位的员工、用人单位、社会保险经办机构、社会保险经办服务机构、人力资源和社会保障部门、税务部门、劳动仲裁机构和法院等八个参与方，有可能涉及平等民事主体的纠纷，也有可能发生行政争议。《社会保险法》第八十三条对社会保险争议进行了规定。[②] 现行《税收征收管理法》第八十八条关于纳税争议的处理有“两个前置”。也就是说，纳税人、扣缴义

---

① 《社会保险行政争议处理办法》（中华人民共和国劳动和社会保障部令第 13 号）.

② 《中华人民共和国社会保险法》第八十三条.

务人或者纳税担保人在提起税务行政诉讼前有两道门槛。社会保险费争议不同于社会保险争议，也不同于纳税争议。《社会保险行政争议处理办法》第六条规定，“有下列情形之一的，公民、法人或者其他组织可以申请行政复议：（二）认为经办机构未按规定审核社会保险缴费基数的；”目前，在社会保险缴费基数的核定方面，在不少地区税务机关与人力资源和社会保障部门或者社会保险经办机构进行共同核定。

当然，社会保险费征管还面临一些制约因素。如与税收征管程序衔接不够，现行社会保险费征管流程存在管理不够科学、流程不够清晰、部门职权界定不够明确、协作不够严密等问题，有待在深化改革进程中持续优化。

2.2 社会保险费的征缴管理

社会保险费的法律责任涉及《社会保险法》《社会保险费征缴暂行条例》《社会保险费申报缴纳规定》等文件规定，需要我们分类分项梳理，从社会保险的法律责任体系上进行把握。

2.2.1 社会保险费征缴中的缴费人权利与义务

社会保险费的缴费人包括用人单位、用人单位的员工，也有可能是城乡居民、灵活就业人员。这里，本书不逐一阐述，仅以员工为例，阐述其相关权利。

2.2.1.1 社会保险费征缴中的缴费人（员工）权利

1. 职工享有知情权

缴费单位应当每年向本单位职工公布本单位全年社会保险费缴纳情况，接受职工监督。社会保险经办机构应当定期向社会公告社会保险费征收情况，接受社会监督。[①] 用人单位未按月将代扣代缴社会保险费明细情况告知职工本人，或者未按照

---

① 《社会保险费征缴暂行条例》（国务院令第259号）第十七条.

规定通报、公布本单位全年社会保险费缴纳情况的，职工有权向社会保险行政部门举报、投诉。①

社会保险费由税务机关征收的，社会保险经办机构应当及时将用人单位和职工应缴社会保险费数额提供给税务机关；税务机关应当及时向社会保险经办机构提供用人单位和职工的缴费情况。② 社会保险经办机构应当按月将单位和个人缴纳失业保险费的情况提供给负责支付失业保险待遇的经办机构。用人单位未按月将缴纳社会保险费的明细情况告知职工本人的，由社会保险行政部门责令改正；逾期不改的，按照《劳动保障监察条例》第三十条的规定处理。③

2. 职工享有保密权

社会保险行政部门和其他有关行政部门、社会保险经办机构、社会保险费征收机构及其工作人员泄露用人单位和个人信息的，对直接负责的主管人员和其他直接责任人员依法给予处分；给用人单位或者个人造成损失的，应当承担赔偿责任。④

任何组织和个人对有关社会保险费征缴的违法行为，有权举报。劳动保障行政部门或者税务机关对举报应当及时调查，按照规定处理，并为举报人保密。⑤

用人单位、社会保险服务机构及其有关人员、参保及待遇领取人员等，恶意将社会保险个人权益记录用于与社会保险经办机构约定以外用途，或者造成社会保险个人权益信息泄露的，县级以上地方人力资源社会保障部门将其列入社会保险严重失信人名单。⑥

3. 职工享有申请回避权

社会保险费劳动保障监察中，当事人认为劳动保障监察员符合应当回避条件的，有权向劳动保障行政部门申请，要求其回避。当事人申请劳动保障监察员回避，应当采用书面形式。回避决定应在收到申请之日起 3 个工作日内做出。

做出回避决定前，承办人员不得停止对案件的调查处理。对回避申请的决定，应当告知申请人。承办人员的回避，由劳动保障监察机构负责人决定；劳动保障监察机构负责人的回避，由劳动保障行政部门负责人决定。⑦

---

① 《社会保险费申报缴纳管理规定》第三十一条.

② 《社会保险费申报缴纳管理规定》第三十二条.

③ 《实施〈中华人民共和国社会保险法〉若干规定》（人力资源和社会保障部令第 13 号）第二十四条.

④ 《中华人民共和国社会保险法》第九十二条.

⑤ 《社会保险费征缴暂行条例》第二十一条.

⑥ 人力资源社会保障部关于印发《社会保险领域严重失信人名单管理暂行办法》的通知（人社部规〔2019〕2 号）.

⑦ 关于实施《劳动保障监察条例》若干规定（劳动和社会保障部令第 25 号）第二十四条、第二十五条.

4. 职工享有投诉权

任何组织或个人，包括职工本人，对违反劳动保障法律（含社会保险费申报缴纳）的行为，有权向劳动保障行政部门举报。[①] 劳动保障行政部门对举报人反映的违反劳动保障法律的行为应当依法予以查处，并为举报人保密；对举报属实，为查处重大违反劳动保障法律的行为提供主要线索和证据的举报人，给予奖励。劳动者对用人单位违反劳动保障法律、侵犯其合法权益的行为，有权向劳动保障行政部门投诉。对因同一事由引起的集体投诉，投诉人可推荐代表投诉。投诉应当由投诉人向劳动保障行政部门递交书面或口头投诉投诉文书。投诉文书应当载明投诉人和被投诉用人单位的基本信息。有应当通过劳动争议处理程序解决的、已经按照劳动争议处理程序申请调解仲裁的、已经提起劳动争议诉讼等情形的投诉，劳动保障行政部门应当告知投诉人依照劳动争议处理或者诉讼程序办理。

5. 申请行政复议、提起行政诉讼权

6. 其他权利

2.2.1.2 社会保险费征缴中的缴费人义务

（1）向当地社会保险经办机构办理社会保险登记，向税务机关参加缴费登记，参加社会保险；

（2）按月向社会保险经办机构申报应缴纳的社会保险费数额并在规定的期限内缴纳；配合用人单位履行《社会保险费征缴暂行条例》规定的代扣代缴义务；自觉申报缴纳社会保险费的义务，在单位履行代扣代缴义务时，不得干预或拒绝；

（3）自觉接受劳动保障行政部门或者税务机关依法进行的缴费情况检查；

（4）其他义务。

2.2.2 社会保险费征缴规程与征缴服务

2.2.2.1 社会保险费征缴规程

基本养老保险从缴费主体上可以分为企业、机关事业单位、灵活就业人员和城乡居民四类。社会保险费征缴规程因缴费人群不同，其征缴规程也有所不同。

1. 企业、机关事业单位征缴规程

企业、机关事业单位社会保险费的征缴规程可以描述为：缴费人登记—缴费人

---

① 《关于实施〈劳动保障监察条例〉若干规定》（劳动和社会保障部令第25号）.

申报—社保经办机构确认—缴费人缴纳—费款追征—违法调查—争议处理。

2. 城乡居民征缴规程

城乡居民社会保险费的征缴规程可以描述为：缴费人登记—申报（缴纳）—费款追征—违法调查—争议处理。城乡居民因为自行选择缴费档次，没有核实程序。

3. 灵活就业人员征缴规程

灵活就业人员社会保险费的征缴规程可以描述为：缴费人登记—申报（缴纳）—费款追征—违法调查—争议处理。灵活就业人员因为自行选择缴费档次，事实上没有核实程序。由于追缴政策地方性差异各地不同。例如，江苏省等省份可追征当年费款。

2.2.2.2 社会保险费征缴服务

社会保险费征缴服务是一个广义的概念，税务部门在社会保险费征缴过程中提供包括优化和升级缴费方式、纳税服务投诉等方面的征缴服务。除此之外，社会保险经办机构经办服务，市场上的社保代理服务也属于此类征缴服务。

1. 税务机关征管缴费服务

为进一步落实降低社会保险费率、调整社会平均工资口径等政策，2019年4月国家税务总局出台相关方案，要求各地税务机关按照“准实快优”的要求，落实具体工作措施，确保税务机关负责征收的缴费单位，特别是小微企业社会保险缴费负担有实质性下降，增强缴费人获得感。一是宣传培训要“准”，要把准宣传定位，拓展宣传方式，用准宣传媒介，开展精准缴费辅导，定准培训要求。二是服务措施要“实”，要充实缴费渠道，为缴费人提供多元化缴费方式，提升缴费服务水平，优化缴费人体验，简化缴费流程，落实申报提醒，缩减缴费时间，合理配置窗口，增强缴费人的获得感。三是问题处置要“快”，快捷响应诉求，快速应急处理，畅通直联直报。四是服务质效要“优”，深化部门配合，转化调查成果，优化服务制度。

保护缴费人的合法权益，规范社会保险费征缴服务，是税务机关纳税服务投诉管理的应有之义，也是其重要内容。[①] 2019年新修订后的《纳税服务投诉管理办法》增加了社会保险费投诉管理的内容。该办法扩展了投诉主体，明晰了业务边界，明确了受理范围，压缩了处理时限，建立了快速处理机制。例如，要求税务机关税务机关对各类服务投诉应限期办结。对服务言行类投诉，自受理之日起5个工作日内办结；服务质效类、其他侵害纳税人合法权益类投诉，自受理之日起10个工作日内办结。但是对于自然人缴费人提出的社会保险费征缴服务投诉，应快速处理，自受

① 《国家税务总局关于修订〈纳税服务投诉管理办法〉的公告》（国家税务总局公告2019年第27号）.

理之日起3个工作日内办结。

缴费单位和缴费个人对劳动保障行政部门或者税务机关的处罚决定不服的，可以依法申请复议；对复议决定不服的，可以依法提起诉讼。

2. 社保行政部门平台服务

党的十九大报告提出要“建立全国统一的社会保险公共服务平台”，人力资源社会保障部按照“一号申请、一窗受理、一网通办、一卡通用”的公共服务模式开展了组织建设。2019年9月15日国家社会保险公共服务平台上线，重点为参保人和参保单位提供全国性、跨地区的社会保险公共服务，首期开通8类18项全国性统一服务。参保人和参保单位可以访问该平台门户网站（si. 12333. gov. cn）或下载“掌上12333”手机APP，注册登录后体验相关服务。在该平台缴费人选择“社保查询”“待遇资格认证”“代人认证”“养老金测算”“关系转移”“境外免缴申请”“异地就医”等模块服务时，可按“多地参保、集中展现”的形式来查询自己的缴费、待遇等年度个人权益信息，及时了解社会保险关系转接的办理进度，办理境外免缴证明申请，查询跨省异地就医费用和备案信息，查询自己的社保卡和电子社保卡的应用状态，获知周边的服务网点和服务渠道。通过社会保险公共服务平台，参保人和参保单位可以体验更多的本地化、个性化服务。①

人力资源社会保障部要求，各级社会保险经办机构要统一使用全国社会保险关系转移系统办理养老保险关系转移接续业务、传递相关表单和文书，减少无谓证明材料。要提高线上经办业务能力，充分利用互联网、12333电话、手机APP等为参保人员提供快速便捷服务，努力实现“最多跑一次”。各级人力资源社会保障部门养老保险跨层级、跨业务涉及的相关数据和材料要努力实现互联互通，对可实现信息共享的，不得要求参保单位或参保人员重复提供。跨省转移接续基本养老保险关系时一次性缴纳养老保险费需向转入地提供的书面承诺书、相关法律文书等，不得要求参保人员个人提供，原则上由转出地负责。其中，转出地与补缴发生地不一致的，由补缴发生地社会保险经办机构经由转出地提供。②

社会保险服务机构不按服务协议提供服务，造成基金损失超过10万元的，县级以上地方人力资源社会保障部门将其列入社会保险严重失信人名单。

社会保险经办机构按照证明事项告知承诺制，在办理社会保险事项时，以书面（含电子文本，下同）形式将法律法规中规定的证明义务、证明内容以及被列入严

① si. 12333. gov. cn 国家社会保险公共服务平台.

② 《人力资源和社会保障部办公厅关于职工基本养老保险关系转移接续有关问题的补充通知》（人社厅发〔2019〕94号）.

重失信人名单的风险提示等一次性告知当事人，当事人书面承诺已经符合告知的条件、标准、要求，愿意承担不实承诺法律责任的，社会保险经办机构不再索要有关证明而依据当事人承诺办理相关事项。社会保险经办机构应通过各级在线政务服务平台、数据共享交换平台、信用信息共享平台、政府部门内部核查和部门间行政协助等方式对当事人承诺内容予以核查。①

为深入贯彻落实党中央、国务院关于加快推进"互联网+政务服务"工作的决策部署，按照《国务院关于加快推进全国一体化在线政务服务平台建设的指导意见》（国发〔2018〕27号）要求，加快推进社保卡依托全国一体化在线政务服务平台（以下简称"一体化平台"）跨地区、跨部门应用，2020年3月国务院办公厅电子政务办公室、人力资源社会保障部办公厅印发《关于依托全国一体化在线政务服务平台做好社会保障卡应用推广工作的通知》，要求各地区和国务院有关部门按照一体化平台建设要求，以国家政务服务平台为总枢纽，通过推动社保卡在各地区和国务院有关部门政务服务平台的应用，实现人力资源社会保障信息的共享复用，便利群众办事，提高服务效能。2020年底前，各地区和国务院有关部门要梳理社保卡在政务服务领域的应用目录，推进社保卡在一体化平台中的电子证照共享应用，融合社保卡线上线下应用，实现社保卡支撑相关业务在本省（区、市）内和跨省份"一网通办"。按照一体化平台相关标准规范和工作要求，重点做好以下工作：一是依托一体化平台统一身份认证系统，实现社保卡持卡人身份认证；二是依托一体化平台电子证照共享服务系统，实现社保卡电子证照共享互认；三是充分运用一体化平台移动端的社保卡服务能力，提升政务服务便利化水平；四是大力推动一体化平台线上线下融合，提升政务服务效能。

3. 涉税专业服务机构服务

涉税专业服务机构的社会保险费业务服务范围主要是社会保险费申报代理与审核。当前，落实减税降费政策是税务部门的一项重大任务，涉税专业服务机构在促进减税降费政策措施落地生根方面发挥了重大作用，税务机关要充分发挥涉税专业服务的作用，听取涉税专业服务机构的意见，通过涉税专业服务直联机制，了解纳税人需求，规范引导其诚信服务，加强监管防范服务风险。②

涉税专业服务代理与审核主要集中在用人单位的参保人数和缴费基数上，需要关注所在省的上一年度全口径城镇单位就业人员平均工资、当年的社会保险费缴费

---

① 人力资源社会保障部关于印发《社会保险领域严重失信人名单管理暂行办法》的通知（人社部规〔2019〕2号）.

② 《国家税务总局关于进一步规范涉税专业服务　助力减税降费政策措施落地生根的通知》（税总函〔2019〕94号）.

基数的公布情况，查询新增或减少的人员变动情况，与企业事业单位的人力资源部门的统计资料比对，与财务部门查询个人所得税工资薪金扣缴记录、企业所得税税前扣除的工资薪金情况，关注单位有无劳务派遣、劳务外包、非全日制人员、返聘退休人员的情况，促进依法依规准确申报社会保险费。

涉税专业服务代理对用人单位基本养老保险的缴费基数审核有两个，一个是职工工资总额，单位缴费基数为本单位职工工资总额，即按照本单位上一年度职工月平均工资总额；另一个是作为上限和下限的该省上年度在岗职工平均工资，即按照职工本人上一年度月平均工资作为个人的月缴费基数，缴费比例分别是单位缴费比例和个人缴费比例。对灵活就业人员而言，其缴费基数可以在本省全口径城镇单位就业人员平均工资的60%～300%适当选择，缴费比例为20%。对城乡居民而言，缴费标准基本上在12个档次左右选择，最高不超过当地灵活就业人员参加职工基本养老保险的年缴费额。

4. 社会保险代理服务

社会保险市场服务一般属于人力资源代理服务，主要包括社会保险申报、变更、费用缴纳、社会保障卡办理等常规操作及协助处理社会保险关系转移接续；协助医疗申报报销及异地就医手续办理，协助办理工伤、失业、生育保险，医保卡办领。各级公共职业介绍机构也在积极为从事非全日制工作的劳动者等一些自由职业者提供档案保管、社会保险代理等服务。

2.2.2.3　社会保险个人权益记录

为了维护参保人员的合法权益，规范社会保险个人权益记录管理，“记录一生、保障一生、服务一生”，2011年人社部出台了《社会保险个人权益记录管理办法》，自2011年7月1日起施行。所谓社会保险个人权益记录，是指以纸质材料和电子数据等载体记录的反映参保人员及其用人单位履行社会保险义务、享受社会保险权益状况的信息。参保人员可以对社会保险个人权益记录有更加直接、深刻的认识。

1. 社会保险个人权益记录的信息

社会保险个人权益记录的信息较为丰富，具体包括：

（1）参保人员及其用人单位社会保险登记信息；

（2）参保人员及其用人单位缴纳社会保险费、获得相关补贴的信息；

（3）参保人员享受社会保险待遇资格及领取待遇的信息；

（4）参保人员缴费年限和个人账户信息；

（5）其他反映社会保险个人权益的信息。

社会保险个人权益记录涉及若干部门的分工与配合，社会保险经办机构负责社会保险个人权益记录管理，提供与社会保险个人权益记录相关的服务。人社部门的信息机构对社会保险个人权益记录提供技术支持和安全保障服务。人社部门对社会保险个人权益记录管理实施监督。

社会保险个人权益记录遵循及时、完整、准确、安全、保密原则，任何单位和个人不得用于商业交易或者营利活动，也不得违法向他人泄露。

2. 社会保险个人权益记录的采集、审核和维护

社会保险个人权益记录来源于社会保险经办机构通过业务经办、统计、调查等方式获取参保人员相关社会保险个人权益信息，同时应当与社会保险费征收机构、市场监管、民政、公安、机构编制等部门通报的情况进行核对。与社会保险经办机构签订服务协议的医疗机构、药品经营单位、工伤康复机构、辅助器具安装配置机构、相关金融机构等社会保险服务机构和参保人员及其用人单位应当及时、准确提供社会保险个人权益信息，社会保险经办机构应当按照规定程序进行核查。社会保险经办机构依据业务经办的原始资料采集社会保险个人权益信息。社会保险个人权益记录中缴费数额、待遇标准、个人账户储存额、缴费年限等待遇计发的数据，根据事先设定的业务规则，通过相关系统对原始采集数据进行计算处理后生成。

社会保险经办机构内部建立社会保险个人权益信息采集的初审、审核、复核、审批制度，明确岗位职责，并进行相应的岗位权限设置。社会保险个人权益记录审核，有细致的数据保管要求，对于参保人员流动就业办理社会保险关系转移时，新参保地社会保险经办机构应当及时做好社会保险个人权益记录的接收和管理工作；原参保地社会保险经办机构在将社会保险个人权益记录转出后，应当按照规定保留原有记录备查。

社会保险经办机构对社会保险个人权益数据进行管理和日常维护，检查记录的完整性、合规性，并按照规定程序修正和补充。不委托其他单位或者个人单独负责社会保险个人权益数据维护工作。其他单位或者个人协助维护的，与其签订保密协议。

社会保险经办机构建立社会保险个人权益记录维护日志，社会保险个人权益信息的采集、保管和维护等环节涉及的书面材料应当存档备查。

3. 社会保险个人权益记录查询和使用

参保人员及其用人单位可以通过社会保险经办机构网点窗口、自助终端或者电话、网站等方式查询社会保险个人权益记录。参保人员向社会保险经办机构查询本人社会保险个人权益记录的，需持本人有效身份证件；委托他人向社会保险经办机构查询本人社会保险个人权益记录的，被委托人需持书面委托材料和本人有效身份证件。需要书面查询结果或者出具本人参保缴费、待遇享受等书面证明的，社会保

险经办机构应当按照规定提供。

参保用人单位凭有效证明文件可以向社会保险经办机构免费查询本单位缴费情况，以及职工在本单位工作期间参保人员及其用人单位社会保险登记，与参保人员及其用人单位缴纳社会保险费、获得相关补贴的信息。

个人权益记录异议提出与复核。参保人员或者用人单位对社会保险个人权益记录存在异议时，可以向社会保险经办机构提出书面核查申请，并提供相关证明材料。社会保险经办机构应当进行复核，确实存在错误的，应当改正。

人社部门内部基于宏观管理、决策以及信息系统开发等目的个人权益记录的使用，外部门或单位的个人权益记录查询、申请及处理，社会保险经办机构以外单位个人权益记录查询申请的处理等方面严格按《社会保险个人权益记录管理办法》办理。

人社等相关部门或机构建立个人权益记录保密、信息系统数据安全、个人权益数据库用户管理等制度。人力资源社会保障行政部门、社会保险经办机构、信息机构、社会保险服务机构、信息技术服务商及其工作人员对在工作中获知的社会保险个人权益记录承担保密责任，不得违法向他人泄露。外部门查询获取的社会保险个人权益记录不得作其他之用。

4. 社会保险个人权益记录相关法律责任

人社部门及其他有关行政部门、司法机关违反保密义务的，应当依法承担法律责任。社会保险经办机构、信息机构及其工作人员有下列行为之一的，由人社部门责令改正；对直接负责的主管人员和其他直接责任人员依法给予处分；给社会保险基金、用人单位或者个人造成损失的，依法承担赔偿责任；构成违反治安管理行为的，由公安机关依法予以处罚；构成犯罪的，依法追究刑事责任：

（1）未及时、完整、准确记载社会保险个人权益信息的；

（2）系统管理员、数据库管理员兼职业务经办用户或者信息查询用户的；

（3）与用人单位或者个人恶意串通，伪造、篡改社会保险个人权益记录或者提供虚假社会保险个人权益信息的；

（4）丢失、破坏、违反规定销毁社会保险个人权益记录的；

（5）擅自提供、复制、公布、出售或者变相交易社会保险个人权益记录的；

（6）违反安全管理规定，将社会保险个人权益数据委托其他单位或个人单独管理和维护的。

社会保险服务机构、信息技术服务商以及按照外单位个人权益记录查询申请相关规定获取个人权益记录的单位及其工作人员，将社会保险个人权益记录用于与社会保险经办机构约定以外用途，或者造成社会保险个人权益信息泄露的，依法对直接负责的主管人员和其他直接责任人员给予处分；给社会保险基金、用人单位或者个人造成损失的，依法承担赔偿责任；构成违反治安管理行为的，由公安机关依法予以处罚；构成犯罪的，依法追究刑事责任。

任何组织和个人非法提供、复制、公布、出售或者变相交易社会保险个人权益记录，有违法所得的，由人社部门没收违法所得；属于社会保险服务机构、信息技术服务商的，可由社会保险经办机构与其解除服务协议；依法对直接负责的主管人员和其他直接责任人员给予处分；给社会保险基金、用人单位或者个人造成损失的，依法承担赔偿责任；构成违反治安管理行为的，由公安机关依法予以处罚；构成犯罪的，依法追究刑事责任。[①]

2.2.3　社会保险费征缴的法律责任

社会保险费法律责任的有关条款分布较为分散，在《社会保险法》《社会保险费征缴暂行条例》中都有若干表述，涉及社会保险登记、社会保险凭证管理、未及时申报、未足额缴纳以及骗取社会保险待遇等方面的法律责任。另外，社会保险费的法律责任与用人单位的员工权益、与劳动用工等交织在一起，需要进行分类梳理。

1. 缴费人未依法办理社会保险登记的法律责任

近年来社会保险登记制度逐渐健全，形成了多层次规范化体系。《社会保险法》规定，用人单位不办理社会保险登记的，由社会保险行政部门责令限期改正；逾期不改正的，对用人单位处应缴社会保险费数额1倍以上3倍以下的罚款，对其直接负责的主管人员和其他直接责任人员处500元以上3000元以下的罚款。[②]《社会保险费征缴暂行条例》第二十三条规定，缴费人单位未按照规定办理社会保险登记、变更登记或者注销登记，或者未按照规定申报应缴纳的社会保险费数额的，由劳动保障行政部门责令限期改正；情节严重的，对直接负责的主管人员和其他直接责任人员可以处1000元以上5000元以下的罚款；情节特别严重的，对直接负责的主管人员和其他直接责任人员可以处5000元以上10000元以下的罚款。[③]《社会保险费征缴监督检查办法》（劳动和社会保障部令第3号）第十二条规定，缴费单位有未按规定办理社会保险登记（含变更、注销）行为的，情节严重的，对直接负责的主管人员和其他直接责任人员处以1000元以上5000元以下的罚款；情节特别严重的，

---

① 《社会保险个人权益记录管理办法》（人力资源社会保障部令第14号）.

② 《中华人民共和国社会保险法》第八十四条.

③ 《社会保险费征缴暂行条例》第二十三条.

对直接负责的主管人员和其他直接责任人员处以5000以上10000元以下的罚款。[①]

另外，2019年4月28日人力资源和社会保障部第24次部务会废止《社会保险登记管理暂行办法》，因此该办法所规定的法律责任规定自动失效。

用人单位、社会保险服务机构及其有关人员、参保及待遇领取人员等，有下列情形的，用人单位不依法办理社会保险登记，经行政处罚后，仍不改正的；或者以欺诈、伪造证明材料或者其他手段违规参加社会保险，违规办理社会保险业务超过20人次或从中牟利超过2万元的。县级以上地方人力资源社会保障部门将其列入社会保险严重失信人名单。[②]

实践中，应当归结不同层次的社会保险登记相关规定，根据法律高位阶优于低位阶、新法优于旧法原则，对于未依法办理社会保险登记的法律责任，实践中应以《社会保险法》关于社会保险登记法律责任的规定为优先。

2. 缴费单位未依法管理社会保险费凭证的法律责任

缴费单位违反有关财务、会计、统计的法律、行政法规和国家有关规定，伪造、变造、故意毁灭有关账册、材料，或者不设账册，致使社会保险费缴费基数无法确定的，除依照有关法律、行政法规的规定给予行政处罚、纪律处分、刑事处罚外，依照《社会保险费征缴暂行条例》第十条的规定征缴。迟延缴纳的，由劳动保障行政部门或者税务机关依照该条例第十三条的规定决定加收滞纳金，并对直接负责的主管人员和其他直接责任人员处5000元以上20000元以下的罚款。[③]

3. 缴费人未按规定申报缴纳社会保险费的法律责任

（1）加收滞纳金和行政处罚。申报缴纳是申报和缴纳这两种行为的复合，在实践中应进行区分。缴费单位未按规定申报应当缴纳社会保险费数额行为的，情节严重的，对直接负责的主管人员和其他直接责任人员处以1000元以上5000元以下的罚款；情节特别严重的，对直接负责的主管人员和其他直接责任人员处以5000以上10000元以下的罚款。[④]

用人单位未按时足额缴纳社会保险费的，由社会保险费征收机构责令限期缴纳或者补足，并自欠缴之日起，按日加收万分之五的滞纳金，逾期仍不缴纳的，由社会保险行政部门处欠缴数额1倍以上3倍以下的罚款。[⑤] 可见，用人单位迟缴社会

---

① 《社会保险费征缴监督检查办法》第十二条.

② 人力资源社会保障部关于印发《社会保险领域严重失信人名单管理暂行办法》的通知（人社部规〔2019〕2号）.

③ 《社会保险费征缴暂行条例》第二十四条.

④ 1999年3月19日公布并施行的《社会保险费征缴监督检查办法》（劳动和社会保障部令第3号）第十二条.

⑤ 《中华人民共和国社会保险法》第八十六条、《社会保险费申报缴纳管理规定》第三十条.

保险费须承担加收滞纳金、行政处罚的风险。

用人单位未依法代扣代缴的风险。对职工而言，职工本人应当缴纳的社会保险费由用人单位代扣代缴。用人单位未依法代扣代缴的，由社会保险费征收机构责令用人单位限期代缴，并自欠缴之日起向用人单位按日加收万分之五的滞纳金。注意的是，用人单位不得要求职工承担滞纳金。①

（2）被解除合同和经济补偿。用人单位的员工以未办社会保险为由随时解除合同，单位需承担一定的经济补偿责任。即，用人单位未依法为劳动者缴纳社会保险费的，劳动者可以解除劳动合同。② 如果劳动者依照该规定解除劳动合同的，用人单位应当向劳动者支付一定数额的经济补偿金。③

至于经济补偿金的计算，经济补偿按劳动者在本单位工作的年限，每满1年支付1个月工资的标准向劳动者支付。6个月以上不满1年的，按一年计算；不满6个月的，向劳动者支付半个月工资的经济补偿。劳动者月工资高于用人单位所在直辖市、设区的市人民政府公布的本地区上年度职工月平均工资3倍的，向其支付经济补偿的标准按职工月平均工资3倍的数额支付，向其支付经济补偿的年限最高不超过12年。此处所称的月工资，是指劳动者在劳动合同解除或者终止前12个月的平均工资。④

以完成一定工作任务为期限的劳动合同因任务完成而终止的，用人单位应当依照规定向劳动者支付经济补偿。如果是用人单位依法终止工伤职工的劳动合同的，除依照前述规定支付经济补偿外，还应当依照国家有关工伤保险的规定支付一次性工伤医疗补助金和伤残就业补助金。用人单位出具的解除、终止劳动合同的证明，应当写明劳动合同期限、解除或者终止劳动合同的日期、工作岗位、在本单位的工作年限。经济补偿的月工资按照劳动者应得工资计算，包括计时工资或者计件工资以及奖金、津贴和补贴等货币性收入。劳动者在劳动合同解除或者终止前12个月的平均工资低于当地最低工资标准的，按照当地最低工资标准计算。劳动者工作不满12个月的，按照实际工作的月数计算平均工资。劳务派遣单位或者被派遣劳动者依法解除、终止劳动合同的经济补偿，依照《劳动合同法》第四十六条、第四十七条的规定执行。⑤

---

①《实施〈中华人民共和国社会保险法〉若干规定》（人力资源和社会保障部令第13号）第二十条.

②《中华人民共和国劳动合同法》第三十八条.

③《中华人民共和国劳动合同法》第四十六条.

④《中华人民共和国劳动合同法》第四十七条.

⑤《中华人民共和国劳动合同法实施条例》第二十二条、第二十三条、第二十四条、第二十七条、第三十一条.

（3）纳入社会保险领域失信名单。用人单位不缴纳社会保险费，还有可能被纳入社会保险领域失信“黑名单”。国家发展和改革委《关于对社会保险领域严重失信企业及其有关人员实施联合惩戒的合作备忘录》的通知（医发改财金〔2018〕1704号），列出了“黑名单”，严重失信、失范行为主要包括以下情形：

①用人单位未按相关规定参加社会保险且拒不整改的；

②用人单位未如实申报社会保险缴费基数且拒不整改的；

③应缴纳社会保险费却拒不缴纳的；

④隐匿、转移、侵占、挪用社保费款、基金或者违规投资运营的；

⑤以欺诈、伪造证明材料或者其他手段参加、申报社会保险和骗取社会保险基金支出或社会保险待遇的；

⑥非法获取、出售或变相交易社会保险个人权益数据的；

⑦社保服务机构违反服务协议或相关规定的；

⑧拒绝协助社保行政部门、经办机构对事故和问题进行调查核实的；拒绝接受或协助税务部门对社会保险实施监督检查，不如实提供与社会保险相关各项资料的；

⑨其他违反法律法规规定的。

4. 相关方骗取社会保险待遇的法律责任

社会保险待遇包括基本养老保险、基本医疗保险、失业保险、工伤保险等待遇。缴纳社会保险费有利于个人、社会和国家。从全险种来看，如果是用人单位的员工，按规定缴纳至少缴纳15年，到达退休年龄后可按月领取养老保险金待遇；从参保的次月起，可享受职工医疗保险待遇；累计缴纳1年，职工若被解聘、开除或者裁员，可申领失业保险金；参保后发生工伤事故或职业病，即可享受工伤待遇（医疗费报销）；连续缴纳半年，女职工产检、生育、流产、节育等均可享受生育保险待遇，还可申领生育津贴。连续缴纳半年，男职工配偶生育，符合晚育政策及领取独生子女证的，可申领护理假津贴。骗取社会保险待遇是违法行为，相关法律法规对骗取社会保险待遇的法律责任做出了一系列规定。

《社会保险法》第八十八条规定，以欺诈、伪造证明材料或者其他手段骗取社会保险待遇的，由社会保险行政部门责令退回骗取的社会保险金，处骗取金额2倍以上5倍以下的罚款。《劳动保障监察条例》第二十七条第二款规定，骗取社会保险待遇或者骗取社会保险基金支出的，由劳动保障部门责令退还，并处骗取金额1倍以上3倍以下的罚款。

骗取失业保险待遇的法律责任。《失业保险条例》第二十八条规定：不符合享受失业保险待遇条件，骗取失业保险金和其他失业保险待遇的，由社会保险费经办机构责令退还；情节严重的，由劳保部门处骗取金额1倍以上3倍以下的罚款。

骗取工伤保险待遇的法律责任。《工伤保险条例》第六十条规定，用人单位、工伤职工或者其近亲属骗取工伤保险待遇，医疗机构、辅助器具配置机构骗取工伤保险基金支出的，由社会保险费部门责令退还，处骗取金额2倍以上5倍以下的罚款；情节严重，构成犯罪的，依法追究刑事责任。

骗取医疗保险待遇的法律责任。医疗机构、药品经营单位等社会保险服务机构以欺诈、伪造证明材料或者其他手段骗取社会保险基金支出的，由社会保险行政部门责令退回骗取的社会保险金，处骗取金额2倍以上5倍以下的罚款。对与社会保险经办机构签订服务协议的医疗机构、药品经营单位，由社会保险经办机构按照协议追究责任，情节严重的，可以解除与其签订的服务协议。对有执业资格的直接负责的主管人员和其他直接责任人员，由社会保险行政部门建议授予其执业资格的有关主管部门依法吊销其执业资格。[①] 社会保险经办机构应当对参保个人领取社会保险待遇情况进行核查，发现社会保险待遇领取人丧失待遇领取资格后本人或他人继续领取待遇或以其他形式骗取社会保险待遇的，社会保险经办机构应当立即停止待遇的支付并责令退还；拒不退还的，由劳动保障行政部门依法处理，并可对其处以500元以上1000元以下罚款；构成犯罪的，由司法机关依法追究刑事责任。[②]

用人单位、社会保险服务机构及其有关人员、参保及待遇领取人员等，有下列情形之一的，县级以上地方人力资源社会保障部门将其列入社会保险严重失信人名单：（1）以欺诈、伪造证明材料或者其他手段骗取社会保险待遇或社会保险基金支出，数额超过1万元，或虽未达到1万元但经责令退回仍拒不退回的；（2）社会保险待遇领取人丧失待遇领取资格后，本人或他人冒领、多领社会保险待遇超过6个月或者数额超过1万元，经责令退回仍拒不退回，或签订还款协议后未按时履约的。[③]

5. 对劳动者侵权责任

用人单位违反其应承担的法定义务，构成对劳动者的侵权。这里，本书不再展开。

2.2.4　社会保险与社会保险费的争议处理

相对于税收法律关系，社会保险法律关系更为复杂。税收法律关系是指国家、税务机关和纳税人之间，在税收征收和管理过程中根据税法规范而发生的具体的征

---

① 《实施〈中华人民共和国社会保险法〉若干规定》（人力资源和社会保障部令第13号）第二十五条.

② 《社会保险稽核办法》（中华人民共和国劳动和社会保障部令第16号）.

③ 人力资源社会保障部关于印发《社会保险领域严重失信人名单管理暂行办法》的通知（人社部规〔2019〕2号）.

收和管理权利义务关系。社会保险法律关系包含了三种法律关系：社会保险行政主管部门与用人单位和职工之间的征缴关系；社会保险行政主管部门与职工之间的待遇给付关系；用人单位和职工之间的社会保险权利义务关系。社会保险法律关系的复杂性带来社会保险费争议的复杂性。

1. 社会保险费争议处理的依据

社会保险费争议与社会保险争议联系密切，相互交织。如果没有办理参保登记，就没有后续的申报缴纳社会保险费，职工也就没有相应的社会保险待遇。同时，社会保险费的争议也是劳动者在维护合法权益时诉求的重要内容。劳动者合法权益受到侵害的，有权要求有关部门依法处理，或者依法申请仲裁、提起诉讼。① 用人单位拒不出具终止或者解除劳动关系证明的，依照《劳动合同法》的规定处理。② 用人单位在终止或者解除劳动合同时拒不向职工出具终止或者解除劳动关系证明，导致职工无法享受社会保险待遇的，用人单位应当依法承担赔偿责任。③

社会保险费争议与劳动争议也经常交织。劳动争议是指劳动关系当事人之间因实现劳动权利、履行劳动义务发生分歧而引起的争议，也称劳资纠纷或劳资争议。

可见，社会保险费争议处理不仅涉及社会保险争议，还涉及劳动争议等。其主要依据不仅有《社会保险法》《劳动法》《劳动合同法》《劳动争议调解仲裁法》《行政复议法》等法律，还有《社会保险行政争议处理办法》《劳动监察条例》《行政复议法实施条例》，以及最高人民法院关于审理劳动争议案件适用法律若干问题的解释（一）、（二）、（三）、（四）以及社保协定等系列规定。

2. 社会保险费争议处理的时限

从现行制度安排来看，社会保险费争议处理涉及不同的处理渠道以及可以处理的期间。作为劳动争议，社会保险缴费争议应当适用 1 年的仲裁时效。《劳动争议调解仲裁法》第二十七条规定，时效的计算从劳动者知道或者应当知道其权利受到侵犯之日起开始计算。

考虑到社会保险待遇对劳动者具有收入替代的功能，社会保险补缴争议应当适用第二十七条第三款的规定，在劳动关系存续期间劳动者要求补缴社会保险而发生争议的，不受 1 年时效规定的限制。但劳动关系终止的，应当在 1 年内申请仲裁。除了申请仲裁以外，劳动者还可以向劳动保障监察机构进行举报，劳动监察机构可以依据《劳动保障监察条例》第二十条规定，查处不超过两年的社会保险违法行

---

① 《中华人民共和国劳动合同法》第七十七条.

② 《中华人民共和国社会保险法》第八十四条.

③ 《实施〈中华人民共和国社会保险法〉若干规定》（人力资源和社会保障部令第 13 号）第十九条.

为。社会保险征缴机构可以依据《社会保险法》和相关法律法规，对用人单位欠缴社会保险费的行为进行查处，不受时效的限制。[①]

3. 社会保险费争议处理的范围

社会保险费的争议情形包括补缴社保费、补办社保费手续、办理社保登记并补缴社保费、因用人单位未申报、没缴纳、少缴纳、迟缴纳社会保险费导致的损害（损失）赔偿、社保险种、缴费基数、缴费年限、参保地等、劳动者代缴社保费的返还、劳动者要求用人单位支付其免缴社保的“工资性补偿款”等。[②]

（1）补缴社会保险费争议。如果用人单位的员工张某解除劳动合同时，提出了未缴纳社会保险费和未支付停工留薪期工资的理由。张某在职期间，其所在单位确实未为其缴纳社会保险费，但是系因张某主动出具内部协议要求不予缴纳，事实上用人单位也确实按月向其支付了社会保险费数额基本相当的补贴。

分析：

张某所在公司虽然客观上违反了法律规定，但确实不是出于逃避社会保险费缴纳义务或者协助员工逃避社会保险费缴纳义务的意图，而是为配合员工意愿，张某在双方产生争议后再以未缴社会保险费为由主张经济补偿金不符合诚实信用原则，对该理由不予支持。[③] 但不能免除公司为员工缴纳社保费的法定义务。

个人与用人单位约定不缴社会保险费的主要类型如下：

①单位以现金支付给个人其应缴社会保险费；

②劳动合同外私下约定付钱自交社会保险费；

③签订的劳动合同约定工资包含社会保险费；

④工资收入太低，职工放弃缴纳社会保险费；

⑤劳动合同约定按比例为职工缴纳社会保险费。

其后果是用人单位补缴社会保险费，被加收滞纳金，增加了缴费的经济成本，也增加了时间成本（经办人加大工作量）；增加了诉讼成本（个人提起仲裁等）。

问题：经协商后不缴社会保险费后，员工能否反悔索要经济补偿？

理由：

第一，违反了强制性规定，不能由用人单位与员工协议约定。《劳动法》第七十二条规定，社会保险基金按照保险类型确定资金来源，逐步实行社会统筹。用人单位和劳动者必须依法参加社会保险，缴纳社会保险费。《社会保险法》第五十八

① 社会保险缴费争议是否应纳入仲裁范围．中国劳动［J］．2014（3）．

② 胡大武，罗恒．中国社会保险争议处理程序法律制度实证研究．法学研究［J］．2016（5）．

③ 林红军．武汉市超峰玻璃有限公司劳动争议二审民事判决书（〔2017〕鄂 01 民终 7929 号）．

条规定，用人单位应当自用工之日起30日内为其职工向社会保险经办机构申请办理社会保险登记。第六十条规定，用人单位应当自行申报、按时足额缴纳社会保险费，非因不可抗力等法定事由不得缓缴、减免。据此，缴纳社会保险费是用人单位和劳动者法定义务，具有强制性。

第二，社会保险费中有一部分属于社会统筹，其缴纳不仅涉及用人单位与员工的利益，还涉及社会公共利益。因此，企业与员工协商放弃参加社会保险，对公共利益有损害。

①违法的风险。企业与员工都要缴纳社会保险费，其中基本养老保险、基本医疗保险、失业保险、工伤保险、生育保险实行由企业五险统交，其中员工本人承担的基本养老保险、基本医疗保险、失业保险由企业代扣代缴，这是强制性、义务性规定，前面已述及，此处不再展开。

②被诉的风险。《关于审理劳动争议案件适用法律若干问题的解释（三)》（法释〔2010〕12号）第一条规定，劳动者以用人单位未为其办理社会保险手续，且社会保险费经办机构不能补办导致其无法享受社会保险费待遇为由，要求用人单位赔偿损失而发生争议的，人民法院应予受理。

③付费的风险。《工伤保险条例》第六十二条规定，应当参加工伤保险而未参加工伤保险的用人单位职工发生工伤的，由该用人单位按工伤保险待遇项目和标准支付费用。

（2）挂靠单位缴纳社会保险费争议。挂靠单位缴纳社会保险费的风险较多，至少表现在四个方面：

①违法违规的风险。企业为不存在劳动关系人员缴纳社会保险费违法，还可能要为挂靠人伪造劳动合同、年假等，衍生更多的法律责任。

②劳动纠纷的风险。尤其是工资、工伤等事项极易造成劳动纠纷。

③增加成本的风险。挂靠个人原非本企业员工，若被挂靠人以员工名义要挟要求享有工资等福利，企业被迫增加成本。

④税收违法的风险。企业员工挂靠单位，企业所得税税前扣除有虚假列支的风险，个人所得税方面也有偷税的风险。

（3）履行集体合同发生的争议。用人单位违反集体合同，侵犯职工劳动权益的，工会可以依法要求用人单位承担责任；因履行集体合同发生争议，经协商解决不成的，工会可以依法申请仲裁、提起诉讼。[①]

（4）纳入社保失信名单的争议。用人单位、社会保险服务机构及其有关人员、

① 《中华人民共和国劳动合同法》第五十六条.

参保及待遇领取人员等，有下列情形之一的，县级以上地方人力资源和社会保障部门将其列入社会保险严重失信人名单：

①用人单位不依法办理社会保险登记，经行政处罚后，仍不改正的；

②以欺诈、伪造证明材料或者其他手段违规参加社会保险，违规办理社会保险业务超过20人次或从中牟利超过2万元的；

③以欺诈、伪造证明材料或者其他手段骗取社会保险待遇或社会保险基金支出，数额超过1万元，或虽未达到1万元但经责令退回仍拒不退回的；

④社会保险待遇领取人丧失待遇领取资格后，本人或他人冒领、多领社会保险待遇超过6个月或者数额超过1万元，经责令退回仍拒不退回，或签订还款协议后未按时履约的；

⑤恶意将社会保险个人权益记录用于与社会保险经办机构约定以外用途，或者造成社会保险个人权益信息泄露的；

⑥社会保险服务机构不按服务协议提供服务，造成基金损失超过10万元的；

⑦用人单位及其法定代表人或第三人依法应偿还社会保险基金已先行支付的工伤保险待遇，有能力偿还而拒不偿还、超过1万元的；

⑧法律、法规、规章规定的其他情形。

当事人对被列入社会保险严重失信人名单不服的，可依法提起行政复议或行政诉讼。

（5）其他社会保险费争议。社会保险费本质上相当于工薪税，与个人所得税（工资薪金所得）有内在的统一性，企业所得税涉及工资薪酬福利支出税前扣除。从目前趋势来看，纳税人和缴费人对社会保险费的合规管理主要集中于从优化员工结构上降低缴费负担，从优化薪酬结构上降低缴费基数，从优化用工方式上转移缴纳主体，从优化税务会计实操上处理，从模式业态创新上谋划等方面。当然，近年来一些纳税人和缴费人推进企业平台化、用户个性化、员工创客化等新经济方式，也可能存在若干风险，易引起争议，应做好合规管理。

4. 社会保险费争议处理的程序

当前，社会保险争议处理程序法律制度存在民事和行政“二元救济路径”：一是采用和解、劳动仲裁、民事诉讼（劳动争议审判）程序；二是采用劳动监察、行政复议和行政诉讼制度。如果劳动者以用人单位未为其办理社会保险手续，且社会保险经办机构不能补办导致其无法享受社会保险待遇为由，要求用人单位赔偿损失而发生争议的，人民法院应予受理。[①]

① 最高人民法院关于审理劳动争议案件适用法律若干问题的解释（三）（法释〔2010〕12号）.

由于社会保险费争议处理较为复杂，也不是本书的重点阐述内容。本书仅以社会保险费行政争议处理为例，对劳动者或者用人单位与社会保险经办机构发生的社会保险行政争议，按照《社会保险行政争议处理办法》处理的程序简述。

对符合下列条件的投诉，劳动保障行政部门应当在接到投诉之日起 5 个工作日内依法受理，并于受理之日立案查处：

（1）违反劳动保障法律的行为发生在 2 年内的；对不符合规定的投诉，劳动保障行政部门应当在接到投诉之日起 5 个工作日内决定不予受理，并书面通知投诉人。

（2）有明确的被投诉用人单位，且投诉人的合法权益受到侵害是被投诉用人单位违反劳动保障法律的行为所造成的；对不符合规定的投诉，劳动保障监察机构应当告知投诉人补正投诉材料。

（3）属于劳动保障监察职权范围并由受理投诉的劳动保障行政部门管辖。① 对不符合规定的投诉，即对不属于劳动保障监察职权范围的投诉，劳动保障监察机构应当告诉投诉人；对属于劳动保障监察职权范围但不属于受理投诉的劳动保障行政部门管辖的投诉，应当告知投诉人向有关劳动保障行政部门提出。

另外，对于劳动者进行与社会保险费相关的劳动合同的投诉，县级以上地方人民政府劳动行政部门依照《劳动保障监察条例》处理。劳动者与用人单位因订立、履行、变更、解除或者终止劳动合同发生争议的，依照《劳动争议调解仲裁法》的规定处理。②

当然，缴费人属于国内派遣、短期就业、自雇人员和投资者等情形到他国就业，因之而产生的社会保险费争议，依据中国与该国的社会保险协定处理。例如，张三因短期就业之需到韩国就业，但与韩国相关方产生社会保险费争议，其争议处理的依据和程序则按照中韩社保协定“第十六条、争端的解决”处理，即“缔约两国关于本协定解释或适用方面的任何争端应由缔约两国主管机关或经办机构通过谈判和磋商方式解决。如果争端在一定时间内未得以解决，则应通过外交途径解决。”③

① 《关于实施〈劳动保障监察条例〉若干规定》（劳动和社会保障部令第 25 号）第十七条、第十八条.
② 《中华人民共和国劳动合同法实施条例》第三十六条、第三十七条.
③ 中华人民共和国政府和大韩民国政府社会保险协定. 人力资源和社会保障部网站.

2.3 税务征收体制下社会保险费征管制度探讨

社会保险费与税收的特征和机理有相当的契合度，这决定了参照税收征管程序将社会保险费征管融入税收征管有一定的基础。全面审视分析社会保险费与税收征管的内在机理，为推进社会保险费征管制度立法提供参考具有现实意义。借鉴国际通行的税收征管规则，推行以纳税人自主申报、提供优质便捷服务为前提，以分类分级管理为基础，以税收风险管理为导向，以现代信息技术为依托，构建集约高效的现代税收征管方式，这也是税收征管现代化的内在要求。①

2.3.1 社会保险费征管的基本逻辑

从法律制度设计的逻辑看，税收征管程序包括基本程序和特殊程序；其中，申报纳税（自主评定）、税额确认、税款追征、违法调查和法律救济是税收征管的基本程序，也是现代税收征管本质特征的外在表现。只有确定税收征管的基本程序这个根本性前提，奠定税收征管的“四梁八柱”，讨论社会保险费征管制度才有价值。该基本程序的内在逻辑性其实是不言而喻的，自行申报是现代税收征管的根本要求，纳税人申报纳税是纳税人进入税收征管的逻辑原点，凡申报纳税必须经税务机关确认；税务机关必须拥有税收确认权，让纳税人申报税款的真实性、准确性、合法性和完整性得到核实和确定，从这点来看，税额确认本身是税务机关的固有职责，也是现代税收征管的关键内核。

税额确认是现代税收征管的核心，几乎所有的税收程序活动都是指向或围绕该程序而展开的。② 2015年，国务院法制办发布的《中华人民共和国税收征收管理法修订草案（征求意见稿）》（以下简称2015年税收征管法修订草案）将税额确认明确为，税务机关对纳税人依法进行的纳税申报，有权就其真实性、合法性进行核实、

① 本节内容主要参考王乾，王明世．税务征收体制下的社会保险费征管制度建设研究［J］．税务研究，2020（05）：37－42.

② 刘剑文．税收征管制度的一般经验与中国问题——兼论《税收征收管理法》的修改［J］．行政法学研究，2014（1）.

确定。[①] 可以看出，税额确认具有法律效力，纳税人可以申请行政复议，也可以提起行政诉讼。而对于税额确认与其他基本程序的关系，可以概括为两个原则；一是“未经确认不得调查”，即税额确认是所有纳税人在通过申报纳税完成自我评定后的必经程序，如同乘客外出旅行，乘坐飞机必须100%经过机场安检；二是“已经确认不得调查”，即税务机关进行税额确认，须穷尽现有风险管理手段，排除所有疑点后，始向纳税人发出税额确认通知书。由于税额确认具有拘束力和确定力，那么税务机关不得再对该纳税人开展违法调查，除非有新线索出现，才可以开展多次确认，籍此设计以排除税务人员滥权的可能。在确认过程中，税务机关可以采用纳税评估、税务审计、反避税调查等主要手段进行，当然在特殊情况下采取税收核定的手段实施。[②] 税务机关应当结合信息采集，进行应用分析和风险识别，启动申报确认程序；需要采取风险管理的方法实施，风险应对中的低风险转入风险提示，中风险传递给纳税评估、税务审计和反避税调查，高风险转入违法调查程序，风险应对中发现已申报尚未入库的行为，转入税款追征程序。在前面各程序流转中，纳税人与税务机关产生纳税争议的，转入争议处理程序。这样，纳税人的税款资金流动从申报纳税程序开始正式进入税收征管的视野，通过后续的税额确认、税款追征、违法调查和争议处理，形成一个闭环系统，可以较为清晰且全貌地反映征纳关系互动的完整脉络。

认识到税收征管的基本逻辑，在此基础之上探讨社会保险费征管融入税收征管的可行性，才具有实际价值。换言之，将税收征管的基本程序投射于社会保险费征管，其基本程序可转换为：缴费人识别—申报缴费—费额确认—费款追征—违法调查—争议处理。由此，可以将社会保险费征管的若干子流程（如费基核定、加收滞纳金等）放在社会保险费征管基本程序的大框架下审视，才不致迷失探讨的方向，社会保险费征管基本程序的制度设计才可能逻辑更为严密。当然，在社会保险费征管制度设计中，还要科学界定征纳双方在征纳管理活动中参与的证明责任，做到权责一致、权责清晰。

为此，社会保险费征管制度的立法考量，其核心在于征管程序的设计，应当借鉴税收征管的基本逻辑，从前瞻性出发，既要切合征管的本质要求，又不可忽略其业务的独特性，抓住关键、找准重点，以辩证和法治的思维统筹社会保险费征管制度的设计。

2.3.2 现行社会保险费征管制度立法的制约因素分析

《社会保险法》是调整社会保险费征管的最高位阶法律，也是社会保险的“宪

① 2015年1月5日国务院法制办公室关于《中华人民共和国税收征收管理法修订草案（征求意见稿）》公开征求意见的通知.

② 《国家税务总局关于转变税收征管方式提高税收征管效能的指导意见》（税总发〔2017〕45号）.

法”。税收征管法则是调整税收征管的法律，也就是说，现行社会保险费征管制度与税收征管制度是平行关系，并无重合或者交叉。2018 年 3 月 21 日，中共中央印发《深化党和国家机构改革方案》明确由税务部门统一负责各项社会保险费的征收工作，随后中办、国办印发的《国税地税征管体制改革方案》又对此作了具体部署，推进和完善社会保险费征管制度已成为现实性很强的重大课题。然而，当前社会保险费融入税收征管面临“体系化”重构、滞后于现代征管实践、与征管程序有待协调等叠加性难题。

2.3.2.1　社会保险费征管制度建设的现状

从发展脉络来看，回顾我国社会保险征管的历史沿革，可以将社会保险费征管制度建设可以大体分为四个阶段，第一阶段为 1951—1985 年，工会领导下由企业代征代发社会保险费，社会保险费统收统管；第二阶段为 1986—1998 年，社会保险经办机构征缴阶段，社会保险费实体与程序一体化；第三阶段为 1998—2018 年，1998 年财政部出台《企业职工基本养老保险基金实行收支两条线管理暂行规定》。征收主体授权省政府确定，税务部门可以代征。社会保险费开始二元化征管；第四阶段为 2018 年 7 月 20 日之后，根据改革精神，社会保险费开始二元化征管逐渐走向一元化征管。基于“企业职工基本养老保险和企业职工其他险种缴费，原则上暂按现行征收体制继续征收，稳定缴费方式”要求，这一阶段又可以内分为两个发展子阶段，包括社会保险经办机构与税务机关征缴并行阶段、税务机关征缴阶段。目前加强社会保险费征管制度立法研究，正是为税务机关征缴阶段进行前瞻性的政策研究储备，预先做好社会保险费征管制度设计“一揽子”方案，通过边改革边立法，以立法引领改革，为加快推进国家治理能力现代化提供较优选择。

从法律渊源上看，涉及社会保险费征管制度的主要集中在《社会保险法》《社会保险费征缴暂行条例》（以下简称《征缴条例》）《社会保险费申报缴纳规定》《社会保险稽核办法》《社会保险费征缴监督检查办法》《社会保险行政争议处理办法》等法律法规、部门规章和规范性文之中，法条分布相对分散，各立法层级都有。这些制度可以分为四个层次。第一层次为法律层次，《社会保险法》有专门章节表述社会保险费征缴规定（第五十七条至第六十三条），《劳动法》《劳动合同法》也略有涉及；税务机关目前征收社会保险费的主要程序性法律依然是《社会保险法》，除非《税收征收管理法》或《社会保险法》特别授权，税务机关取得的纳税人涉税信息并不能直接适用于社会保险征管。① 第二层次为行政法规，《社会保险

① 王桦宇，李想．税务机关征收社会保险费的误区及其澄清［J］．税务研究，2019（6）．

法》没有与之相配套的实施条例，《征缴条例》第二章以及各险种单行条例或办法有相应的征缴条款。第三层次为规章，部门规章较多，主要包括《社会保险费申报缴纳规定》《社会保险稽核办法》《社会保险费征缴监督检查办法》《社会保险行政争议处理办法》，各地也因时因地制宜发布了一些地方政府规章。第四层次为规范性文件，多以主管部门发文的形式出现。

从现行社会保险费的征管规程上看，社会保险费不同缴费群体的征管规程有所不同。(1) 企业机关事业单位社会保险费的征缴规程可以描述为：缴费人登记—缴费人申报—社保经办机构确认—缴费人缴纳—费款追征—违法调查—争议处理。(2) 城乡居民社会保险费的征缴规程可以描述为：缴费人登记—申报（缴纳）—费款追征—违法调查—争议处理。(3) 灵活就业人员社会保险费的征缴规程可以描述为：缴费人登记—申报（缴纳）—费款追征—违法调查—争议处理。城乡居民和灵活就业人员因为自行选择缴费档次，没有核实程序，其费款追征程序的强制性要求与企业企业机关事业单位也不一样。可见，由于社会保险费缴费群体的不同，带来社会保险费征缴规程有一定的差异性，社会保险费征管制度立法必须建立在内部规程考察的基础之上进行整合，然后在统一规程后进行制度化改造。

2.3.2.2 现行社会保险费征管制度面临的制约因素

1. 现行社会保险费征管制度亟须“体系化”重构

其一，制度零散碎片化分布。无论是纵向层面的各个法律层级，还是横向层面的各个险种或者地域性规定，与税收征管制度有较高的集成度不同，社会保险费征管制度的集合度相对不高，不同位阶规定的衔接不够紧密，解释性、执行性、补充性规定相对零散，全面精准把握并不容易，社会保险费征管制度体系化还面临优化的课题，这给社会保险费征管带来了一定的难度。

其二，制度之间需要上下左右协调。改革开放40多年来，我国社会保险费改革的重点有所侧重，各项制度不是“打包”出台，而是随着深化改革的进程在逐步调整。由此，社会保险法授权性条款太多需大量下位法来配套，但现实中一些规章或规范性文件并不都是《社会保险法》的解释性、执行性的征管规定，部分规定对《社会保险法》有所超越。从这点来看，即使社会保险费不划转给税务机关，社会保险费征管制度自身也面临整合的命题。

其三，部分征管条款有待咬合。社会保险费征管制度应当全面规范，可操作、可预期。现实中，由于发布时间和发布部门等因素，一些条款之间操作上协调性存在一定的差异，客观上影响了社会保险费征管的实施效果。例如，社会保险费加收滞纳金的标准方面，《社会保险法》第八十条规定，用人单位未按时足额缴纳社会保险费的，由社会保险费征收机构责令限期缴纳或者补足，并自欠缴之日起，按日加收万分之五的滞纳金。但生育保险费滞纳金标准加收为千分之二。以关于骗取社会保险待遇的法律责任为例，《社会保险法》第八十八条、《劳动保障监察条例》第二十七条第二款与《失业保险条例》第二十八条、《工伤保险条例》关于社会保险待遇的处罚幅度不同，影响相关方的精准把握。不仅于此，还有逾期申报、延期申报、逾期缴纳等条款也有类似的问题亟须解决。

2. 现行社会保险费征管制度滞后于现代征管实践

客观而言，现行社会保险费征管制度存在覆盖不够全面、逻辑不够严密、流程不够清晰、协作不够严谨有力等问题。限于篇幅，这里仅以职责权限、征管链条、征管法律关系为例，分析现行社会保险费征管制度滞后于现代征管实践问题。

一是职责权限方面亟须明确。2010 年，《社会保险法》在立法征求意见阶段有 7 万多条意见，其中有 1076 条建议明确规定社会保险费征收机构。社会保险费征管体制改革前的二元化征管模式不仅可能降低征收效率、增加征收成本，也易造成征管口径不一、征管方式不一致的问题。① 目前，人社部门有核实的权限但缺少风险管理的手段，税务机关有风险管理的手段但相关权限不够明晰。另外，社会保险费的行政征收权、行政处罚权由人社部门、税务两个部门共同参与，也亟须理顺关系。税务部门在法律层面尚不完全具备与征管职责相适应的权限。

二是征管链条不够完整。目前，《社会保险法》对税务机关是否具有社会保险费征管权限还没有做出适应性修订。1999 年发布的《征缴条例》已走过 20 个春秋，该条例仅以 10 个条款阐述征缴管理；其中，因《社会保险登记管理暂行办法》自 2019 年 4 月 28 日起废止，导致 3 个条款归于无效；有 3 个条款阐述社会保险基金、征收信息部门共享、缴费记录，并不属于严格意义上的征管程序；目前仅剩 4 个条款阐述社会保险费征管程序（包括社会保险申报、社会保险经办机构向税务机关提供登记与缴费申报信息、代扣代缴、费款追缴）。该条例罚则（第二十六条）关于申请人民法院依法强制征缴的规定实质是强制执行，属于费款追缴程序，而不是法律责任。可见，该条例的有限法条不能反映出社会保险费征管的基本程序，也没有清晰勾勒出其征管的内在逻辑，难以支撑社会保险费征管和现实需求。

三是征管法律关系相对复杂。以税收征管法律关系为参照，税务行政相对人包括纳税义务人（简称“纳税人”）、纳税担保人、扣缴义务人、委托代征中的受托代征人、有连带责任的纳税人（纳税担保人、有合并分立、承包承租等情形的纳税人）、次纳税义务人（如，房产税的房产代管人、破产清算中的破产清算组）、税务代理人、其他涉税当事人和出口退税申请人。在社会保险费征管法律关系中，要清

① 张智，社会保险费征管中存在的问题及对策［J］. 税务研究，2019（4）.

晰表述社会保险费法律关系参与人并不容易，不能平移税收征管法律关系参与人体系，因为社会保险费征管涉及缴费人（用人单位及员工、自然人缴费人）、税务机关、社保经办机构、社保部门、社保经办代理机构、税务机关、劳动仲裁、人民法院等参与方，这无形中增加了缴费人识别和争议处理等程序设计的难度。

3. 现行社会保险费征管制度与征管程序有待协调

不同群体的社会保险费征管需要放在社会保险费基本征管程序的大框架下进行观照。众所周知，社会保险费的缴费人涉及自然人（城乡居民、灵活就业人员）、企业、机关事业单位，不同险种对应的群体又略有差异，这显然与《税收征收管理法》关于税务行政相对人的划分不在同一纬度。社保部门的参保登记与税务机关主导的申报缴费等后面的环节分离在程序层面，可能增加缴费人的遵从成本。作为社会保险费征管的核心程序，除了费额确认程序与税额确认程序有较大的差异外，其他 4 个社会保险费基本程序与税收征管程序整合相对容易。因此，这里仅以费额确认程序为例，其他程序不作展开。费额确认程序中，实质性和主体性业务就是社会保险费申报真实性的审核，包括参保人数、缴费基数的核实。由于城乡居民和灵活就业人员基本养老保险或者基本医疗保险是参保人自主选择档次申报缴纳；也就是说，对城乡居民实质上不需要履行费额确认程序。因此，对具体的费额确认程序则不宜在《税收征收管理法》层次落笔。当然，在社会保险费征管制度设计中，还要科学界定征纳双方在征收管理活动中的证明责任，做到权责一致、权责清晰。①

2.3.3 优化和完善我国社会保险费征管制度的路径选择

良法善治，社会保险费征管是国家治理能力的重要体现，也是国家治理体系现代化的重要内容。社会保险费征管制度融入税收征管，是一个逐步完善、循序渐进的过程，优化和完善社会保险费征管制度可以有效夯实国家治理现代化的基础。

2.3.3.1 科学确定社会保险费征管制度设计的目标

社会保险费征管制度设计，需要准确把握税制改革和国地税征管体制改革的总体要求，推进制度设计能够落地生效，通过改革破解发展中的难题和瓶颈。自 2018 年我国社会保险费征管体制改革启动后，探讨社会保险费征管融入税收征管成为一种现实可能，这需要全视角找出两者征管程序的差异，寻找稳妥、高效、可行的融入路径，为制度健全、优化和完善提供参考，其价值是不言而喻的。社会保险费征管制度设计

① 王明世．打造税收征管升级版：税收征管现代化的战略选择．新理财，2016（8）．

的目标应以定位于构建完备科学、配套严密全面的社会保险费征管制度为价值取向。

2.3.3.2 优化社会保险费征管制度设计的基本原则

显而易见，社会保险费征管制度融入税收征管，综合性、创新性、系统性强，是一项重大工程，必须以体系化角度审视，补齐制度供给不足的“短板”，至少应当确立以下三项基本原则。

1. 适当平移

如前所言，社会保险费征管制度设计更多应是平移和吸纳式，不必将社会保险费征管的全流程在法律修订层面全展示，宜粗不宜细，只须将社会保险费征管的基本程序与税收的基本程序实现有限度整合。

2. 平稳审慎

平稳推进社会保险费征管，努力为缴费人带来更多获得感，这本身也是国家治理能力和治理体系现代化应有之义。基于前面对征管程序的分析，在税务征收体制下尽可能平移现行社会保险费征管制度，在法条设计上可以分类实施。即，在相关立法设计上可以分为三类情形表述：一是完全可以与税收同步的业务，不需要条款另行表述；二是社会保险费征管专有而税收专有的业务，可以专门条款另行表述。三是社会保险费征管业务没有而税收专有的业务，可以表述为“本法第 × 条不适用于社会保险费的征收管理”；例如，临时税收保全措施等条款就可以采取该写法。

3. 适当授权

社会保险费征管制度完善不可避免需要对相关法律进行修订，相关法律修订应当体现和反映新一轮社会保险费征管体制改革的成果，兼顾社会保险费的独特性和现实性，可以选择更为可行的途径，从而有利于推进税收与社会保险费征管集约化、一体化和协同化。

2.3.3.3 健全社会保险费征管基本程序的若干考量

界定社会保险费征管的基本程序，才是奠定社会保险费征管的基石，社会保险费征管框架才能形成。若以新设方式进行社会保险费征管制度重建，不免有与社会保险法、税收征收管理法、社会保险费征缴条例等法律有“叠床架屋”之嫌，可能增加立法成本，也增加将来落实的难度。通过吸纳和平移式制度设计，实现社会保险费征管“车同轨、书同文”，才为在全国范围内逐步统一规则提供可能，具体的社会保险费征管规则和流程也才得以在现有基础上进行调整和优化。这需要在制度设计中将社会保险费现行规定、具体实践与现行税收征收管理法及其修订相结合，反复论证其可行性与不可行性，以推进制度性创新。

1. 基于征管“逻辑＋实践”搭建社会保险费征管制度框架

从宏观角度来看，社会保险费征管的程序包括前置程序和主要程序。前置程序包括缴费人识别（由原社会保险登记转化）、凭证管理和涉费信息提供等程序；主要程序包括申报缴费、费额确认（由缴费基数核定转化）、费款追征、违法调查和争议处理等程序。缴费人识别与主要程序又构成征管的基本程序。厘清这三者的逻辑关系，有利于我们搭建社会保险费征管制度的框架。

这其中，费额确认相当于税收征管上的税额确认，由缴费基数核定转化，但不全然如此，参保人数的核实、费率的适用等方面都是该程序的业务组成。因此，毫无疑问，费额确认是社会保险费征管的核心程序。有人担心，将社会保险费的费额确认立法是不是过于超前？可以试从三个方面设计：第一，单一部门确认。直接在条款上写明由专门的部门进行费额确认，可以表述为“社会保险费申报费额的确认由社会保险经办机构确认，或者由税务部门确认；由税务部门确认的，由省、自治区、直辖市人民政府统筹考虑本地区社会保障发展目标要求，报同级人民代表大会常务委员会决定，并报全国人民代表大会常务委员会和国务院备案。”第二，双部门联合确认。可以参照《环境保护税法》第二十一条规定关于“核定计算污染物排放量的，由税务机关会同环境保护主管部门核定污染物排放种类、数量和应纳税额”的表述，写为“核实社会保险费参保人数和缴费基数的，由税务机关会同人力资源和社会保障主管部门核定。”第三，一个部门为主，另一部门协作确认。目前，全国不少地区的模式是社保经办机构对社会保险费申报金额进行确认，税务部门做好配合；随着社会保险费征管体制改革的深入，可以逐渐转换为由税务部门确认为主，社保部门配合。

2. 以缴费人识别为逻辑起点设置社会保险费征管前置程序

缴费人识别是社会保险费征管程序的逻辑原点。尽管近年来，国家加快推进与政务服务“一网通办”，先后实施“两证整合”“三证合一”“多证合一”等登记制度改革，为缴费人识别程序奠定坚实的基础。缴费人识别本身并不等同于社会保险登记，当然不能照搬纳税人识别中关于设立、变更、注销、报验、非正常户认定、停歇业、跨区域经营的规定，也不能全面沿用社会保险登记的规定。同时，社会保险费的缴费人识别还有用人单位与用人单位职工的双向特殊管理。个体工商户办理社保登记要区分“有雇工的个体工商户”和“无雇工的个体工商户”，分别办理。用人单位应同时参加五项保险，不可选择参加。这些是纳税人识别条款不能兼顾的地方，需要透过其他法律或者透过授权的法行政法规表述。对于缴费人识别等社会保险费征管各个程序的具体业务，能否在实现与税收业务同步，要逐一分析。如，设立登记、变更登记、注销登记、非正常户认定可以将社会保险费与税收同步；跨区域报验登记、个体工商户停歇业属于税收专门业务，而用人单位与职工双登记、用人单位登记与全险种认定属于社会保险费专门业务，则不能同步。

凭证管理方面，现行税收征管法对纳税人账簿设置、会计制度或软件备案、发票管理、税控装置、保管明确了要求，现行社会保险费这方面相关规定不多。《社会保险法》第七十四条第二款规定，社会保险经办机构有应当“妥善保管登记、申报的原始凭证和支付结算的会计凭证”的职责。由于社会保险费征管业务不直接涉发票管理、税控装置。因此，在社会保险费凭证管理程序上，社会保险费征管可以不涉及发票管理、税控装置业务。

涉费信息报告方面，税收征管法修订草案对部门涉税信息共享和行政协助明确了具体规定。[①] 社会保险费的数据源本身也是涉税数据源之一。从目前来看，自主申报信息、涉税专业服务机构、相关部门报送、业务交易、账户资金、网络交易平台等涉税数据，在税源监控的同时又满足社会保险费征管对涉费信息的需求。因此，信息报告业务是可以税费同步的。

3. 以费额确认为主轴全面构建社会保险费征管的核心程序

从落实“放管服”改革，优化营商环境出发，体现还权明责于缴费人，费额确认必须建立在缴费人依法自我评定，即自行申报的基础之上，这是现代征管的最根本特征。

申报缴费方面，用人单位、自然人缴费人应当自行申报、按时足额缴纳社会保险费，非因不可抗力等法定事由不得缓缴、减免。建立起参保单位和缴费个人的申报缴费制度，通过自报自核自缴，还权明责于缴费人，实现自我评定。如果没有缴费人自我评定，缴费人的权利与义务将变得模糊，费额确认也失去法理基础。用人单位的职工应当缴纳的社会保险费由用人单位代扣代缴，用人单位应当按月将缴纳的明细情况告知本人。纳税人有延期申报、修正申报、扣缴申报、代征申报、简并申报、申请预约裁定等业务；相应的，缴费人也应当拥有这些权利，在征管制度设计时是可以税费同步的。

费额确认是社会保险征管的核心程序，也是风险管理和社会保险费管理相融合的程序，其实质为参保人数和缴费基数核实。征管制度设计上应该赋予税务机关确认权，属于具体行政行为，纳税人可申请行政复议，也可提起行政诉讼。税收征管法修订草案确立的税额确认规则，包括举证责任、避险确认、核定情形、关联交易确认、确认形式、视同确认、多次确认、中止确认、确认期限等，同样可以适用于

① 2015 年 1 月 5 日国务院法制办公室关于《中华人民共和国税收征收管理法修订草案（征求意见稿）》公开征求意见的通知.

社会保险费征管，实现税费同步。至于城乡居民、灵活就业人员的费额确认程序如何设计问题。城乡居民、灵活就业人员的基本养老保险申报是参保人自主选择档次申报缴纳，其基本医疗保险根据每年政策规定缴纳固定金额。也就是说，城乡居民社会保险费的费额确认程序可以由税务机关直接视同确认，这样就能与税收征管法修订草案关于视同确认的条款较好地实现对接。

费款追缴是社会保险费征管制度设计的难点。概括起来，可以从四个方面入手。第一，追缴对象。城乡居民、灵活就业人员社会保险费日常申报是以个人身份参加社会保险费按期申报，由其自主选择缴费档次或缴费基数进行缴费，也就是说这两类群体社会保险费是自愿缴纳，既然是自愿缴纳，就没有强制性要求。社会保险费追缴一般对用人单位（企业、机关和事业单位）实施。二是行政处罚权。税务机关对欠缴社会保险费行为的行政处罚权上，《社会保险法》没有明确规定，对未缴、少缴、欠缴和拒不缴纳的企业，税务机关没有行政处罚权和行政强制权，需要采取强制执行措施时必须向人民法院提出申请，造成税务机关欠费追缴的程序多手段少，缺少征收刚性。三是破产清费。在办理登记注销前，应当向税务机关结清应缴的社会保险费、滞纳金和罚款。四是操作性不强。《社会保险法》第六十三条对税务机关催缴社会保险费未果后的银行存款查询和划拨、企业提供担保、强制执行等做了原则规定，但具体实际操作各地并不一致。

归纳起来，社会保险费征管业务可以与税款追征中关于责令限改、税收利息、利息中止、滞纳金、阻止出境、担保权说明、收据清单、破产清算、合并分立责任、连带责任、继承、次生清偿义务、股东责任、大额资产处分报告业务同步，但是社会保险费征管业务不可以与下列业务同步：追征期、临时保全措施、一般保全措施、保全赔偿责任、强制措施、保全延期、行政强制实施主体、限制条件、行政强制赔偿责任、先税后证、税收优先权、税款预设优先权、代位权和撤销权、以欠抵退等。

违法调查方面，这是税收与社会保险费有较大区别所在。首先，税务机关对社会保险费的检查权限是明确的，《社会保险费征缴条例》第十八条和第十九条规定，社保部门或者税务机关依法对单位缴费情况进行检查时，被检查的单位应当提供与缴纳社会保险费有关的用人情况、工资表、财务报表等资料，如实反映情况，不得拒绝检查，不得谎报、瞒报。社保部门或者税务机关可以记录、录音、录像、照相和复制有关资料；但是，应当为缴费单位保密。① 但是，社保部门或者税务机关调

---

① 《社会保险费征缴暂行条例》第十八条、第十九条（国务院令第 259 号，1999 年 1 月 14 日国务院第 13 次常务会议通过，1999 年 1 月 22 日国务院令第 259 号发布，自发布之日起施行。2019 年 3 月 24 日《国务院关于废止和修改部分行政法规的决定》修订）.

查社会保险费征缴违法案件时，有关部门、单位应当给予支持、协助。总体而言，社会保险费违法检查有权限表述较为原则，不够具体。现行税收征管法规定相对具体而全面，社会保险费税务机关可以采取与之相同的税务检查权限或手段。在主要检查权限、检查中保全措施、行政相对人配合义务、有关单位和个人的协助义务、调查取证手段、检查告知、证据保全方面，社会保险费可以之与同步。

4. 以法律救济为保障，全面构建社会保险费征管的保障程序

社会保险费争议不同于社会保险争议，也不同于纳税争议，其争议处理较为复杂。[①]《社会保险法》第八十三条规定，用人单位或者个人认为社会保险费征收机构的行为侵害自己合法权益的，可以依法申请行政复议或者提起行政诉讼。用人单位或者个人对社会保险经办机构不依法办理社会保险登记、核定社会保险费、支付社会保险待遇、办理社会保险转移接续手续或者侵害其他社会保险权益的行为，可以依法申请行政复议或者提起行政诉讼。个人与所在用人单位发生社会保险争议的，可以依法申请调解、仲裁，提起诉讼。用人单位侵害个人社会保险权益的，个人也可以要求社保部门或者社会保险费征收机构依法处理。[②]《社会保险行政争议处理办法》第六条也规定，公民、法人或者其他组织认为经办机构未按规定审核社会保险缴费基数的，可以申请行政复议。纳税争议处理依据主要为现行《税收征收管理法》第八十八条，该条款纳税人、扣缴义务人或纳税担保人在纳税争议处理有“两个前置”。可见，社会保险费争议与纳税争议处理的途径和方式差异性较大，因此社会保险费争议处理条款需要单独设计或者沿用相关法律、法规及规章，不可以与税收同步。因为社会保险费争议涉及用人单位的员工、用人单位、社会保险经办机构、社会保险经办服务机构、人力资源和社会保障部门、税务部门、劳动仲裁机构和法院等参与方，有可能涉及平等民事主体的纠纷，也有可能发生行政争议。在《税收征收管理法》中可作如下相关表述，“社会保险费争议处理有其他法律、行政法规或规章规定的，按其他法律、行政法规或规章执行。其他法律、行政法规或规章没有规定的，参照本法执行。”

2.3.3.4　开辟社会保险费征管制度融入税收征管的较优路径

社会保险费征管制度融入税收征管的路径，探讨不多，关键是平稳、科学、法治、实用。归纳起来，社会保险费征管制度融入税收征管有三种主要方案可以供参考：一是修法。即，对《社会保险法》中涉及社会保险费征缴的章节进行大修，调

① 《社会保险行政争议处理办法》（中华人民共和国劳动和社会保障部令第 13 号）.

② 《社会保险法》第八十三条.

整社会保险登记条款，增加税务机关具有社会保险费征管权限等基本条款；然后修订《征缴条例》，再修订《社会保险费申报缴纳规定》等部门规章；这样做的好处是修法成本小，但在现行社会保险费征收体制之下对于部门之间修法协调性的要求较高，将来还要涉及立法解释和部门行政解释等事项，耗时较长，操作上难度较大。二是对《征缴条例》大修，相当于“造法”，需要将《社会保险费申报缴纳规定》《社会保险稽核办法》《社会保险费征缴监督检查办法》《社会保险行政争议处理办法》关于社会保险费的征缴规定整合至该条例，甚至可以考虑进行合并。但是，行政法规可能难以承担基本程序的立法使命，也可考虑将《征缴条例》升格为《社会保险费征收管理法》。三是将社会保险费征管制度直接融入税收征管法。该路径尽管可以一步到位，但前期工作难度较大，面临社会保险费与税收征管的法条整合等重大问题，好处是法律层次框架定好后，有利于以立法引领改革，也有利于规范征管。但工作量巨大，需要大量论证。

2.3.4 社会保险费征缴文书

《社会保险法》《社会保险费征缴暂行条例》《社会保险费申报缴纳管理规定》等法律法规没有具体的文书规定。自 1999 年《社会保险费征缴暂行条例》实施以来，部分省市将企业社会保险费划转给税务机关征收。为加强和规范税务机关社会保险费征管工作，方便缴费人履行缴费义务，提高服务质量和征管效率，2015 年国家税务总局制发了《社会保险费及其他基金规费文书式样》①，包括《责令限期改正通知（决定）书》和《缴纳社会保险费催告书》等文书，分为登记类、申报类、检查类、执法类共 4 类 34 种文书，具体文书目录如下：

（1）登记类文书。

DJ01 社会保险费缴费登记表（适用单位缴费人）

DJ02 社会保险费缴费登记表（适用灵活就业人员）

DJ03 员工社会保险费缴费登记表

DJ04 社会保险费缴费信息登记变更申请表

DJ05 注销社会保险费缴费登记申请表

（2）申报类文书。

SB01 社会保险费缴费申报表（适用单位缴费人）

① 国家税务总局关于发布《社会保险费及其他基金规费文书式样》的公告（国家税务总局公告 2015 年第 98 号）.

SB02 社会保险费缴费申报表（适用灵活就业人员）

SB03 员工社会保险费缴费明细申报表（适用明细申报地区）

SB04－1 社会保险费年度结算申报表（适用明细申报地区）

SB04－2 社会保险费工资总额调整项目汇总表（适用明细申报地区）

SB04－3 员工应补（退）社会保险费明细表（适用明细申报地区）

SB05 基金规费退（抵）费申请表

（3）检查类文书。

JC01 基金规费缴费评估（检查）通知书

JC02 基金规费缴费评估（检查）约谈通知书

JC03 基金规费缴费评估（检查）实地核查通知书

（4）执法类文书。

ZF01 社会保险费限期缴纳通知书

ZF02 查询单位存款账户通知书

ZF03 划拨社会保险费决定书

ZF04 划拨银行存款通知书

ZF05 责令提供社会保险费担保通知书

ZF06 社会保险费缴费担保书

ZF07 社会保险费担保财产清单

ZF08 解除社会保险费缴费担保通知书

ZF09 延期缴纳社会保险费协议

ZF10－1 社会保险费征收决定书（通用）

ZF10－2 社会保险费征收决定书（适用欠费清缴地区）

ZF11－1 社会保险费履行义务催告书（适用非全责征收地区）

ZF11－2 社会保险费履行义务催告书（适用全责征收地区）

ZF12 行政处罚事项告知书

ZF13 社会保险费行政处罚听证通知书

ZF14 行政处罚决定书（通用）

ZF15 社会保险费行政处罚决定书（简易）

ZF16 基金规费征缴事项通知书（通用）

近年来，随着社会保险费征管改革的推进，其征管文书有待进一步规范，迫切需要制定新型表证单书，对其适用范围、文书名称、字号、条款引用、文书受理和审批、告知事项等统一规范，体现“流程标准化、管理科学化、执法规范化”社会保险费新型征缴模式。

[延伸阅读一]

四川省广安市中级人民法院

民事判决书

（2018）川16民终1741号

上诉人（原审原告）：胡天智，男，1957年11月9日出生，汉族，住四川省岳池县。

委托诉讼代理人：雷黎明，四川瀛络律师事务所律师。

被上诉人（原审被告）：中国石油天然气股份有限公司四川广安销售分公司，住所地四川省广安市城南银顶街1号。

法定代表人：何凌，总经理。

委托诉讼代理人：方灿，四川衡平律师事务所律师。

上诉人胡天智因与被上诉人中国石油天然气股份有限公司四川广安销售分公司（以下简称广安石油公司）养老保险待遇纠纷一案，不服四川省广安市广安区人民法院（2018）川1602民初3669号民事判决，向本院提起上诉。本院于2018年11月23日立案后，依法组成合议庭，公开开庭进行了审理。上诉人胡天智及其委托诉讼代理人雷黎明、被上诉人中国石油天然气股份有限公司四川广安销售分公司的委托诉讼代理人方灿到庭参加诉讼。本案现已审理终结。

胡天智上诉请求：（1）撤销一审判决，并依法改判广安石油公司赔偿其养老金损失160224.66元；（2）本案一、二审诉讼费用由被上诉人承担。事实和理由：（1）一审判决认为本案不属于法院受案范围，属于适用法律错误。胡天智的诉讼请求是要求广安石油公司赔偿上诉人养老金损失，并非要求人民法院判决广安石油公司为胡天智缴纳社会保险费用，故一审法院以征缴养老保险费属于行政部门的管理职责为由，认为不属于人民法院受案范围，属于适用法律错误；（2）广安石油公司未将146259.07元计入胡天智的养老保险缴纳基数（包括少为胡天智发放的伤残津贴124659.07元和补发的工资21600元），直接导致了上诉人退休后养老金的损失，应当赔偿胡天智养老金损失。一审判决驳回胡天智的诉讼请求错误。

广安石油公司辩称，该公司已为胡天智办理社保手续，且胡天智现已依法享有养老保险待遇，双方仅对缴费基数是否足额发生争议，其实质系征收与缴纳之间的纠纷，并非单一的劳动者与用人单位之间的社会保险争议，不属于人民法院审理范围，一审法院认定无误。广安石油公司严格依照社会保险经办机构核定的缴费基数为胡天智缴纳了养老保险费，胡天智诉称广安石油公司未足额为其缴纳养老保险费缺乏事实依据。

胡天智向一审法院起诉请求：（1）判令广安石油公司赔偿胡天智养老金损失160224.66元［按照20年计算，2016年养老金损失601.50元（一个月）；2017年养老金损失7651.2元；2018年养老金损失8033.76元，后续17年11个月养老金损失以2018年损失为标准计算为143938.20元］。（2）本案诉讼费由广安石油公司承担。

一审法院认定事实：2001年12月31日，案外人四川省石油集团岳池有限公司（甲方）与胡天智（乙方）签订协议书，主要内容为：乙方胡天智1991年11月18日上班发生交通意外事故造成伤残，经广安市劳动鉴定委员会评审小组审查鉴定为伤残六级，根据有关劳动保险规定，双方协商同意：九、甲方补发乙方1991年至今未按在岗待遇工资的差额部分21600元；十、乙方更换全髋关节，需经医院证明可续治至伤病残退休年龄为止；十一、乙方今后待遇按规定，套入本人岗基工资70%发放伤残抚恤，本人岗基工资如遇调整，改按新的岗基工资基数发放（按保险试补办法规定，如低于市劳动部门公布的市职工平均工资的75%时，改按市职工平均工资的75%发放）；十二、乙方的其他待遇，按企业内退职工待遇同等对待；十三、本协议一式三份，甲乙方各存一份，上报市公司一份。

2003年3月11日，广安石油公司（甲方）与胡天智（乙方）签订协议书，主要约定：九、甲方补发乙方1991年至今未按在岗待遇工资的差额部分21600元；十、乙方如更换全髋关节，需经甲方同意并经专业资质医院证明更换后进行，因伤残引起的继续治疗按有关规定办；十一、本协议所处理的事项为本企业与胡天智1991年车祸事故发生至2001年12月31日的所有遗留问题（乙方于2002年在北京治疗的所有治疗费，医疗费护理等已由甲方报销），乙方对此无异议；十三、乙方今后的工资待遇，按劳部发（1996）266号第二十四条第四款规定，即套入本人岗基工资70%发放伤残抚恤，本人岗基工资如遇调整，改按新的岗基工资基数发放；十四、乙方的其他待遇，按企业内退职工待遇同等对待。

广安石油公司自2002年至2016年向胡天智发放的伤残津贴明细：2002年4818元；2003年5172元；2004年6601元；2005年11050元；2006年12058元；2007年12786.36元；2008年18906元；2009年19050元；2010年19050元；2011年22552元；2012年24840元；2013年27469元；2014年27260.7

元；2015 年 27096 元；2016 年 24970 元。

经双方当庭确认，2002—2016 年全市城镇全部单位就业人员平均工资为：2002 年 9709 元，2003 年 11108 元，2004 年 12348 元，2005 年 13523 元，2006 年 14652 元，2007 年 18982 元，2008 年 23195 元，2009 年 25180 元，2010 年 29223 元，2011 年 27819 元，2012 年 33190 元，2013 年 36213 元，2014 年 39213 元，2015 年 44079 元，2016 年 48054 元。广安石油公司从 2002 年 1 月至 2016 年 11 月，发放给胡天智的伤残抚恤金与 2002—2016 年全市城镇全部单位就业人员平均工资的 75% 相比，少发数额为 26000. 985 元。

胡天智的退休时间为 2016 年 11 月 1 日，经广安市社会保险局核准胡天智基本养老金为 2924. 8 元/月。

2016 年 12 月 13 日，胡天智就本案相关争议事项向广安石油公司递交了申请，广安石油公司维护稳定工作办公室主任陈轶于次日收到胡天智的申请及相关附件。

2017 年 6 月 27 日，胡天智就与广安石油公司本案争议事项提出仲裁申请。同日，广安市劳动人事争议仲裁委员会以申请人主体不适格做出广市劳人仲不〔2017〕7 号不予受理通知书。

另查明：2004 年 12 月 27 日，案外人中国石油四川销售分公司做出《关于进一步调整和完善岗位基薪工资制度的通知》，胡天智属于油品保管员岗位，2003 年的最低档岗基工资为 410 元，2011 年案外人中国石油四川销售分公司做出《完善岗位基薪工资制度的通知》，胡天智的岗位为油品保管员，现岗位基薪 1510 元，调整后岗位基薪 1730 元。

四川省劳动和社会保障厅从 2006—2016 年每年下发《关于调整企业工伤人员相关待遇的通知》，对享受 5 ~6 级定期伤残津贴手续且由社保机构发放定期伤残津贴的工伤人员，规定增加一定数额的伤残津贴；由企业按月支付伤残津贴的 5 ~6 级工伤人员，应按在职职工工资增长幅度的一定比例调整其伤残津贴，或规定由企业按月支付伤残津贴的 5 ~6 级工伤人员可参照执行由社保机构发放定期伤残津贴的工伤人员每月增加的伤残津贴标准。

广安市 2002—2016 年城镇非私营单位在岗职工平均工资依次为：2002 年 9709 元，2003 年 11108 元，2004 年 12348 元，2005 年 13523 元，2006 年 14652 元，2007 年 18982 元，2008 年 23195 元，2009 年 25180 元，2010 年 29223 元，2011 年 34750 元，2012 年 40250 元，2013 年 46910 元，2014 年 52133 元，2015 年 59088 元，2016 年 66034 元。

又查明：2001年10月25日，中国石油天然气股份有限公司四川销售分公司对广安石油公司《关于新设立县销售分公司的请示》做出批复，同意设立中国石油天然气股份有限公司四川广安岳池销售分公司等四个分公司。

胡天智于2017年7月向一审法院提起诉讼，要求依法裁决，其诉讼请求为：（1）判令广安石油公司补发2002年1月开始至2016年11月少发他的伤残津贴124659.07元，并计入他养老保险、医疗保险、失业保险、企业年金和住房公积金的缴费基数；（2）要求广安石油公司补缴养老保险146259.07元。

一审法院于2017年9月13日做出的（2017）川1602民初4208号《民事判决书》判决：（1）广安石油公司向胡天智补发2002—2016年的伤残抚恤金26009.8元；（2）驳回胡天智的其他诉讼请求。

胡天智不服向本院提起上诉。本院于2018年1月25日做出的（2017）川1602民终1623号《民事判决书》判决：驳回上诉，维持原判。但该判决书在“本院认为”中写明“至于胡天智上诉主张的赔偿养老金损失的问题。经审查，胡天智在起诉时虽提出了该项诉请，但其在一审诉讼过程中，数度变更诉讼请求，在一审第二次庭审中明确主张由中石油广安分公司为其补缴养老保险146259.07元，使其退休工资达到3526.30元/月。胡天智在二审中虽陈述该变更系其委托代理人所为且该代理人为一般代理。但胡天智本人亦参与了该次庭审，其对代理人的陈述没有做出否认表示，且在庭审笔录上签字，应视为对变更诉请的认可。现其在二审中重新提起，属新增诉讼请求，广安石油公司亦不同意调解或在本案中一并处理。最高人民法院《关于适用的解释》第三百二十八条规定，在第二审程序中，原审原告增加独立的诉讼请求或者原审被告提出反诉的，第二审人民法院可以根据当事人自愿的原则就新增加的诉讼请求或者反诉进行调解；调解不成的，告知当事人另行起诉。根据上述法律规定，对胡天智的该项上诉请求不予理涉，其可另行起诉主张权利。”

胡天智于2018年8月3日向广安市广安区劳动人事争议仲裁委员会申请仲裁。广安市广安区劳动人事争议仲裁委员会于2018年8月7日以“其他”理由做出了广区劳人仲不〔2018〕011号《不予受理通知书》。胡天智便起诉来院，要求依法裁决。

一审法院认为，广安石油公司在与胡天智建立起劳动关系期间，依据《中华人民共和国劳动法》第七十二条“……用人单位和劳动者必须依法参加社会保险，缴纳社会保险费”、《中华人民共和国社会保险法》第四条“中华人民共和国境内的用人单位和个人依法缴纳社会保险费……”、第十条第一款“职工应当参加基本养老保险、由用人单位和职工共同缴纳基本养老保险费和基本医疗保险费”、第六十三条“用人单位未按时足额缴纳社会保险费的，由社会保险费征收机构责令其限期缴纳或者补足……”的规定，理应为胡天智在办理社会保险时依法足额缴纳社会保险费。又依据《中华人民共和国社会保险法》第八十六条“用人单位未按时足额缴纳社会保险费的，由社会保险费征收机构责令限期缴纳或者补足，并自欠缴之日起，按日加收万分之五的滞纳金…”、《中华人民共和国劳动法》第一百条“用人单位无故不缴纳社会保险费的，由劳动行政部门责令其限期缴纳，逾期不缴的，可以加收滞纳金”的规定，广安石油公司未为胡天智足额缴纳社会保险费的行为是行政部门的管理职责，不属法院处理范围；同时胡天智未提供证据来证明社会保险经办机构不能补办的事实，故胡天智要求广安石油公司赔偿因未足额缴纳养老保险费而造成养老金的损失即160224.66元的诉讼请求，不予支持。遂依照《中华人民共和国劳动法》第七十二条、第一百条、《中华人民共和国社会保险法》第四条、第十条第一款、第六十三条第一款、第八十四条、第八十六条的规定，判决：驳回胡天智的诉讼请求。案件受理费10元，由胡天智负担。

本院二审期间，胡天智提交了以下证据：证据一，四川省劳动和社会保障厅《关于规范基本养老保险补缴的通知》《四川省完善企业职工基本养老保险制度实施办法的实施细则》；四川省劳动和社会保障厅、四川省财政厅《四川省完善企业职工基本养老保险制度实施办法》；证据二，胡天智自制的《退休职工待遇审批表》《关于退休职工待遇补发审批表各项数据来源说明》。拟证明广安石油公司未为其足额缴纳养老保险造成了其养老金损失的存在。广安石油公司质证后认为，对证据一的真实性无异议，但均不能证明该公司未按缴费工资标准足额为胡天智缴纳养老保险费用；证据二系胡天智单方制作，无法核实其真实性、合法性，亦无法证明本案待证事实。本院经审查认为，胡天智提供的证据一的真实性本院予以认可，但与本案无关联性。证据二系胡天智自行制作，且广安石油公司不予认可，本院不予采信。

本院二审查明的事实与一审认定的一致。

本院认为，本案系胡天智以广安石油公司未足额为其缴纳养老保险费造成其养老保险待遇损失为由提起的诉讼，胡天智应就广安石油公司存在未足额缴纳养老保险费并导致其损失的存在以及损失的大小这一基本事实承担举证证明责任。《中华人民共和国社会保险法》第六十三条第一款规定：“用人单位未按时足额缴纳社会保险费的，由社会保险费征收机构责令其限期缴纳或者补足”，

《社会保险费征缴暂行条例》第五条规定："国务院劳动保障行政部门负责全国的社会保险费征缴管理和监督检查工作。县级以上地方各级人民政府劳动保障行政部门负责本行政区域内的社会保险费征缴管理和监督检查工作。"根据前述法律、法规规定，社会保险费的征收属于社会保险征收机构的行政职权，用人单位是否依法按时、足额为劳动者缴纳社会保险费，应由社会保险征收机构认定。胡天智并未举示证据证明社会保险征收机构认定广安石油公司存在未足额为其缴纳养老保险费造成其损失的情形，应承担举证不能的不利法律后果，一审法院驳回其诉讼请求并无不当。

综上所述，胡天智的上诉请求不能成立，应予驳回；一审判决认定事实清楚，适用法律正确，应予维持。依照《中华人民共和国民事诉讼法》第一百七十条第一款第一项规定，判决如下：

驳回上诉，维持原判。

二审案件受理费 10 元，由胡天智负担。

审 判 长　蒋　丽
审 判 员　陈　萱
审 判 员　张　波

2018 年 12 月 24 日
法官助理　董兴林
书 记 员　田　玲

[延伸阅读二]

最高人民法院关于审理劳动争议案件适用法律若干问题的解释（三）

法释〔2010〕12 号

《最高人民法院关于审理劳动争议案件适用法律若干问题的解释（三）》已于 2010 年 7 月 12 日由最高人民法院审判委员会第 1489 次会议通过，现予公布，自 2010 年 9 月 14 日起施行。

2010 年 9 月 13 日

为正确审理劳动争议案件，根据《中华人民共和国劳动法》《中华人民共和国劳动合同法》《中华人民共和国劳动争议调解仲裁法》《中华人民共和国民事诉讼法》等相关法律规定，结合民事审判实践，特作如下解释。

第一条 劳动者以用人单位未为其办理社会保险手续，且社会保险经办机构不能补办导致其无法享受社会保险待遇为由，要求用人单位赔偿损失而发生争议的，人民法院应予受理。

第二条 因企业自主进行改制引发的争议，人民法院应予受理。

第三条 劳动者依据劳动合同法第八十五条规定，向人民法院提起诉讼，要求用人单位支付加付赔偿金的，人民法院应予受理。

第四条 劳动者与未办理营业执照、营业执照被吊销或者营业期限届满仍继续经营的用人单位发生争议的，应当将用人单位或者其出资人列为当事人。

第五条 未办理营业执照、营业执照被吊销或者营业期限届满仍继续经营的用人单位，以挂靠等方式借用他人营业执照经营的，应当将用人单位和营业执照出借方列为当事人。

第六条 当事人不服劳动人事争议仲裁委员会作出的仲裁裁决，依法向人民法院提起诉讼，人民法院审查认为仲裁裁决遗漏了必须共同参加仲裁的当事人的，应当依法追加遗漏的人为诉讼当事人。

被追加的当事人应当承担责任的，人民法院应当一并处理。

第七条 用人单位与其招用的已经依法享受养老保险待遇或领取退休金的人员发生用工争议，向人民法院提起诉讼的，人民法院应当按劳务关系处理。

第八条 企业停薪留职人员、未达到法定退休年龄的内退人员、下岗待岗人员以及企业经营性停产放长假人员，因与新的用人单位发生用工争议，依法向人民法院提起诉讼的，人民法院应当按劳动关系处理。

第九条 劳动者主张加班费的，应当就加班事实的存在承担举证责任。但劳动者有证据证明用人单位掌握加班事实存在的证据，用人单位不提供的，由用人单位承担不利后果。

第十条 劳动者与用人单位就解除或者终止劳动合同办理相关手续、支付工资报酬、加班费、经济补偿或者赔偿金等达成的协议，不违反法律、行政法规的强制性规定，且不存在欺诈、胁迫或者乘人之危情形的，应当认定有效。

前款协议存在重大误解或者显失公平情形，当事人请求撤销的，人民法院应予支持。

第十一条 劳动人事争议仲裁委员会做出的调解书已经发生法律效力，一方当事人反悔提起诉讼的，人民法院不予受理；已经受理的，裁定驳回起诉。

第十二条　劳动人事争议仲裁委员会逾期未做出受理决定或仲裁裁决，当事人直接提起诉讼的，人民法院应予受理，但申请仲裁的案件存在下列事由的除外：

（一）移送管辖的；

（二）正在送达或送达延误的；

（三）等待另案诉讼结果、评残结论的；

（四）正在等待劳动人事争议仲裁委员会开庭的；

（五）启动鉴定程序或者委托其他部门调查取证的；

（六）其他正当事由。

当事人以劳动人事争议仲裁委员会逾期未做出仲裁裁决为由提起诉讼的，应当提交劳动人事争议仲裁委员会出具的受理通知书或者其他已接受仲裁申请的凭证或证明。

第十三条　劳动者依据调解仲裁法第四十七条第（一）项规定，追索劳动报酬、工伤医疗费、经济补偿或者赔偿金，如果仲裁裁决涉及数项，每项确定的数额均不超过当地月最低工资标准十二个月金额的，应当按照终局裁决处理。

第十四条　劳动人事争议仲裁委员会作出的同一仲裁裁决同时包含终局裁决事项和非终局裁决事项，当事人不服该仲裁裁决向人民法院提起诉讼的，应当按照非终局裁决处理。

第十五条　劳动者依据调解仲裁法第四十八条规定向基层人民法院提起诉讼，用人单位依据调解仲裁法第四十九条规定向劳动人事争议仲裁委员会所在地的中级人民法院申请撤销仲裁裁决的，中级人民法院应不予受理；已经受理的，应当裁定驳回申请。

被人民法院驳回起诉或者劳动者撤诉的，用人单位可以自收到裁定书之日起三十日内，向劳动人事争议仲裁委员会所在地的中级人民法院申请撤销仲裁裁决。

第十六条　用人单位依照调解仲裁法第四十九条规定向中级人民法院申请撤销仲裁裁决，中级人民法院做出的驳回申请或者撤销仲裁裁决的裁定为终审裁定。

第十七条　劳动者依据劳动合同法第三十条第二款和调解仲裁法第十六条规定向人民法院申请支付令，符合民事诉讼法第十七章督促程序规定的，人民法院应予受理。

依据劳动合同法第三十条第二款规定申请支付令被人民法院裁定终结督促程序后，劳动者就劳动争议事项直接向人民法院起诉的，人民法院应当告知其先向劳动人事争议仲裁委员会申请仲裁。

依据调解仲裁法第十六条规定申请支付令被人民法院裁定终结督促程序后，劳动者依据调解协议直接向人民法院提起诉讼的，人民法院应予受理。

第十八条 劳动人事争议仲裁委员会做出终局裁决，劳动者向人民法院申请执行，用人单位向劳动人事争议仲裁委员会所在地的中级人民法院申请撤销的，人民法院应当裁定中止执行。

用人单位撤回撤销终局裁决申请或者其申请被驳回的，人民法院应当裁定恢复执行。仲裁裁决被撤销的，人民法院应当裁定终结执行。

用人单位向人民法院申请撤销仲裁裁决被驳回后，又在执行程序中以相同理由提出不予执行抗辩的，人民法院不予支持。

第3章

基本养老保险费、失业保险费和工伤保险费（一）

3.1 基本养老保险费

我国养老保险有基本养老保险、企业年金和职业年金、个人储蓄型养老保险和商业养老保险三大支柱，其中基本养老保险起着主体性、支柱性的作用。推行基本养老保险有利于实行社会统筹与个人账户相结合，有利于缓解“银发危机”，有利于保证劳动再生产，促进经济高质量发展和社会稳定。

3.1.1 基本养老保险费概述

3.1.1.1 基本养老保险的概念

基本养老保险，又称老年保险，是指国家依法强制要求用人单位和劳动者依法缴纳养老保险费，当劳动者达到国家规定的退休年龄或因其他原因而退出劳动岗位后，社会保险费经办机构依法向其支付养老金等待遇，从而保障其基本生活的一种社会保障制度。因此，基本养老保险是社会保险体系中最主要、最重要、最广泛的一项制度，也是养老保险制度定位的基本要求。

3.1.1.2 基本养老保险的改革进程

了解我国基本养老保险改革的历史，需要从城镇养老保险制度、机关事业单位养老保险制度的改革和农村养老保险制度的改革三个方面去把握。

我国城镇养老保险制度制度始建于20世纪50年代。1951年2月，中央人民政府政务院颁布实施《劳动保险条例》，这是我国面向城镇居民的社会保险制度正式建立起来的标志；1991年6月26日，国务院发布《关于企业职工养老保险制度改革的决定》，明确企业职工养老保险由国家、企业、个人三方共同负担；1995年国务院发布的《关于深化企业职工养老保险制度改革的通知》（国发〔1995〕6号）是我国社会养老保险改革进程中的重要文件，该文件提出统筹账户和个人账户相结合；1997年，国务院出台《关于建立统一的企业职工基本养老保险制度的决定》，统一全国企业职工养老保险制度。2005年12月3日，国务院发布《关于完善企业职工基本养老保险制度的决定》，又统一了城镇个体工商户和灵活就业人员参保缴费政策。

相对于企业职工基本养老保险制度，我国机关事业单位养老保险制度的改革起步相对较迟。国家为统筹城乡社会保障体系建设，建立更加公平、可持续的养老保险制度，2015年初国务院出台《国务院关于机关事业单位工作人员养老保险制度改革的决定》，改革机关事业单位工作人员养老保险制度，从而建立起与城镇职工统一的养老保险制度。该决定适用于按照公务员法管理的单位、参照公务员法管理的机关（单位）、事业单位及其编制内的工作人员。实行社会统筹与个人账户相结合的基本养老保险制度。基本养老保险费由单位和个人共同负担，改革了基本养老金计发办法，建立基本养老金正常调整机制。其改革的基本思路是“一个统一”和“五个同步”。“一个统一”，即机关事业单位建立与企业相同的基本养老保险制度，实行单位和个人缴费，改革退休费计发办法；“五个同步”，即机关与事业单位同步改革，职业年金与基本养老保险制度同步建立，养老保险制度改革与完善工资制度同步推进，待遇调整机制与计发办法同步改革，改革在全国范围同步实施。[①]

农村养老保险制度的改革是养老保险制度的重要组成部分，农村社会养老保险是指通过个人、集体、政府多方筹资，将符合条件的农村居民纳入参保范围，达到规定年龄时领取养老保障待遇，以保障农村居民年老时基本生活为目的，带有社会福利性质的一种社会保障制度。[②] 1987—1999年，实行以农民单方缴费为主的县级农村社会养老保险阶段；2009年，国务院办公厅转发人力资源和社会保障部、财政部《城镇企业职工基本养老保险关系转移接续暂行办法的通知》（国办发〔2009〕66号），进一步推动农民工参保工作，开始试点的新型农村社会养老保险阶段；2014年2月，人社部、财政部印发《城乡养老保险制度衔接暂行办法》（人社部发〔2014〕17号），开始了逐步构建城乡居民社会养老保险制度的进程。[③]

3.1.2 企业职工基本养老保险费

我国职工基本养老保险制度包括企业职工基本养老保险和机关事业单位工作人员基本养老保险两项制度，实现对所有职业人群的全覆盖。职工基本养老保险具有实行社会统筹与个人账户相结合、坚持权利与义务相对等、单位和个人共担缴费责

① 《国务院关于机关事业单位工作人员养老保险制度改革的决定》（国发〔2015〕2号）.

② https://baike.baidu.com/item/%E6%96%B0%E5%9E%8B%E5%86%9C%E6%9D%91%E7%A4%.

③ 人力资源和社会保障部 财政部印发《城乡养老保险制度衔接暂行办法》（人社部发〔2014〕17号）.

任、强制实施等特点；与灵活就业人员养老保险、城乡居民养老保险等基本养老保险同理，多缴多得、长缴多得、少缴少得，以保障职工年老退休时的基本生活。

3.1.2.1 企业职工基本养老保险费的征缴范围

企业职工基本养老保险费的征缴范围为国有和国有控股企业、股份有限公司、外商投资企业（包括外国企业的分支机构，下同）及其职工，城镇集体企业、城镇私营企业和其他城镇企业及其职工，实行企业化管理的事业单位及其职工，国家机关、事业单位、社会团体及其编制外聘用人员，民办非企业单位及其职工，城镇个体工商户及其雇工。

另外，凡依法在民政部门登记的社会团体（包括社会团体分支机构和代表机构）、基金会（包括基金会分支机构和代表机构）、民办非企业单位、境外非政府组织驻华代表机构及其签订聘用合同或劳动合同的专职工作人员（不包括兼职人员、劳务派遣人员、返聘的离退休人员和纳入行政事业编制的人员），按属地管理原则，参加当地的企业职工基本养老保险。①

3.1.2.2 企业职工基本养老保险费的缴费基数

根据国务院《降低社会保险费率综合方案》（国办发〔2019〕13 号）文件精神，从 2019 年 5 月 1 日起，各省应以本省城镇非私营单位就业人员平均工资和城镇私营单位就业人员平均工资加权计算的全口径城镇单位就业人员平均工资，核定社会保险费个人缴费基数上下限，合理降低部分参加社会保险人员和企业的社会保险费缴费基数。

企业职工基本养老保险费的缴费基数实行双基数法。用人单位的缴费基数可以为职工工资总额（双基数），也可以为本单位职工个人缴费工资基数之和（单基数），但在全省、区、市范围内应统一为一种核定办法。单位从业人员的个人缴费基数为职工本人上一年度月平均工资，月平均工资超过当地职工平均工资 300% 以上的部分，不记入个人缴费工资基数，也不记入计发养老金的基数。低于当地职工平均工资 60% 的，按 60% 记入。这里，月平均工资按国家统计局规定列入工资总额统计的项目计算，包括工资、奖金、津贴、补贴等收入。②

有的省自 2019 年 1 月 1 日起就按照全口径平均工资核定个人缴费基数上下限，主要原因是调整就业人员平均工资计算口径的执行时间由各省规定，各个地方的具体规定不完全一样是正常的。这意味着，该省决定往前追溯到 2019 年 1 月 1 日开始

---

① 《关于社会组织专职工作人员参加养老保险有关问题的通知》（劳社部发〔2008〕11 号）.

② 《职工基本养老保险个人账户管理暂行办法》（劳办发〔1997〕116 号）.

执行新的缴费基数政策。如果已按照之前较高标准缴纳了社会保险费，那可以向当地社会保险费征收部门咨询办理退（抵）费业务。[①]

3.1.2.3　企业职工基本养老保险费的缴费费率

用人单位应当按照国家规定的本单位职工工资总额的比例16%缴纳基本养老保险费，个人缴费比例按个人工资收入的8%缴纳。

3.1.2.4　企业职工基本养老保险费的征缴期限

一般按月申报缴纳。

3.1.2.5　企业职工基本养老保险费的计征方法

企业缴费额＝核定的企业职工工资总额（或者职工个人缴费工资基数之和）×16%

职工个人缴费额＝核定缴费基数×8%

3.1.2.6　企业职工养老保险待遇

养老保险待遇是指各类企业的劳动者离退休以后，为保证其基本生活需要而给予的物质帮助。[②] 基本养老保险实行社会统筹与个人账户相结合的原则，个人账户是职工在符合国家规定的退休条件并办理了退休手续后，领取基本养老金的主要依据；职工退休后，其个人账户缴费情况停止记录。为做实个人账户相衔接，从2006年1月1日起，个人账户的规模统一由本人缴费工资的11%调整为8%，全部由个人缴费形成，单位缴费不再划入个人账户。

值得注意的是，基本养老金由基础养老金和个人账户养老金组成。退休时的基础养老金月标准以当地上年度在岗职工月平均工资和本人指数化月平均缴费工资的平均值为基数，缴费每满1年发给1%。个人账户养老金月标准为个人账户储存额除以计发月数，计发月数根据职工退休时城镇人口平均预期寿命、本人退休年龄、利息等因素确定。

目前，我国企业职工基本养老金的计发办法采取“新人新制度、老人老办法、中人逐步过渡”的方式。其中：**“新人新办法”**。在《国务院关于建立统一的企业职

① 2019年5月10日国家税务总局在线访谈.

② https://baike.baidu.com/item/%E5%85%BB%E8%80%81%E4%BF%9D%E9%99%A9%E5%BE%85%E9%81%87/12751178.

工基本养老保险制度的决定》（国发〔1997〕26 号）实施后参加工作的参保人员属于“新人”。个人缴费年限累计满 15 年的，退休后按月发给基本养老金。基本养老金由基础养老金和个人账户养老金组成。**“中人过渡办法”**。国发〔1997〕26 号）实施前参加工作、国发（1991）号文件实施后退休的参保人员属于“中人”，即养老保险统账结合制度建立前参加工作，养老保险统账结合制度建立后退休的人。中人养老金计算公式 = 基础性养老金 + 个人账户养老金 + 过渡性养老金。过渡性养老金是养老金的重要组成部分，只有中人才有。**“老人老办法”**。国发〔1997〕26 号）实施前已经离退休的参保人员属于“老人”，仍按国家原来的规定发给养老金，同时执行养老金调整办法。① 参保人员转移接续基本养老保险关系后，符合待遇领取条件的，按照《国务院关于完善企业职工基本养老保险制度的决定》（国发〔2005〕38 号）的规定，以本人各年度缴费工资、缴费年限和待遇领取地对应的各年度在岗职工平均工资计算其基本养老金。②

3.1.3 机关事业单位养老保险费

2014 年底，我国启动机关事业单位工作人员养老保险制度改革；2015 年 1 月 3 日国务院印发《机关事业单位工作人员养老保险制度改革的决定》（国发〔2015〕2 号），正式建立机关事业单位退休保障新机制，该决定自 2014 年 10 月 1 日起施行，其改革的基本思路是“一个统一、五个同步”，机关事业单位和企业实行统一的制度，机关和事业单位同步改革，基本养老与职业年金同步实施，养老制度与工资制度同步推进，待遇调整与计发办法同步完善，改革在全国范围同步实施。③

3.1.3.1 机关事业单位基本养老保险费的征缴范围

按照公务员法管理的单位、参照公务员法管理的机关（单位）、事业单位及其编制内的工作人员。

3.1.3.2 机关事业单位基本养老保险费的缴费基数

实行单基数法。用人单位的缴费基数为个人缴费基数之和，职工的缴费基数以上一年度本人月平均工资为基础，在当地职工平均工资的 60% ~300% 的范围内进行核定。按本人缴费工资 8% 的数额建立基本养老保险个人账户，全部由个人缴费

---

① 《国务院关于建立统一的企业职工基本养老保险制度的决定》（国发〔1997〕26 号）.

② 国务院办公厅关于转发人力资源和社会保障部 财政部《城镇企业职工基本养老保险关系转移接续暂行办法》的通知（国办发〔2009〕66 号）第七条.

③ 《国务院关于机关事业单位工作人员养老保险制度改革的决定》（国发〔2015〕2 号）.

形成。个人工资超过当地上年度在岗职工平均工资300%以上的部分，不计入个人缴费工资基数；低于当地上年度在岗职工平均工资60%的，按当地在岗职工平均工资的60%计算个人缴费工资基数。①

这里需要注意的是，机关事业单位的编外聘用人员属于企业职工基本养老保险的参保范围。如，某县税务局办税服务厅的协税员，某省辖市人民医院作为公立医院招用的没有编制的医技人员或护理人员等，某大学招用的没有编制的辅导员等，某乡镇基层站所招用的协管员；在内地企业就业（含灵活就业）的港澳台人员和持有专家证的外国人属于企业职工基本养老保险参保范围。如部分大学引进的外籍教师、外国专家，由于我国事业单位编制管理要求必须具有中国国籍，因此不能进入事业编制，应参加企业职工基本养老保险。

3.1.3.3　机关事业单位基本养老保险费的缴费费率

单位的缴费全部职工工资总额的16%，职工的缴费比例为本人工资的8%。

3.1.3.4　机关事业单位基本养老保险费的征缴期限

一般按月申报缴纳。

3.1.3.5　机关事业单位基本养老保险费的计征方法

单位缴费额 = 核定的职工工资总额 ×16%

职工个人缴费额 = 核定缴费基数 ×8% = 职工工资总额 ×60% ~300% ×8%

3.1.3.6　机关事业单位养老保险待遇

2014年10月1日起机关事业单位基本养老保险改革后，机关事业单位退休人员的养老保险待遇有哪些变化呢？总体而言，机关事业单位新退休的人员不再执行原基本工资打折的退休费计发办法，改为实行与个人缴费挂钩的新的基本养老金计发办法，并实行“老人老办法、新人新制度、中人逐步过渡”。新的退休养老待遇计发办法实行多缴多得、长缴多得，能够更加全面改革基本养老金计发办法。具体而言，从三个层面来把握：

新人新办法。自2014年10月1日起实施后参加工作、个人缴费年限累计满15年的人员，退休后按月发给基本养老金。基本养老金由基础养老金和个人账户养老金组成。退休时的基础养老金月标准以当地上年度在岗职工月平均工资和本人指数

① 《国务院关于机关事业单位工作人员养老保险制度改革的决定》（国发〔2015〕2号）.

化月平均缴费工资的平均值为基数，缴费每满 1 年发给 1%。个人账户养老金月标准为个人账户储存额除以计发月数，计发月数根据本人退休时城镇人口平均预期寿命、本人退休年龄、利息等因素确定。

中人逐步过渡。2014 年 10 月 1 日前参加工作、实施后退休且缴费年限（含视同缴费年限）累计满 15 年的人员，按照合理衔接、平稳过渡的原则，除了发给基础养老金和个人账户养老金，还要依据视同缴费年限长短发给过渡性养老金。

老人老办法。2014 年 10 月 1 日实施后达到退休年龄但个人缴费年限累计不满 15 年的人员，其基本养老保险关系处理和基本养老金计发比照《实施〈社会保险法〉若干规定》（人力资源社会保障部令第 13 号）执行。2014 年 10 月 1 日实施前已经退休的人员，继续按照国家规定的原待遇标准发放基本养老金，同时执行基本养老金调整办法。机关事业单位离休人员仍按照国家统一规定发给离休费，并调整相关待遇。①

3.1.4 灵活就业人员养老保险费

灵活就业一种不同于传统主流的就业方式，越来越成为一种发展趋势，灵活就业人员主要包括无雇工的个体工商户、未在用人单位参加基本养老保险的非全日制从业人员以及其他灵活就业人员，灵活就业人员可以参加基本养老保险，由个人缴纳基本养老保险费。

3.1.4.1 灵活就业人员基本养老保险费的征缴范围

年满 16 周岁且未达到国家和省规定退休年龄（以下简称“退休年龄”）的自谋职业者、自由职业者，以及从事非全日制、临时性和弹性工作的自主就业或非正规就业人员。如，自由职业者、作家、歌手等。

3.1.4.2 灵活就业人员基本养老保险费的缴费基数

灵活就业人员可在一定范围内自愿选择适当缴费基数，即灵活就业人员参加企业职工基本养老保险，可在全省全口径城镇单位就业人员平均工资的 60% ~300% 之间选择适当的缴费基数。具体缴费基数可设置若干档次，一般由所在省人力资源社会保障厅明确规定。

灵活就业人员参加基本养老保险的缴费基数为当地上年度在岗职工平均工资，缴费比例为 20%，其中 8% 记入个人账户，退休后按企业职工基本养老金计发办法

① 《国务院关于机关事业单位工作人员养老保险制度改革的决定》（国发〔2015〕2 号）.

计发基本养老金。除缴费比例、缴费基数确定办法不同外，灵活就业人员和单位职工的待遇计发相同，按时足额缴纳基本养老保险的时间均计算为缴费年限，与工龄政策已经脱钩。换句话说，在缴费年限、缴费基数等因素相同情况下，待遇一样。

由于地区差异性和历史等因素，有的省份规定稍有不同。例如，四川省企业职工基本养老保险缴费基数下限按比例逐年过渡，其中：2019 年为全省上年度全口径城镇单位就业人员平均工资的 50%，2020 年为 55%，2021 年为 60%；缴费基数上限为全省上年度全口径城镇单位就业人员平均工资的 300%。自 2019 年 5 月 1 日起，个体工商户和灵活就业人员参加企业职工基本养老保险可在缴费基数上下限之间选择适当的缴费基数，具体缴费基数档次由该省各地本着便民和规范管理原则自行确定。[①]

3.1.4.3　灵活就业人员基本养老保险费的缴费费率

一般按缴费基数的 20% 左右。例如，《江苏省降低社会保险费率实施方案》明确，个体工商户和灵活就业人员参加企业职工基本养老保险缴费比例不变。[②]

3.1.4.4　灵活就业人员基本养老保险费的征缴期限

灵活就业人员基本养老保险按月（为主）、季、半年、年申报缴纳。

3.1.4.5　灵活就业人员基本养老保险费的计征办法

应缴费额 = 所选缴费档次对应的缴费基数 × 20%

3.1.4.6　灵活就业人员养老保险待遇

灵活就业人员养老保险的缴费年限不同、缴费档次不同，领取标准也不同。

1. 缴费满 15 年的，月基本养老金 = 基础养老金 + 个人账户养老金。其中基础养老金 = 本人退休时当地上年度职工月平均工资 × 20%，个人账户养老金 = 个人账户储存额 ÷ 120。

2. 当地实行统账结合养老制度改革前参加工作的原国有、集体企业或事业单位职工，解除劳动关系后按城镇灵活就业人员办法参保的，退休后其月基本养老金按城镇企业职工养老金计发办法计发。

3. 缴费不满 15 年的，灵活就业人员若不愿继续缴费的，不能按月享受基本养老金待遇，其个人账户累计储存额和从个人缴纳的养老保险费中划入统筹基金的部

---

① 《四川省人民政府办公厅关于加强企业职工养老保险基金收支管理有关问题的通知》（川办发〔2018〕59 号）.

② 《江苏省政府办公厅关于印发江苏省降低社会保险费率实施方案的通知》（苏政办发〔2019〕47 号）.

分一次性支付给本人，同时终止养老保险关系。[①]

3.1.5 城乡居民养老保险费

城乡居民养老保险是城乡居民基本生活的重要保障，是我国社会保障政策的重要组成部分，关系到广大人民的根本利益，社会关注度高，敏感性强。党的十八届三中全会提出，稳步推进城镇基本公共服务常住人口全覆盖，把进城落户农民完全纳入城镇住房和社会保障体系，在农村参加的养老保险和医疗保险规范接入城镇社会保险费体系。[②] 2014 年 2 月，国务院出台关于建立统一的城乡居民基本养老保险制度的意见，在总结新型农村社会养老保险（以下简称“新农保”）和城镇居民社会养老保险（以下简称“城居保”）试点经验的基础上，将新农保和城居保两项制度合并实施，在全国范围内建立统一的城乡居民基本养老保险制度。[③]

新农保重在以政策的优惠吸引农村适龄居民自愿参保。要求进城务工的农村居民与用人单位建立劳动关系的，应当作为职工依法参加社会保险，纳入与职业相关联的职工基本养老保险、基本医疗保险、工伤保险等社会保险。农村居民如果参加了城镇职工基本养老保险，原则上不参加新农保（两头认一头）；即：农村居民已经参加新农保，又进城务工按规定参加城镇职工基本养老保险的，可以停止缴纳新农保（合），新农保个人账户予以保留。

3.1.5.1 城乡居民基本养老保险费的征缴范围

年满 16 周岁（不含在校学生），非国家机关和事业单位工作人员及不属于职工基本养老保险制度覆盖范围的城乡居民，可以在户籍地参加城乡居民养老保险。

3.1.5.2 城乡居民基本养老保险费的缴费标准

城乡居民养老保险基金由个人缴费、集体补助、政府补贴构成。城乡居民基本养老保险因为是定额缴纳，所以一般没有缴费基数这个说法。参加城乡居民基本养老保险的人员若需调整缴纳金额，应在进行当年缴费前办理缴费档次变更登记手续。

尚没有将新农保和城居保两项制度合并实施的地区，新农保的缴费档次为 100

---

① https：//baike. baidu. com/item/% E7% 81% B5% E6% B4% BB% E5% B0% B1% E4% B8% 9A% E4% BA% BA% E5% 91% 98% E5% 85% BB% E8% 80% 81% E4% BF% 9D% E9% 99% A9/2144618？ fr = aladdin.

② 《中共中央关于全面深化改革若干重大问题的决定》（2013 年 11 月 12 日中国共产党第十八届中央委员会第三次全体会议通过）.

③ 《国务院关于建立统一的城乡居民基本养老保险制度的意见》（国发〔2014〕8 号）.

元、200元、300元、400元和500元5个档次，各省可以根据实际情况增设缴费档次。现行城居保和新农合个人缴费标准差距较大的地区，可采取差别缴费的办法，利用2~3年时间逐步过渡。[①] 参加城乡居民养老保险的人员应当按规定缴纳养老保险费。缴费标准目前设为每年100元、200元、300元、400元、500元、600元、700元、800元、900元、1000元、1500元和2000元12个档次，省级人民政府可以根据实际情况增设缴费档次，最高缴费档次标准原则上不超过当地灵活就业人员参加职工基本养老保险的年缴费额，并报人力资源社会保障部备案。人力资源社会保障部会同财政部依据城乡居民收入增长等情况适时调整缴费档次标准。参保人自主选择档次缴费，多缴多得。

对城乡居民养老保险财政补贴标准不低于每人每年30元。对选择较高档次标准缴费的，适当增加补贴金额；对选择500元及以上档次标准缴费的，补贴标准不低于每人每年60元。对重度残疾人、建档立卡贫困人口、低保对象、特困人员等特殊人群，地方人民政府为其代缴部分或全部最低标准的养老保险费。

3.1.5.3　城乡居民基本养老保险费的征缴期限

一般为按年申报缴纳。

3.1.5.4　城乡居民养老保险转移接续与制度衔接

参加城乡居民养老保险的人员，在缴费期间户籍迁移、需要跨地区转移养老保险关系的，可在迁入地申请转移养老保险关系，一次性转移个人账户全部储存额，并按迁入地规定继续参保缴费，缴费年限累计计算；已经按规定领取城乡居民养老保险待遇的，无论户籍是否迁移，其养老保险关系不转移。[②]

3.1.5.5　城乡居民养老保险待遇

城乡居民养老保险待遇由基础养老金和个人账户养老金构成，支付终身。其中，基础养老金由中央确定最低标准并建立基础养老金最低标准正常调整机制。地方人民政府可以根据实际情况适当提高基础养老金标准；对长期缴费的，可适当加发基础养老金，提高和加发部分的资金由地方人民政府支出。个人账户养老金的月计发标准现为个人账户全部储存额除以139（与现行职工基本养老保险个人账户养老金计发系数相同）。参保人死亡，个人账户的资金余额可以依法继承。[③]

---

① 《国务院关于整合城乡居民基本医疗保险制度的意见》（国发〔2016〕3号）.

② 《国务院关于建立统一的城乡居民基本养老保险制度的意见》（国发〔2014〕8号）.

③ 《国务院关于建立统一的城乡居民基本养老保险制度的意见》（国发〔2014〕8号）.

城乡居民养老保险待遇领取条件为，参加城乡居民养老保险的个人，年满60周岁、累计缴费满15年，且未领取国家规定的基本养老保障待遇的，可以按月领取城乡居民养老保险待遇。

新农保或城居保制度实施时已年满60周岁，在2014年2月21日前未领取国家规定的基本养老保障待遇的，不用缴费，自2014年2月起，可以按月领取城乡居民养老保险基础养老金；距规定领取年龄不足15年的，应逐年缴费，也允许补缴，累计缴费不超过15年；距规定领取年龄超过15年的，应按年缴费，累计缴费不少于15年。城乡居民养老保险待遇领取人员死亡的，从次月起停止支付其养老金。[①]

3.2 企业年金和职业年金

企业年金和职业年金，这是国家鼓励的，但不是强制性的，也不是覆盖全体公民的，是我国社会保险的补充。其中，企业年金是企业及其职工在依法参加基本养老保险的基础上，通过集体协商自主建立的补充养老保险制度，是我国多层次养老保险制度体系中第二支柱的重要组成部分，有利于进一步完善社会保障体系，增强人才竞争能力，以更好地保障企业职工退休后的生活。同样，职业年金是一种补充养老保险，不同于商业保险，而是一项单位福利制度。

3.2.1 企业年金

3.2.1.1 企业年金的概念

原劳动和社会保障部2004年1月6日发布《企业年金试行办法》，2005年底国务院印发的《关于完善企业职工基本养老保险制度的决定》（国发〔2005〕38号）提出，具备条件的企业可为职工建立企业年金。[②] 自2018年2月1日起新《企业年金办法》正式施行。

---

① 《国务院关于建立统一的城乡居民基本养老保险制度的意见》（国发〔2014〕8号）.

② 人社部解读《企业年金办法》. http：//www. gov. cn/zhengce/2017 - 12/22/content_5249418. htm.

所谓企业年金，是指根据《企业年金办法》的规定，企业及其职工在依法参加基本养老保险的基础上，自愿建立的补充养老保险制度。[①] 企业年金不同于机关事业单位的职业年金，职业年金具有强制性。国家鼓励企业建立企业年金。

3.2.1.2　企业年金方案的订立、变更和终止

企业年金方案的订立条件。符合依法参加基本养老保险并履行缴费义务、具有相应的经济负担能力、已建立集体协商机制的企业，可以建立企业年金。

1. 企业年金方案的订立

建立集体协商机制是建立企业年金的重要环节，建立企业年金应当由企业与工会或职工代表通过集体协商确定，并制定年金方案。国有及国有控股企业的企业年金方案草案应当提交职工大会或职工代表大会讨论通过。

企业年金方案包括以下内容：

（1）参加人员；

（2）资金筹集与分配的比例和方法；

（3）账户管理；

（4）权益归属；

（5）基金管理；

（6）待遇计发和支付方式；

（7）方案的变更和终止；

（8）组织管理和监督方式；

（9）双方约定的其他事项。

企业年金方案适用于企业试用期满的职工。

企业年金方案应当报送所在地区县以上地方人民政府人社部门。中央所属企业企业年金方案，应当报送人社部。中央所属企业的企业年金方案报送人社部。跨省企业的企业年金方案报送其总部所在地省级人民政府人社部门。省内跨地区企业的企业年金方案报送其总部所在地设区的市级以上人民政府人社部门。人社部门自收到企业年金方案文本之日起15日内未提出异议的，企业年金方案即行生效。[②]

2. 企业年金方案的变更

企业与职工一方可以根据本企业情况，按照国家政策规定，经协商一致，变更

---

① 《财政部　人力资源社会保障部　国家税务总局关于企业年金　职业年金个人所得税有关问题的通知》（财税〔2013〕103号）.

② 《企业年金办法》（中华人民共和国劳动和社会保障部令第36号）.

企业年金方案。变更后的企业年金方案应当经职工代表大会或者全体职工讨论通过，并重新报送人社部门。

3. 企业年金方案的终止

企业年金方案终止的情形包括：

（1）企业因依法解散、被依法撤销或者被依法宣告破产等原因，致使企业年金方案无法履行的；

（2）因不可抗力等原因致使企业年金方案无法履行的；

（3）企业年金方案约定的其他终止条件出现的。

企业年金方案变更或者终止后10日内报告人社部门，并通知受托人。企业应当在企业年金方案终止后对企业年金基金进行清算，并按照账户管理规定处理。

3.2.1.3 企业年金基金的筹集和缴纳

1. 企业年金基金的组成

企业年金基金由企业缴费、职工个人缴费及其投资运营收益组成。

2. 企业年金缴纳标准

企业缴费每年不超过职工工资总额的8%。企业和职工个人缴费合计不超过职工工资总额的12%。具体幅度由企业和职工一方协商确定。职工个人缴费由企业从职工个人工资中代扣代缴。

3. 企业年金的缴费中止与补缴

实行企业年金后，企业如遇到经营亏损、重组并购等当期不能继续缴费的情况，经与职工一方协商，可以中止缴费。不能继续缴费的情况消失后，企业和职工恢复缴费，并可以根据本企业实际情况，按照中止缴费时的企业年金方案予以补缴。补缴的年限和金额不得超过实际中止缴费的年限和金额。

3.2.1.4 企业年金基金的账户管理

1. 企业年金个人账户的资金来源

企业年金实行完全积累，为每个参加企业年金的职工建立企业年金个人账户。职工企业年金个人账户下设企业缴费子账户和个人缴费子账户，分别记录企业缴费分配给个人的部分及其投资收益，以及本人缴费及其投资收益。

企业缴费按照企业年金方案确定的比例和办法计入职工企业年金个人账户，职工个人缴费计入本人企业年金个人账户。企业应当合理确定本单位当期缴费计入职工企业年金个人账户的最高额与平均额的差距。企业当期缴费计入职工企业年金个人账户的最高额与平均额不得超过5倍。

2. 企业年金个人账户中企业缴费及其投资收益归属

职工企业年金个人账户中个人缴费及其投资收益，自始归属于职工个人。企业可以与职工一方约定该收益自始归属于职工个人，也可以约定随着职工在本企业工作年限的增加逐步归属于职工个人，完全归属于职工个人的期限最长不超过8年。

有下列情形之一的，职工企业年金个人账户中企业缴费及其投资收益完全归属于职工个人：

（1）职工达到法定退休年龄、完全丧失劳动能力或者死亡的；

（2）有企业年金方案终止情形之一的；

（3）非因职工过错企业解除劳动合同的，或者因企业违反法律规定职工解除劳动合同的；

（4）劳动合同期满，由于企业原因不再续订劳动合同的；

（5）企业年金方案约定的其他情形。

企业年金暂时未分配至职工企业年金个人账户的企业缴费及其投资收益，以及职工企业年金个人账户中未归属于职工个人的企业缴费及其投资收益，计入企业年金企业账户。企业年金企业账户中的企业缴费及其投资收益应当按照企业年金方案确定的比例和办法计入职工企业年金个人账户。

3. 企业年金的转移和接续

职工变动工作单位时，新就业单位已经建立企业年金或者职业年金的，原企业年金个人账户权益应当随同转入新就业单位企业年金或者职业年金。职工新就业单位没有建立企业年金或者职业年金的，或者职工升学、参军、失业期间，原企业年金个人账户可以暂时由原管理机构继续管理，也可以由法人受托机构发起的集合计划设置的保留账户暂时管理；原受托人是企业年金理事会的，由企业与职工协商选择法人受托机构管理。

4. 企业年金方案终止后的账户管理

企业年金方案终止后，职工原企业年金个人账户由法人受托机构发起的集合计划设置的保留账户暂时管理；原受托人是企业年金理事会的，由企业与职工一方协商选择法人受托机构管理。

3.2.1.5　企业年金转移、提取和使用

职工在达到退休年龄时，可以从本人企业年金个人账户中按月、分次或者一次性领取企业年金。职工未达到国家规定的退休年龄的，不得从个人账户中提前提取资金。出境定居人员的企业年金个人账户资金，可根据本人要求一次性支付给本人。

职工变动工作单位时，企业年金个人账户资金可以随同转移。职工升学、参军、

失业期间或新就业单位没有实行企业年金制度的，其企业年金个人账户可由原管理机构继续管理。职工或退休人员死亡后，其企业年金个人账户余额由其指定的受益人或法定继承人一次性领取。

需要注意的是，企业年金待遇的现行计发方式包括按月领取、分期领取、一次性领取、转换商业养老保险年金产品这 4 种模式，而原企业年金试行办法只规定一次性领取或定期领取两种方式。

3.2.1.6 企业年金待遇

可以领取企业年金待遇的条件：

（1）职工在达到国家规定的退休年龄或者完全丧失劳动能力时，可以从本人企业年金个人账户中按月、分次或者一次性领取企业年金，也可以将本人企业年金个人账户资金全部或者部分购买商业养老保险产品，依据保险合同领取待遇并享受相应的继承权；

（2）出国（境）定居人员的企业年金个人账户资金，可以根据本人要求一次性支付给本人；

（3）职工或者退休人员死亡后，其企业年金个人账户余额可以继承。

未达到企业年金领取条件之一的，不得从企业年金个人账户中提前提取资金。

3.2.1.7 企业年金管理

企业成立企业年金理事会作为受托人的，企业年金理事会应当由企业和职工代表组成，也可以聘请企业以外的专业人员参加，其中职工代表应不少于 1/3。企业年金理事会除管理本企业的企业年金事务之外，不得从事其他任何形式的营业性活动。

受托人应当委托具有企业年金管理资格的账户管理人、投资管理人和托管人，负责企业年金基金的账户管理、投资运营和托管。

企业年金基金应当与委托人、受托人、账户管理人、投资管理人、托管人和其他为企业年金基金管理提供服务的自然人、法人或者其他组织的自有资产或者其他资产分开管理，不得挪作其他用途。

因订立或者履行企业年金方案发生争议的，按照国家有关集体合同的规定执行。因履行企业年金基金管理合同发生争议的，当事人可以依法申请仲裁或者提起诉讼。

需要注意的是，单位上缴的企业年金按照上一年度企业的工资总额的 8% 计算，《企业所得税法》规定企业为在本企业任职或者受雇的全体员工支付的补充养老保险费在不超过职工工资总额 5% 标准内的部分，在计算应纳税所得额时准予扣除。前后表述的职工工资总额的口径是一致的。但是，企业年金按照上年的工资总额计算，而企业所得税扣除按照当年发生的工资总额计算。

3.2.2　职业年金

职业年金不属于社会保险，它是我国机关事业单位养老保险制度改革的重要组成部分。为建立多层次多支柱的养老保险体系，保障机关事业单位工作人员退休后的生活水平，促进人力资源合理流动，消除相关差异，建立更加公平、可持续的养老保险制度，机关事业单位在参加基本养老保险的基础上，应当为其工作人员建立职业年金。职业年金具有强制性和补充性。

3.2.2.1　职业年金的概念

所谓职业年金，是指机关事业单位及其工作人员在参加机关事业单位基本养老保险的基础上，建立的补充养老保险制度。① 其适用范围与参加机关事业单位基本养老保险的范围一致。

2015 年 1 月 3 日国务院印发《关于机关事业单位工作人员养老保险制度改革的决定》（国发〔2015〕2 号），决定改革机关事业单位工作人员养老保险制度。2015 年 3 月 27 日《国务院办公厅关于印发机关事业单位职业年金办法的通知》（国办发〔2015〕18 号）出台并自 2014 年 10 月 1 日起实施，标志着机关事业单位职业年金制度正式确立。②

3.2.2.2　职业年金的缴纳标准

职业年金所需费用由单位和工作人员个人共同承担。单位缴纳职业年金费用的比例为本单位工资总额的 8%，个人缴费比例为本人缴费工资的 4%，由单位代扣代缴。单位和个人缴费基数与机关事业单位工作人员基本养老保险缴费基数一致。根据经济社会发展状况，国家适时调整单位和个人职业年金缴费的比例。

3.2.2.3　职业年金基金的组成

职业年金基金由下列各项组成：

（1）单位缴费；

（2）个人缴费；

---

① 《财政部 人力资源社会保障部 国家税务总局关于企业年金 职业年金个人所得税有关问题的通知》（财税〔2013〕103 号）.

② 《国务院办公厅关于印发机关事业单位职业年金办法的通知》（国办发〔2015〕18 号）.

（3）职业年金基金投资运营收益；

（4）国家规定的其他收入。

职业年金基金实行个人账户方式实账积累制度，个人对未来职业年金可以有比较明确的预期；不过对财政全额供款的单位与非财政全额供款的单位而言，计算利息不同。对财政全额供款的单位，单位缴费根据单位提供的信息采取记账方式，每年按照国家统一公布的记账利率计算利息，工作人员退休前，本人职业年金账户的累计储存额由同级财政拨付资金记息；对非财政全额供款的单位，单位缴费实行实账积累。实账积累形成的职业年金基金，实行市场化投资运营，按实际收益计息。

职业年金基金投资管理遵循谨慎、分散风险的原则，保证职业年金基金的安全性、收益性和流动性。单位缴费按照个人缴费基数的8%计入本人职业年金个人账户；个人缴费直接计入本人职业年金个人账户。职业年金基金投资运营收益，按规定计入职业年金个人账户。

3.2.2.4 职业年金的转移、提取和使用

为与企业年金接轨，方便人员流动。工作人员变动单位或者下海经商时，职业年金个人账户资金可以随同转移。工作人员升学、参军、失业期间或新就业单位没有实行职业年金或企业年金制度的，其职业年金个人账户由原管理机构继续管理运营。新就业单位已建立职业年金或企业年金制度的，原职业年金个人账户资金随同转移。

符合下列条件之一的，可以领取职业年金：

（1）工作人员在达到国家规定的退休条件并依法办理退休手续后，由本人选择按月领取职业年金待遇的方式。可一次性用于购买商业养老保险产品，依据保险契约领取待遇并享受相应的继承权；可选择按照本人退休时对应的计发月数计发职业年金月待遇标准，类似于零存零取，发完为止，同时职业年金个人账户余额享有继承权。本人选择任一领取方式后不再更改。

（2）参照公积金管理，个人账户财产权归个人所有，比如出国（境）定居个人账户可以一次性领取；在职期间死亡的，去世余额可继承等。当然，未达到上述职业年金领取条件之一的，不得从个人账户中提前提取资金。

3.2.2.5 职业年金的管理

工作人员退休后，按月领取职业年金待遇。[①] 职业年金的经办管理由社会保险经办机构负责。职业年金基金应当委托具有资格的投资运营机构作为投资管理人，

---

① 《国务院关于机关事业单位工作人员养老保险制度改革的决定》（国发〔2015〕2号）.

负责职业年金基金的投资运营；应当选择具有资格的商业银行作为托管人，负责托管职业年金基金。委托关系确定后，应当签订书面合同。[①]

[延伸阅读]

（××单位）企业年金方案（实施细则）

（范本）

（××单位并盖章）

企业首席代表　　　　　　　　　职工首席代表

签章：　　　　　　　　　　　　签章：

日期：　　　　　　　　　　　　日期：

① 《国务院办公厅关于印发机关事业单位职业年金办法的通知》（国办发〔2015〕18号）.

目　录

释　义

企业年金：指企业（包括其他已经参加企业职工基本养老保险的用人单位）及其职工在依法参加基本养老保险的基础上，自主建立的补充养老保险制度。

委托人：指建立企业年金计划的用人单位及其职工。

受益人：参加企业年金计划的职工及其他享有企业年金计划受益权的自然人。

受托人：指受托管理本单位企业年金基金的符合国家规定的法人受托机构或者企业年金理事会。

账户管理人：指接受受托人委托管理企业年金基金账户的专业机构。

托管人：指接受受托人委托保管企业年金基金财产的商业银行。

投资管理人：指接受受托人委托投资管理企业年金基金财产的专业机构。

个人账户：指以职工个人名义开立的账户，用于记录分配给职工个人的单位缴费及其投资收益，以及本人缴费及其投资收益。

企业账户：指在企业年金基金中，以单位名义开立的账户，用于记录暂时未分配至职工个人账户的单位缴费及其投资收益。

第一章　总　　则

第一条　为保障和提高职工退休后的待遇水平，调动职工的劳动积极性，建立人才长效激励机制，增强单位的凝聚力，促进单位健康持续发展，根据《中华人民共和国劳动法》（中华人民共和国主席令第28号）、《集体合同规定》（劳动和社会保障部令第22号）、《企业年金办法》（人力资源和社会保障部令第36号）、《企业年金基金管理办法》（人力资源和社会保障部令第11号）等法律、法规及规章，××单位决定建立企业年金，并结合实际情况，制定企业年金方案（以下简称本方案）①。

第二条　建立企业年金遵循的原则：

（一）有利于单位发展。通过建立企业年金增强单位的凝聚力和吸引力，激励职工长期稳定地工作，促进单位与职工共同发展；

（二）公平与效率相结合。企业年金应覆盖符合条件的职工。单位缴费分配

① 制定企业年金方案实施细则的表述为：××单位（以下简称本单位）决定参加××单位企业年金计划（以下简称本计划），在《××单位企业年金方案》框架下，结合实际情况，制定本单位企业年金方案实施细则（以下简称本细则）。

在体现公平的同时兼顾效率；

（三）平等协商。单位及其职工按照国家相关规定，通过集体协商确定建立企业年金并制定企业年金方案；

（四）保障安全、适度收益。企业年金基金的管理严格按照国家有关规定执行，按照规定的投资范围进行投资运作，在保障安全的前提下获取适度收益；

（五）适时变更原则。按照国家政策变化，结合单位经营状况和企业年金运行情况，适时变更企业年金方案。

第三条 单位建立企业年金的基本条件①

（一）依法参加企业职工基本养老保险并履行缴费义务；

（二）单位与工会或者职工代表通过集体协商确定建立企业年金；

（三）其他条件：____________。

第四条 实施范围②

本方案适用于××单位所属____________单位（单位列表附后，以下统称本单位）。

第二章 参加人员

第五条 职工参加本方案的条件。

（一）与本单位订立劳动合同并试用期满；

（二）依法参加企业职工基本养老保险并履行缴费义务；

（三）其他条件：________。

第六条 职工参加本方案的程序

符合上述参加条件的职工，从符合条件的次月起自动加入本方案。

符合条件但不同意加入本方案的职工，应在符合条件后的下一次发薪日前提交书面《职工放弃参加企业年金声明》（附件①），经单位备案后不加入本方案。

---

① 集团公司可根据自身情况增加下属单位建立企业年金需要满足的其他条件。

② 集团公司企业年金方案可适用于所有或者部分下属单位，非集团型企业可删除本条。

放弃加入的职工申请加入本企业年金方案，需填写《职工参加企业年金申请表》（附件②），经单位审核同意后加入企业年金方案。

第七条 职工退出本方案的条件

（一）职工与本单位终止或者解除劳动合同；

（二）职工达到本方案规定的企业年金待遇领取条件；

（三）其他：________。

第八条 职工退出本方案的程序

职工达到第七条退出条件后，单位停止其企业年金缴费，按照本方案第十九条处理其个人账户或者按照本方案第三十条支付企业年金待遇。

第九条 职工的权利和义务

（一）职工的权利

1. 根据法律法规规定及本方案约定，了解、查询企业年金基金个人账户基本情况；

2. 在满足本方案规定的权益归属条件后，职工对个人账户中已经归属的权益拥有所有权；

3. 在满足本方案规定的领取条件后，职工享有领取企业年金待遇的权利；

4. 由于自身原因，职工可以申请本人中止缴费；原因消失后，可以申请恢复缴费。

5. 职工与本单位终止、解除劳动合同的，其个人账户转移或者保留按照本方案第十九条规定处理。

（二）职工的义务

1. 授权本单位根据本方案规定从职工工资中代扣代缴个人缴费；

2. 授权本单位和本计划管理机构按国家有关规定代扣代缴个人所得税；

3. 授权××单位[①]选择受托人并签订受托管理合同；

4. 授权本单位代表职工对企业年金计划进行管理监督；

5. 提供个人相关基本信息。当相关基本信息发生变动时，及时向本单位提供变动情况。

① 代表职工与受托人签订受托管理合同的单位。

第三章　资金筹集与分配

第十条　企业年金所需费用由单位和职工共同承担。单位缴费的列支渠道按照国家有关规定执行；职工个人缴费由单位从职工工资中代扣代缴。

第十一条　个人缴费①

方式1：职工个人缴费为本人缴费基数的____%，职工个人缴费基数为__________。

方式2：职工个人缴费为单位为其缴费的____%；

方式3：(其他方式)。

第十二条　单位缴费及分配

方式1：单位缴费分配至职工个人账户的金额为职工个人缴费基数的____%，单位缴费总额为单位为参加计划职工缴费的合计金额。经测算，方案实施第一年企业缴费为工资总额的____%；

方式2：单位年缴费总额为年度工资总额的____%，按照参加计划职工个人缴费基数的____%分配至职工个人账户，剩余部分记入企业账户；

方式3：单位年缴费总额为年度工资总额的____%，按照职工个人缴费基数的____%分配至职工个人账户，剩余部分记入企业账户，作为对本计划建立时临近退休职工的补偿性缴费。

补偿范围为：________________________________。

补偿缴费分配办法为：________________________。

补偿缴费划入职工个人账户的方式为：__________。

补偿结束后，单位调整单位缴费分配办法，履行本方案第三十三条规定程序后实施。

列入补偿范围的职工，根据组织安排在集团内部单位调动的，原单位对其个人账户补偿办法为：______________；

方式4②：单位年缴费总额不超过年度工资总额的__%；下属单位可根据实际情况，在实施细则中明确具体缴费比例及分配办法；

① 集团公司企业年金方案中，个人缴费比例可以为范围，由各下属单位在实施细则中明确具体比例。

② 集团公司企业年金方案中，单位缴费比例可以为范围，单位缴费分配办法也可仅作原则性要求，由各下属单位在实施细则中明确具体比例和单位缴费分配办法，但每年缴费不得超过本企业职工工资总额的8%。

方式5：(其他方式)。

第十三条 单位当期缴费分配至职工个人账户的最高额不得超过平均额的5倍。超过平均额5倍的部分，记入企业账户。

企业账户资金不得用于抵缴未来年度单位缴费。

第十四条 企业账户余额[1]分配至职工企业年金个人账户的方式为：

方式1：企业账户余额÷本单位企业年金个人账户（包括□正常缴费账户、□退休支付账户、□离职保留账户，下同）数量；

方式2：企业账户余额×（个人账户余额÷本单位企业年金基金资产总额）；

方式3：企业账户余额×（最后一次单位缴费划入职工个人账户额÷最后一次单位缴费总额）；

方式4：(其他方式)。

企业账户余额（□每年、□(其他方式)）分配一次，分配差距按照企业当期缴费分配差距规定执行。

第十五条 单位按(□月、□季度、□年度）将全部缴费款项按时、足额汇至托管人开立的企业年金基金受托财产托管账户。

第十六条 企业年金缴费的中止、恢复和补缴

（一）单位出现经营亏损、重组并购等特殊情况无法履行缴费义务时，经与职工一方协商，可以中止单位缴费，职工同时中止个人缴费。不能继续缴费的情况消失后单位恢复缴费，职工同时恢复个人缴费。恢复缴费后单位和职工可以视经济情况按照中止时的方案内容予以补缴。补缴年限和金额不得超过实际中止缴费的年限和金额；

（二）职工由于自身原因申请中止或者恢复个人缴费，需填写《职工中止（恢复）缴费企业年金申请表》（附件③），并经本单位确认后执行。个人中止缴费期间，单位缴费也相应中止，个人账户继续在本计划中管理；个人恢复缴费时单位缴费也同时恢复；不弥补中止缴费期间的单位和个人缴费。

第四章 账户管理

第十七条 本计划实行完全积累，为每一个参加职工开立企业年金个人账户，同时建立企业账户用于记录暂未分配至个人账户的单位缴费及其投资收益。

第十八条 个人账户下设单位缴费子账户和个人缴费子账户，分别记录单

---

[1] 指企业账户资金完成补偿以后的剩余资金；如果没有设置补偿，则为企业账户全部资金。

位缴费分配给职工个人的部分及其投资收益、职工个人缴费及其投资收益。

第十九条 个人账户的转移和保留

职工与本单位终止、解除劳动合同的，其个人账户转移或者保留。

（一）职工与本单位终止、解除劳动合同，新就业单位已建立企业年金或者职业年金的，其个人账户权益应当转入新就业单位的企业年金计划或者职业年金计划管理；

（二）职工与本单位终止、解除劳动合同，未就业、新就业单位没有建立企业年金或者职业年金的，其个人账户：

方式1：转入本计划法人受托机构发起的集合计划设置的保留账户统一管理。保留账户的账户管理费从职工个人账户中扣除；

方式2：作为保留账户在本计划中继续管理。保留账户的账户管理费（□由本单位负担、□从职工个人账户中扣除）；

方式3：（理事会受托管理的企业年金计划）转入由本单位与职工协商选定的法人受托机构发起的集合计划设置的保留账户统一管理。保留账户的账户管理费从职工个人账户中扣除；

方式4：（其他方式）。

（三）在集团公司[①]内部调动新单位未实行企业年金制度的，其个人账户作为保留账户由原单位继续管理。保留账户的账户管理费（□由原单位负担、□从职工个人账户中扣除）。

第二十条 满足下列条件之一时，个人账户注销：

（一）职工领取完其个人账户资金；

（二）职工身故，其个人账户余额由指定受益人或者法定继承人全部领取完毕；

（三）个人账户转移至新单位的企业年金计划或者职业年金计划。

第五章 权益归属

第二十一条 职工企业年金个人账户中个人缴费及其投资收益自始归属职工个人。

第二十二条 职工企业年金个人账户中单位缴费及其投资收益，按以下规则归属于职工个人。未归属于职工个人的部分，记入企业账户。

---

① 非集团公司和将内部调动视同外部调动的集团公司删除本款。

<table>
<tr><th>权益归属核算时点</th><th>N</th><th>归属比例</th></tr>
<tr><td rowspan="4">职工与本单位解除
劳动合同</td><td>N＜_年</td><td>××%</td></tr>
<tr><td>_年≤N＜_年</td><td>××%</td></tr>
<tr><td>…</td><td>…</td></tr>
<tr><td>N≥_年</td><td>××%</td></tr>
<tr><td colspan="2">企业年金方案终止</td><td rowspan="5">100%</td></tr>
<tr><td colspan="2">达到法定退休年龄、完全丧失劳动能力或者死亡</td></tr>
<tr><td colspan="2">非因职工过错企业解除劳动合同，或者因企业违反法律规定职工解除劳动合同</td></tr>
<tr><td colspan="2">劳动合同期满，由于企业原因不再续签劳动合同</td></tr>
<tr><td>（其他特殊情况）①</td><td>——</td></tr>
<tr><td colspan="3">备注：
1. N是指在本单位的工作年限，不得超过8（含）；
2. （其他需要说明的事项）。</td></tr>
</table>

第二十三条　补偿缴费归属规则②

补偿缴费按照方式____归属。

方式1：职工退休前归属比例为0%，退休后100%归属；

方式2：（其他方式）____________________。

第六章　基金管理

第二十四条　企业年金基金由单位缴费、职工个人缴费和投资收益组成。

第二十五条　本计划采取（□理事会受托、□法人受托）管理模式。本方案所归集的企业年金基金由××单位③委托受托人进行受托管理并签署企业年金基金受托管理合同。由企业年金基金受托人委托具备企业年金管理资格的托管人、账户管理人、投资管理人提供统一的相关服务。

第二十六条　企业年金基金的投资收益，根据企业年金基金单位净值，按周或者按日足额分别记入个人账户和企业账户。

第二十七条　企业年金基金管理运营的所需费用，按照国家有关法律法规及企业年金基金管理合同中的相关条款确定。其中正常账户的账户管理费由本

① 用人单位可列明其他特殊情况的归属比例，例如或者集团公司内部调动时，归属比例为100%。

② 未设置补偿缴费的用人单位，删除本条。

③ 代表职工与受托人签订受托管理合同的单位。

单位缴纳，保留账户管理费按本细则第十九条规定执行，退休职工个人账户的账户管理费由(□个人、□单位)负担，其他费用由本单位和个人共同承担，从企业年金基金中扣除。

第二十八条 企业年金基金实行专户管理，与委托人、受托人、账户管理人、投资管理人和托管人的自有资产或者其他资产分开管理，分别记账，不得挪作它用。

第七章 待遇计发和支付方式

第二十九条 本方案参加职工符合下列条件之一时，可以享受本方案规定的企业年金待遇：

（一）达到国家规定的退休年龄；

（二）经劳动能力鉴定委员会鉴定，因病（残）完全丧失劳动能力；

（三）出国（境）定居；

（四）退休前身故。

第三十条 企业年金的支付方式

职工达到本方案第二十九条规定的企业年金待遇领取条件后，可根据个人账户余额、个人所得税税负等情况选择按月、分次或者一次性领取企业年金待遇，也可将本人企业年金个人账户资金全部或者部分购买商业养老保险产品，依据保险合同领取待遇并享受相应的继承权。

第三十一条 受益人的指定和修改

职工自动加入企业年金方案时，应指定本人身故后企业年金个人账户已归属权益的受益人，没有指定的，默认法定继承人为受益人。若职工需要变更受益人的，可在加入后书面申请变更。

第八章 方案的变更和终止

第三十二条 本单位根据国家政策变化，以及本单位经营和企业年金运行情况，经集体协商变更本方案。

第三十三条 变更本方案的程序

（一）企业和职工一方按照《集体合同规定》，经集体协商形成新的企业年金方案；

（二）新的企业年金方案经民主程序讨论通过；

（三）报送人力资源和社会保障部门备案[①]；

（四）通知方案参加职工及受托人。

第三十四条　出现下列情况之一时，本方案终止：

（一）本单位因依法解散、被依法撤销或者被依法宣告破产等原因，致使企业年金方案无法履行的；

（二）因不可抗力等原因致使企业年金方案无法履行的；

（三）其他：____________。

第三十五条　终止本方案的程序

（一）经集体协商制定终止企业年金计划方案。方案内容应包括终止原因、企业账户资金和个人账户处理办法等；

（二）终止方案经民主程序讨论通过；

（三）报送人力资源和社会保障部门备案；

（四）由受托人组织清算组对企业年金基金财产进行清算，对所有个人账户权益进行全部归属，并按照方案规定或者民主程序讨论通过的办法分配企业账户资金[②]；

（五）将个人账户转移至协商确定的法人受托机构发起的集合计划设置的保留账户暂时管理；

（六）通知本方案参加职工及受托人。

第九章　组织管理和监督

第三十六条　本单位的企业年金基金管理接受人力资源社会保障部门等国家相关部门的监督检查。本单位依照国家相关法律、法规对受托人进行监督。

第三十七条　在接受国家相关部门监督的基础上，由本单位的纪检、工会和审计部门对本企业年金计划的运作管理进行内部监督。

第十章　附　　则

第三十八条　本方案自××年×月×日起开始实施。

第三十九条　因订立或者履行企业年金方案发生争议的，根据《集体合同规定》处理。

---

① 中央所属大型企业在人力资源社会保障部备案，跨省用人单位在总部所在地省级人力资源社会保障部门备案，省内跨地区用人单位在总部所在地设区的市级以上人力资源社会保障部门备案。

② 仅是企业账户余额的，按照方案确定的办法分配；包括补偿资金的，通过集体协商确定分配办法。

第四十条 因履行企业年金基金管理合同发生争议的，当事人可以依法申请仲裁或者提起诉讼。

第四十一条 本方案涉及的相关财税问题，按照国家相关规定执行。

第四十二条 本单位拥有对本方案的最终解释权。

附件①

职工放弃参加企业年金声明

<table>
<tr><td colspan="2">申请人姓名</td><td></td></tr>
<tr><td colspan="2">申请人身份证号码</td><td></td></tr>
<tr><td colspan="3">本人已认真阅读并理解《××单位企业年金方案》。经慎重考虑，本人放弃参加××单位企业年金计划。

声明人：
年　月　日</td></tr>
<tr><td>单位意见</td><td colspan="2">经审核，同意该职工不参加企业年金计划。

签字（盖章）：
年　月　日</td></tr>
</table>

附件②

职工参加企业年金申请表

<table>
<tr><td colspan="2">申请人姓名</td><td></td></tr>
<tr><td colspan="2">申请人身份证号码</td><td></td></tr>
<tr><td colspan="3">本人已认真阅读并同意接受《××单位企业年金方案》，申请参加××单位企业年金计划。

申请人：
年　月　日</td></tr>
<tr><td>单位意见</td><td colspan="2">经审核，该职工符合参加企业年金的条件，同意其参加企业年金计划。

签字（盖章）：
年　月　日</td></tr>
</table>

附件③

职工中止（恢复）企业年金缴费申请表

<table>
<tr><td colspan="2">申请人姓名</td><td></td></tr>
<tr><td colspan="2">身份证号码</td><td></td></tr>
<tr><td colspan="3">中止企业年金缴费的申请
本人经慎重考虑，申请中止企业年金缴费，并愿意承担由此带来的损失。中止缴费期间为：
□　____年____月____日至____年____月____日；
□　至本人申请恢复缴费为止；
□　至退出本企业年金计划为止。
申请人：
年　　月　　日</td></tr>
<tr><td colspan="3">恢复企业年金缴费的申请
本人申请自____年____月____日起恢复企业年金缴费。
申请人：
年　　月　　日</td></tr>
<tr><td rowspan="2">单位意见</td><td colspan="2">经审核，同意该职工中止企业年金缴费。
签字（盖章）：
年　　月　　日</td></tr>
<tr><td colspan="2">经审核，同意该职工恢复企业年金缴费。
签字（盖章）：
年　　月　　日</td></tr>
</table>

第4章

基本养老保险费、失业保险费和工伤保险费（二）

4.1 失业保险费

4.1.1 失业保险概述

4.1.1.1 失业保险的概念

党的十四届三中全会提出“完善企业养老和失业保险制度”，首次正式使用“失业保险”。失业保险是我国重要的劳动保障制度，是广大劳动者共同的风险“防范网”和社会“防护网”，是社会公共之事，而不是企业和职工的一己之事。所谓失业保险，是指国家通过立法强制实行的，由社会集中建立基金，对因失业而暂时中断生活来源的劳动者提供物质帮助的制度。

4.1.1.2 失业保险的历史沿革

1986 年 7 月，国务院发布《国营企业职工待业保险暂行规定》，对国营企业的破产企业职工、濒临破产企业被精减职工、企业终止或解除劳动合同工人、企业辞退职工等四种人员发给待业救济金。

为了完善国有企业的劳动制度，保障待业职工的基本生活，1993 年国务院发布《国有企业职工待业保险规定》，保障失业人员失业期间的基本生活，促进其再就业。

1999 年，国务院发布《失业保险条例》，标志着我国失业保险制度正式建立。自我国失业保险制度建立以来，一直实行基金制，在基金来源上采取用人单位缴费和财政补贴的方式。

为健全失业保险制度功能，更好地发挥失业保险制度作用，人社部研究起草了《失业保险条例（修订草案征求意见稿）》，于 2017 年 11 月 10 日向社会公开征求意见。该草案扩大了条例适用范围、降低了缴费费率、增加了基金支出、提高了失业保障水平，并与社会保险法进行衔接。

4.1.2　失业保险费

4.1.2.1　失业保险费的征缴范围

失业保险的缴费人为用人单位和职工。用人单位是指国有企业、城镇集体企业、外商投资企业、城镇私营企业以及其他城镇企业。各省级人民政府根据实际，可以决定适用于本区的社会团体及其专职人员、民办非企业单位及其职工、有雇工的城镇个体户及其雇工。这里需要注意的是，城镇企业事业单位招用的农民合同制工人本人不缴纳失业保险费。①

4.1.2.2　失业保险费的缴费基数

城镇企业事业单位按照本单位工资总额为缴费基数计算缴纳失业保险费；城镇企业事业单位职工按照本人工资总额为缴费基数计算缴纳失业保险费。

4.1.2.3　失业保险费的缴费费率

《失业保险条例》规定，城镇企业事业单位按照本单位工资总额的 2% 缴纳失业保险费。城镇企业事业单位职工按照本人工资总额的 1% 缴纳失业保险费。②

自 2015 年 3 月 1 日起，失业保险费率暂由现行条例规定的 3% 降至 2%，单位和个人缴费的具体比例由各省级人民政府确定。③ 为了完善失业保险制度，进一步减轻企业负担，促进就业稳定，国家相关部门建立健全失业保险费率动态调整机制，2016 年以来经国务院批准，失业保险费率阶段性降至 1%，其中个人费率不得超过单位费率，主要内容如下：

自 2016 年 5 月 1 日起，失业保险总费率在 2015 年已降低 1 个百分点基础上可以阶段性降至 1% ~1.5%，其中个人费率不超过 0.5%，降低费率的期限暂按两年执行。具体方案由各省（区、市）确定。④

自 2017 年 1 月 1 日起，失业保险总费率为 1.5% 的省（区、市），可以将总费率降至 1%，降低费率的期限执行至 2018 年 4 月 30 日。在省（区、市）行政区域内，单位及个人的费率应当统一，个人费率不得超过单位费率。具体方案由各省

① 《失业保险条例》（中华人民共和国国务院令第 258 号）（1999 年 1 月 22 日）.

② 《失业保险条例》（中华人民共和国国务院令第 258 号）（1999 年 1 月 22 日）.

③ 《关于调整失业保险费率有关问题的通知》（人社部发〔2015〕24 号）.

④ 《关于阶段性降低社会保险费率的通知》（人社部发〔2016〕36 号）.

（区、市）研究确定。①

自2018年5月1日起，按照人社部发〔2017〕14号实施失业保险总费率1%的省，延长阶段性降低费率的期限至2019年4月30日。具体方案由各省研究确定。②

根据国务院《降低社会保险费率综合方案》，自2019年5月1日起，实施失业保险总费率1%的省，延长阶段性降低失业保险费率的期限至2020年4月30日。③如，河南省：城镇企业事业单位按照本单位工资总额的0.7%缴纳失业保险费。城镇企业事业单位职工按照本人工资总额的0.3%缴纳失业保险费。重庆市失业保险费率单位和个人各为0.5%，江苏省失业保险费率单位和个人各为0.5%，上海市失业保险费率单位和个人各为0.5%。

自2020年5月1日起，阶段性降低失业保险费率、工伤保险费率的政策，实施期限延长至2021年4月30日。④

4.1.2.4 失业保险费的征缴期限

一般按月申报。

4.1.2.5 失业保险费的计征方法

应缴失业保险费金额 = 职工工资总额 × 总费率1%

4.1.2.6 失业保险待遇

城镇企业事业单位、城镇企业事业单位职工依法缴纳失业保险，享受失业保险待遇。⑤ 失业保险基金在直辖市和设区的市实行全市统筹；其他地区的统筹层次由省、自治区人民政府规定。

1. 失业人员可以领取失业保险金的条件

（1）按照规定参加失业保险，所在单位和本人已按照规定履行缴费义务满1年的；

（2）非本人意愿中断就业的；

（3）已办理失业登记，并有求职要求的。

失业人员在领取失业保险金期间，按照规定同时享受其他失业保险待遇。

---

① 《关于阶段性降低失业保险费率的通知》（人社部发〔2017〕14号）.

② 《关于继续阶段性降低社会保险费率的通知》（人社部发〔2018〕25号）.

③ 《降低社会保险费率综合方案》（国办发〔2019〕13号）.

④ 《国务院关于进一步做好稳就业工作的意见》（国发〔2019〕28号）.

⑤ 《失业保险条例》（中华人民共和国国务院令第258号）.

2. 失业人员停止领取失业保险金的情形

失业人员在领取失业保险金期间有下列情形之一的，停止领取失业保险金，并同时停止享受其他失业保险待遇：

（1）重新就业的；

（2）应征服兵役的；

（3）移居境外的；

（4）享受基本养老保险待遇的；

（5）被判刑收监执行或者被劳动教养的；

（6）无正当理由，拒不接受当地人民政府指定的部门或者机构介绍的工作的；

（7）有法律、行政法规规定的其他情形的。

办理领取失业保险金待遇，需要企业与失业人员都要有相应的办理程序。在企业端，城镇企业事业单位应当及时为失业人员出具终止或解除劳动关系的证明，告知其按照规定享受失业保险待遇的权利，并将失业人员的名单自终止或解除劳动关系之日起7日内报社会保险经办机构备案。在失业人员端，职工失业后，应当持本单位为其出具的终止或解除劳动关系的证明，及时到指点的社会保险经办机构办理失业登记。失业保险金自办理失业登记之日起计算；失业保险金由社会保险经办机构按月发放。社会保险经办机构为失业人员开具领取失业保险金的单证，失业人员凭单证到指定银行领取失业保险金。

领取失业金对将来领取养老金是否有影响？如果参保人正处于领取失业金期间，无法缴纳养老保险。停止领取失业金后与用人单位存在劳动合同关系，无法补缴领取失业金时间段内的养老保险；停止领取失业金后，到人社部门进行了个人灵活就业认证，则可以以个人身份补缴领取失业金时间段内的养老保险。

失业人员满60周岁后，原则上不能申请享受申请失业保险待遇，即应当终止其失业保险待遇。

经济性裁员是引起失业的重要原因。《劳动合同法》第四十一条对经济性裁员引起失业的情形进行了列举。需要裁减人员20人以上或者裁减不足20人但占企业职工总数10%以上的，用人单位提前30日向工会或者全体职工说明情况，听取工会或者职工的意见后，裁减人员方案经向劳动行政部门报告，有下列情形之一的，可以裁减人员：

（1）依照企业破产法规定进行重整的；

（2）生产经营发生严重困难的；

（3）企业转产、重大技术革新或者经营方式调整，经变更劳动合同后，仍需裁减人员的；

（4）其他因劳动合同订立时所依据的客观经济情况发生重大变化，致使劳动合同无法履行的。

裁减人员时，应当优先留用下列人员：

（1）与本单位订立较长期限的固定期限劳动合同的；

（2）与本单位订立无固定期限劳动合同的；

（3）家庭无其他就业人员，有需要扶养的老人或者未成年人的。

用人单位依照经济性裁员而裁减的人员，在6个月内重新招用人员的，应当通知被裁减的人员，并在同等条件下优先招用被裁减的人员。

3. 领取失业保险金的期限

领取失业保险金有一定的期限。可以设想，如果不设置一定的期限，对失业人员再就业和促进经济社会进步可能是阻碍，因此设置一定的期限是必要的。失业人员失业前所在单位和本人按照规定累计缴费时间满1年不足5年的，领取失业保险金的期限最长为12个月；累计缴费时间满5年不足10年的，领取失业保险金的期限最长为18个月；累计缴费时间10年以上的，领取失业保险金的期限最长为24个月，重新就业后，再次失业的，缴费时间重新计算，领取失业保险金的期限可以与前次失业应领取而尚未领取的失业保险金的期限合并计算，但是最长不得超过24个月。

4. 领取失业保险金期间患病、死亡相关待遇及处理

失业人员在领取失业保险金期间患病就医的，可以按照规定向社会保险经办机构申请领取医疗补助金。医疗补助金的标准由省级人民政府规定。

领取失业金期间是否可以办理医疗保险？可以。失业人员在领取失业保险金期间，参加职工基本医疗保险，享受基本医疗保险待遇。①失业保险经办机构统一为领取失业保险金人员办理医疗保险参保缴费手续，所需费用由失业保险基金支付，个人不缴费；失业人员在领取失业保险金期间，参加职工医保当月起，可以按规定享受相应的住院和门诊医疗保险待遇。②

失业人员在领取失业保险金期间死亡的，参照当地关于在职职工的规定，对其家属一次性发给丧葬补助金和抚恤金。单位招用的农民合同制工人连续工作满1年，本单位并已缴纳失业保险费，劳动合同期满未续订或者提前解除劳动合同的，由社会保险经办机构根据其工作时间长短，对其支付一次性生活补助。补助的办法和标

① 《中华人民共和国社会保险法》第四十八条．

② 人力资源和社会保障部　财政部《关于领取失业保险金人员参加职工基本医疗保险有关问题的通知》（国发〔2018〕39号）．

准由省级人民政府规定。

领取失业保险金期满，仍未就业且距离法定退休年龄不足1年的人员，可继续发放失业保险金直至法定退休年龄。国家对失业保险金发放出现缺口的地区，采取失业保险调剂金调剂、地方财政补贴等方式予以支持。[①]

例如，张三跳过几次槽，有时在两份工作之间有一年甚至两年的空档，算是半自由职业者，目前在一家私企上班。张三表示，不会去领失业保险金，可以不交失业保险吗？根据《社会保险法》规定，用人单位为职工及时足额缴纳失业保险费是法定的义务和责任，职工本人也不能选择不缴纳失业保险费。如果张三在一私企上班，不能领取失业保险金，但要缴纳失业保险费。[②]

为深入贯彻落实党中央、国务院关于扩大失业保险保障范围、更好保障失业人员基本生活的决策部署，充分发挥失业保险保生活基础功能，确保失业人员待遇应发尽发、应保尽保，经国务院同意，2020年5月人社部、财政部印发《关于扩大失业保险保障范围的通知》（人社部发〔2020〕40号），对扩大失业保险保障范围进行了明确。

（1）及时发放失业保险金。对参保缴费满1年、非因本人意愿中断就业、已办理失业登记并有求职要求的失业人员，应及时足额发放失业保险金，代缴基本医疗保险费，按规定发放价格临时补贴、丧葬补助金和抚恤金。自2019年12月起，延长大龄失业人员领取失业保险金期限，对领取失业保险金期满仍未就业且距法定退休年龄不足1年的失业人员，可继续发放失业保险金至法定退休年龄。

（2）阶段性实施失业补助金政策。2020年3—12月，领取失业保险金期满仍未就业的失业人员、不符合领取失业保险金条件的参保失业人员，可以申领6个月的失业补助金，标准不超过当地失业保险金的80%。领取失业补助金期间不享受失业保险金、代缴基本医疗保险费、丧葬补助金和抚恤金。失业人员领取失业补助金期满、被用人单位招用并参保、死亡、应征服兵役、移居境外、享受城镇职工基本养老保险或城乡居民养老保险待遇、被判刑收监执行的，停发失业补助金。领取失业补助金期限不核减参保缴费年限。失业补助金按月发放，从失业保险基金“其他支出”科目列支。

（3）阶段性扩大失业农民工保障范围。对《失业保险条例》规定的参保单位招用、个人不缴费且连续工作满1年的失业农民工，及时发放一次性生活补助。2020

① 《国务院关于进一步做好稳就业工作的意见》（国发〔2019〕28号）.

② 2019年5月10日国家税务总局在线访谈，http://www.chinatax.gov.cn/fangtan/190510fangtan/index.html.

年5—12月，对2019年1月1日之后参保不满1年的失业农民工，参照参保地城市低保标准，按月发放不超过3个月的临时生活补助。与城镇职工同等参保缴费的失业农民工，按参保地规定发放失业保险金或失业补助金。

（4）阶段性提高价格临时补贴标准。2020年3—6月，对领取失业保险金和失业补助金人员发放的价格临时补贴，补贴标准在现行标准基础上提高1倍。

（5）畅通失业保险待遇申领渠道。相关部门通过优化失业保险待遇经办流程，减少证明材料，取消附加条件，让参保失业人员方便快捷得到保障。参保失业人员可凭社会保障卡或身份证件申领失业保险金、失业补助金、一次性生活补助或临时生活补助，可不提供解除或者终止劳动关系、失业登记证明等材料。经办机构应通过核验参保信息库中的参保缴费信息，确认申领人员是否符合领取条件对应的失业状态，不得增加其他义务、条件或时限要求。在实现线上申领失业保险金基础上，于2020年6月底前实现失业补助金等其他失业保险待遇线上申领；人社部建立领取失业保险金、失业补助金全国线上申领入口，并向地方提供全国参保信息联网核验服务。

4.1.2.7 失业保险关系转移接续

城镇企业事业单位成建制跨统筹地区转移，失业人员跨统筹地区流动的，失业保险关系随之转迁，缴费年限累计计算。失业人员符合城市居民最低生活保障条件的，按照规定享受城市居民最低生活保障待遇。失业保险金的标准，按照低于当地最低工资、高于城市居民最低生活保障标准的水平，由省级人民政府确定。

4.2 工伤保险费

4.2.1 工伤保险概述

4.2.1.1 工伤保险的概念

为了保障因工作遭受事故伤害或者患职业病的职工获得医疗救治和经济补偿，

促进工伤预防和职业康复，分散用人单位的工伤风险，国家出台了工伤保险相关制度。所谓工伤保险，是指劳动者在职业工作中或规定的特殊情况下遭遇意外伤害或职业病，导致暂时或永久丧失劳动能力以及死亡时，劳动者或其遗属能够从国家和社会获得物质帮助的社会保险制度。

4.2.1.2 工伤保险的历史沿革

只要工作，就可能发生工伤。新中国成立以来，党和政府一直高度重视工人的健康问题。1951 年，中央人民政府政务院出台的《劳动保险条例》规定，工人与职员因工负伤，应在该企业医疗所、医院或特约医院医治。如该企业医疗所、医院或特约医院无法治疗时，应由该企业行政方面或资方转送其他医院医治。其全部诊疗费、药费、住院费、住院时的膳费与就医路费，均由企业行政方面或资方负担。在医疗期间，工资照发。工人与职员因工负伤确定为残废时，由劳动保险基金项下按月付给因工残废抚恤费或因工残废补助费。

1996 年，原劳动部根据《劳动法》制定并发布《企业职工工伤保险试行办法》。该《办法》后被 2004 年 1 月 1 日起施行的《工伤保险条例》替代，2010 年 12 月 8 日国务院修订《工伤保险条例》并于 2011 年 1 月 1 日起施行，中国特色的工伤保险制度框架初步形成。[①] 2013 年，人社部印发《关于执行〈工伤保险条例〉若干问题的意见》（人社部发〔2013〕34 号又具体明确工伤保险中的实际问题。

4.2.2 工伤保险

4.2.2.1 工伤保险费的征缴范围

我国境内的企业、事业单位、社会团体、民办非企业单位、基金会、律师事务所、会计师事务所等组织和有雇工的个体工商户（以下称“用人单位”）应当参加工伤保险，为本单位全部职工或者雇工（以下称“职工”）缴纳工伤保险费。当然，我国境内的企业、事业单位、社会团体、民办非企业单位、基金会、律师事务所、会计师事务所等组织的职工和个体工商户的雇工，均有依法享受工伤保险待遇的权利。用人单位应当按时缴纳工伤保险费，职工个人不缴纳工伤保险费。

公务员和参照《公务员法》管理的事业单位、社会团体的工作人员因工作遭受事故伤害或者患职业病的，由所在单位支付费用。

---

① 《国务院关于修改〈工伤保险条例〉的决定》（中华人民共和国国务院令第 586 号）.

非全日制是当前市场主体的用工方式之一。用人单位应当为建立劳动关系的非全日制人员缴纳工伤保险费。从事非全日制工作的劳动者发生工伤，依法享受工伤保险待遇；被鉴定为伤残5～10级的，经劳动者与用人单位协商一致，可以一次性结算伤残待遇及有关费用。[①] 完全个人从业的个体工商户、自由职业者不属于工伤保险参保范围。

对于新业态从业人员的工伤保险参保问题，我国不少地区积极探索新业态从业人员职业伤害保障机制。例如，浙江省规定，新业态从业人员可以按规定先行参加工伤保险。新业态企业依托平台经营的，以平台发挥用工主体作用，加强用工管理，可以为新业态从业人员以全省上年度职工月平均工资为基数单险种参加工伤保险，平台承担用人单位依法应承担的工伤保险责任。平台可以通过购买商业保险的形式，把应承担的工伤保险责任转由商业保险承担。建立多重劳动关系的新业态从业人员，各用人单位应当分别为其缴纳工伤保险费。同时鼓励引入商业保险。积极引导新业态企业和从业人员参加医疗、人身意外伤害等商业保险，为新业态从业人员提供保障。[②]

4.2.2.2 工伤保险费的缴费基数

用人单位缴纳工伤保险费的数额为本单位职工工资总额乘以单位缴费费率之积。作为缴费基数，工资总额是指用人单位直接支付给本单位全部职工的劳动报酬总额。本人工资，是指工伤职工因工作遭受事故伤害或者患职业病前12个月平均月缴费工资。本人工资高于统筹地区职工平均工资300%的，按照统筹地区职工平均工资的300%计算。本人工资低于统筹地区职工平均工资60%的，按照统筹地区职工平均工资的60%计算。

对于难以按照工资总额缴纳工伤保险费的行业，其缴纳工伤保险费的具体方式，由国务院人社部门规定。[③] 根据《工伤保险条例》授权，人社部于2010年12月31日公布《部分行业企业工伤保险费缴纳办法》（人力资源社会保障部第10号令），自2011年1月1日起施行。该办法明确，部分行业企业包括建筑、服务、矿山等行业中难以直接按照工资总额计算缴纳工伤保险费的建筑施工企业、小型服务企业、小型矿山企业等。这里，小型服务企业、小型矿山企业的划分标准可以参照《中小企业标准暂行规定》（国经贸中小企〔2003〕143号）执行。

---

① 《关于非全日制用工若干问题的意见》（劳社部发〔2003〕12号）.

② 《浙江省人力资源和社会保障厅关于优化新业态劳动用工服务的指导意见》（浙人社发〔2019〕63号）.

③ 《工伤保险条例》（中华人民共和国国务院令第375号公布，2010年12月20日修订）.

其中，建筑施工企业的工伤保险费可以实行以建筑施工项目为单位，按照项目工程总造价的一定比例，计算缴纳工伤保险费。商贸、餐饮、住宿、美容美发、洗浴以及文体娱乐等小型服务业企业以及有雇工的个体工商户，可以按照营业面积的大小核定应参保人数，按照所在统筹地区上一年度职工月平均工资的一定比例和相应的费率，计算缴纳工伤保险费；也可以按照营业额的一定比例计算缴纳工伤保险费。小型矿山企业可以按照总产量、吨矿工资含量和相应的费率计算缴纳工伤保险费。上述部分行业企业工伤保险费缴纳的具体计算办法，由省级人社部门根据本地区实际情况确定。

4. 2. 2. 3　工伤保险费的缴费费率

工伤保险根据以支定收、收支平衡的原则确定，实行行业差别费率和单位浮动费率。国家根据不同行业的工伤风险程度确定行业的差别费率，并根据工伤保险费使用、工伤发生率等情况在每个行业内确定若干费率档次。行业差别费率及行业内费率档次由国务院人社部门制定，报国务院批准后公布施行。统筹地区经办机构根据用人单位工伤保险费使用、工伤发生率等情况，适用所属行业内相应的费率档次确定单位缴费费率。

工伤保险费阶段性降费政策的发展脉络如下：

（1）各地继续贯彻落实国务院 2015 年关于降低工伤保险平均费率 0. 25 个百分点和生育保险费率 0. 5 个百分点的决定和有关政策规定，确保政策实施到位。[①]

（2）自 2018 年 5 月 1 日起，在保持八类费率总体稳定的基础上，工伤保险基金累计结余可支付月数在 18（含）至 23 个月的统筹地区，可以现行费率为基础下调 20%；累计结余可支付月数在 24 个月（含）以上的统筹地区，可以现行费率为基础下调 50%。降率的期限暂执行至 2019 年 4 月 30 日。下调费率期间，统筹地区工伤保险基金累计结余达到合理支付月数范围的，停止下调。[②]

（3）自 2019 年 5 月 1 日起，延长阶段性降低工伤保险费率的期限至 2020 年 4 月 30 日，工伤保险基金累计结余可支付月数在 18 ~ 23 个月的统筹地区可以现行费率为基础下调 20%，累计结余可支付月数在 24 个月以上的统筹地区可以现行费率为基础下调 50%。[③]

（4）自 2020 年 5 月 1 日起，延长阶段性降低工伤保险费率政策，实施期限延长

---

① 《关于阶段性降低社会保险费率的通知》（人社部发〔2016〕36 号）.

② 《关于继续阶段性降低社会保险费率的通知》（人社部发〔2018〕25 号）.

③ 《降低社会保险费率综合方案》（人社部发〔2019〕35 号）.

至2021年4月30日。[①]

4.2.2.4 工伤保险费的征缴期限

一般按月申报缴纳。建筑安装项目的工伤保险可以按项目按次征收。

4.2.2.5 工伤保险费的计征方法

一般情况下，用人单位缴纳工伤保险费的数额为本单位职工工资总额与单位缴费费率之积。

建筑施工企业的工伤保险费计征方法。建筑施工企业相对固定的职工按用人单位参加工伤保险；对不能按用人单位参保、建筑项目使用的建筑业职工特别是农民工，按项目参加工伤保险。建安项目工伤保险登记是建安企业在工程项目中标后、开工前按工程项目办理工伤保险登记。房屋建筑和市政基础设施工程实行以建设项目为单位参加工伤保险的，可在各项社会保险中优先办理参加工伤保险手续。建筑施工企业应当依法为职工参加工伤保险缴纳工伤保险费。鼓励企业为从事危险作业的职工办理意外伤害保险，支付保险费。[②]

建设单位要在工程概算中将工伤保险费用单独列支，作为不可竞争费，不参与竞标。在项目开工前由施工总承包单位一次性代缴本项目工伤保险费，覆盖项目使用的所有职工，包括专业承包单位、劳务分包单位使用的农民工。

针对建筑业工资收入分配的特点，对相关工伤保险待遇中难以按本人工资作为计发基数的，可以参照统筹地区上年度职工平均工资作为计发基数。[③]

按用人单位参保的建筑施工企业应以工资总额为基数依法缴纳工伤保险费。以建设项目为单位参保的，可以按照项目工程总造价的一定比例计算缴纳工伤保险费。

4.2.2.6 工伤保险转移接续

跨地区、生产流动性较大的行业，可以采取相对集中的方式异地参加统筹地区的工伤保险。

4.2.3 工伤认定与劳动能力鉴定

所谓工伤认定，是指劳动行政部门依据法律的授权对职工因事故伤害或者患职

① 《国务院关于进一步做好稳就业工作的意见》（国发〔2019〕28号）.
② 《中华人民共和国建筑法》第四十八条.
③ 《关于进一步做好建筑业工伤保险工作的意见》（人社部发〔2014〕103号）.

业病是否属于工伤或者视同工伤给予定性的行政确认行为。[①] 工伤认定是对劳动者所受到的人身伤害的一种事实认定，也是明确责任范围的法律认定，属于行政确认，不申请不认定，属于依申请的具体行政行为，其确认主体一般由劳动行政部门实施。

依据现行《工伤保险条例》确认的结果依法有四种情形：工伤、非工伤、视同工伤和不视同工伤。

4.2.3.1　工伤认定

1. 应当认定为工伤的情形

职工有下列情形之一的，应当认定为工伤：

（1）在工作时间和工作场所内，因工作原因受到事故伤害的；

（2）工作时间前后在工作场所内，从事与工作有关的预备性或者收尾性工作受到事故伤害的；

（3）在工作时间和工作场所内，因履行工作职责受到暴力等意外伤害的；

（4）患职业病的；

（5）因工外出期间，由于工作原因受到伤害或者发生事故下落不明的；

（6）在上下班途中，受到非本人主要责任的交通事故或者城市轨道交通、客运轮渡、火车事故伤害的；

（7）法律、行政法规规定应当认定为工伤的其他情形。

2. 视同工伤的情形

职工有下列情形之一的，视同工伤：

（1）在工作时间和工作岗位，突发疾病死亡或者在48小时之内经抢救无效死亡的；

（2）在抢险救灾等维护国家利益、公共利益活动中受到伤害的；

（3）职工原在军队服役，因战、因公负伤致残，已取得革命伤残军人证，到用人单位后旧伤复发的。

职工有前两者情形的，依法享受工伤保险待遇；职工有原在军队服役，因战争、因公负伤致残，已取得革命伤残军人证，到用人单位后旧伤复发的情形的，依法享受除一次性伤残补助金以外的工伤保险待遇。

3. 不得认定为工伤或者视同工伤的情形

职工符合应当认定为工伤和视同工伤的情形，但是有下列情形之一的，不得认

---

① https：//baike. baidu. com/item/% E5% B7% A5% E4% BC% A4% E8% AE% A4% E5% AE% 9A/5179581？fr = aladdin.

定为工伤或者视同工伤：

（1）故意犯罪的；

（2）醉酒或者吸毒的；

（3）自残或者自杀的。

4. 工伤认定的程序

（1）认定申请。如前所述，工伤认定属于依申请的行政确认行为。职工发生事故伤害或者按照职业病防治法规定被诊断、鉴定为职业病，所在单位应当自事故伤害发生之日或者被诊断、鉴定为职业病之日起30日内，向统筹地区人社部门提出工伤认定申请。遇有特殊情况，经报人社部门同意，申请时限可以适当延长。应当由省级人社部门进行工伤认定的事项，根据属地原则由用人单位所在地的设区的市级人社部门办理。用人单位未在规定的时限内提交工伤认定申请，在此期间发生工伤保险条例规定的工伤待遇等有关费用由该用人单位负担。

用人单位未按规定提出工伤认定申请的，工伤职工或者其近亲属、工会组织在事故伤害发生之日或者被诊断、鉴定为职业病之日起1年内，可以直接向用人单位所在地统筹地区人社部门提出工伤认定申请。

提出工伤认定申请应当提交下列材料：

①工伤认定申请表，包括事故发生的时间、地点、原因以及职工伤害程度等基本情况；

②与用人单位存在劳动关系（包括事实劳动关系）的证明材料；

③医疗诊断证明或者职业病诊断证明书（或者职业病诊断鉴定书）。

（2）认定受理。工伤认定申请人提供材料不完整的，人社部门应当一次性书面告知工伤认定申请人需要补正的全部材料。申请人按照书面告知要求补正材料后，社会保险行政部门应当予以受理。

（3）调查核实。人社部门受理工伤认定申请后，根据审核需要可以对事故伤害进行调查核实，用人单位、职工、工会组织、医疗机构以及有关部门应当予以协助。职业病诊断和诊断争议的鉴定，依照职业病防治法的有关规定执行。对依法取得职业病诊断证明书或者职业病诊断鉴定书的，人社部门不再进行调查核实。职工或者其近亲属认为是工伤，用人单位不认为是工伤的，由用人单位承担举证责任。

5. 认定时限

人社部门应当自受理工伤认定申请之日起60日内做出工伤认定的决定，并书面通知申请工伤认定的职工或者其近亲属和该职工所在单位。社会保险行政部门对受理的事实清楚、权利义务明确的工伤认定申请，应当在15日内做出工伤认定的决定。

做出工伤认定决定需要以司法机关或者有关行政主管部门的结论为依据的，在司法机关或者有关行政主管部门尚未做出结论期间，做出工伤认定决定的时限中止。

人社部门工作人员与工伤认定申请人有利害关系的，应当回避。①

4.2.3.2 劳动能力鉴定

所谓劳动能力鉴定，是指劳动功能障碍程度和生活自理障碍程度的等级鉴定。职工发生工伤，经治疗伤情相对稳定后存在残疾、影响劳动能力的，应当进行劳动能力鉴定。

劳动功能障碍分为十个伤残等级，最重的为一级，最轻的为十级。生活自理障碍分为三个等级：生活完全不能自理、生活大部分不能自理和生活部分不能自理。劳动能力鉴定标准由国务院人社部门会同国务院卫生行政部门等部门制定。

1. 鉴定申请

劳动能力鉴定由用人单位、工伤职工或者其近亲属向设区的市级劳动能力鉴定委员会提出申请，并提供工伤认定决定和职工工伤医疗的有关资料。

2. 鉴定受理

省、自治区、直辖市劳动能力鉴定委员会和设区的市级劳动能力鉴定委员会分别由省、自治区、直辖市和设区的市级人社部门、卫生行政部门、工会组织、经办机构代表以及用人单位代表组成。劳动能力鉴定委员会建立医疗卫生专家库。列入专家库的医疗卫生专业技术人员应当具备下列条件：

（1）具有医疗卫生高级专业技术职务任职资格；

（2）掌握劳动能力鉴定的相关知识；

（3）具有良好的职业品德。

3. 鉴定结论

设区的市级劳动能力鉴定委员会收到劳动能力鉴定申请后，应当从其建立的医疗卫生专家库中随机抽取3名或者5名相关专家组成专家组，由专家组提出鉴定意见。设区的市级劳动能力鉴定委员会根据专家组的鉴定意见做出工伤职工劳动能力鉴定结论；必要时，可以委托具备资格的医疗机构协助进行有关的诊断。

4. 鉴定时限

设区的市级劳动能力鉴定委员会应当自收到劳动能力鉴定申请之日起60日内做出劳动能力鉴定结论，必要时，做出劳动能力鉴定结论的期限可以延长30日。劳动能力鉴定结论应当及时送达申请鉴定的单位和个人。

---

① 《工伤保险条例》（中华人民共和国国务院令第375号）.

5. 争议解决

申请鉴定的单位或者个人对设区的市级劳动能力鉴定委员会做出的鉴定结论不服的，可以在收到该鉴定结论之日起 15 日内向省、自治区、直辖市劳动能力鉴定委员会提出再次鉴定申请。省、自治区、直辖市劳动能力鉴定委员会做出的劳动能力鉴定结论为最终结论。

劳动能力鉴定工作应当客观、公正。劳动能力鉴定委员会组成人员或者参加鉴定的专家与当事人有利害关系的，应当回避。

自劳动能力鉴定结论做出之日起 1 年后，工伤职工或者其近亲属、所在单位或者经办机构认为伤残情况发生变化的，可以申请劳动能力复查鉴定。劳动能力鉴定委员会依照前述相关流程进行再次鉴定和复查鉴定的期限，依照“设区的市级劳动能力鉴定委员会应当自收到劳动能力鉴定申请之日起 60 日内做出劳动能力鉴定结论，必要时，做出劳动能力鉴定结论的期限可以延长 30 日”的规定执行。①

4. 2. 4　工伤保险待遇

职工因工作遭受事故伤害或者患职业病进行治疗，享受工伤医疗待遇。职工治疗工伤应当在签订服务协议的医疗机构就医，情况紧急时可以先到就近的医疗机构急救。治疗工伤所需费用符合工伤保险诊疗项目目录、工伤保险药品目录、工伤保险住院服务标准的，从工伤保险基金支付。

职工住院治疗工伤的伙食补助费，以及经医疗机构出具证明，报经办机构同意，工伤职工到统筹地区以外就医所需的交通、食宿费用从工伤保险基金支付，基金支付的具体标准由统筹地区人民政府规定。

工伤职工治疗非工伤引发的疾病，不享受工伤医疗待遇，按照基本医疗保险办法处理。工伤职工到签订服务协议的医疗机构进行工伤康复的费用，符合规定的，从工伤保险基金支付。工伤职工因日常生活或者就业需要，经劳动能力鉴定委员会确认，可以安装假肢、矫形器、假眼、假牙和配置轮椅等辅助器具，所需费用按照国家规定的标准从工伤保险基金支付。

4. 2. 4. 1　停工留薪工伤保险待遇

职工因工作遭受事故伤害或者患职业病需要暂停工作接受工伤医疗的，在停工留薪期内，原工资福利待遇不变，由所在单位按月支付。

---

① 《工伤保险条例》（中华人民共和国国务院令第 586 号）.

停工留薪期一般不超过 12 个月。伤情严重或者情况特殊，经设区的市级劳动能力鉴定委员会确认，可以适当延长，但延长不得超过 12 个月。工伤职工评定伤残等级后，停发原待遇，按照有关规定享受伤残待遇。工伤职工在停工留薪期满后仍需治疗的，继续享受工伤医疗待遇。生活不能自理的工伤职工在停工留薪期需要护理的，由所在单位负责。

4.2.4.2　生活护理费

工伤职工已经评定伤残等级并经劳动能力鉴定委员会确认需要生活护理的，从工伤保险基金按月支付生活护理费。生活护理费按照生活完全不能自理、生活大部分不能自理或者生活部分不能自理 3 个不同等级支付，其标准分别为统筹地区上年度职工月平均工资的 50%、40%或 30%。

4.2.4.3　因工致残的伤残待遇

1. 一级至四级的伤残待遇

职工因工致残被鉴定为一级至四级伤残的，保留劳动关系，退出工作岗位，享受以下待遇：

（1）从工伤保险基金按伤残等级支付一次性伤残补助金，标准为：一级伤残为 27 个月的本人工资，二级伤残为 25 个月的本人工资，三级伤残为 23 个月的本人工资，四级伤残为 21 个月的本人工资。

（2）从工伤保险基金按月支付伤残津贴，标准为：一级伤残为本人工资的 90%，二级伤残为本人工资的 85%，三级伤残为本人工资的 80%，四级伤残为本人工资的 75%。伤残津贴实际金额低于当地最低工资标准的，由工伤保险基金补足差额。

（3）工伤职工达到退休年龄并办理退休手续后，停发伤残津贴，按照国家有关规定享受基本养老保险待遇。基本养老保险待遇低于伤残津贴的，由工伤保险基金补足差额。

职工因工致残被鉴定为一级至四级伤残的，由用人单位和职工个人以伤残津贴为基数，缴纳基本医疗保险费。

2. 五级、六级的伤残待遇

职工因工致残被鉴定为五级、六级伤残的，享受以下待遇：

（1）从工伤保险基金按伤残等级支付一次性伤残补助金，标准为：五级伤残为 18 个月的本人工资，六级伤残为 16 个月的本人工资。

（2）保留与用人单位的劳动关系，由用人单位安排适当工作。难以安排工作的，由用人单位按月发给伤残津贴，标准为：五级伤残为本人工资的 70%，六级伤残为本人工资的60%，并由用人单位按照规定为其缴纳应缴纳的各项社会保险费。伤残津贴实际金额低于当地最低工资标准的，由用人单位补足差额。

经工伤职工本人提出，该职工可以与用人单位解除或者终止劳动关系，由工伤保险基金支付一次性工伤医疗补助金，由用人单位支付一次性伤残就业补助金。一次性工伤医疗补助金和一次性伤残就业补助金的具体标准由省级人民政府规定。

3. 七级至十级伤残待遇

职工因工致残被鉴定为七级至十级伤残的，享受以下待遇：

（1）从工伤保险基金按伤残等级支付一次性伤残补助金，标准为：七级伤残为13个月的本人工资，八级伤残为11个月的本人工资，九级伤残为9个月的本人工资，十级伤残为7个月的本人工资。

（2）劳动、聘用合同期满终止，或者职工本人提出解除劳动、聘用合同的，由工伤保险基金支付一次性工伤医疗补助金，由用人单位支付一次性伤残就业补助金。一次性工伤医疗补助金和一次性伤残就业补助金的具体标准由省级人民政府规定。

工伤职工工伤复发，确认需要治疗的，可以依法享受相关工伤待遇。

4. 因工死亡待遇

职工因工死亡，其近亲属按照下列规定从工伤保险基金领取丧葬补助金、供养亲属抚恤金和一次性工亡补助金：

（1）丧葬补助金为6个月的统筹地区上年度职工月平均工资。

（2）供养亲属抚恤金按照职工本人工资的一定比例发给由因工死亡职工生前提供主要生活来源、无劳动能力的亲属。标准为：配偶每月40%，其他亲属每人每月30%，孤寡老人或者孤儿每人每月在上述标准的基础上增加10%。核定的各供养亲属的抚恤金之和不应高于因工死亡职工生前的工资。

（3）一次性工亡补助金标准为上一年度全国城镇居民人均可支配收入的20倍。伤残职工在停工留薪期内因工伤导致死亡的，其近亲属享受丧葬补助金、供养亲属抚恤金和一次性工亡补助金。一级至四级伤残职工在停工留薪期满后死亡的，其近亲属可以享受前述丧葬补助金、供养亲属抚恤金的待遇。伤残津贴、供养亲属抚恤金、生活护理费由统筹地区社会保险行政部门根据职工平均工资和生活费用变化等情况由省级人民政府适时调整。

职工因工外出期间发生事故或者在抢险救灾中下落不明的，从事故发生当月起3个月内照发工资，从第4个月起停发工资，由工伤保险基金向其供养亲属按月支付供养亲属抚恤金。生活有困难的，可以预支一次性工亡补助金的50%。职工被人民法院宣告死亡的，依法作相关处理。

工伤职工有丧失享受待遇条件的、拒不接受劳动能力鉴定的、拒绝治疗的等情形的，停止享受工伤保险待遇。一级至四级工伤职工死亡，其近亲属同时符合领取工伤保险丧葬补助金、供养亲属抚恤金待遇和职工基本养老保险丧葬补助金、抚恤金待遇条件的，由其近亲属选择领取工伤保险或职工基本养老保险其中一种。①

4.2.4.4　未缴费工伤保险待遇

职工所在用人单位未依法缴纳工伤保险费，发生工伤事故的，由用人单位支付工伤保险待遇。用人单位不支付的，可否从工伤保险基金中先行支付？这是可以的，但是从工伤保险基金中先行支付的工伤保险待遇应当由用人单位偿还。用人单位不偿还的，社会保险费经办机构可以按《社会保险法》第六十三条追偿。由于第三人的原因造成工伤，第三人不支付工伤医疗费用或者无法确定第三人的，由基金先行支付。基金先行支付后，有权向第三人追偿。

用人单位及其法定代表人或第三人依法应偿还社会保险基金已先行支付的工伤保险待遇，有能力偿还而拒不偿还、超过 1 万元的；县级以上人社部门将其列入社会保险严重失信人名单。②

4.2.4.5　建筑业工伤保险待遇

建筑业属于工伤风险较高行业，又是农民工相对集中的行业。2014 年人力资源社会保障部与住房城乡建设部等部门联合发文，对做好建筑业工伤保险、切实维护建筑业职工工伤保障权益明确要求。

1. 建筑业参加工伤保险

建筑施工企业应依法参加工伤保险，扩展建筑企业工伤保险参保覆盖面。建筑施工企业对相对固定的职工，应按用人单位参加工伤保险；对不能按用人单位参保、建筑项目使用的建筑业职工特别是农民工，按项目参加工伤保险。房屋建筑和市政基础设施工程实行以建设项目为单位参加工伤保险的，可在各项社会保险中优先办理参加工伤保险手续。建设单位在办理施工许可手续时，应当提交建设项目工伤保险参保证明，作为保证工程安全施工的具体措施之一；安全施工措施未落实的项目，各地住房城乡建设主管部门不予核发施工许可证。

2. 建筑业工伤保险费计缴方式

---

① 人力资源社会保障部关于执行《工伤保险条例》若干问题的意见（二）》（人社部发〔2016〕29 号）.

② 人力资源社会保障部关于印发《社会保险领域严重失信人名单管理暂行办法》的通知（人社部规〔2019〕2 号）.

（1）按用人单位参保的建筑施工企业应以工资总额为基数依法缴纳工伤保险费。

（2）以建设项目为单位参保的，可以按照项目工程总造价的一定比例计算缴纳工伤保险费。

3. 建筑业工伤保险费率

各地区人社部门应参照本地区建筑企业行业基准费率，按照以支定收、收支平衡原则，商住房城乡建设主管部门合理确定建设项目工伤保险缴费比例。要充分运用工伤保险浮动费率机制，根据各建筑企业工伤事故发生率、工伤保险基金使用等情况适时适当调整费率，促进企业加强安全生产，预防和减少工伤事故。

4. 工伤保险费用一次性代缴

建设单位要在工程概算中将工伤保险费用单独列支，作为不可竞争费，不参与竞标，并在项目开工前由施工总承包单位一次性代缴本项目工伤保险费，覆盖项目使用的所有职工，包括专业承包单位、劳务分包单位使用的农民工。

5. 工伤认定所涉及劳动关系

建筑施工企业应依法与其职工签订劳动合同，加强施工现场劳务用工管理。施工总承包单位应当在工程项目施工期内督促专业承包单位、劳务分包单位建立职工花名册、考勤记录、工资发放表等台账，对项目施工期内全部施工人员实行动态实名制管理。

施工人员发生工伤后，以劳动合同为基础确认劳动关系。用人单位与劳动者确立劳动关系可对照《关于确立劳动关系有关事项的通知》（劳社部发〔2005〕12号）要求，对未签订劳动合同的，由人社部门参照工资支付凭证或记录、工作证、招工登记表、考勤记录及其他劳动者证言等证据，确认事实劳动关系。相关方面应积极提供有关证据；按规定应由用人单位负举证责任而用人单位不提供的，应当承担不利后果。

6. 建筑业工伤认定和劳动能力鉴定

职工发生工伤事故，应当由其所在用人单位在30日内提出工伤认定申请，施工总承包单位应当密切配合并提供参保证明等相关材料。

用人单位未在规定时限内提出工伤认定申请的，职工本人或其近亲属、工会组织可以在1年内提出工伤认定申请，经社会保险行政部门调查确认工伤的，在此期间发生的工伤待遇等有关费用由其所在用人单位负担。各地社保部门和劳动能力鉴定机构要优化流程，简化手续，缩短认定、鉴定时间。对于事实清楚、权利义务关系明确的工伤认定申请，应当自受理工伤认定申请之日起15日内做出工伤认定决定。

7. 建筑业工伤保险待遇

对认定为工伤的建筑业职工，各级社会保险经办机构和用人单位应依法按时足额支付各项工伤保险待遇。对在参保项目施工期间发生工伤、项目竣工时尚未完成工伤认定或劳动能力鉴定的建筑业职工，其所在用人单位要继续保证其医疗救治和停工期间的法定待遇，待完成工伤认定及劳动能力鉴定后，依法享受参保职工的各项工伤保险待遇；其中应由用人单位支付的待遇，工伤职工所在用人单位要按时足额支付，也可根据其意愿一次性支付。

针对建筑业工资收入分配的特点，对相关工伤保险待遇中难以按本人工资作为计发基数的，可以参照统筹地区上年度职工平均工资作为计发基数。

落实工伤保险先行支付。未参加工伤保险的建设项目，职工发生工伤事故，依法由职工所在用人单位支付工伤保险待遇，施工总承包单位、建设单位承担连带责任；用人单位和承担连带责任的施工总承包单位、建设单位不支付的，由工伤保险基金先行支付，用人单位和承担连带责任的施工总承包单位、建设单位应当偿还；不偿还的，由社会保险经办机构依法追偿。

8. 工伤赔偿连带责任

建设单位、施工总承包单位或具有用工主体资格的分包单位将工程（业务）发包给不具备用工主体资格的组织或个人，该组织或个人招用的劳动者发生工伤的，发包单位与不具备用工主体资格的组织或个人承担连带赔偿责任。

交通运输、铁路、水利等相关行业职工工伤权益保障工作可参照本文件规定执行。①

4.2.4.6　特殊情形下的工伤保险责任

1. 用人单位分立、合并、转让情形的工伤保险责任

用人单位分立、合并、转让的，承继单位应当承担原用人单位的工伤保险责任；原用人单位已经参加工伤保险的，承继单位应当到当地机构办理工伤保险变更登记。用人单位实行承包经营的，工伤保险责任由职工劳动关系所在单位承担。

2. 职工借调情形的工伤保险责任

职工被借调期间受到工伤事故伤害的，由原用人单位承担工伤保险责任，但原用人单位与借调单位可以约定补偿办法。企业破产的，在破产清算时依法拨付应当由单位支付的工伤保险待遇费用。

3. 职工派遣出境的工伤保险责任

---

① 《关于进一步做好建筑业工伤保险工作的意见》（人社部发〔2014〕103号）.

职工被派遣出境工作，依据前往国家或者地区的法律应当参加当地工伤保险，参加当地工伤保险的，其国内工伤保险关系中止；不能参加当地工伤保险的，其国内工伤保险关系不中止。

职工再次发生工伤，根据规定应当享受伤残津贴的，按照新认定的伤残等级享受伤残津贴待遇。

4. 多单位就业的工伤保险责任

在多个单位同时就业，职工发生工伤由谁承担责任？职工（包括非全日制从业人员）在两个或者两个以上用人单位同时就业的，各用人单位应当分别为职工缴纳工伤保险费。职工发生工伤，由职工受到伤害时工作的单位依法承担工伤保险责任。①

5. 未办理退休手续继续工作期间的工伤保险责任

达到或超过法定退休年龄，但未办理退休手续或者未依法享受城镇职工基本养老保险待遇，继续在原用人单位工作期间受到事故伤害或患职业病的，用人单位依法承担工伤保险责任。

用人单位招用已经达到、超过法定退休年龄或已经领取城镇职工基本养老保险待遇的人员，在用工期间因工作原因受到事故伤害或患职业病的，如招用单位已按项目参保等方式为其缴纳工伤保险费的，应适用《工伤保险条例》。②

工伤认定中的争议处理。社会保险行政部门做出认定为工伤的决定后发生行政复议、行政诉讼的，行政复议和行政诉讼期间不停止支付工伤职工治疗工伤的医疗费用。③

4.2.5 工伤保险待遇调整和确定机制

工伤保险待遇是现代工伤保险制度的重要内容。随着经济社会发展，职工平均工资与生活费用发生变化，适时调整工伤保险待遇水平，既是工伤保险制度的内在要求，也是促进社会公平、维护社会和谐的职责所在。基于此，依据社会保险法和《工伤保险条例》，2017 年人社部印发《关于工伤保险待遇调整和确定机制的指导意见》（人社部发〔2017〕58 号），对工伤保险待遇调整和确定机制进行了明确。

---

① 《实施〈中华人民共和国社会保险法〉若干规定》（人力资源和社会保障部令第 13 号）第九条.

② 《人力资源和社会保障部关于执行〈工伤保险条例〉若干问题的意见（二）》（人社部发〔2016〕29 号）.

③ 《工伤保险条例》第三十一条.

4.2.5.1　工伤保险待遇调整和确定的原则

工伤保险待遇调整和确定与经济发展水平相适应，综合考虑职工工资增长、居民消费价格指数变化、工伤保险基金支付能力、社会保障待遇调整情况等因素，兼顾不同地区待遇差别，按照基金省级统筹要求，适度、稳步提升，实现待遇平衡。原则上每两年至少调整一次。

4.2.5.2　伤残津贴的调整

伤残津贴是对因工致残而退出工作岗位的工伤职工工资收入损失的合理补偿。一级至四级伤残津贴调整以上年度省（区、市）一级至四级工伤职工月人均伤残津贴为基数，综合考虑职工平均工资增长和居民消费价格指数变化情况，侧重职工平均工资增长因素，兼顾工伤保险基金支付能力和相关社会保障待遇调整情况，综合进行调节。伤残津贴调整可以采取定额调整和适当倾斜的办法，对伤残程度高、伤残津贴低于平均水平的工伤职工予以适当倾斜。

一级至四级工伤职工伤残津贴调整公式：

$Z1 = S \times (G \times a + X \times b) \pm C$

$a + b = 1$，$a > b$，$C \geqslant 0$。

式中：Z1——一级至四级工伤职工伤残津贴人均调整额；

S——上年度省（区、市）一级至四级工伤职工月人均伤残津贴；

G——上年度省（区、市）职工平均工资增长率；

X——上年度省（区、市）居民消费价格指数；

a——职工平均工资增长率的权重系数；

b——居民消费价格指数的权重系数；

C——省（区、市）工伤保险基金支付能力和相关社会保障待遇调整等因素综合调节额；

当职工平均工资下降时，$G = 0$；当居民消费价格指数为负时，$X = 0$。

五级、六级工伤职工的伤残津贴按照《工伤保险条例》的规定执行。

4.2.5.3　供养亲属抚恤金的调整

供养亲属抚恤金是工亡职工供养亲属基本生活的合理保障。供养亲属抚恤金调整以上年度省（区、市）月人均供养亲属抚恤金为基数，综合考虑职工平均工资增长和居民消费价格指数变化情况，侧重居民消费价格指数变化，兼顾工伤保险基金支付能力和相关社会保障待遇调整情况，综合进行调节。供养亲属抚恤金调整采取定额调整的办法。

供养亲属抚恤金调整公式：

$Z2 = F \times (G \times a + X \times b) \pm C$

$a + b = 1$，$a < b$，$C \geqslant 0$。

式中：Z2——供养亲属抚恤金人均调整额；

F——上年度省（区、市）月人均供养亲属抚恤金；

G——上年度省（区、市）职工平均工资增长率；

X——上年度省（区、市）居民消费价格指数；

a——职工平均工资增长率的权重系数；

b——居民消费价格指数的权重系数；

C——省（区、市）工伤保险基金支付能力和相关社会保障待遇调整等因素综合调节额；

当职工平均工资下降时，$G = 0$；当居民消费价格指数为负时，$X = 0$。

4.2.5.4 生活护理费的调整

生活护理费根据《工伤保险条例》和《劳动能力鉴定 职工工伤与职业病致残等级》相关规定进行计发，按照上年度省（区、市）职工平均工资增长比例同步调整，职工平均工资下降时不调整。

4.2.5.5 住院伙食补助费的确定

省（区、市）可参考当地城镇居民消费支出结构，科学确定工伤职工住院伙食补助费标准。住院伙食补助费原则上不超过上年度省（区、市）城镇居民日人均消费支出额的40%。

4.2.5.6 其他待遇

一次性伤残补助金、一次性工亡补助金、丧葬补助金按照《工伤保险条例》规定的计发标准计发。工伤医疗费、辅助器具配置费、工伤康复和统筹地区以外就医期间交通、食宿费用等待遇，根据《工伤保险条例》和相关目录、标准据实支付。

一次性伤残就业补助金和一次性工伤医疗补助金，由省（区、市）综合考虑工伤职工伤残程度、伤病类别、年龄等因素制定标准，注重引导和促进工伤职工稳定就业。

4.2.6 工伤保险待遇与先行支付制度

为了维护公民的社会保险合法权益，规范社会保险基金先行支付管理，根据《社会保险法》和《工伤保险条例》，2011 年人社部出台《社会保险基金先行支付暂行办法》，自 2011 年 7 月 1 日起施行。

4.2.6.1 先行支付发生的概念

参加基本医疗保险的职工或者居民（以下简称“个人”）由于第三人的侵权行为造成伤病的，其医疗费用应当由第三人按照确定的责任大小依法承担。超过第三人责任部分的医疗费用，由基本医疗保险基金按照国家规定支付。应当由第三人支付的医疗费用，第三人不支付或者无法确定第三人的，在医疗费用结算时，个人可以向参保地社会保险经办机构书面申请基本医疗保险基金先行支付，并告知造成其伤病的原因和第三人不支付医疗费用或者无法确定第三人的情况。

4.2.6.2 先行支付发生的流程

社会保险经办机构接到个人依法提出的申请后，经审核确定其参加基本医疗保险的，应当按照统筹地区基本医疗保险基金支付的规定先行支付相应部分的医疗费用。

如果属于个人由于第三人的侵权行为造成伤病被认定为工伤，第三人不支付工伤医疗费用或者无法确定第三人的，个人或者其近亲属可以持工伤认定决定书和有关材料向社会保险经办机构书面申请工伤保险基金先行支付，并告知第三人不支付或者无法确定第三人的情况。

社会保险经办机构接到个人提出的申请后，应当审查个人获得基本医疗保险基金先行支付和其所在单位缴纳工伤保险费等情况，并按照下列情形分别处理：

（1）对于个人所在用人单位已经依法缴纳工伤保险费，且在认定工伤之前基本医疗保险基金有先行支付的，社会保险经办机构应当按照工伤保险有关规定，用工伤保险基金先行支付超出基本医疗保险基金先行支付部分的医疗费用，并向基本医疗保险基金退还先行支付的费用；

（2）对于个人所在用人单位已经依法缴纳工伤保险费，在认定工伤之前基本医疗保险基金无先行支付的，社会保险经办机构应当用工伤保险基金先行支付工伤医疗费用；

（3）对于个人所在用人单位未依法缴纳工伤保险费，且在认定工伤之前基本医疗保险基金有先行支付的，社会保险经办机构应当在3个工作日内向用人单位发出书面催告通知，要求用人单位在5个工作日内依法支付超出基本医疗保险基金先行支付部分的医疗费用，并向基本医疗保险基金偿还先行支付的医疗费用。用人单位在规定时间内不支付其余部分医疗费用的，社会保险经办机构应当用工伤保险基金先行支付；

（4）对于个人所在用人单位未依法缴纳工伤保险费，在认定工伤之前基本医疗保险基金无先行支付的，社会保险经办机构应当在3个工作日向用人单位发出书面催告通知，要求用人单位在5个工作日内依法支付全部工伤医疗费用；用人单位在规定时间内不支付的，社会保险经办机构应当用工伤保险基金先行支付。

职工所在用人单位未依法缴纳工伤保险费，发生工伤事故的，用人单位应当采取措施及时救治，并按照规定的工伤保险待遇项目和标准支付费用。职工被认定为工伤后，有下列情形之一的，职工或者其近亲属可以持工伤认定决定书和有关材料向社会保险经办机构书面申请先行支付工伤保险待遇：

（1）用人单位被依法吊销营业执照或者撤销登记、备案的；

（2）用人单位拒绝支付全部或者部分费用的；

（3）依法经仲裁、诉讼后仍不能获得工伤保险待遇，法院出具中止执行文书的；

（4）职工认为用人单位不支付的其他情形。

社会保险经办机构收到职工或者其近亲属提出的申请后，应当在3个工作日内向用人单位发出书面催告通知，要求其在5个工作日内予以核实并依法支付工伤保险待遇，告知其如在规定期限内不按时足额支付的，工伤保险基金在按照规定先行支付后，取得要求其偿还的权利。用人单位未按照规定按时足额支付的，社会保险经办机构应当按照先行支付工伤保险待遇项目中应当由工伤保险基金支付的项目。

不符合先行支付条件申请的处理。个人或者其近亲属提出先行支付医疗费用、工伤医疗费用或者工伤保险待遇申请，社会保险经办机构经审核不符合先行支付条件的，应当在收到申请后5个工作日内做出不予先行支付的决定，并书面通知申请人。

个人申请先行支付应当提交相关资料。个人申请先行支付医疗费用、工伤医疗费用或者工伤保险待遇的，应当提交所有医疗诊断、鉴定等费用的原始票据等证据。社会保险经办机构应当保留所有原始票据等证据，要求申请人在先行支付凭据上签字确认，凭原始票据等证据先行支付医疗费用、工伤医疗费用或者工伤保险待遇。

个人因向第三人或者用人单位请求赔偿需要医疗费用、工伤医疗费用或者工伤保险待遇的原始票据等证据的，可以向社会保险经办机构索取复印件，并将第三人或者用人单位赔偿情况及时告知社会保险经办机构。

个人已经从第三人或者用人单位处获得医疗费用、工伤医疗费用或者工伤保险待遇的，应当主动将先行支付金额中应当由第三人承担的部分或者工伤保险基金先行支付的工伤保险待遇退还给基本医疗保险基金或者工伤保险基金，社会保险经办机构不再向第三人或者用人单位追偿。个人拒不退还的，社会保险经办机构可以从以后支付的相关待遇中扣减其应当退还的数额，或者向人民法院提起诉讼。

4.2.6.3　先行支付的相关法律责任

社会保险经办机构应当由第三人支付的医疗费用，第三人不支付或者无法确定第三人的，在医疗费用结算时，个人可以向参保地社会保险经办机构书面申请基本医疗保险基金先行支付，并告知造成其伤病的原因和第三人不支付医疗费用或者无法确定第三人的情况。

先行支付医疗费用或者按照《社会保险基金先行支付暂行办法》第五条第一项、第二项规定先行支付工伤医疗费用后，有关部门确定了第三人责任的，应当要求第三人按照确定的责任大小依法偿还先行支付数额中的相应部分。第三人逾期不偿还的，社会保险经办机构应当依法向人民法院提起诉讼。

社会保险经办机构按照先行支付办法的第五条第三项、第四项和第六条、第七条、第八条的规定先行支付工伤保险待遇后，应当责令用人单位在 10 日内偿还。

用人单位逾期不偿还的，社会保险经办机构可以按照《社会保险法》第六十三条的规定，向银行和其他金融机构查询其存款账户，申请县级以上社会保险行政部门做出划拨应偿还款项的决定，并书面通知用人单位开户银行或者其他金融机构划拨其应当偿还的数额。

用人单位账户余额少于应当偿还数额的，社会保险经办机构可以要求其提供担保，签订延期还款协议。用人单位未按时足额偿还且未提供担保的，社会保险经办机构可以申请人民法院扣押、查封、拍卖其价值相当于应当偿还数额的财产，以拍卖所得偿还所欠数额。

社会保险经办机构向用人单位追偿工伤保险待遇发生的合理费用以及用人单位逾期偿还部分的利息损失等，应当由用人单位承担。

用人单位不支付依法应当由其支付的工伤保险待遇项目的，职工可以依法申请仲裁、提起诉讼。

个人隐瞒已经从第三人或者用人单位处获得医疗费用、工伤医疗费用或者工伤保险待遇，向社会保险经办机构申请并获得社会保险基金先行支付的，属于以欺诈、伪造证明材料或者其他手段骗取社会保险待的，由人社部门责令退回骗取的社会保险金，处骗取金额2倍以上5倍以下的罚款。[①]

4.2.6.4 先行支付的异议处理

用人单位对社会保险经办机构做出先行支付的追偿决定不服或者对社会保险行政部门做出的划拨决定不服的，可以依法申请行政复议或者提起行政诉讼。

个人或者其近亲属对社会保险经办机构做出不予先行支付的决定不服或者对先行支付的数额不服的，可以依法申请行政复议或者提起行政诉讼。

4.2.7 应对新冠疫情企业社会保险费阶段性减免政策

为统筹做好新冠肺炎疫情防控和经济社会发展工作，纾解企业困难，推动企业有序复工复产，支持稳定和扩大就业，对于减轻企业负担，稳就业、稳企业具有重要作用。2020年2月20日人力资源社会保障部、财政部、税务总局等部门印发《关于阶段性减免企业社会保险费的通知》（人社部发〔2020〕11号），对阶段性减免企业社保费政策进行明确。

4.2.7.1 企业三项社会保险“免、减、缓、续”

1. “免”

自2020年2月起，各省、自治区、直辖市（除湖北省外）及新疆生产建设兵团（以下统称省）可根据受疫情影响情况和基金承受能力，免征中小微企业三项社会保险单位缴费部分，免征期限不超过5个月，免征政策可以执行到6月；自2020年2月起，湖北省可免征各类参保单位（不含机关事业单位）三项社会保险单位缴费部分，免征期限不超过5个月，免征政策可以执行到2020年6月。

2. “减”

各类大型企业、民办非企业单位、社会团体各类社会组织可减半征收三项社会保险单位缴费部分。减征期限不超过3个月，减征政策可以执行到2020年4月。

3. “缓”

允许参保企业和个人延期办理业务。受疫情影响生产经营出现严重困难的参保单位，包括参加企业基本养老保险的事业单位，可申请缓缴社会保险费，不算逾期，缓缴执行期为2020年内，缓缴期限原则上不超过6个月，缓缴期间免收滞纳金。需要注意的是，目前个人部分没有减免政策，生育保险费不在减免范围。至于减免社

---

① 《中华人民共和国社会保险法》第八十八条.

保费的申请操作，参保单位需要关注本省的社保费具体优惠政策。

需要注意的是，以单位方式参保的个体工商户（有雇工的个体工商户），参照中小微企业享受减免政策。各地的减免政策统一从2020年2月开始执行，不得延后执行，终止月份按各省份具体实施办法执行。各地确定的减免政策执行月份要连续连贯，执行期限的合计月数不突破人社部发〔2020〕11号规定的上限。减免政策严格界定为费款所属期的三项社会保险费，参保单位补缴减免政策实施前的欠费，预缴减免政策终止后的社会保险费，均不属于此次减免政策范围。

因受疫情影响，用人单位逾期办理职工参保登记、缴费等业务，经办机构应及时受理。对灵活就业人员和城乡居民2020年一次性补缴或定期缴纳社会保险费放宽时限，未能及时办理参保缴费的，允许疫情结束后补办，并在系统内标识。逾期办理缴费不影响参保人员个人权益记录，补办手续应在疫情解除后3个月内完成。①

4. “续”

由于阶段性降低失业保险、工伤保险费率的政策将于2020年4月30日到期，继续执行阶段性降低失业保险、工伤保险费率的政策，实施期限延长至2021年4月30日，具体实施方案由各地根据实际情况制定。

2020年5月22日国务院总理李克强在第十三届全国人民代表大会第三次会议上作《政府工作报告》时提出，2020年前期出台6月前到期的减税降费政策，包括免征中小微企业养老、失业和工伤保险单位缴费，执行期限全部延长到2020年年底。为落实党中央、国务院部署，进一步帮助企业特别是中小微企业应对风险、渡过难关，减轻企业和低收入参保人员的缴费负担，经国务院同意，2020年6月人力资源社会保障部、财政部、国家税务总局就关于延长阶段性减免企业社会保险费政策实施期限等问题专门发出通知进行明确。②

“免”的方面，各省、自治区、直辖市及新疆生产建设兵团（统称省）对中小微企业三项社会保险单位缴费部分免征的政策，延长执行到2020年12月底。湖北省对大型企业等其他参保单位三项社会保险单位缴费部分免征的政策，继续执行到2020年6月底。有雇工的个体工商户以单位方式参加三项社会保险的，继续参照企业办法享受缴费部分免征政策。

“减”的方面，各省（除湖北省外）对大型企业等其他参保单位（不含机关事业单位，下同）三项社会保险单位缴费部分减半征收的政策，延长执行到2020年6

---

① 《人力资源社会保障部办公厅关于切实做好新型冠状病毒感染的肺炎疫情防控期间社会保险经办工作的通知》（人社厅明电〔2020〕7号）.

② 人力资源社会保障部　财政部　国家税务总局关于延长阶段性减免企业社会保险费政策实施期限等问题的通知（人社部发〔2020〕49号）.

月底。有雇工的个体工商户以单位方式参加三项社会保险的，继续参照企业办法享受单位缴费减征政策。

"缓"的方面，受疫情影响生产经营出现严重困难的企业，可继续缓缴社会保险费至2020年12月底，缓缴期间免收滞纳金。有雇工的个体工商户以单位方式参加三项社会保险的，继续参照企业办法享受单位缓缴政策。以个人身份参加企业职工基本养老保险的个体工商户和各类灵活就业人员，2020年缴纳基本养老保险费确有困难的，可自愿暂缓缴费。2021年可继续缴费，缴费年限累计计算；对2020年未缴费月度，可于2021年底前进行补缴，缴费基数在2021年当地个人缴费基数上下限范围内自主选择。

《通知》要求各省严格按照规定的减免范围、减免时限和划型标准执行，确保各项措施准确落实到位，不得突破政策要求，不得自行出台其他减收增支政策。统筹考虑2020年减免政策等因素，按程序调整2020年社保基金收支预算。同时，结合实际制定具体实施办法，报人社部、财政部、税务总局备案，抓紧组织实施，进一步将减免企业三项社会保险费等各项政策落细落实。①

确定企业划型是精准实施减免政策的前提。前文提到，企业三项社会保险有"免、减、缓"优惠，覆盖大型和中小微企业，这涉及企业标准划分问题。大、中、小、微型企业的划型标准按照工业和信息化部、国家统计局、发展改革委、财政部制定的《中小企业划型标准规定》（工信部联企业〔2011〕300号），按划型标准对大型、中型、小型和微型企业进行划分。大型、中型和小型企业须同时满足所列指标的下限，否则下划一档；微型企业只须满足所列指标中的一项即可。相关部门已有划定结果的，直接采用现有结果；尚未明确的，可采取以下两种方式：

（1）根据企业现有参保登记、申报等数据按现行标准进行划型。

（2）现有数据无法满足企业划型需要的，可实行告知承诺制，不增加企业事务性负担。企业分支机构按其所属独立法人的类型划型。参保企业对划型结论有异议的，可提起变更申请。政策执行期间，新设企业要按时办理参保手续，各地要对新参保企业及时做好划型，确保其按规定享受相关减免政策。

这里，以物业管理行业的标准为例，说明如下：

物业管理行业企业划型的标准如表4-1所示。

---

① 人力资源社会保障部 财政部 国家税务总局关于延长阶段性减免企业社会保险费政策实施期限等问题的通知（人社部发〔2020〕49号）.

表4－1　　物业管理行业企业划型标准表

从业人数（人）	营业收入（万元）	企业类型
300≤X≤1000	1000≤Y≤5000	中型企业
100≤X<300	500≤Y<1000	小型企业
X<100	Y<500	微型企业

A企业为物业管理企业，营业收入485万元，人数118人，对照上述标准，从业人员<100人或营业收入<500万元的为微型企业，该物业企业人数超过100人，但是营业收入485万元<500万元，满足所列指标中的一项，则为微型企业。

4.2.7.2　灵活就业人员和城乡居民参保缴费补办处理

放宽灵活就业人员和城乡居民2020年一次性补缴或定期缴纳社会保险费时限要求，未能及时办理参保缴费的，允许疫情结束后补办。逾期办理缴费不影响参保人员个人权益记录。

4.2.7.3　已缴社会保险费的退费处理

各地区缴费人以本省对2020年2月已经征收的社保费分类，确定应退（抵）的企业和金额。对采取以2020年2月已缴费款冲抵以后月份应缴费款的参保单位，依照冲抵流程和操作办法办理费款冲抵业务。

对于减免部分的金额，优先选择直接退费。对于中小微企业，可按程序批量退费，参保单位无需提交申请或报送相关资料；对于大型企业等其他参保单位，会充分尊重单位的意愿和选择，可冲抵以后月份的缴费，也可退回。

疫情防控期间，医保和养老保险在相关系统做标识，不影响将来社会保险待遇享受，参保人员的社会保险权益不受影响；企业依法履行好代扣代缴职工个人缴费的义务，社保经办机构做好个人权益记录工作。2020年企业职工基本养老保险基金中央调剂比例提高到4%，加大对困难地区的支持力度。各省结合当地实际，按前述减免范围和减免时限执行，规范和加强基金管理，不得自行出台其他减收增支政策。[①] 阶段性减免企业社会保险费期间，不会影响人员正常流动，企业基本养老保险、失业保险的关系转移接续仍按现行规定执行。其中，跨省转移接续养老保险关系的，仍按缴费基数12%的比例转移统筹基金。

疫情防控期间，对于领取养老保险待遇人员未按期办理资格认证的，不暂停待遇的发放。对于未能及时办理新增退休人员申报的，经审核后，自审核次月起补发

---

①　人力资源社会保障部　财政部　国家税务总局关于阶段性减免企业社会保险费的通知》（人社部发〔2020〕11号）.

养老金。

4.3 基本养老保险关系转移接续与人员流动

4.3.1 养老保险关系的转移接续

国家采取措施，建立健全劳动者社会保险关系跨地区转移接续制度。[①] 城乡居民养老保险可以与城镇职工养老保险，或者跨统筹区转移养老保险关系，都是可以的，但实际上的具体操作稍有差异而已。当然，对已经按国家规定领取基本养老保险待遇的人员，不再转移基本养老保险关系。[②] 职工在同一统筹范围内流动时，只转移基本养老保险关系和个人账户档案，不转移基金。

参保人员跨省流动就业的，由原参保所在地社会保险经办机构开具参保缴费凭证，其基本养老保险关系应随同转移到新参保地。参保人员达到基本养老保险待遇领取条件的，其在各地的参保缴费年限合并计算，个人账户储存额（含本息，下同）累计计算；未达到待遇领取年龄前，不得终止基本养老保险关系并办理退保手续；其中出国定居和到香港、澳门、台湾地区定居的，按国家有关规定执行。

参保人员跨省流动就业转移基本养老保险关系时，就需要按下列方法计算转移资金：

1. 个人账户储存额

1998 年 1 月 1 日之前按个人缴费累计本息计算转移，1998 年 1 月 1 日后按计入个人账户的全部储存额计算转移。

2. 统筹基金（单位缴费）

① 《中华人民共和国劳动合同法》第四十九条.

② 国务院办公厅关于转发人力资源社会保障部 财政部《城镇企业职工基本养老保险关系转移接续暂行办法》的通知（国办发〔2009〕66 号）第二条.

以本人1998年1月1日后各年度实际缴费工资为基数，按12%的总和转移；参保缴费不足1年的，按实际缴费月数计算转移。①

参保人员跨省流动就业，其基本养老保险关系转移接续分类办理：

（1）参保人员返回户籍所在地（指省、自治区、直辖市，下同）就业参保的，户籍所在地的相关社保经办机构应为其及时办理转移接续手续。

（2）参保人员未返回户籍所在地就业参保的，由新参保地的社保经办机构为其及时办理转移接续手续。但对男性年满50周岁和女性年满40周岁的，应在原参保地继续保留基本养老保险关系，同时在新参保地建立临时基本养老保险缴费账户，记录单位和个人全部缴费。参保人员再次跨省流动就业或在新参保地达到待遇领取条件时，将临时基本养老保险缴费账户中的全部缴费本息，转移归集到原参保地或待遇领取地。

在临时基本养老保险缴费账户的管理上，参保人员在建立临时基本养老保险缴费账户地，按照《社会保险法》规定，缴纳建立临时基本养老保险缴费账户前应缴未缴的养老保险费的，其临时基本养老保险缴费账户性质不予改变，转移接续养老保险关系时，按照临时基本养老保险缴费账户的规定全额转移。参保人员在建立临时基本养老保险缴费账户期间再次跨省流动就业的，封存原临时基本养老保险缴费账户，待达到待遇领取条件时，由待遇领取地社会保险经办机构统一归集原临时养老保险关系。②

（3）参保人员经县级以上党委组织部门、人力资源社会保障行政部门批准调动，且与调入单位建立劳动关系并缴纳基本养老保险费的，不受以上年龄规定限制，应在调入地及时办理基本养老保险关系转移接续手续。③

养老保险关系的转移接续涉及的问题较为复杂，鉴于此，本书对几个常见的问题作典型剖析，以使大家更为全面地掌握。

4.3.1.1 关于城乡居民养老保险与城镇职工养老保险转换的问题

这涉及城乡居民养老保险与城镇职工养老保险，参加这两种社会保险的人员，达到城镇职工养老保险法定退休年龄后，城镇缴费年限满15年（含延长缴费至15年）的，可以申请从城乡居民养老保险转入城镇职工养老保险，按照城镇职工保险

① 《职工基本养老保险个人账户管理暂行办法》（劳办发〔1997〕116号）.

② 《人力资源社会保障部关于城镇企业职工基本养老保险关系转移接续若干问题的通知》（人社部规〔2016〕5号）.

③ 国务院办公厅关于转发人力资源社会保障部 财政部《城镇企业职工基本养老保险关系转移接续暂行办法》的通知（国办发〔2009〕66号）第五条.

办法计发待遇。

城镇职工养老保险缴费年限不足15年的，可以申请从城镇职工养老保险转入城乡居民养老保险，待达到城乡居民养老保险的领取条件时，按照城乡居民养老保险办法计发相应待遇。可见，这两项制度衔接主要惠及进城务工的人员、城镇就业不稳定人员两类群体。

4.3.1.2 关于城乡居民养老保险和城镇职工养老保险账户衔接的问题

对于城乡居民养老保险和城镇职工养老保险衔接中账户和年限合并或折算，需要从以下两个方面切入：

第一，参保人员从城镇职工养老保险转入城乡居民养老保险的，城镇职工养老保险个人账户全部储存额并入城乡居民养老保险个人账户，参加城镇职工养老保险的缴费年限合并计算为城乡居民养老保险的缴费年限。

第二，参保人员从城乡居民养老保险转入城镇职工养老保险的，城乡居民养老保险个人账户全部储存额并入城镇职工养老保险个人账户，城乡缴费年限不合并计算或折算为城镇年限。

4.3.1.3 关于符合转换条件的人员向社保经办机构申请处理的问题

对于符合转换条件的人员向社保经办机构申请的程序，可以分为两步走：

第一步：确定待遇领取地。参保人员需办理城镇职工养老保险和城乡居民养老保险制度衔接手续的，先按城镇职工养老保险有关规定确定待遇领取地，并将城镇职工养老保险的养老保险关系归集至待遇领取地，再办理衔接手续。

第二步：向转入地提出申请。参保人员申请办理制度衔接手续时，从城乡居民养老保险转入城镇职工养老保险的，在城镇职工养老保险待遇领取地提出申请办理；从城镇职工养老保险转入城乡居民养老保险的，在转入城乡居民养老保险待遇领取地提出申请办理。

4.3.1.4 关于城镇职工养老保险和城乡居民养老保险重复缴费的问题

对此，应先确定处理的总体原则："先转后清、协商留一"。具体而言，分为两个步骤：

1. "先转后清"

参保人员在两地以上同时存在基本养老保险关系或重复缴纳基本养老保险费的，应按照"先转后清"的原则，由转入接受地社会保险费经办机构负责按规定清理。

2. "协商留一"

转入接受地社会保险费经办机构与本人协商，确定保留其中一个基本养老保险关系和个人账户，同期其他关系予以清理，个人账户储存额退还本人，相应的个人缴费年限不重复计算。

对于城镇职工养老保险和城乡居民养老保险重复缴费，一般只计算城镇职工养老保险。具体而言：

（1）参保人员若在同一年度内同时参加城镇职工养老保险和城乡居民养老保险的，其重复缴费时段（按月计算，下同）只计算职工险的缴费年限，并将城乡险重复缴费时段相应个人缴费和集体补助退还本人。

（2）参保人员不得同时领取这两种待遇。对于同时领取的，终止并解除城乡居民养老保险关系，除政府补贴外的个人账户余额退还本人，已领取的城乡居民养老保险基础养老金应予以退还；本人不予退还的，由社会保险费经办机构负责从城乡险的个人账户余额或者城镇职工养老保险基本养老金中抵扣。

4.3.1.5　关于多地参保缴费人员养老保险金领取地确定的问题

可以归结为两个原则，即：一是唯一性原则。养老保险金领取地只能是一个，不可能有两个或两个以上的地方领养老保险金。二是户籍所在地优先原则。注意，这里的户籍是指退休时点的户籍。

（1）参保人员户籍所在地与最后参保地一致时，在户籍所在地办理待遇领取手续，享受基本养老保险待遇。

（2）当户籍所在地与最后参保地不一致时，如果在最后参保地参保满10年，则在最后参保地领取待遇；如在最后参保地参保不满10年，依次向前推至满10年的参保地办理待遇领取手续；各地参保均不满10年，则在户籍所在地办理待遇领取手续。（注意：户籍是指退休时点的户籍；多个10年的，最近一个10年为待遇领取地。）①

例如：张三，男，出生地江苏省南京市，户籍地为江苏省南京市，刚开始在南京市工作12年，后来到安徽省合肥市工作5年，最后到深圳市工作13年并在该市退休。则张三应在最后参保地深圳市领取基本养老保险待遇。

4.3.1.6　关于返乡农民工的城镇企业职工养老保险缴费记录处理的问题

假设农民工张三参加城镇企业职工养老保险，因母亲病重从城镇返回农村老家，只好中断就业没有继续缴费，其社会保险费记录如何处理？

---

① 《城镇企业职工基本养老保险关系转移接续暂行办法》（国办发〔2009〕66号）.

对农民工中断就业或返乡没有继续缴费的，由原参保地社会保险费经办机构保留其基本养老保险关系，保存其全部参保缴费记录及个人账户，个人账户储存额继续按规定计息。

（1）农民工返回城镇就业并继续参保缴费的，无论其回到原参保地就业还是到其他城镇就业，均按前述规定累计计算其缴费年限，合并计算其个人账户储存额，符合待遇领取条件的，与城镇职工同样享受基本养老保险待遇；

（2）农民工不再返回城镇就业的，其在城镇参保缴费记录及个人账户全部有效，并根据农民工的实际情况，或在其达到规定领取条件时享受城镇职工基本养老保险待遇，或转入新型农村社会养老保险。①

界定跨省流动就业的参保人员达到待遇领取地，涉及缴费年限的问题。一般情况下，缴费年限包括视同缴费年限。一地（以省、自治区、直辖市为单位）的累计缴费年限包括在本地的实际缴费年限和计算在本地的视同缴费年限。其中，曾经在机关、事业单位和企业工作的视同缴费年限，计算为当时工作地的视同缴费年限；在多地有视同缴费年限的，分别计算为各地的视同缴费年限。② 按此规定，参保人员曾经在机关、事业单位和企业工作的视同缴费年限，在确定计算地时与当时工作地有关，并不以工作地和参保地或户籍地一致为前提。③

4.3.1.7 关于跨省流动就业人员一次性缴纳养老保险费的转移的问题

跨省流动就业人员转移接续养老保险关系时，对于符合国家规定一次性缴纳养老保险费超过3年（含）的，转出地应向转入地提供人民法院、审计部门、实施劳动保障监察的行政部门或劳动争议仲裁委员会出具的具有法律效力证明一次性缴费期间存在劳动关系的相应文书。④

（1）参保人员跨省转移接续基本养老保险关系时，对在《人力资源社会保障部关于城镇企业职工基本养老保险关系转移接续若干问题的通知》（人社部规〔2016〕5号，简称部规5号）实施之前发生的超过3年（含3年）的一次性缴纳养老保险费，转出地社会保险经办机构（简称转出地）应当向转入地社会保险经办机构（简

---

① 国务院办公厅关于转发人力资源社会保障部 财政部《城镇企业职工基本养老保险关系转移接续暂行办法》的通知（国办发〔2009〕66号）第九条.

② 人力资源社会保障部关于城镇企业职工基本养老保险关系转移接续若干问题的通知（人社部规〔2016〕5号）.

③ 人力资源社会保障部办公厅关于养老保险关系跨省转移视同缴费年限计算地有关问题的复函（人社厅函〔2017〕151号）.

④ 《人力资源社会保障部关于城镇企业职工基本养老保险关系转移接续若干问题的通知》（人社部规〔2016〕5号）.

称转入地）提供书面承诺书。

（2）参保人员跨省转移接续基本养老保险关系时，对在部规5号实施之后发生的超过3年（含3年）的一次性缴纳养老保险费，由转出地按照部规5号有关规定向转入地提供相关法律文书。相关法律文书是由人民法院、审计部门、实施劳动监察的行政部门或劳动人事争议仲裁委员会等部门在履行各自法定职责过程中形成且产生于一次性缴纳养老保险费之前，不得通过事后补办的方式开具。转出地和转入地应当根据各自职责审核相关材料的规范性和完整性，核对参保人员缴费及转移信息。

（3）因地方自行出台一次性缴纳养老保险费政策或因无法提供有关材料造成无法转移的缴费年限和资金，转出地应自收到转入地联系函10个工作日内书面告知参保人员，并配合一次性缴纳养老保险费发生地（以下简称“补缴发生地”）妥善解决后续问题。对其余符合国家转移接续规定的养老保险缴费年限和资金，应做到应转尽转。

（4）参保人员与用人单位劳动关系存续期间，因用人单位经批准暂缓缴纳社会保险费，导致出现一次性缴纳养老保险费的，在参保人员跨省转移接续养老保险关系时，转出地应向转入地提供缓缴协议、补缴欠费凭证等相关材料。转入地核实确认后应予办理。

（5）社会保险费征收机构依据《社会保险法》等有关规定，受理参保人员投诉、举报，依法查处用人单位未按时足额缴纳养老保险费，并责令补缴导致一次性缴纳养老保险费超过3年（含3年）的，在参保人员跨省转移接续基本养老保险关系时，由转出地负责提供社会保险费征收机构责令补缴时出具的相关文书，转入地核实确认后应予办理。

（6）退役士兵根据《中共中央办公厅　国务院办公厅印发〈关于解决部分退役士兵社会保险问题的意见〉的通知》的规定补缴养老保险费的，在跨省转移接续基本养老保险关系时，由转出地负责提供办理补缴养老保险费时退役军人事务部门出具的补缴认定等材料，转入地核实确认后应予办理，同时做好退役士兵人员标识。

（7）参保人员重复领取职工基本养老保险待遇（包括企业职工基本养老保险待遇和机关事业单位工作人员基本养老保险待遇，下同）的，由社会保险经办机构与本人协商确定保留其中一个基本养老保险关系并继续领取待遇，其他的养老保险关系应予以清理，个人账户剩余部分一次性退还给本人，重复领取的基本养老保险待遇应予退还。本人不予退还的，从其被清理的养老保险个人账户余额中抵扣。养老保险个人账户余额不足以抵扣重复领取的基本养老保险待遇的，从继续发放的基本养老金中按照一定比例逐月进行抵扣，直至重复领取的基本养老保险待遇全部退还。《国务院办公厅关于转发人力资源社会保障部 财政部城镇企业职工基本养老保险关系转移接续暂行办法的通知》（国办发〔2009〕66号）实施之前已经重复领取待遇的，仍按照《人力资源社会保障部关于贯彻落实国务院办公厅转发城镇企业职工基本养老保险关系转移接续暂行办法的通知》（人社部发〔2009〕187号）有关规定执行。

参保人员重复领取职工基本养老保险待遇和城乡居民基本养老保险待遇的，社会保险经办机构应终止并解除其城乡居民基本养老保险关系，除政府补贴外的个人账户余额退还本人。重复领取的城乡居民基本养老保险基础养老金应予退还；本人不予退还的，由社会保险经办机构从其城乡居民基本养老保险个人账户余额或者其继续领取的职工基本养老保险待遇中抵扣。一次性缴纳养老保险费书面承诺书格式如表4－2所示。

表4－2　　一次性缴纳养老保险费书面承诺书（格式）

<table>
<tr><td colspan="4">账户类别：一般账户［ ］　临时账户［ ］</td><td></td><td></td><td></td></tr>
<tr><td rowspan="2">参保人员基本信息</td><td>姓名</td><td></td><td>性别</td><td></td><td>出生日期</td><td></td></tr>
<tr><td>身份证号码</td><td></td><td>户籍地地址</td><td colspan="3"></td></tr>
<tr><td rowspan="6">养老保险一次性缴费及转移接续情况</td><td>转入地</td><td></td><td>转出地</td><td></td><td>补缴发生地</td><td></td></tr>
<tr><td>缴费经办时参保人员身份</td><td></td><td>缴费申报单位</td><td colspan="3"></td></tr>
<tr><td>一次性缴费时间段</td><td colspan="5"></td></tr>
<tr><td>补缴原因及政策依据</td><td colspan="5"></td></tr>
<tr><td>一次性缴费年限（合计）</td><td colspan="2"></td><td>缴费经办时间</td><td colspan="2"></td></tr>
<tr><td>缴费经办人姓名</td><td colspan="2"></td><td>缴费经办人联系方式</td><td colspan="2"></td></tr>
<tr><td rowspan="2">书面承诺</td><td colspan="6">本经办机构及工作人员承诺，参保人员______的养老保险一次性缴费及转移接续均符合国家政策规定，经办操作合法合规。如有违反国家政策法规违规办理情况，一经查实，严格按照国家有关法律、法规和政策规定承担相应责任。</td></tr>
<tr><td colspan="6">经办人：　　　　一次性缴费经办机构法定代表人：
（签名）　　　　（签名）
（加盖公章）
年　月　日　　　　年　月　日</td></tr>
<tr><td>备注</td><td colspan="6"></td></tr>
</table>

4.3.1.8　关于机关事业单位养老保险关系转移接续的问题

1. 关于机关事业单位基本养老保险关系转移接续

（1）参保人员在同一统筹范围内的机关事业单位之间流动的，只转移基本养老保险关系，不转移基金。

（2）参保人员在机关事业单位养老保险制度内跨统筹范围流动的，在转移基本养老保险关系的同时，转移基金。

（3）参保人员从机关事业单位流动到企业的，在转移基本养老保险关系的同时，转移基金。

其中，参保人员经组织批准从机关事业单位调动到企业的，基本养老保险关系转移至调入企业参保地的企业职工基本养老保险社保经办机构；参保人员因辞职、辞退等原因离开机关事业单位的，基本养老保险关系转移至户籍所在地的企业职工基本养老保险社保经办机构。以后在户籍所在地以外就业参保的，基本养老保险关系转移接续按照《国务院办公厅关于转发人力资源社会保障部、财政部城镇企业职工基本养老保险关系转移接续暂行办法的通知》（国办发〔2009〕66 号）相关规定执行；高校、科研院所等事业单位专业技术人员离岗创业保留人事关系期间，可暂不转移基本养老保险关系。待其正式办理离职后，根据其重新就业情况，按照上述办法相应转移接续基本养老保险关系。

（4）参保人员跨统筹范围流动或从机关事业单位流动到企业的，个人缴费部分按计入本人基本养老保险个人账户的全部储存额计算转移；单位缴费部分以本人改革后各年度实际缴费工资为基数，按 12% 的总和转移，参保缴费不足 1 年的，按实际缴费月数计算转移。

（5）参保人员从企业流动到机关事业单位的，在转移基本养老保险关系的同时，个人缴费部分和单位缴费部分转移比照国办发〔2009〕66 号文件相关规定执行。其中，改革前曾参加企业职工基本养老保险、改革后参加机关事业单位基本养老保险的参保人员，按照上述办法转移接续在企业参保期间的基本养老保险关系。

（6）改革前参加地方原有机关事业单位养老保险试点、改革后纳入机关事业单位基本养老保险的人员，在转移接续基本养老保险关系时，不转移参加试点期间的单位缴费和个人缴费，改革前的个人缴费本息按照《人社部、财政部关于贯彻落实〈国务院关于机关事业单位工作人员养老保险制度改革的决定〉的通知》（人社部发〔2015〕28 号）有关规定执行。

2. 关于机关事业单位人员养老保险关系转移接续后的职业年金补记

（1）参保人员办理了正式调动或辞职、辞退手续离开机关事业单位的，根据改革前本人在机关事业单位工作的年限长短补记职业年金，以实账方式划转至本人职业年金个人账户，所需资金由其原所在单位按现行经费保障渠道解决。

（2）参保人员从企业再次流动到机关事业单位的，本人退休时，按照机关事业单位养老保险办法计发待遇，同时补记职业年金的本金及投资收益划转到待遇领取地机关事业单位基本养老保险统筹基金。若参保人员在退休前从机关事业单位又流动到企业的，不再重复补记职业年金，原补记的职业年金转移和管理运营按照国办发〔2015〕18号文件规定执行。

3. 关于养老保险关系转移接续后的相关待遇计发参数

（1）参保人员在机关事业单位之间跨统筹范围流动的，待达到退休年龄时，视同缴费指数根据本人退休时的职务职级（技术职称）所对应的待遇领取地的视同缴费指数标准确定；过渡期内老办法待遇标准中的退休补贴标准，根据2014年9月本人的职务职级（技术职称）对应的待遇领取地退休补贴标准确定；在其他统筹地区参保缴费时段的实际缴费指数，可以按照本人相应年度缴费工资基数和待遇领取地对应的上年度在岗职工平均工资计算，也可以按照本人相应年度缴费工资基数和其他统筹地区对应的上年度在岗职工平均工资计算，就高不就低。

（2）参保人员从机关事业单位流动到企业参保的，其视同缴费指数按企业职工基本养老保险有关政策确定。

（3）改革后，参保人员从企业流动到机关事业单位，过渡期内达到退休年龄的，可参照待遇领取地同等条件（如职务、技术职称等）人员的标准，确定其老办法待遇标准，实行新老办法对比计发养老待遇。过渡期之后达到退休年龄的，直接按照新办法计发养老待遇。其他类似人员，按照上述办法处理。

（4）参保人员在机关事业单位与企业之间流动的，养老保险关系转移接续后的基本养老保险缴费年限（含视同缴费年限）、个人账户储存额累计计算。

4. 关于养老保险关系转移接续后的待遇领取地确定

（1）参加机关事业单位养老保险制度的人员达到退休年龄时，其退休时的基本养老保险关系所在地为待遇领取地。

（2）参保人员从机关事业单位流动到企业的，待达到退休年龄时，按照国办发〔2009〕66号文件等规定确定待遇领取地。

5. 关于处理多重养老保险关系

参保人员同时存续多重基本养老保险关系或重复缴纳基本养老保险费的，应按照“先转后清”的原则，由转入地社保经办机构负责按规定清理。

6. 关于职业年金转移接续

职业年金个人账户实账部分按照国办发〔2015〕18号文件的规定转移接续，职业年金单位缴费采取记账方式管理的部分，按以下办法转移接续：

（1）参保人员在由相应的同级财政全额供款的单位之间流动时，可转移本人的职业年金单位缴费部分的累计记账额，继续由转入单位采取记账方式管理。

（2）参保人员由机关事业单位流动到企业、在非同级财政全额供款的单位之间流动，或者由财政全额供款单位流动到非财政全额供款单位的，应当由转出单位相应的同级财政保障拨付资金记实后转移接续。

（3）参保人员由非财政全额供款单位流动到财政全额供款单位后，原实账积累的个人账户资金按规定转移接续，同时其到新就业单位后的职业年金单位缴费部分可采取记账方式管理。

7. 关于职业年金、企业年金个人账户管理和待遇计发

（1）参保人员在机关事业单位与企业之间流动时，本人职业年金或者企业年金个人账户包含的、按照规定正常缴费形成的职业年金（以下简称“正常缴费”）、参加本地机关事业单位养老保险试点的个人缴费本息划转的资金（以下简称“划转缴费”）、补记的职业年金（以下简称“补记缴费”）和企业年金分别管理并计算收益。

（2）参保人员从机关事业单位流动到企业并在企业职工养老保险制度内达到退休年龄，参加所在企业建立企业年金计划的，将正常缴费、补记缴费和企业年金累计储存额合并计算，按照企业年金制度相关规定领取企业年金待遇，同时将划转缴费累计储存额一次性支付给本人。

（3）参保人员从机关事业单位流动到企业并在企业职工养老保险制度内达到退休年龄，所在企业没有建立企业年金计划并由原管理机构管理运营正常缴费、划转缴费和补记缴费的，将正常缴费和补记缴费累计储存额合并计算，按照国办发〔2015〕18号文件规定领取职业年金待遇，同时将划转缴费累计储存额一次性支付给本人。

（4）参保人员从企业流动到机关事业单位的，原在企业建立的企业年金按规定转移并投资运营。在机关事业单位养老保险制度内达到退休年龄的，过渡期内，企业年金累计储存额不计入新老办法标准对比范围，按照企业年金制度相关规定领取企业年金待遇，同时按照国办发〔2015〕18号文件规定领取职业年金待遇；过渡期之后，将职业年金、企业年金累计储存额合并计算，按照国办发〔2015〕18号文件规定领取职业年金待遇。

（5）参保人员在职期间或退休后死亡的，其正常缴费、划转缴费、补记缴费和企业年金累计储存余额可以继承。[①]

---

① 人力资源社会保障部 财政部关于机关事业单位基本养老保险关系和职业年金转移接续有关问题的通知（人社部规〔2017〕1号）.

对于2014年10月1日以后，公务员及参公管理的单位工作人员办理了正式调动或辞职、辞退手续离开机关事业单位的，应按照《人力资源社会保障部 财政部关于机关事业单位基本养老保险关系和职业年金转移接续有关问题的通知》（人社部规〔2017〕1号）相关规定补记职业年金，不再执行《劳动和社会保障部 财政部 人事部 中央机构编制委员会办公室关于职工在机关事业单位与企业之间流动时社会保险关系处理意见的通知》（劳社部发〔2001〕13号）基本养老保险个人账户一次性补贴政策。①

国家以用人制度改革促进单位流动，加大党政人才、企事业单位管理人才交流力度，进一步畅通企业、社会组织人员进入党政机关、国有企事业单位渠道。降低艰苦边远地区基层公务员招录门槛，合理设置基层事业单位招聘条件，对退役军人、村（社区）干部等可进行专项或单列计划招录招聘。完善并落实基本养老保险关系跨地区跨制度转移接续办法。②

4.3.2 转业军人、部分退伍士兵等人员参加社会保险

4.3.2.1 转业军人和部分退伍士兵参加社会保险

1. 军人保险

为了规范军人保险关系，让军人服役期间伤亡有补偿，退役后养老、医疗有保障，维护军人合法权益，促进国防和军队建设，《军人保险法》和现行军人保险制度对军人伤亡保险、退役养老保险、退役医疗保险和随军未就业的军人配偶保险的建立、缴费和转移接续做出系列规定。军队后勤（联勤）机关的财务部门具体负责承办军人保险登记、个人权益记录、军人保险待遇支付等事宜，并由该部门和地方社会保险经办机构，按照各自职责办理军人保险与社会保险关系转移接续手续。③

（1）军人伤亡保险。军人因战、因公死亡的，按照认定的死亡性质和相应的保险金标准，给付军人死亡保险金。军人因战、因公、因病致残的，按照评定的残疾等级和相应的保险金标准，给付军人残疾保险金。军人伤亡保险所需资金由国家承担，个人不缴纳保险费。

（2）退役养老保险。军人退出现役参加基本养老保险的，国家给予退役养老保

① 人力资源社会保障部办公厅关于机关事业单位养老保险关系转移接续办法实施后相关政策衔接问题的复函（人社厅函〔2019〕19号）.

② 中共中央办公厅 国务院办公厅印发《关于促进劳动力和人才社会性流动体制机制改革的意见》.

③ 《中华人民共和国军人保险法》（中华人民共和国主席令第五十六号）.

险补助。军人入伍前已经参加基本养老保险的，由地方社会保险经办机构和军队后勤（联勤）机关财务部门办理基本养老保险关系转移接续手续。军人退出现役后参加职工基本养老保险的，由军队后勤（联勤）机关财务部门将军人退役养老保险关系和相应资金转入地方社会保险经办机构，地方社会保险经办机构办理相应的转移接续手续。

军人服现役年限与入伍前和退出现役后参加职工基本养老保险的缴费年限合并计算。如果军人退出现役后参加城乡居民社会养老保险（新型农村社会养老保险、城镇居民社会养老保险已合并的地区为城乡居民社会养老保险，下同）的，按照国家有关规定办理转移接续手续。军人退出现役到公务员岗位或者参照公务员法管理的工作人员岗位的，以及现役军官、文职干部退出现役自主择业的，其养老保险办法按照国家有关规定执行。

（3）退役医疗保险。参加军人退役医疗保险的军官、文职干部和士官应当缴纳军人退役医疗保险费，国家按照个人缴纳的军人退役医疗保险费的同等数额给予补助。义务兵和供给制学员不缴纳军人退役医疗保险费，国家按照规定的标准给予军人退役医疗保险补助。军人入伍前已经参加基本医疗保险的，由地方社会保险经办机构和军队后勤（联勤）机关财务部门办理基本医疗保险关系转移接续手续。

军人退出现役后参加职工基本医疗保险的，由军队后勤（联勤）机关财务部门将军人退役医疗保险关系和相应资金转入地方社会保险经办机构，地方社会保险经办机构办理相应的转移接续手续。军人服现役年限视同职工基本医疗保险缴费年限，与入伍前和退出现役后参加职工基本医疗保险的缴费年限合并计算。如果军人退出现役后参加新型农村合作医疗或者城镇居民基本医疗保险，按照国家有关规定办理。

（4）随军未就业的军人配偶保险。国家为随军未就业的军人配偶建立养老保险、医疗保险等。随军未就业的军人配偶参加保险，应当缴纳养老保险费和医疗保险费，国家给予补助。随军未就业的军人配偶随军前已经参加社会保险的，由地方社会保险经办机构和军队后勤（联勤）机关财务部门办理保险关系转移接续手续。随军未就业的军人配偶实现就业或者军人退出现役时，由军队后勤（联勤）机关财务部门将其养老保险、医疗保险关系和相应资金转入地方社会保险经办机构，地方社会保险经办机构办理相应的转移接续手续。军人配偶在随军未就业期间的养老保险、医疗保险缴费年限与其在地方参加职工基本养老保险、职工基本医疗保险的缴费年限合并计算。①

---

① 《中华人民共和国军人保险法》（中华人民共和国主席令第五十六号）.

2. 关于军人退役基本养老保险关系转移接续问题

为了贯彻实施《社会保险法》《军人保险法》和《国务院关于机关事业单位工作人员养老保险制度改革的决定》（国发〔2015〕2 号），维护军人养老保险权益，实现军地政策顺畅衔接，经国务院、中央军委批准，2015 年 9 月 30 日人社部等部门印发《关于军人退役基本养老保险关系转移接续有关问题的通知》（后财〔2015〕1726 号），就军人退役基本养老保险关系转移接续有关问题进行明确，自 2014 年 10 月 1 日起施行。人社部、财政部、总参谋部、总政治部、总后勤部《关于军人退役养老保险关系转移接续有关问题的通知》（后财〔2012〕547 号），劳动社会保障部、财政部、人事部、总政治部、总后勤部《关于转业到企业工作的军官、文职干部养老保险有关问题处理意见的通知》（〔2002〕后联字第 3 号）同时废止。该通知主要内容为：

（1）军人退出现役参加基本养老保险的，国家给予军人退役基本养老保险补助。军人服现役期间单位和个人应当缴纳的基本养老保险费由中央财政承担，所需经费由总后勤部列年度军费预算安排。

（2）军队各级后勤（联勤、保障）机关财务部门（以下简称“财务部门”），负责军人退役基本养老保险关系的建立、转移和军人退役基本养老保险补助的计算、审核、划转工作。

各级人民政府人社部门负责军人退役基本养老保险关系接续和补助资金接收，以及基本养老保险待遇落实等工作。各级人民政府财政部门按职责做好军人退役基本养老保险关系转移接续的相关工作。

（3）军人退役基本养老保险补助由军人所在单位财务部门在军人退出现役时一次算清记实。

计划分配到企业工作的军队转业干部和军队复员干部，以及由人民政府安排到企业工作和自主就业的退役士兵，退出现役后参加企业职工或者城乡居民基本养老保险。军人退役基本养老保险补助的计算办法为：军官、文职干部和士官，按本人服现役期间各年度月缴费工资 20% 的总和计算；义务兵和供给制学员，按本人退出现役时当年下士月缴费工资起点标准的 20% 乘以服现役月数计算。其中，12% 作为单位缴费，8% 作为个人缴费。

计划分配到机关事业单位工作的军队转业干部和退役士兵，退出现役后参加机关事业单位基本养老保险。军人退役基本养老保险补助的计算办法为：军官、文职干部和士官，按本通知施行后服现役期间各年度月缴费工资 20% 的总和计算；义务兵和供给制学员，按本人退出现役时当年下士月缴费工资起点标准的 20% 乘以该通知施行后服现役月数计算。其中，12% 作为单位缴费，8% 作为个人缴费。

（4）军人退役基本养老保险补助的月缴费工资，该通知施行前，军官、文职干部和士官为本人月工资数额，义务兵和供给制学员为本人退出现役时当年下士月工资起点标准；本通知施行后，军官、文职干部和士官为本人月工资数额乘以养老保险缴费工资调整系数，义务兵和供给制学员为本人退出现役时当年下士月工资起点标准乘以养老保险缴费工资调整系数。养老保险缴费工资调整系数确定为1.136。

计算军人退役基本养老保险补助的月工资项目，通知施行前包括：基本工资、军人职业津贴、工作性津贴、生活性补贴和奖励工资；通知施行后包括：基本工资、军人职业津贴、工作性津贴、生活性补贴、艰苦边远地区津贴、驻西藏部队特殊津贴、高山海岛津贴、地区附加津贴和奖励工资。

（5）军人退役基本养老保险个人缴费部分按规定计息，在军人退出现役时一次算清记实。通知施行前的利率，按照中国人民银行公布的同期存款利率执行；本通知施行后的利率，按照国家规定的利率执行。

（6）计划分配到企业工作的军队转业干部和军队复员干部，以及由人民政府安排到企业工作和自主就业的退役士兵，其军人退役基本养老保险关系转移至安置地负责企业职工基本养老保险的县级以上社会保险经办机构。

计划分配到机关事业单位工作的军队转业干部和退役士兵，其军人退役基本养老保险关系转移至安置地负责机关事业单位基本养老保险的县级以上社会保险经办机构。

（7）军人退出现役时，由军人所在单位财务部门依据军人退役命令，安置地军队转业干部安置工作部门或者退役士兵安置工作主管部门的报到通知，以及军队团级以上单位司令机关军务部门或者政治机关干部部门的审核认定意见，开具《军人退役基本养老保险参保缴费凭证》《军人退役基本养老保险关系转移接续信息表》（以下简称《缴费凭证》《信息表》），将军人退役基本养老保险补助资金通过银行汇至退役军人安置地县级以上社会保险经办机构，《缴费凭证》《信息表》和银行受理回执一并交给本人。军人所在单位财务部门同时向退役军人安置地县级以上社会保险经办机构邮寄《缴费凭证》和《信息表》。

社会保险经办机构收到军队财务部门邮寄的《缴费凭证》和《信息表》，核实到账资金无误后，为退役军人建立基本养老保险个人账户。退役军人应及时到安置地县级以上社会保险经办机构办理养老保险关系接续手续。

（8）县级以上社会保险经办机构应将经办企业职工、机关事业单位基本养老保险的社会保险经办机构的通信地址、银行账户信息等，上报人社部社会保险事业管理中心，并及时报告信息变更情况。人社部社会保险事业管理中心与总后勤部军人保险基金管理中心建立社会保险经办机构信息交换机制；总后勤部军人保险基金管理中心负责将相关信息分发军队各级财务部门。

（9）军人退出现役后参加城乡居民基本养老保险的，由安置地社会保险经办机构保存其军人退役基本养老保险关系并按规定计息。待达到企业职工基本养老保险法定退休年龄后，按照国家规定办理城乡养老保险制度衔接手续。

（10）军人入伍前已经参加基本养老保险的，其基本养老保险关系和相应资金不转移到军队，由原参保地社会保险经办机构开具参保缴费凭证交给本人，并保存其全部参保缴费记录。军人本人应当将原参保地社会保险经办机构开具的参保缴费凭证，交给军人所在单位财务部门存档，在军人退出现役时，随军人退役基本养老保险关系一并交还给本人。军人退出现役后继续参加基本养老保险的，按照国家规定接续基本养老保险关系。

（11）自主择业的军队转业干部退出现役，由安置地人民政府逐月发给退役金，退出现役时不给予军人退役基本养老保险补助。军人所在单位财务部门，按照参加机关事业单位基本养老保险的办法，开具《军队自主择业转业干部缴费工资基数表》交给本人，由本人随供给关系交给安置地军队转业干部安置工作部门。

自主择业的军队转业干部被党和国家机关、人民团体或者财政拨款的事业单位选用为正式工作人员的，从下月起停发退役金，按照国家规定参加机关事业单位基本养老保险。本通知施行前的个人服现役年限视同缴费年限；本通知施行后在军队服现役期间的基本养老保险补助，由军队转业干部安置工作部门根据《军队自主择业转业干部缴费工资基数表》，以其在军队服现役期间各年度月缴费工资之和为基数，通过退役金拨付渠道申请20%的养老保险补助，拨付至其单位所在地社会保险经办机构，其中8%记入个人账户，所需经费由中央财政解决。

自主择业的军队转业干部按照国家规定依法参加当地企业职工基本养老保险的，其养老保险缴费年限从在当地缴纳养老保险费之日算起。

（12）军人退出现役采取退休方式安置的，实行退休金保障制度，退出现役时不给予军人退役基本养老保险补助。

一至四级残疾军人退出现役采取国家供养方式安置的，其生活保障按照国家规定执行，退出现役时不给予军人退役基本养老保险补助。

军人入伍前已经参加基本养老保险，退出现役采取退休、供养方式安置的，经本人申请，由原参保地社会保险经办机构依据军人所在团级以上单位出具的《军人退休（供养）证明》和参保缴费凭证等，退还原基本养老保险个人账户储存额，终止基本养老保险关系。

（13）军人服现役期间死亡的，由所在单位财务部门按照退出现役后参加企业职工基本养老保险的军人退役基本养老保险补助计算办法，将其服现役期间应当计算的退役养老保险个人缴费及利息一次算清，发给其合法继承人。

（14）军人退出现役后按规定办理基本养老保险关系转移接续手续的，军人退役基本养老保险补助年限与入伍前和退出现役后参加企业职工或者机关事业单位基本养老保险的缴费年限合并计算。

军人退出现役后参加机关事业单位基本养老保险的，该通知施行前的军人服现役年限视同机关事业单位基本养老保险缴费年限。

军人退役基本养老保险补助年限（含视同缴费年限）计算为军人退役时首次安置地企业职工或者机关事业单位基本养老保险参保缴费年限。

（15）军人退出现役后参加基本养老保险，达到法定退休年龄和国家规定的基本养老保险待遇领取条件的，按照待遇领取地有关规定享受相应的基本养老保险待遇。

（16）军人所在单位财务部门在开具转移凭证时，军人服现役期间的行政区划代码统一填写为“910000”，转入地社会保险经办机构据此做好人员身份标识，再次转移养老保险关系时，其服现役期间的行政区划代码不变，并在相应缴费期间的记录中注明“军人退役基本养老保险补助”。各级人民政府人社部门应加强信息系统建设，建立完善军人退役基本养老保险关系转移接续信息交换机制，促进军人退役基本养老保险关系顺畅转移接续。

各级人民政府应加强对军人退役基本养老保险工作的组织领导，各级人社部门要会同财政部门和军队有关部门按照职责分工，加强协调配合，做好本通知的贯彻落实。中国人民武装警察退役基本养老保险关系转移接续有关问题执行该文件。①

3. 关于军人职业年金转移接续有关问题

为了贯彻实施《军人保险法》《国务院关于机关事业单位工作人员养老保险制度改革的决定》（国发〔2015〕2号）和《国务院办公厅关于印发机关事业单位职业年金办法的通知》（国办发〔2015〕18号），建立多层次养老保险体系，维护军人养老保险权益，经国务院、中央军委批准，人社部等部门专门印发《关于军人职业年金转移接续有关问题》（后财〔2015〕1727号），自2014年10月1日起施行。该通知就军人职业年金转移接续有关问题提出明确要求，内容如下：

（1）军人退出现役参加基本养老保险的，国家给予军人职业年金补助。军人服现役期间单位和个人应当缴纳的职业年金费用由中央财政承担，所需经费由总后勤部列年度军费预算安排。

（2）军队各级后勤（联勤、保障）机关财务部门（以下简称“财务部门”），

---

① 《关于军人退役基本养老保险关系转移接续有关问题的通知》（后财〔2015〕1726号）.

负责军人职业年金补助的计算、审核、划转工作。各级人民政府人社部门负责军人职业年金补助的接收工作。各级人民政府财政部门按职责做好军人职业年金转移接续的相关工作。

（3）军人职业年金补助由军人所在单位财务部门在军人退出现役时一次算清记实。军人职业年金补助的计算办法为：军官、文职干部和士官，按本通知施行后服现役期间各年度月缴费工资12%的总和计算；义务兵和供给制学员，按本人退出现役时当年下士月缴费工资起点标准的12%乘以本通知施行后服现役月数计算。其中，8%作为单位缴费，4%作为个人缴费。根据国家相关政策，军队适时调整军人职业年金单位和个人缴费的比例。

（4）军人职业年金补助的月缴费工资，军官、文职干部和士官为本人月工资数额乘以养老保险缴费工资调整系数；义务兵和供给制学员为本人退出现役时当年下士月工资起点标准乘以养老保险缴费工资调整系数。养老保险缴费工资调整系数确定为1.136。计算军人职业年金补助的月工资项目包括：基本工资、军人职业津贴、工作性津贴、生活性补贴、艰苦边远地区津贴、驻西藏部队特殊津贴、高山海岛津贴、地区附加津贴和奖励工资。

（5）军人职业年金补助资金按照国家规定的利率计息，在军人退出现役时一次算清记实。

（6）计划分配到机关事业单位工作的军队转业干部和退役士兵，由军人所在单位财务部门依据军人退役命令，安置地军队转业干部安置工作部门或者退役士兵安置工作主管部门的报到通知，以及军队团级以上单位司令机关军务部门或者政治机关干部部门的审核认定意见，开具《军人职业年金缴费凭证》（见附件1），将军人职业年金补助资金通过银行汇至退役军人安置地负责机关事业单位养老保险的县级以上社会保险经办机构职业年金银行账户，并将《军人职业年金缴费凭证》和银行受理回执一并交给本人。军人所在单位财务部门同时向退役军人安置地负责机关事业单位养老保险的县级以上社会保险经办机构邮寄《军人职业年金缴费凭证》。军人退出现役到接收安置单位报到后，将《军人职业年金缴费凭证》和银行受理回执交给接收安置单位，由接收安置单位负责办理军人职业年金转移接续手续。

县级以上社会保险经办机构应将经办机关事业单位养老保险的社会保险经办机构的通信地址、职业年金银行账户信息等，上报人社部，并及时报告信息变更情况。人社部社会保险事业管理中心与总后勤部军人保险基金管理中心建立社会保险经办机构信息交换机制；总后勤部军人保险基金管理中心负责将相关信息分发军队各级财务部门。

（7）计划分配到企业工作的军队转业干部和军队复员干部，以及由人民政府安排到企业工作和自主就业的退役士兵，由军人所在单位财务部门依据军人退役命令、安置地军队转业干部安置工作部门的报到通知，开具《军人职业年金缴费凭证》，将军人职业年金补助资金交给本人。

军人退出现役后，用人单位建立企业年金的，本人应将《军人职业年金缴费凭证》和军人职业年金补助资金交给用人单位，由用人单位负责办理相关转移接续手续。

（8）军人入伍前已经参加机关事业单位职业年金或者企业年金的，其个人账户资金不转移到军队，由原年金管理机构继续管理运营。军人退出现役后参加机关事业单位职业年金或者企业年金的，按照国家规定办理原职业年金或者企业年金个人账户的转移接续手续。

（9）军官、文职干部退出现役自主择业，由安置地政府逐月发给退役金，退出现役时不给予军人职业年金补助。

自主择业的军队转业干部被党和国家机关、人民团体或者财政拨款的事业单位选用为正式工作人员的，从下月起停发退役金，按照国家规定参加机关事业单位养老保险。本通知施行后在军队服现役期间的职业年金补助，由军队转业干部安置工作部门根据《军队自主择业转业干部缴费工资基数表》（见后财〔2015〕1726号《关于军人退役基本养老保险关系转移接续有关问题的通知》），以其在军队服现役期间各年度月缴费工资之和为基数，通过退役金拨付渠道申请12%的职业年金补助，拨付至其单位所在地社会保险经办机构。所需经费由中央财政解决。

（10）军人退出现役采取退休方式安置的，实行退休金保障制度，退出现役时不给予军人职业年金补助。

一至四级残疾军人退出现役采取国家供养方式安置的，其生活保障按照国家规定执行，退出现役时不给予军人职业年金补助。

军人退出现役采取退休、供养方式安置，入伍前已参加机关事业单位职业年金或者企业年金的，达到法定退休年龄时，经本人申请，由原参保地社会保险经办机构依据军人所在团级以上单位出具的《军人退休（供养）证明》（见附件2），按照有关规定支付年金待遇。

（11）军人服现役期间死亡的，由所在单位财务部门将其本通知施行后服现役期间应当计算的军人职业年金补助及利息一次算清，发给其合法继承人。

（12）军人退出现役后达到国家规定的退休条件并依法办理退休手续后，按照国家规定参加职业年金或者企业年金的可享受相应的待遇。

（13）军人所在单位财务部门在开具转移凭证时，军人服现役期间的行政区划代码统一填写为“910000”，转入地社会保险经办机构据此做好人员身份标识。

中国人民武装警察职业年金转移接续的有关问题执行上述要求。[①]

附件1

编号：

军人职业年金缴费凭证

金额单位：元

<table>
<tr><td colspan="6">军 人 参 保 基 本 信 息</td></tr>
<tr><td>个人编号</td><td></td><td>姓 名</td><td></td><td>性 别</td><td></td></tr>
<tr><td>公民身份号码</td><td></td><td>安置地地址</td><td colspan="3"></td></tr>
<tr><td>退役参加基本养老保险项目</td><td colspan="5">□机关事业单位基本养老保险 □企业职工基本养老保险</td></tr>
<tr><td>军人服现役起止时间</td><td colspan="5"></td></tr>
<tr><td>军人职业年金补助总额</td><td colspan="5"></td></tr>
<tr><td colspan="6">军 队 单 位 信 息</td></tr>
<tr><td>行政区划代码</td><td>910000</td><td>单位名称（部队代号）</td><td colspan="3"></td></tr>
<tr><td>电 话</td><td></td><td>地 址</td><td></td><td>邮政编码</td><td></td></tr>
</table>

军队财务部门（盖财务专用章）： 经办人：

退役军人本人签字： 退役军人（家属）联系电话：

年 月 日

（本凭证一式三份，一份军队财务部门留存、一份交给本人、一份邮寄至退役军人安置地负责机关事业单位养老保险的县级以上社会保险经办机构）

重要提示

1. 本凭证是军人职业年金的权益记录，是军人退役时申请办理军人职业年金转移到机关事业单位职业年金或企业年金的重要依据，请妥善保管。

2. 退役军人本人签字时应填写能够联系到本人的联系电话，并确保电话畅通。

3. 在办理军人退役基本养老保险关系转移手续时，安置到机关事业单位的退役军人，将本凭证交给接收安置单位，退役到建立企业年金的企业单位的退役军人，将本凭证交给用人单位，由安置或用人单位办理军人职业年金转移接续手续。

4. 本凭证如不慎遗失，请向军队原办理机关申请补办。

---

① 《关于军人职业年金转移接续有关问题》（后财〔2015〕1727号）.

附件2

军人退休（供养）证明

（原机关事业单位职业年金或者企业年金管理机构名称）：

________同志系我单位（干部、士兵），符合国家规定的（退休、被评为一至四级残疾由国家供养）条件。该同志自____年____月____日至____年____月____日在你处参加了机关事业单位职业年金（企业年金），请按有关规定支付年金待遇。

军人所在团级以上单位（盖章）

年　　月　　日

经办人：　　　　　　　　　　　　联系电话：

4. 退役士兵社会保险

关于部分退役士兵参加社会保险，国务院要求，要落实退役军人待遇保障，完善退役士兵基本养老、基本医疗保险接续政策。对一些退役士兵未能及时参加基本养老、基本医疗保险或参保后因企业经营困难、下岗失业等原因缴费中断，享受养老、医疗保障待遇面临困难，给予关心和照顾。

（1）社会保险的参加。未参加社会保险的允许参保，退役士兵入伍时未参加城镇职工基本养老、基本医疗保险的，入伍时间视为首次参保时间；2012年7月1日《军人保险法》实施前退役的，军龄视同为基本养老保险、基本医疗保险缴费年限；在《军人保险法》实施后退役、国家给予军人退役基本养老保险补助的，军龄与参加基本养老保险、基本医疗保险的缴费年限合并计算。

（2）参保后缴费中断的补缴。参保后缴费中断的允许补缴。退役士兵参加基本养老保险出现欠缴、断缴的，允许按不超过本人军龄的年限补缴，补缴免收滞纳金。达到法定退休年龄、基本养老保险累计缴费年限（含军龄）未达到国家规定最低缴费年限的，允许延长缴费至最低缴费年限；《社会保险法》实施前首次参保、延长缴费5年后仍不足最低缴费年限的，允许一次性缴费至最低缴费年限。

达到法定退休年龄、城镇职工基本医疗保险累计缴费年限（含军龄）未达到国家规定年限的，可以缴费至国家规定年限。退役士兵参加工伤保险、失业保险、生育保险存在的问题，各地按规定予以解决。

补缴责任和要求。退役士兵参加社会保险缴纳费用，原则上单位缴费部分由所在单位负担，个人缴费部分由个人负担。

原单位已不存在或缴纳确有困难的，由原单位上级主管部门负责补缴；上级主管部门不存在或无力缴纳的，由安置地退役军人事务主管部门申请财政资金解决。政府补缴年限不得超过本人军龄。对于个人缴费部分，个人属于最低生活保障对象、特困人员的，地方政府对其个人缴费予以适当补助。

（3）缴费工资基数和费率。城镇职工基本养老保险，缴费工资基数由安置地按照补缴时上年度职工平均工资的60%予以确定，单位和个人缴费费率按补缴时安置地规定执行，相应记录个人权益。城镇职工基本医疗保险，缴费工资基数由参保地按照补缴时上年度职工平均工资的60%予以确定，单位和个人缴费费率按参保地规定执行。

（4）参保和补缴手续。"一门受理、协同办理"，即需要参加社会保险或补缴社会保险费的退役士兵持本人有效身份证件和相关退役证明，到安置地退役军人事务主管部门登记军龄、提出申请；再由该部门将相关认定信息及证明材料分别提供给安置地（或参保地）社会保险、医疗保险及相关征收机构办理参保和补缴手续。①

4.3.2.2 残疾人参加社会保险

残疾人及其所在单位应当依法依规参加社会保险。残疾人所在城乡基层群众性自治组织、残疾人家庭，应当鼓励、帮助残疾人参加社会保险。对生活确有困难的残疾人，按照国家有关规定给予社会保险补贴。②

以劳务派遣形式就业的残疾人，属于劳务派遣单位的职工。安置残疾人的机关事业单位以及由机关事业单位改制后的企业，为残疾人缴纳的机关事业单位养老保险，属于基本养老保险，可按规定享受相关税收优惠政策。③

4.3.2.3 农民工参加社会保险

进城务工的农村居民依照《社会保险法》规定参加社会保险。农民工一般为进城务工人员，是指本县（市）境内，户籍地在乡村，进入城区从事非农产业劳动6

---

① 中共中央办公厅、国务院办公厅《关于解决部分退役士兵社会保险问题的意见》.

② 《中华人民共和国残疾人保障法》第四十七条.

③ 《国家税务总局关于促进残疾人就业税收优惠政策相关问题的公告》（总局公告2015年第55号）.

个月及以上，常住地在城区，以非农业收入为主要收入的劳动者；或外县（市）进入本县（市）城区从事非农产业劳动 6 个月及以上，常住地在城区，以非农业收入为主要收入的劳动者。主体是农籍工人。2009 年，国务院办公厅转发《人力资源和社会保障部　财政部城镇企业职工基本养老保险关系转移接续暂行办法的通知》，进一步推动农民工参保工作，开始试点的新型农村社会养老保险阶段。国家积极推进城镇非公有制经济组织从业人员、灵活就业人员和农民工参加城镇职工医保。但是，参加城镇职工医保有困难的农民工，可以自愿选择参加城镇居民医保或户籍所在地的新农合。①

城镇企业事业单位招用的农民合同工本人不缴纳失业保险费。② 建筑劳务公司和专业分包单位不缴纳工伤保险费，工伤保险费由建筑总承包方在项目开工前一次性缴纳。建设单位要在工程概算中将工伤保险费用单独列支，作为不可竞争费，不参与竞标，并在项目开工前由施工总承包单位一次性代缴本项目工伤保险费，覆盖项目使用的所有职工，包括专业承包单位、劳务分包单位使用的农民工。

另外，值得注意的是，征收农村集体所有的土地，应当足额安排被征地农民的社会保险费，按照国务院规定将被征地农民纳入相应的社会保险制度。

4.3.3　跨国流动人员参加社会保险

原则上，外国人在中国境内就业的，应参照《社会保险法》和《在中国境内就业的外国人参加社会保险暂行办法》（人力资源社会保障部令第 16 号）参加社会保险。③

在中国境内依法注册或者登记的企业、事业单位、社会团体、民办非企业单位、基金会、律师事务所、会计师事务所等组织（以下称用人单位）依法招用的外国人，应当依法参加职工基本养老保险、职工基本医疗保险、工伤保险、失业保险和生育保险，由用人单位和本人按照规定缴纳社会保险费。与境外雇主订立雇用合同后，被派遣到在中国境内注册或者登记的分支机构、代表机构（境内工作单位）工作的外国人，应当依法参加上述社会保险，由境内工作单位和本人按照规定缴纳社会保险费。④

1. 社会保险双边协定

对于我国与外国签订社会保险双边协定的，按照协定规定执行。外国人、无国籍人未依法取得就业证件即与中国境内的用人单位签订劳动合同，以及香港、澳门

---

① 《国务院关于印发医药卫生体制改革近期重点实施方案（2009—2011 年）》（国发〔2009〕12 号）.

② 《失业保险条例》第六条.

③ 《中华人民共和国社会保险法》第九十七条.

④ 《在中国境内就业的外国人参加社会保险暂行办法》（人力资源和社会保障部令第 16 号）.

特别行政区和台湾地区居民未依法取得就业证件即与内地用人单位签订劳动合同，当事人请求确认与用人单位存在劳动关系的，人民法院不予支持。[①] 持有《外国专家证》并取得《外国专家来华工作许可证》的外国人，与中国境内的用人单位建立用工关系的，可以认定为劳动关系，这也为社会保险费征缴奠定了前提条件。

当前，随着经济全球化，人员跨境流动日益增多，通过两国政府或相关部门商签双边或多边社会保障协定，处理跨国流动就业人员的社会保障权利和义务成为国际共识，一方面可以有效维护两国在对方国家就业人员的社会保障权益，另一方面可以减轻双方企业和人员的社保缴费负担，进一步促进两国经贸关系，便利人员往来。[②]

目前，我国已与德国、韩国、法国、卢森堡、塞尔维亚、日本等12个国家签署了双边社保协定，其中10个已生效。[③] 我国与外国政府签署的第一部社会保险方面的双边协定是中德社保协定。现以中日社保协定为例，其基本内容如下：

（1）互免险种范围。中国为职工基本养老保险；日本为国民年金（国民年金基金除外）和厚生年金（厚生年金基金除外）。

（2）中方适用免除在日本缴纳相关社会保险费的派遣人员、航海船舶上的雇员、航空器上的雇员、外交领事机构人员与公务员、特定人员或人群以及派遣人员、公务员、例外人员的随行配偶和子女，共六类人员。

（3）日本适用免除在华缴纳相关社会保险费的人员。日本适用免除在华缴纳社会保险费的人员与中方1~5类适用人员的条件类同。

（4）派遣人员免除缴纳社会保险费的期限。派遣人员首次申请免除缴费期限最长为5年。如派遣期限超过5年，经中日两国主管机关或经办机构同意，可予以延长。

（5）主管机关、经办机构。中国主管机关为人力资源社会保障部；日本为主管日本国民年金（国民年金基金除外）、厚生年金（厚生年金基金除外）制度的任何政府机关。中国经办机构为人力资源社会保障部社会保险事业管理中心或该部指定的其他机构；日本为负责实施日本国民年金（国民年金基金除外）、厚生年金（厚生年金基金除外）制度的保险机构或其协会。

2. 免缴相关社会保险费的办理流程

（1）中方在日人员办理免缴“参保证明”的步骤。

已在中国国内按规定参加了职工基本养老保险并按时足额缴纳保险费的人员，按照“三步走”程序办理申请免除在日本缴纳相关社会保险费。

---

① 《最高人民法院关于审理劳动争议案件适用法律若干问题的解释》（四）》（法释〔2013〕4号）.

② http：//www. xinhuanet. com/2019 -08/28/c_1124931666. htm 新华网.

③ http：//m. sohu. com/a/337665833_740697.

第一步：在线申请。个人申请人访问“国家社会保险公共服务平台”首页，实名注册并登录平台，选择“境外免缴申请”模块在线申请。派遣人员国内派出单位可申请注册单位用户，为本单位派出人员在线申请。

第二步：后台审核。一是在线审核。由人力资源和社会保障部社保中心后台审核申请信息。符合条件的，于7个工作日内出具参保证明并邮寄给申请人。不符合条件的，说明理由。需要补充材料的，予以告知。二是线下审核。部社保中心也受理申请人通过邮寄纸质申请材料方式提交的申请，审核通过后，出具参保证明。

第三步：提交证明。申请人向日本经办机构提交“参保证明”，申请免除缴纳相应的社会保险费。

（2）日本在华人员办理免缴社会保险费的步骤。

第一步：有“参保证明”者，受理审核。日本在华人员向参保所在地社会保险经办机构提交由日本经办机构出具的“参保证明”，其参保所在地社会保险经办机构审核原件，留存复印件备案。核准信息后，依据其“参保证明”上规定的期限免除其相关社会保险缴费义务。

第二步：无“参保证明”者，督其参保。凡不能提交“参保证明”的日本在华人员，各地社会保险经办机构应按《社会保险法》和《在中国境内就业的外国人参加社会保险暂行办法》（人力资源社会保障部令第16号）的规定，督促其参加中国的社会保险。

第三步：除《协定》规定的免缴职工基本养老保险外，日本在华人员应按《社会保险法》和部令第16号的规定，参加中国其他社会保险险种。①

职工被派遣出境工作，依据前往国家或者地区的法律应当参加当地工伤保险的，参加当地工伤保险，其国内工伤保险关系中止；不能参加当地工伤保险的，其国内工伤保险关系不中止。

另外，定居国外的中国公民在中国境内办理社会保险需要提供身份证明的，可以凭本人的护照证明其身份。②

4.3.4　台港澳居民在内地（大陆）就业参加社会保险

1. 台港澳人员在内地就业取消许可

2018年7月28日，国务院印发《关于取消一批行政许可事项的决定》（国发〔2018〕28号），取消台港澳人员在内地就业许可。2018年8月23日人力资源和社

① 《关于实施中华人民共和国政府和日本国政府社会保障协定的行政协议》.

② 《中华人民共和国出境入境管理法》（中华人民共和国主席令第五十七号）.

会保障部颁布《关于废止〈台湾香港澳门居民在内地就业管理规定〉的决定》（部令第37号）并生效，就台港澳人员就业服务、社会保障、失业登记、劳动权益保护等方面，出台加强事中事后监管配套政策措施：

（1）在内地（大陆）求职、就业的台港澳人员，可使用台港澳居民居住证、港澳居民来往内地通行证、台湾居民来往大陆通行证等有效身份证件办理人力资源社会保障各项业务，以工商营业执照、劳动合同（聘用合同）、工资支付凭证或社会保险缴费记录等作为其在内地（大陆）就业的证明材料。

（2）将台港澳人员纳入当地就业创业管理服务体系，参照内地（大陆）劳动者对其进行就业登记和失业登记，加强就业失业统计监测，为有在内地（大陆）就业创业意愿的人员提供政策咨询、职业介绍、开业指导、创业孵化等服务。

（3）自2018年7月28日起，台港澳人员在内地（大陆）就业不再需要办理《台港澳人员就业证》。2018年8月23日起，各地不再受理《台港澳人员就业证》申请。[①]

2. 台港澳居民在内地（大陆）参加社会保险

为了维护在内地（大陆）就业、居住和就读的香港特别行政区、澳门特别行政区居民中的中国公民和台湾地区居民（以下简称港澳台居民）依法参加社会保险和享受社会保险待遇的合法权益，加强社会保险管理，根据《社会保险法》（以下简称“社会保险法”）等规定，人社部、国家医疗保障局制定《香港　澳门　台湾居民在内地（大陆）参加社会保险暂行办法》（人力资源和社会保障部国家医疗保障局令第41号），自2020年1月1日起施行。

（1）适用范围。

①在内地（大陆）依法注册或者登记的企业、事业单位、社会组织、有雇工的个体经济组织等用人单位（以下统称用人单位）依法聘用、招用的港澳台居民，应当依法参加职工基本养老保险、职工基本医疗保险、工伤保险、失业保险和生育保险，由用人单位和本人按照规定缴纳社会保险费。

②在内地（大陆）依法从事个体工商经营的港澳台居民，可以按照注册地有关规定参加职工基本养老保险和职工基本医疗保险。

③在内地（大陆）灵活就业且办理港澳台居民居住证的港澳台居民，可以按照居住地有关规定参加职工基本养老保险和职工基本医疗保险。

④在内地（大陆）居住且办理港澳台居民居住证的未就业港澳台居民，可以在居住地按照规定参加城乡居民基本养老保险和城乡居民基本医疗保险。

---

① 《人力资源和社会保障部关于香港澳门台湾居民在内地（大陆）就业有关事项的通知》（人社部发〔2018〕53号）.

⑤在内地（大陆）就读的港澳台大学生，与内地（大陆）大学生执行同等医疗保障政策，按规定参加高等教育机构所在地城乡居民基本医疗保险。

（2）社会保险登记。

①用人单位依法聘用、招用港澳台居民的，应当持港澳台居民有效证件，以及劳动合同、聘用合同等证明材料，为其办理社会保险登记。

②在内地（大陆）依法从事个体工商经营和灵活就业的港澳台居民，按照注册地（居住地）有关规定办理社会保险登记。

③已经办理港澳台居民居住证且符合在内地（大陆）参加城乡居民基本养老保险和城乡居民基本医疗保险条件的港澳台居民，持港澳台居民居住证在居住地办理社会保险登记。

在赋码和发卡方面，港澳台居民办理社会保险的各项业务流程与内地（大陆）居民一致。社会保险经办机构或者社会保障卡管理机构应当为港澳台居民建立社会保障号码，并发放社会保障卡。港澳台居民在办理居住证时取得的公民身份号码作为其社会保障号码；没有公民身份号码的港澳居民的社会保障号码，由社会保险经办机构或者社会保障卡管理机构按照国家统一规定编制。

“港澳台居民有效证件”，是指港澳居民来往内地通行证、港澳台居民居住证。

（3）缴费年限。

①参加职工基本养老保险的港澳台居民达到法定退休年龄时，累计缴费不足 15 年的，可以延长缴费至满 15 年。社会保险法实施前参保、延长缴费 5 年后仍不足 15 年的，可以一次性缴费至满 15 年。

②参加城乡居民基本养老保险的港澳台居民，符合领取待遇条件的，在居住地按照有关规定领取城乡居民基本养老保险待遇。达到待遇领取年龄时，累计缴费不足 15 年的，可以按照有关规定延长缴费或者补缴。

③参加职工基本医疗保险的港澳台居民，达到法定退休年龄时累计缴费达到国家规定年限的，退休后不再缴纳基本医疗保险费，按照国家规定享受基本医疗保险待遇；未达到国家规定年限的，可以缴费至国家规定年限。退休人员享受基本医疗保险待遇的缴费年限按照各地规定执行。

④参加城乡居民基本医疗保险的港澳台居民按照与所在统筹地区城乡居民同等标准缴费，并享受同等的基本医疗保险待遇。

参加基本医疗保险的港澳台居民，在境外就医所发生的医疗费用不纳入基本医疗保险基金支付范围。

（4）社会保险个人账户。港澳台居民在达到规定的领取养老金条件前离开内地（大陆）的，其社会保险个人账户予以保留，再次来内地（大陆）就业、居住并继续缴费的，缴费年限累计计算；经本人书面申请终止社会保险关系的，可以将其社会保险个人账户储存额一次性支付给本人。

已获得香港、澳门、台湾居民身份的原内地（大陆）居民，离开内地（大陆）时选择保留社会保险关系的，返回内地（大陆）就业、居住并继续参保时，原缴费年限合并计算；离开内地（大陆）时已经选择终止社会保险关系的，原缴费年限不再合并计算，可以将其社会保险个人账户储存额一次性支付给本人。

（5）社会保险关系转移。参加社会保险的港澳台居民在内地（大陆）跨统筹地区流动办理社会保险关系转移时，按照国家有关规定执行。港澳台居民参加企业职工基本养老保险的，不适用建立临时基本养老保险缴费账户的相关规定。已经领取养老保险待遇的，不再办理基本养老保险关系转移接续手续。已经享受退休人员医疗保险待遇的，不再办理基本医疗保险关系转移接续手续。

参加职工基本养老保险的港澳台居民跨省流动就业的，应当转移基本养老保险关系。达到待遇领取条件时，在其基本养老保险关系所在地累计缴费年限满 10 年的，在该地办理待遇领取手续；在其基本养老保险关系所在地累计缴费年限不满 10 年的，将其基本养老保险关系转回上一个缴费年限满 10 年的参保地办理待遇领取手续；在各参保地累计缴费年限均不满 10 年的，由其缴费年限最长的参保地负责归集基本养老保险关系及相应资金，办理待遇领取手续，并支付基本养老保险待遇；如有多个缴费年限相同的最长参保地，则由其最后一个缴费年限最长的参保地负责归集基本养老保险关系及相应资金，办理待遇领取手续，并支付基本养老保险待遇。

参加职工基本养老保险的港澳台居民跨省流动就业，达到法定退休年龄时累计缴费不足 15 年的，按照前述规则有关待遇领取地的规定确定继续缴费地后，其缴费年限按该规则办理：参加职工基本养老保险的港澳台居民达到法定退休年龄时，累计缴费不足 15 年的，可以延长缴费至满 15 年。《社会保险法》实施前参保、延长缴费 5 年后仍不足 15 年的，可以一次性缴费至满 15 年。

（6）社会保险待遇。参加社会保险的港澳台居民，依法享受社会保险待遇。

领取待遇资格。按月领取基本养老保险、工伤保险待遇的港澳台居民，应按照社会保险经办机构的规定办理领取待遇资格认证。按月领取基本养老保险、工伤保险、失业保险待遇的港澳台居民丧失领取资格条件后，本人或者其亲属应当于 1 个月内向社会保险经办机构如实报告情况。因未主动报告而多领取的待遇应当及时退还社会保险经办机构。

对在内地（大陆）参加城乡居民基本养老保险和城乡居民基本医疗保险（港澳台大学生除外）的港澳台居民，由各级财政按照与所在统筹地区城乡居民相同的标准给予补助。各级财政对港澳台大学生参加城乡居民基本医疗保险补助政策按照有关规定执行。

需要注意的是，已在香港、澳门、台湾参加当地社会保险，并继续保留社会保险关系的港澳台居民，可以持相关授权机构出具的证明，不在内地（大陆）参加基本养老保险和失业保险。内地（大陆）与香港、澳门、台湾有关机构就社会保险事宜做出具体安排的，按照相关规定办理。①

[延伸阅读一]

国务院关于完善企业职工基本养老保险制度的决定

国发〔2005〕38号

各省、自治区、直辖市人民政府，国务院各部委、各直属机构：

近年来，各地区和有关部门按照党中央、国务院关于完善企业职工基本养老保险制度的部署和要求，以确保企业离退休人员基本养老金按时足额发放为中心，努力扩大基本养老保险覆盖范围，切实加强基本养老保险基金征缴，积极推进企业退休人员社会化管理服务，各项工作取得明显成效，为促进改革、发展和维护社会稳定发挥了重要作用。但是，随着人口老龄化、就业方式多样化和城市化的发展，现行企业职工基本养老保险制度还存在个人账户没有做实、计发办法不尽合理、覆盖范围不够广泛等不适应的问题，需要加以改革和完善。为此，在充分调查研究和总结东北三省完善城镇社会保障体系试点经验的基础上，国务院对完善企业职工基本养老保险制度做出如下决定：

1. 完善企业职工基本养老保险制度的指导思想和主要任务。以邓小平理论和“三个代表”重要思想为指导，认真贯彻党的十六大和十六届三中、四中、五中全会精神，按照落实科学发展观和构建社会主义和谐社会的要求，统筹考虑当前和长远的关系，坚持覆盖广泛、水平适当、结构合理、基金平衡的原则，完善政策，健全机制，加强管理，建立起适合我国国情，实现可持续发展的基本养老保险制度。主要任务是：确保基本养老金按时足额发放，保障离退休人员基本生活；逐步做实个人账户，完善社会统筹与个人账户相结合的基本制度；统一城镇个体工商户和灵活就业人员参保缴费政策，扩大覆盖范围；改革基本养老金计发办法，建立参保缴费的激励约束机制；根据经济发展水平和各方面承受能力，合理确定基本养老金水平；建立多层次养老保险体系，划清中央与

① 《香港澳门台湾居民在内地（大陆）参加社会保险暂行办法》（人力资源和社会保障部国家医疗保障局令第41号）.

地方、政府与企业及个人的责任；加强基本养老保险基金征缴和监管，完善多渠道筹资机制；进一步做好退休人员社会化管理工作，提高服务水平。

2. 确保基本养老金按时足额发放。要继续把确保企业离退休人员基本养老金按时足额发放作为首要任务，进一步完善各项政策和工作机制，确保离退休人员基本养老金按时足额发放，不得发生新的基本养老金拖欠，切实保障离退休人员的合法权益。对过去拖欠的基本养老金，各地要根据《中共中央办公厅　国务院办公厅关于进一步做好补发拖欠基本养老金和企业调整工资工作的通知》要求，认真加以解决。

3. 扩大基本养老保险覆盖范围。城镇各类企业职工、个体工商户和灵活就业人员都要参加企业职工基本养老保险。当前及今后一个时期，要以非公有制企业、城镇个体工商户和灵活就业人员参保工作为重点，扩大基本养老保险覆盖范围。要进一步落实国家有关社会保险补贴政策，帮助就业困难人员参保缴费。城镇个体工商户和灵活就业人员参加基本养老保险的缴费基数为当地上年度在岗职工平均工资，缴费比例为20%，其中8%记入个人账户，退休后按企业职工基本养老金计发办法计发基本养老金。

4. 逐步做实个人账户。做实个人账户，积累基本养老保险基金，是应对人口老龄化的重要举措，也是实现企业职工基本养老保险制度可持续发展的重要保证。要继续抓好东北三省做实个人账户试点工作，抓紧研究制订其他地区扩大做实个人账户试点的具体方案，报国务院批准后实施。国家制定个人账户基金管理和投资运营办法，实现保值增值。

5. 加强基本养老保险基金征缴与监管。要全面落实《社会保险费征缴暂行条例》的各项规定，严格执行社会保险登记和缴费申报制度，强化社会保险稽核和劳动保障监察执法工作，努力提高征缴率。凡是参加企业职工基本养老保险的单位和个人，都必须按时足额缴纳基本养老保险费；对拒缴、瞒报少缴基本养老保险费的，要依法处理；对欠缴基本养老保险费的，要采取各种措施，加大追缴力度，确保基本养老保险基金应收尽收。各地要按照建立公共财政的要求，积极调整财政支出结构，加大对社会保障的资金投入。

基本养老保险基金要纳入财政专户，实行收支两条线管理，严禁挤占挪用。要制定和完善社会保险基金监督管理的法律法规，实现依法监督。各省、自治区、直辖市人民政府要完善工作机制，保证基金监管制度的顺利实施。要继续发挥审计监督、社会监督和舆论监督的作用，共同维护基金安全。

6. 改革基本养老金计发办法。为与做实个人账户相衔接，自2006年1月1

日起，个人账户的规模统一由本人缴费工资的11%调整为8%，全部由个人缴费形成，单位缴费不再划入个人账户。同时，进一步完善鼓励职工参保缴费的激励约束机制，相应调整基本养老金计发办法。

《国务院关于建立统一的企业职工基本养老保险制度的决定》（国发〔1997〕26号）实施后参加工作、缴费年限（含视同缴费年限，下同）累计满15年的人员，退休后按月发给基本养老金。基本养老金由基础养老金和个人账户养老金组成。退休时的基础养老金月标准以当地上年度在岗职工月平均工资和本人指数化月平均缴费工资的平均值为基数，缴费每满1年发给1%。个人账户养老金月标准为个人账户储存额除以计发月数，计发月数根据职工退休时城镇人口平均预期寿命、本人退休年龄、利息等因素确定（详见附件）。

国发〔1997〕26号文件实施前参加工作，本决定实施后退休且缴费年限累计满15年的人员，在发给基础养老金和个人账户养老金的基础上，再发给过渡性养老金。各省、自治区、直辖市人民政府要按照待遇水平合理衔接、新老政策平稳过渡的原则，在认真测算的基础上，制订具体的过渡办法，并报劳动保障部、财政部备案。

本决定实施后到达退休年龄但缴费年限累计不满15年的人员，不发给基础养老金；个人账户储存额一次性支付给本人，终止基本养老保险关系。

本决定实施前已经离退休的人员，仍按国家原来的规定发给基本养老金，同时执行基本养老金调整办法。

7. 建立基本养老金正常调整机制。根据职工工资和物价变动等情况，国务院适时调整企业退休人员基本养老金水平，调整幅度为省、自治区、直辖市当地企业在岗职工平均工资年增长率的一定比例。各地根据本地实际情况提出具体调整方案，报劳动保障部、财政部审批后实施。

8. 加快提高统筹层次。进一步加强省级基金预算管理，明确省、市、县各级人民政府的责任，建立健全省级基金调剂制度，加大基金调剂力度。在完善市级统筹的基础上，尽快提高统筹层次，实现省级统筹，为构建全国统一的劳动力市场和促进人员合理流动创造条件。

9. 发展企业年金。为建立多层次的养老保险体系，增强企业的人才竞争能力，更好地保障企业职工退休后的生活，具备条件的企业可为职工建立企业年金。企业年金基金实行完全积累，采取市场化的方式进行管理和运营。要切实做好企业年金基金监管工作，实现规范运作，切实维护企业和职工的利益。

10. 做好退休人员社会化管理服务工作。要按照建立独立于企业事业单位之外社会保障体系的要求，继续做好企业退休人员社会化管理工作。要加强街道、社区劳动保障工作平台建设，加快公共老年服务设施和服务网络建设，条件具备的地方，可开展老年护理服务，兴建退休人员公寓，为退休人员提供更多更好的服务，不断提高退休人员的生活质量。

11. 不断提高社会保险管理服务水平。要高度重视社会保险经办能力建设，加快社会保障信息服务网络建设步伐，建立高效运转的经办管理服务体系，把社会保险的政策落到实处。各级社会保险经办机构要完善管理制度，制定技术标准，规范业务流程，实现规范化、信息化和专业化管理。同时，要加强人员培训，提高政治和业务素质，不断提高工作效率和服务质量。

完善企业职工基本养老保险制度是构建社会主义和谐社会的重要内容，事关改革发展稳定的大局。各地区和有关部门要高度重视，加强领导，精心组织实施，研究制订具体的实施意见和办法，并报劳动保障部备案。劳动保障部要会同有关部门加强指导和监督检查，及时研究解决工作中遇到的问题，确保本决定的贯彻实施。

本决定自发布之日起实施，已有规定与本决定不一致的，按本决定执行。

附件：个人账户养老金计发月数表

国务院

2005 年 12 月 3 日

个人账户养老金计发月数表

退休年龄	计发月数	退休年龄	计发月数	退休年龄	计发月数
40	233	51	190	61	132
41	230	52	185	62	125
42	226	53	180	63	117
43	223	54	175	64	109
44	220	55	170	65	101
45	216	56	164	66	93
46	212	57	158	67	84
47	208	58	152	68	75
48	204	59	145	69	65
49	199	60	139	70	56
50	195				

[延伸阅读二]

中华人民共和国政府和大韩民国政府
社会保险协定

中华人民共和国政府和大韩民国政府，为发展中华人民共和国和大韩民国（以下称“缔约两国”）友好关系之目的，愿加强在社会保险领域的合作，达成协议如下：

第一条　定义

一、为本协定之目的：

（一）“法律规定”

在中华人民共和国，系指本协定适用范围（第二条第一款第一项）所包括社会保险体系相关的法律、行政法规、部门规章、地方性法规和其他法律文件；

在大韩民国，系指本协定第二条第一款第二项规定的法律和法规；

（二）“主管机关”

在中华人民共和国，系指人力资源社会保障部；

在大韩民国，系指保健福祉部；

（三）“经办机构”

在中华人民共和国，系指人力资源社会保障部社会保险事业管理中心或该部指定的其他机构；

在大韩民国，系指国民年金公团；

（四）“领土”

在中华人民共和国，系指《中华人民共和国社会保险法》及其相关法律法规适用的中华人民共和国的领土；

在大韩民国，系指大韩民国领土。

（五）“国民”

在中华人民共和国，系指具有中华人民共和国国籍的个人；

在大韩民国，系指国籍法中规定的大韩民国国民。

二、本条中未定义的词语应具有缔约两国各自适用法律规定赋予的含义。

第二条　法律适用范围

一、本协定适用下列社会保险制度相关的法律规定：

（一）在中华人民共和国

1. 城镇职工基本养老保险；

2. 新型农村社会养老保险；

3. 城镇居民社会养老保险；

4. 失业保险。

（二）在大韩民国

1. 国民年金；

2. 政府公务员年金；

3. 私立学校教职员工年金；

4. 雇佣保险。

二、除非本协定另有规定，本条第一款所提及的法律规定不包括缔约一国可能与第三国在社会保障方面缔结的条约或其他国际协定，及为具体实施之目的颁布的法律法规。

第三条　雇员的参保义务

除非本协定另有规定，在缔约一国领土上工作的雇员应根据其就业情况只受该缔约国法律规定的管辖。

第四条　派遣人员

一、如果雇员在缔约一国领土上受雇于在该缔约国领土有经营场所的雇主，依其雇佣关系被雇主派往缔约另一国领土为该雇主工作，则在此项工作的第一个 60 个日历月内继续仅适用首先提及的缔约国关于参保义务的法律规定，如同该雇员仍在该缔约国领土受雇一样。

二、如果派遣期超过本条第一款规定的期限，在缔约两国主管机关或经办机构同意的情况下，则本条第一款中涉及的缔约一国的法律规定将继续适用。继续适用的具体申请程序和期限在行政协议中另作规定。

第五条　短期就业人员

如果缔约一国国民临时居住在缔约另一国领土，被在缔约另一国有经营场所的雇主雇佣，并在缔约另一国领土上为该雇主工作，则在此雇佣期间继续仅适用首先提及的缔约一国的法律规定，条件是该雇员受缔约一国法律规定管辖且该雇佣期限不超过 60 个日历月。

第六条　自雇人员和投资者

一、如果缔约一国国民通常居住在缔约一国领土，临时在缔约另一国领土上从事自雇活动，则在该自雇期间继续仅适用首先提及的缔约一国法律规定，条件是该自雇人员受该缔约国法律规定管辖。

二、如果缔约一国国民在缔约另一国领土上根据缔约另一国相关法律法规注册投资外商独资企业或合资企业，居住在缔约另一国领土上并在该外商独资企业或合资企业中任职，则在其任职期间继续仅适用首先提及的缔约一国法律规定，条件是此人受首先提及的缔约一国法律规定管辖。

第七条　在航海船舶和航空器上受雇人员

一、在悬挂任一缔约国船旗的航海船舶上受雇的人员适用该缔约国关于参保义务的法律规定。但是，如果该雇员通常居住在缔约一国领土上，在船旗为缔约另一国的航海船舶上受雇，则该雇员适用首先提及的缔约一国关于参保义务的法律规定，如同该雇员仍在该缔约国领土上受雇一样。

二、在航空器上受雇的管理人员或机组成员，就其雇佣关系而言，适用其受雇企业总部所在地领土所属的缔约国法律规定。但是，如果该企业在缔约另一国领土上拥有分支机构或常设机构，且该雇员受雇于该分支机构或常设机构，则该雇员将适用该分支机构或常设机构所在地领土所属的缔约国法律规定的管辖。

第八条　外交和领事机构人员

本协定不影响一九六一年四月十八日签订的《维也纳外交关系公约》和一九六三年四月二十四日签订的《维也纳领事关系公约》的适用。

第九条　政府或公共机构受雇人员

如果受雇于缔约一国中央政府、地方政府或其他公共机构的雇员被派到缔约另一国领土上工作，则该雇员适用首先提及的缔约一国的法律规定，如同该雇员仍受雇于该缔约国领土上一样。

第十条　例外

缔约两国主管机关或经办机构可同意根据特定人员或人群的情况对本协定第三至九条作例外处理，条件是所涉及人员受缔约一国关于参保义务的法律规定管辖。

第十一条　实施安排

一、缔约两国主管机关将签订行政协议，制定为实施本协定所必要的措施。

二、缔约两国主管机关将相互通报可能会影响本协定实施的任何立法修改和增订情况。

三、缔约两国主管机关将指定实施该协定的联络机构：

（一）在中华人民共和国，指人力资源社会保障部国际合作司；

（二）在大韩民国，指保健福祉部国民年金政策处。

第十二条　信息交流和相互协助

缔约两国主管机关或经办机构应根据对方书面要求，在各自法律允许的范围内，相互提供实施本协定所需的信息和协助。

第十三条　证明书的出具

一、在本协定第四条至七条、第九条和第十条所述情况下，需适用其法律规定的缔约一国的经办机构，将根据申请就相关雇佣关系出具证明书，说明该雇员受其法律规定管辖。在本协定第四条、第五条和第十条所述情况下，此证明书必须注明有效期。

二、若适用中华人民共和国的法律规定，证明书将由人力资源社会保障部社会保险事业管理中心或该部指定的其他机构出具。

三、若适用大韩民国的法律规定，证明书将由国民年金公团出具。

第十四条　信息的保密

缔约一国仅在得到缔约另一国同意后才可公开其所接收的信息。由缔约一国主管机关或经办机构根据本协定传送至缔约另一国主管机关或经办机构的个人信息使用时应保密，且只能专门用于实施本协定之目的。缔约一国主管机关或经办机构接收的信息应受到该缔约国关于个人隐私保护和个人信息保密的国家法律的约束。缔约一国主管机关或经办机构接收的该信息的后续使用、存储及销毁，均应受到该缔约国有关隐私保护法律的约束。

第十五条　交流语言和认证

一、在实施本协定时，缔约两国主管机关和经办机构可以使用各自官方语言进行交流。

二、缔约一国主管机关和经办机构不得因为文件是用缔约另一国官方语言写成而拒绝受理。

三、适用本协定时所需提供的文件，特别是证明书，无需办理认证或者其他类似手续。

第十六条 争端的解决

缔约两国关于本协定解释或适用方面的任何争端应由缔约两国主管机关或经办机构通过谈判和磋商方式解决。如果争端在一定时间内未得以解决，则应通过外交途径解决。

第十七条 生效

缔约两国应当相互书面通知已完成使本协定生效所必需的国内法律程序。本协定自后一份通知收到之日第30天起生效。

第十八条 期限与终止

一、本协定长期有效。缔约任一国可书面通知缔约另一国要求终止本协定。本协定自缔约另一国收到终止通知后第12个月的最后一天起终止。

二、自本协定生效之日起，中华人民共和国政府与大韩民国政府于二零零三年二月二十八日通过互换照会签订的《关于互免养老保险缴费临时措施协议》即行终止。

下列代表，经各自政府正式授权，在本协定上签字，以昭信守。

本协定于二零一二年十月二十九日在北京签订，一式两份，每份均用中文、韩文及英文写成，三种文本同等作准。如对文本的解释发生分歧，以英文本为准。

中华人民共和国政府	大韩民国政府
代表	代表

[自测]

一、单项选择题（请选出您认为最符合题意的选项，将其标号填入括号中）

1. 基本养老保险包括企业职工基本养老保险、机关事业单位基本养老保险、灵活就业人员基本养老保险和（　　）。

A. 分红型养老险　　B. 城乡居民养老保险

C. 新农村养老保险　　D. 城镇居民养老保险

2. 失业保险金领取期限最长月份数为（　　）。

A. 24 个月　　B. 18 个月

C. 12 个月　　D. 6 个月

3. 企业年金的企业缴纳标准为企业缴费每年不超过本企业的（　　）。

A. 上年度职工工资总额的 1/6　　B. 本年度职工工资总额的 1/10

C. 上年度职工工资总额的 1/12　　D. 本年度职工工资总额的 1/18

4. 城镇个体工商户和灵活就业人员参加基本养老保险的缴费基数为当地上年度在岗职工平均工资，按一定的比例缴费。这个缴费比例是（　　）。

A. 16%　　B. 12%

C. 20%　　D. 10%

5. 职业年金是国家机关事业单位养老保险制度改革的重要组成部分，主要内容为机关事业单位在参加基本养老保险的基础上，应当为其工作人员建立职业年金。单位按本单位工资总额的一定比例缴费，个人按本人缴费工资的一定比例缴费。这两个比例分别是（　　）。

A. 4%，8%　　B. 8%，4%

C. 16%，2%　　D. 6%，2%

6. 按保险合同约定的医疗行为发生为给付保险金条件，按约定以合同的方式预先向受疾病威胁的人收取医保费，对被保险人接受诊疗期间的医疗费用支出提供一定的经济补偿的保险是（　　）。

A. 疾病保险　　B. 护理保险

C. 医疗保险　　D. 失能收入保险

参考答案：

1. B

2. A

3. C

4. C

5. B

6. C

二、多项选择题（题目所列选项2～3个符合题意。请选出您认为符合题意的选项，将其标号填入括号中）

1. 企业年金方案应当包括（　　）。

A. 参加人员范围　　B. 资金筹集方式

C. 职工企业年金个人账户管理方式　　D. 基金管理方式

E. 计发办法和支付方式

2. 城乡居民养老保险基金由三项构成，分别是（　　）。

A. 个人缴费　　B. 集体补助

C. 社会捐赠　　D. 政府补贴

E. 风险投资

3. 城镇居民基本医疗保险实行个人缴费和政府补贴相结合。所需个人缴费部分，由政府给予补贴的人员有（　　）。

A. 享受最低生活保障的人　　B. 丧失劳动能力的残疾人

C. 在籍大学生　　D. 低收入家庭60周岁以上的老年人

E. 未成年人

4. 自2014年10月1日起，我国启动机关事业单位工作人员养老保险制度改革，建立机关事业单位退休保障新机制。其改革的基本思路是“一个统一、五个同步”，机关事业单位和企业实行统一的制度，机关和事业单位同步改革，基本养老与职业年金同步实施，还有（　　）。

A. 基本养老保险与机构改革同步实施

B. 养老制度与工资制度同步推进

C. 待遇调整与计发办法同步完善

D. 改革在全国范围同步实施

E. 试点改革与制度设计同步进行

参考答案：

1. ABCDE

2. ABD

3. ABDE

4. BCD

三、判断题（判断正误，如果您认为正确，请在括号中填“√”，如果您认为错误，请在括号中填“×”）

1. 失业人员在领取失业保险金期间，参加职工基本医疗保险，享受基本医疗保险待遇。其应缴纳的基本医疗保险费从失业保险基金中支付，个人不缴纳。（　）

2. 灵活就业人员是指年满18周岁且未到达国家和省规定退休年龄的具有本区城镇户籍的自谋职业者、自由职业者，以及从事非全日制、临时性和弹性工作的自主就业或非正规就业人员。（　）

3. 城乡居民养老保险待遇领取人员死亡的，从次月起停止支付其养老金。（　）

4. 职工应当参加职工基本医疗保险，由用人单位按照国家规定缴纳基本医疗保险费，职工本人不缴纳基本医疗保险费。（　）

5. 城乡居民养老保险与城镇职工养老保险是两个不同的险种，不可以相互转换。（　）

参考答案：

1. √

2. ×

答案解析：灵活就业人员是指年满16周岁且未到达国家和省规定退休年龄（以下简称退休年龄）的具有本区城镇户籍的自谋职业者、自由职业者，以及从事非全日制、临时性和弹性工作的自主就业或非正规就业人员。

3. √

4. ×

答案解析：职工应当参加职工基本医疗保险，由用人单位和职工按照国家规定共同缴纳基本医疗保险费。

5. ×

答案解析：城乡居民养老保险可以与城镇职工养老保险（以下分别简称城乡险、城镇职工险）转换。参加这两种社会保险的人员，达到城镇职工险法定退休年龄后，城镇缴费年限满15年（含延长缴费至15年）的，可以申请从城乡居民养老保险转入城镇职工养老保险，按照城镇职工养老保险办法计发待遇。

城镇职工养老保险缴费年限不足15年的，可以申请从城镇职工养老保险转入城乡居民养老保险，待达到城乡居民养老保险的领取条件时，按照城乡居民养老保险办法计发相应待遇。

四、简答题

灵活就业人员基本养老保险费的缴费基数如何确定？

参考答案：

个体工商户和灵活就业人员可在一定范围内自愿选择适当缴费基数。个体工商户和灵活就业人员参加企业职工基本养老保险，可在全省全口径城镇单位就业人员平均工资的60%～300%选择适当的缴费基数。

不过，由于地区性差异，有的省份稍有特殊。如，四川省企业职工基本养老保险缴费基数下限按《四川省人民政府办公厅关于加强企业职工养老保险基金收支管理有关问题的通知》（川办发〔2018〕59号）规定的比例逐年过渡，其中：2019年为全省上年度全口径城镇单位就业人员平均工资的50%，2020年为55%，2021年为60%；缴费基数上限为全省上年度全口径城镇单位就业人员平均工资的300%。自2019年5月1日起，个体工商户和灵活就业人员参加企业职工基本养老保险可在缴费基数上下限之间选择适当的缴费基数，具体缴费基数档次由各地本着便民和规范管理原则自行确定。

第5章

基本医疗保险费和生育保险费

5.1 基本医疗保险费

5.1.1 基本医疗保险概述

5.1.1.1 基本医疗保险的概念

医疗保障是减轻人民群众就医负担、增进民生福祉、维护社会和谐稳定的重大制度安排，基本医疗保险是医疗保障极为重要的组成部分。所谓基本医疗保险，是指国家通过立法，要求居民参与，按照国家规定缴纳一定比例的医疗保险费，在参保人因患病或意外伤害而就医诊疗，由医疗保险基金支付其一定医疗费用的社会保险制度。基本医疗保险以保险合同约定的医疗行为的发生为给付保险金条件，为被保险人接受诊疗期间的医疗费用支出提供保障的保险，医保以合同的方式预先向受疾病威胁的人收取医保费，当被保险人患病并去医疗机构就诊而发生医疗费用后，由医保机构给予一定的经济补偿。

5.1.1.2 基本医疗保险费的特征

基本医疗保险涉及每一个人，具有普遍性、复杂性、短期性、经常性的特征。其作用在于保障国民及家庭的基本健康权和生存权，完善和发展医疗卫生事业，加快医疗卫生服务社会化进程。

基本医疗保险覆盖全面，包括职工基本医疗保险、灵活就业人员基本医疗保险和城乡居民基本医疗保险（没有合并的地区仍分别表述为城镇居民医保和新农合）。基本医疗保险除此之外，还有大病统筹和大病救助。

国务院 2019 年提出，要继续提高城乡居民基本医保和大病保险保障水平，居民医保人均财政补助标准增加 30 元，一半用于大病保险。要降低并统一大病保险起付线，报销比例由50%提高到60%，进一步减轻大病患者、困难群众医疗负担。① 这里要注意大病统筹与大病救助的区别：大病统筹是对基本医疗保险的补充，以社会医疗保险的报销尺度，对危及参保人员的健康或生命的重大疾病进行互助互济；大病救助则是面向低保群体、特困供养群体、纳入地方低收入家庭的老人和未成年人、重残人士、重大疾病患者。②

5.1.1.3　基本医疗保险的历史沿革

党中央、国务院高度重视解决广大人民的医疗保障问题，不断完善医疗保障制度。1979年，国家相关部门联合发布《农村合作医疗章程（试行草案）》，规定医疗基金由参加合作医疗的个人和集体（公益金）筹集，各筹多少，应根据需要和可能，经社员群众讨论决定。1994—1996年国家在镇江市和九江市进行了改革试点，史称“两江试点”；1998年，国务院决定，在我国开始建立覆盖全体城镇职工、统账结合的基本医疗保险制度；2002年，中央发布《关于进一步加强农村卫生工作的决定》，确定建立和完善农村合作医疗制度。2003年，我国启动新型农村合作医疗制度试点，建立了城乡医疗救助制度。为实现基本建立覆盖城乡全体居民的医疗保障体系的目标，国务院决定从2007年起开展城镇居民基本医疗保险试点，主要面向没有医疗保障制度安排的城镇非从业居民。③

2016年，面对城镇居民基本医疗保险（以下简称“城镇居民医保”）和新型农村合作医疗（以下简称“新农合”）两项制度城乡分割的负面作用开始显现，存在着重复参保、重复投入、待遇不够等问题，在总结城镇居民医保和新农合运行情况以及地方探索实践经验的基础上，国务院出台《关于整合城乡居民基本医疗保险制度的意见》，要求整合城镇居民医保和新农合制度，建立统一的覆盖除职工基本医疗保险应参保人员以外的其他所有城乡居民的城乡居民基本医疗保险（以下简称“城乡居民医保”）制度。农民工和灵活就业人员依法参加职工基本医疗保险，有困难的可按照当地规定参加城乡居民医保。目前，我国基本医疗保险制度覆盖了城乡所有群体。

2017年6月，国务院颁布《关于进一步深化基本医疗保险支付方式改革的指导意见》，强调医保支付方式改革的重要性和急迫性，将其提到了新的高度。

为了完善统一的城乡居民基本医疗保险制度和大病保险制度，不断提高医疗保

① 李克强总理2019年3月5日《政府工作报告》.

② https：//zhidao. baidu. com/question/471420306. html.

③ 《国务院关于开展城镇居民基本医疗保险试点的指导意见》（国发〔2007〕20号）.

障水平，确保医保资金合理使用、安全可控，推进医疗、医保、医药“三医联动”改革，更好保障病有所医，需要进一步深化医疗保障制度改革。2018 年 3 月，十三届全国人大一次会议表决通过了关于国务院机构改革方案的决定，组建中华人民共和国国家医疗保障局，将人力资源和社会保障部的城镇职工和城镇居民基本医疗保险、生育保险职责，国家卫生和计划生育委员会的新型农村合作医疗职责，国家发展和改革委员会的药品和医疗服务价格管理职责，民政部的医疗救助职责整合，组建国家医疗保障局，作为国务院直属机构，其主要职责是，拟订医疗保险、生育保险、医疗救助等医疗保障制度的政策、规划、标准并组织实施，监督管理相关医疗保障基金，完善国家异地就医管理和费用结算平台，组织制定和调整药品、医疗服务价格和收费标准，制定药品和医用耗材的招标采购政策并监督实施，监督管理纳入医保支出范围内的医疗服务行为和医疗费用等。①

5.1.1.4 深化医疗保障制度改革

2020 年 2 月，中共中央、国务院印发《关于深化医疗保障制度改革的意见》（以下简称《意见》），提出深化医疗保障制度改革的发展目标。到 2025 年，医疗保障制度更加成熟定型，基本完成待遇保障、筹资运行、医保支付、基金监管等重要机制和医药服务供给、医保管理服务等关键领域的改革任务。到 2030 年，全面建成以基本医疗保险为主体，医疗救助为托底，补充医疗保险、商业健康保险、慈善捐赠、医疗互助共同发展的医疗保障制度体系，待遇保障公平适度，基金运行稳健持续，管理服务优化便捷，医保治理现代化水平显著提升，实现更好保障病有所医的目标。《意见》涉及基本医疗保险的若干方面，提出深化改革的具体要求。

完善公平适度的待遇保障机制方面，要推进法定医疗保障制度更加成熟定型，健全重特大疾病医疗保险和救助制度，统筹规划各类医疗保障高质量发展，根据经济发展水平和基金承受能力稳步提高医疗保障水平。

（1）完善基本医疗保险制度。坚持和完善覆盖全民、依法参加的基本医疗保险制度和政策体系，职工和城乡居民分类保障，待遇与缴费挂钩，基金分别建账、分账核算。统一基本医疗保险统筹层次、医保目录，规范医保支付政策确定办法。逐步将门诊医疗费用纳入基本医疗保险统筹基金支付范围，改革职工基本医疗保险个人账户，建立健全门诊共济保障机制。

（2）实行医疗保障待遇清单制度。建立健全医疗保障待遇清单制度，规范政府决策权限，科学界定基本制度、基本政策、基金支付项目和标准，促进医疗保障制

① 中共中央印发深化党和国家机构改革方案．新华社，2018 – 03 – 21.

度法定化、决策科学化、管理规范化。

（3）健全统一规范的医疗救助制度。建立救助对象及时精准识别机制，科学确定救助范围。全面落实资助重点救助对象参保缴费政策，健全重点救助对象医疗费用救助机制。建立防范和化解因病致贫返贫长效机制。增强医疗救助托底保障功能，通过明确诊疗方案、规范转诊等措施降低医疗成本，提高年度医疗救助限额，合理控制贫困群众政策范围内自付费用比例。

（4）促进多层次医疗保障体系发展。强化基本医疗保险、大病保险与医疗救助三重保障功能，促进各类医疗保障互补衔接，提高重特大疾病和多元医疗需求保障水平。完善和规范居民大病保险、职工大额医疗费用补助、公务员医疗补助及企业补充医疗保险。加快发展商业健康保险，丰富健康保险产品供给，用足用好商业健康保险个人所得税政策，研究扩大保险产品范围。

健全稳健可持续的筹资运行机制方面，合理筹资、稳健运行是医疗保障制度可持续的基本保证。要建立与社会主义初级阶段基本国情相适应、与各方承受能力相匹配、与基本健康需求相协调的筹资机制，切实加强基金运行管理，加强风险预警，坚决守住不发生系统性风险底线。

（1）完善筹资分担和调整机制。就业人员参加基本医疗保险由用人单位和个人共同缴费。非就业人员参加基本医疗保险由个人缴费，政府按规定给予补助，缴费与经济社会发展水平和居民人均可支配收入挂钩。适应新业态发展，完善灵活就业人员参保缴费方式。建立基本医疗保险基准费率制度，规范缴费基数政策，合理确定费率，实行动态调整。均衡个人、用人单位、政府三方筹资缴费责任，优化个人缴费和政府补助结构，研究应对老龄化医疗负担的多渠道筹资政策。加强财政对医疗救助投入，拓宽医疗救助筹资渠道。

（2）巩固提高统筹层次。按照制度政策统一、基金统收统支、管理服务一体的标准，全面做实基本医疗保险市地级统筹。探索推进市地级以下医疗保障部门垂直管理。鼓励有条件的省份按照分级管理、责任共担、统筹调剂、预算考核的思路，推进省级统筹。加强医疗救助基金管理，促进医疗救助统筹层次与基本医疗保险统筹层次相协调，提高救助资金使用效率，最大限度惠及贫困群众。

5.1.2　职工基本医疗保险费

5.1.2.1　职工基本医疗保险费的征缴范围

职工应当参加职工基本医疗保险。城镇所有用人单位，包括企业（国有企业、集体企业、外商投资企业、私营企业等)、机关、事业单位、社会团体、民办非企业单位及其职工，都应当参加基本医疗保险。①

5.1.2.2 职工基本医疗保险费的缴费基数

基本医疗保险费由用人单位和职工共同缴纳。职工的缴费基数以全部职工工资总额为计算依据。职工缴费基数以本人实际工资，（统筹区）上年度从业人员月平均工资的60% ~300%的范围内进行核定。

5.1.2.3 职工基本医疗保险费的缴费费率

用人单位缴费率在职工工资总额的8%左右（各地政策有差异性），职工缴费率一般为本人工资收入的2%（注：两险合并实施后的地区按新费率征收）。

5.1.2.4 职工基本医疗保险费的征缴期限

由用人单位按月申报缴纳。

5.1.2.5 职工基本医疗保险费的计征方法

用人单位缴费额 = 核定的职工工资总额 ×8%

职工个人缴费额 = 核定缴费基数 ×2% = 职工工资总额 ×60% ~300% ×2%

5.1.2.6 职工基本医疗保险待遇

国家稳妥有序探索推进门诊费用异地直接结算，提升就医费用报销便利程度。②

1. 基本医疗保险的缴费基数调整的影响

2019年5月基本医疗保险的缴费基数调整后，机关事业单位缴纳基本医疗保险政策也做出相应调整。一些地区机关事业单位缴纳基本医疗保险费，以就业人员平均工资为基础核定缴费基数上下限标准，且此次调整就业人员平均工资计算口径。那么，这些地区机关事业单位及其工作人员缴纳基本医疗保险费的负担将会受到影响。影响人群主要有企业、机关事业单位和灵活就业人员。各社会保险险种中，凡以就业人员平均工资为基础核定缴费基数上下限标准、且此次调整就业人员平均工资计算口径的，将会受到影响。③

---

① 《国务院关于建立城镇职工基本医疗保险制度的决定》（国发〔1998〕44号）.

② 中共中央办公厅 国务院办公厅印发《关于促进劳动力和人才社会性流动体制机制改革的意见》.

③ 2019年5月10日国家税务总局在线访谈 http://www.chinatax.gov.cn/fangtan/190510fangtan/index.html.

2. 退休后补缴基本医疗保险费处理

退休后职工需要缴纳基本医疗保险费吗？这需要具体情况具体分析。一般而言，参加职工基本医疗保险的个人，达到法定退休年龄时累计缴费达到国家规定年限的，退休后不再缴纳基本医疗保险费，按照国家规定享受基本医疗保险待遇；未达到国家规定年限的，可以缴费至国家规定年限。①

对医保缴费年限，国家没有做统一规定，各地有自己的规定。有的地区规定，男缴纳医保年限30年，女缴纳医保年限25年。例如，有的地区就规定，男满25年，女满20年，其中实际缴费年限最低应累计满10年。最低缴费年限未达到上述标准的，由用人单位或者灵活就业人员本人一次性补齐所差年限的职工医疗保险费，补缴标准为职工或者灵活就业人员本人退休时上月缴费基数的5.6%。补缴费用全部进入统筹基金，不划入个人账户。

至于退休后如何补充缴纳基本医疗保险费？以不同的地区规定为准。归纳起来，主要有三种途径，可以归纳为“续、补、转”：

（1）累计缴费不足国务院规定年限的，个人可以按上一年当地职工平均工资的一定比例，继续按月缴纳基本医疗保险费。

（2）可以自愿申请一次性补缴差额年限的基本医保费。

（3）可以通过参加城乡居民险，解决基本医疗保障问题。

5.1.3　灵活就业人员基本医疗保险

5.1.3.1　灵活就业人员基本医疗保险费的征缴范围

与参加职工基本养老保险费的灵活就业人员相一致，年满16周岁且未达到国家和省规定退休年龄的自谋职业者、自由职业者，以及从事非全日制、临时性和弹性工作的自主就业或非正规就业人员。

5.1.3.2　灵活就业人员基本医疗保险费的缴费基数

同职工基本医疗保险费的缴费基数。

5.1.3.3　灵活就业人员基本医疗保险费的缴费费率

按照用人单位参加生育保险和职工基本医疗保险的缴费比例之和确定新的用人

① 《中华人民共和国社会保险法》第二十七条.

单位职工基本医疗保险费率，个人不缴纳生育保险费。

5.1.3.4 灵活就业人员基本医疗保险费的征缴期限

一般为每年申报缴纳一次，也有的按季、按月缴纳。不少地区将灵活就业人员的缴费时间一般设为每年的6月20日之前，与灵活就业人员养老保险费的征缴期限一般相同。

5.1.3.5 灵活就业人员基本医疗保险费的计征方法

灵活就业人员医疗保险缴费是按照一定的缴费比例计征。各地区的灵活就业人员医疗保险缴费比例有所不同。

5.1.3.6 灵活就业人员基本医疗待遇

灵活就业人员医疗保险也是城镇职工医疗保险。灵活就业人员医保的待遇一般高于城乡居民医保待遇。

灵活就业人员达到国家规定的退休年龄，并且符合按月领取基本养老金和累计缴纳基本医疗保险费时间达到一定年限条件的，自领取基本养老金之月起开始享受与用人单位退休人员相同的医疗待遇。

5.1.4 城乡居民基本医疗保险

5.1.4.1 城乡居民基本医疗保险费的征缴范围

城乡居民医保制度覆盖范围包括现有城镇居民医保和新农合所有应参保（合）人员，即覆盖除职工基本医疗保险应参保人员以外的其他所有城乡居民。允许参加职工医保有困难的农民工和灵活就业人员选择参加城乡居民医保。①

这里涉及农民工是否必须参加职工基本医疗保险的问题，必须要清楚农民工的概念。前已述及，所谓农民工，一般为进城务工人员，是指本县（市）境内，户籍地在乡村，进入城区从事非农产业劳动6个月及以上，常住地在城区，以非农业收入为主要收入的劳动者；或外县（市）进入本县（市）城区从事非农产业劳动6个月及以上，常住地在城区，以非农业收入为主要收入的劳动者。主体是农籍工人。城乡居民医保制度覆盖范围包括现有城镇居民医保和新农合所有应参保（合）人

① 《国务院关于整合城乡居民基本医疗保险制度的意见》（国发〔2016〕3号）.

员，即覆盖除职工基本医疗保险应参保人员以外的其他所有城乡居民。

5.1.4.2　城乡居民基本医疗保险费的缴费标准

同城乡居民基本养老保险相类似，城乡居民基本医疗保险的筹资政策实行的是个人缴费与政府补助相结合为主的筹资方式。城乡居民基本医疗保险因为是定额缴纳，因此没有缴费基数这个说法。

城乡居民基本医疗保险的缴费由一般城乡居民自愿选择缴费档次，实行统一定额缴纳的方式。在城镇居民医保和新农合个人缴费标准差距较大地区，可采取差别缴费的办法逐步过渡。逐步建立个人缴费标准与城乡居民人均可支配收入相衔接的机制。①

城镇居民基本医疗保险实行个人缴费和政府补贴相结合。享受最低生活保障的人、丧失劳动能力的残疾人、低收入家庭60周岁以上的老年人和未成年人等所需个人缴费部分，由政府给予补贴。②

5.1.4.3　城乡居民基本医疗保险费的征缴期限

一般有集中参保期，也有零星参保；按年申报缴纳，许多省份从9月开始。

5.1.4.4　城乡居民基本医疗保险待遇

城镇居民基本医疗保险只设统筹基金，不建立个人账户。城镇居民基本医疗保险主要用于支付参保居民的住院和门诊大病、门诊抢救医疗费，支付范围和标准按照城镇居民基本医疗保险药品目录、诊疗项目和医疗服务设施范围和标准执行。③住院费用实行起付线、支付比例和封顶线政策。国家逐步推行门诊统筹。从医保基金中划拨一部分或另外筹资，对参保人患慢性病、常见病到门诊就医的费用予以一定比例支付。

为进一步贯彻落实党的十九大关于“完善统一的城乡居民基本医疗保险制度和大病保险制度”的决策部署，落实2020年《政府工作报告》任务要求，2020年6月国家医保局、财政部、国家税务总局专门就做好城乡居民基本医疗保障工作明确要求。

1. 提高城乡居民基本医疗保险筹资标准

（1）继续提高财政补助标准。2020年城乡居民基本医疗保险（以下简称“居

① 《国务院关于整合城乡居民基本医疗保险制度的意见》（国发〔2016〕3号）.

② 《中华人民共和国社会保险法》（中华人民共和国主席令第三十五号）.

③ https://baike.baidu.com/item/%E5%9F%8E%E9%95%87%E5%B1%85%E6%B0%91%E5%9F%BA%E6%9C%AC%E5%8C%BB%E7%96%97%E4%BF%9D%E9%99%A9/4695836?fr=aladdin#4.

民医保”）人均财政补助标准新增30元，达到每人每年不低于550元。中央财政按规定对地方实行分档补助，地方各级财政要按规定足额安排财政补助资金并及时拨付到位。落实《国务院关于实施支持农业转移人口市民化若干财政政策的通知》（国发〔2016〕44号）、《香港 澳门 台湾居民在内地（大陆）参加社会保险暂行办法》（人力资源社会保障部 国家医疗保障局令第41号）有关规定，对持居住证参保的参保人，各级财政按当地居民相同标准给予补助。

（2）稳步提高个人缴费标准。原则上个人缴费标准同步提高30元，达到每人每年280元。各统筹地区要统筹考虑基金收支平衡、待遇保障需要和各方承受能力等因素，合理确定具体筹资标准，适当提高个人缴费比重。财政补助和个人缴费水平已达到国家规定标准的统筹地区，可根据实际合理确定筹资水平。立足基本医保筹资、大病保险运行情况，统筹提高大病保险筹资标准。

（3）完善居民医保个人缴费与政府补助相结合的筹资机制。各统筹地区要适应经济社会发展，合理提高居民医保财政补助和个人缴费标准，稳步提升筹资水平，逐步优化筹资结构，推动实现稳定可持续筹资。根据2020年财政补助标准和跨年征缴的个人缴费，科学评估2020年筹资结构，着眼于责任均衡、结构优化和制度可持续，研究未来2~3年个人缴费增长规划。

2. 健全待遇保障机制

（1）落实居民医保待遇保障政策。发挥居民医保全面实现城乡统筹的制度红利，坚持公平普惠，加强基本医保主体保障功能。巩固住院待遇水平，政策范围内住院费用支付比例达到70%。强化门诊共济保障，全面落实高血压、糖尿病门诊用药保障机制，规范简化门诊慢特病保障认定流程。落实新版国家医保药品目录，推进谈判药品落地。

（2）巩固大病保险保障水平。全面落实起付线降低并统一至居民人均可支配收入的一半，政策范围内支付比例提高到60%，鼓励有条件的地区探索取消封顶线。继续加大对贫困人口倾斜支付，脱贫攻坚期内农村建档立卡贫困人口起付线较普通参保居民降低一半，支付比例提高5个百分点，全面取消农村建档立卡贫困人口封顶线。

（3）发挥医疗救助托底保障作用。落实落细困难群众救助政策，分类资助特困人员、低保对象、农村建档立卡贫困人口参加居民医保，按标资助、人费对应，及时划转资助资金，确保困难群众应保尽保。巩固提高住院和门诊救助水平，加大重特大疾病救助力度，探索从按病种施救逐步过渡到以高额费用为重特大疾病救助识别标准。结合救助资金筹集情况和救助对象需求，统筹提高年度救助限额。

3. 全力打赢医疗保障脱贫攻坚战

（1）确保完成医保脱贫攻坚任务。聚焦建档立卡贫困人口，做好贫困人口基本医疗有保障工作，落实新增贫困人口及时参保政策，抓实参保缴费、健全台账管理、同步基础信息，做好省（自治区）内异地参保核查，实行贫困人口参保、缴费、权益记录全流程跟踪管理，确保贫困人口动态应保尽保。落实贫困人口省（自治区）内转诊就医享受本地待遇政策，简化异地就医登记备案，促进“互联网+”医疗服务价格和医保支付政策落地。

（2）巩固医保脱贫攻坚成效。全面落实和落细医保脱贫攻坚政策，持续发挥医保三重制度综合保障、梯次减负功能。做好脱贫不稳定户、边缘户及因疫情等原因致贫返贫户监测，落实新冠肺炎救治费用医保报销和财政补助政策。用好医保扶贫调度、督战、政策分析功能模块，动态监测攻坚进展。配合做好脱贫攻坚普查、脱贫摘帽县抽查、巡查督查等工作。加大贫困地区基金监管力度，着力解决贫困人口住院率畸高、小病大治大养及欺诈骗保问题。加强和规范协议管理，强化异地就医监管。

（3）研究医保脱贫攻坚接续工作。严格落实“四不摘”要求，过渡期内，保持政策相对稳定。对标对表脱贫攻坚成效考核和专项巡视“回头看”等渠道反馈问题，稳妥纠正不切实际的过度保障问题，确保待遇平稳过渡。结合健全重特大疾病医疗保险和救助制度，研究医保扶贫长效机制。

4. 完善医保支付管理

（1）加强定点医药机构管理。完善绩效考核机制，形成基于协议管理的绩效考核方案及运行机制，将考核结果与医保基金支付挂钩，更好推进基本医疗保险定点医药机构的事中、事后管理工作。

（2）推进医保支付方式改革。发挥医保支付在调节医疗服务行为、提高医保基金使用效率等方面的重要作用。普遍实施按病种付费为主的多元复合式支付方式，在30个城市开展疾病诊断相关分组（DRG）付费国家试点工作，加强过程管理，适应不同医疗服务特点。完善医保总额管理和重大疫情医保综合保障机制。

（3）加强医保目录管理。逐步统一医保药品支付范围，建立谈判药品落实情况监测机制，制定各省增补品种三年消化方案，2020年6月底前将国家重点监控品种剔除出目录并完成40%省级增补品种的消化。控制政策范围外费用占比，逐步缩小实际支付比例和政策范围内支付比例的差距。

5. 加强基金监督管理

（1）加强基金监督检查。建立全覆盖式医保基金监督检查制度，全年组织开展两次医保基金监督检查。以医保经办机构和定点医疗机构为重点，分类推进医保违法违规行为专项治理，推进基金监管规范年建设，建立健全行政执法公示、执法全过程记录、重大执法决定法制审核等制度，推进规范执法。强化基金监管长效机制，以“两试点一示范”为抓手，健全监督举报、举报奖励、智能监管、综合监管、责任追究等措施，探索建立医疗保障信用体系，建立药品价格和招采信用评价制度。加强对承办大病保险商业保险机构的监督检查，建立健全考核评价体系，督促指导商业保险机构提高服务效能、及时兑现待遇。

（2）加大市地级统筹推进力度。推进做实基本医保基金市地级统筹，已经建立基金市地级调剂金的要尽快实现统收统支，仍实行区县级统筹的少数地方要制定时间表、路线图，推进全市范围内基金共济，政策、管理、服务统一。衔接适应基本医保统筹层次，逐步推进市地范围内医疗救助政策、管理、服务统一。

（3）加强基金运行分析。结合新冠肺炎疫情影响，完善收支预算管理，适时调整基金预算，增强风险防范意识，健全风险预警、评估、化解机制及预案。开展基金使用绩效评价，加强评价结果应用，强化支出责任和效率意识。实现数据统一归口管理，做好与承办大病保险的商业保险机构必要的信息交换，加强大病保险运行监测分析和风险评估。

6. 加强经办管理服务

（1）抓好参保缴费工作。全面实施全民参保计划，做好参保情况清查，提升参保信息质量，建成国家医保信息平台基础信息管理子系统，清理重复参保，稳定持续参保，减少漏保断保，实现应保尽保。加大重点人群参保扩面力度，清理户籍、居住证、学籍等以外的参保限制，杜绝发生参保空档期。在各地政府统一组织下，压实工作责任，强化参保征缴业务衔接协同，加强医保、税务部门间经办联系协作，有序衔接征管职责划转，稳定参保缴费工作队伍，做好参保缴费动员，提高效率和服务水平，便民高效抓好征收工作，确保年度参保筹资量化指标落实到位。创新宣传方式，拓展宣传渠道，调动群众参保缴费积极性。

（2）推进一体化经办运行。推动市地范围内基本医保、大病保险、医疗救助“一站式服务、一窗口办理、一单制结算”。大力推进系统行风建设，根据深化“放管服”改革要求，全面落实《全国医疗保障经办政务服务事项清单》，完善经办管理服务流程，适应不同地区和人群特点，简化办事程序，优化窗口服务，推进网上办理，方便各类人群办理业务。加快落实异地就医结算制度，完善异地就医业务协同管理机制，继续推进国家平台统一备案试点工作，使符合条件的参保城乡居民享受统一的跨省异地就医结算服务。抓好新冠肺炎疫情相关费用结算工作，确保确诊和疑似病例待遇支付。

（3）提升经办管理服务能力。加快构建全国统一的医疗保障经办管理体系，整合城乡医疗保障经办体系，建立统一的医疗保障服务热线，大力推进服务下沉，实现省、市、县、乡镇（街道）、村（社区）全覆盖。加强队伍建设，打造与新时代医疗保障公共服务要求相适应的专业队伍，探索市地级以下经办机构垂直管理体制。合理安排财政预算，保证医疗保障公共服务机构正常运转。

（4）加快推进标准化和信息化建设。抓好 15 项信息业务编码标准的信息维护工作，组建编码标准维护团队，建立动态维护机制，加快推动编码测试应用工作。推进医保信息化平台建设，按照国家统一要求和标准，完成地方平台设计和应用系统部署实施。做好医保电子凭证的推广应用工作。保障平台建设过渡期内系统安全平稳运行。①

5.2　生育保险费

5.2.1　生育保险概述

5.2.1.1　生育保险的概念

所谓生育保险，是指国家维护女职工的合法权益，保障她们在生育期间得到必要的经济补偿和医疗保健，均衡用人单位生育保险费用的负担而设立的社会保险制度。

生育保险的对象主要是女职工，缴费者为用人单位，待遇享受者必须是合法婚姻者。合法婚姻者，即必须符合法定结婚年龄、按婚姻法规定办理了合法手续，并符合国家计划生育政策等。产假较为固定，正常产假为 90 天，其中产前假期为 15 天，产后假期为 75 天。另外，生育保险待遇还有一定的福利性。

5.2.1.2　生育保险的历史沿革

生育保险可以上溯至 1951 年 2 月 26 日原中央人民政府政务院出台的《劳动保险条例》，该条例第十六条就对生育保险做出系列规定。为了减少和解决女职工在

① 《关于做好 2020 年城乡居民基本医疗保障工作的通知》（医保发〔2020〕24 号）.

劳动中因生理特点造成的特殊困难，保护女职工健康，国务院于1988年7月21日发布并于9月1日施行《女职工劳动保护规定》，原《劳动保险条例》中有关女工人、女职员生育待遇的规定废止。1994年，原劳动部为配合《劳动法》的贯彻实施，更好地保障企业女职工的合法权益，制定了《企业职工生育保险试行办法》，该办法自1995年1月1日起试行。

2012年4月28日国务院发布《女职工劳动保护特别规定》并施行，废止《女职工劳动保护规定》。历经几十年的发展，我国生育保险制度逐步健全和完善。

5.2.2 生育保险费

5.2.2.1 生育保险费的征缴范围

职工应当参加生育保险，由用人单位按照国家规定缴纳生育保险费，职工个人不缴纳生育保险费。

企业缴纳的生育保险费作为期间费用处理，列入企业管理费用。缴纳生育保险费是每个企业的法定义务，不问的员工的性别，即使某企业的职工全部是男职工，用人单位也应当缴纳生育保险费。

5.2.2.2 生育保险费的缴费基数

以用人单位的职工工资总额为缴费基数计算缴纳。

5.2.2.3 生育保险费的缴费费率

生育保险费的缴费费率原先规定最高不得超过用人单位工资总额的1%，具体费率由各统筹地区确定。2016年，根据人力资源和社会保障部《关于阶段性降低社会保险费率的通知》（人社部〔2016〕36号）文件要求，各地要继续贯彻落实国务院2015年关于降低工伤保险平均费率0.25个百分点和生育保险费率0.5个百分点的决定和有关政策规定，确保政策实施到位。

5.2.2.4 生育保险费的征缴期限

一般由用人单位按月申报缴纳。

5.2.2.5 生育保险费的计征方法

用人单位按照其工资总额的0.5%向社会保险经办机构缴纳生育保险费。

5.2.2.6　生育保险待遇

国家“十三五”规划纲要提出，将生育保险和基本医疗保险合并实施，2017 年开始试点。2018 年底《社会保险法》修订后，2019 年社会保险基金预算不再将生育保险作为单独的险种列示。

用人单位已经缴纳生育保险费的，其职工享受生育保险待遇；职工未就业配偶按照国家规定享受生育医疗费用待遇，所需资金从生育保险基金中支付。生育保险待遇包括生育医疗费用和生育津贴。其中，生育医疗费用包括生育的医疗费用、计划生育的医疗费用、法律、法规规定的其他项目费用；女职工生育享受产假、享受计划生育手术休假和法律、法规规定的其他情形的，可以享受生育津贴，该津贴按照职工所在用人单位上年度职工月平均工资计发，由生育保险基金支付。[①] 生育津贴支付期限按照《女职工劳动保护特别规定》等法律法规规定的产假期限执行。

女职工生育依法定享受产假（《劳动法》第六十二条规定，女职工生育享受不少于 90 天产假）。女职工生育的检查费、接生费、手术费、住院费和药费由生育保险基金支付。超出规定的医疗服务费和药费（含自费药品和营养药品的药费）由职工个人负担；女职工生育出院后，因生育引起疾病的医疗费，由生育保险基金支付；其他疾病的医疗费，按照医疗保险待遇的规定办理。女职工产假期满后，因病需要休息治疗的，按照有关病假待遇和医疗保险待遇规定办理。

女职工生育或流产后，由本人或所在企业持当地计划生育部门签发的计划生育证明，婴儿出生、死亡或流产证明，到当地社会保险经办机构办理手续，领取生育津贴和报销生育医疗费。[②]

产假期间企业发放的工资和生育津贴不可以同时享受。职工按照规定享受产假或者计划生育手术休假期间，其生育津贴由用人单位按照职工原工资标准逐月垫付，再由社会保险经办机构按照规定拨付给用人单位。有条件的统筹地区可以由社会保险经办机构委托金融机构将生育津贴直接发放给职工；职工已享受生育津贴的，视同用人单位已经支付相应的工资。生育津贴高于职工原工资标准的，用人单位应当将生育津贴余额支付给职工；生育津贴低于职工原工资标准的，差额部分由用人单位补足。国务院《女职工劳动保护特别规定》第八条也规定，女职工产假期间，改发生育津贴，参加了生育保险的，由生育保险基金按所在单位上年度职工月平均工资支付，上年度职工月平均工资低于女职工产假前工资的，由所在单位补足差额。

---

① 《中华人民共和国社会保险法》第五十四条、第五十五条、第五十六条.

② 关于发布《企业职工生育保险试行办法》的通知（劳部发〔1994〕504 号）.

没有参加生育保险的，由所在单位按产假前工资支付。①

有人问，如果夫妻两人中男职工有工作并由用人单位缴纳生育保险，妻子无工作，如何享受相关待遇？根据《社会保险法》第五十四条规定，用人单位已经缴纳生育保险费的，其职工享受生育保险待遇；职工未就业配偶按照国家规定享受生育医疗费用待遇，其所需资金从生育保险基金中支付。生育保险待遇包括生育医疗费用和生育津贴。因此，男职工的无工作配偶只能享受生育医疗费用待遇，但不能享受生育津贴。

5.2.3 应对新冠疫情职工基本医疗保险费阶段性减征政策

为切实减轻企业负担，支持企业复工复产，2020 年 2 月 21 日国家医保局、财政部、税务总局印发《关于阶段性减征职工基本医疗保险费的指导意见》（医保发〔2020〕6 号），对阶段性减征职工基本医疗保险（以下简称“职工医保”）单位缴费进行明确。

5.2.3.1 职工医保单位缴费部分减半征收

自 2020 年 2 月起，各省、自治区、直辖市及新疆生产建设兵团（以下统称省）可指导统筹地区根据基金运行情况和实际工作需要，在确保基金收支中长期平衡的前提下，对职工医保单位缴费部分实行减半征收，减征期限不超过 5 个月。

政策执行的起始月份统一为 2020 年 2 月，不得延后，执行期限的合计月数不得超过 5 个月，具体终止月份按照各统筹地区的具体实施办法执行。

减征政策界定为费款所属期的职工基本医疗保险费，参保单位补缴减征政策实施前的欠费、预缴减征政策终止后的职工基本医疗保险费，均不属于此次减征政策范围。②

5.2.3.2 减征统筹地区的分类

原则上，统筹基金累计结存可支付月数大于 6 个月的统筹地区，可实施减征；可支付月数小于 6 个月但确有必要减征的统筹地区，由各省指导统筹考虑安排。缓缴政策可继续执行，缓缴期限原则上不超过 6 个月，缓缴期间免收滞纳金。

---

① 《企业职工保险试行办法》（劳部发〔1994〕50 号）.

② http：//www. chinatax. gov. cn/chinatax/n810219/n810724/c5145235/content. html 国家税务总局、国家医疗保障局有关部门负责人就做好阶段性减征职工基本医疗保险费有关工作答记者问 2020 年 02 月 28 日 来源：国家税务总局社会保险费司（非税收入司）.

5.2.3.3　已缴职工基本医疗保险费退费处理

在实施阶段性减征职工基本医疗保险费的地区，有的参保单位2月份已经缴纳了职工基本医疗保险费，得知所在地区实施了阶段性职工基本医疗保险费政策后，相关部门将重新核定参保单位应缴费额，准确确定减征部分的金额。减征部分的金额，优先选择直接退还2月份多缴的单位费款。相关部门按程序依职权批量发起退费，无须缴费人提交申请及报送相关资料。如果参保单位愿意，也可冲抵以后月份的单位缴费。

参保单位依法履行代扣代缴个人缴费的义务，医保经办机构做好个人权益记录，个人权益不受影响。已经实施阶段性降低单位费率等援企政策的省可继续执行，也可按照该文件精神指导统筹地区调整政策。已实施阶段性降低职工医保单位费率的统筹地区，不同时执行减半征收措施。

因此，参保单位除了解国家层面的社保费政策外，还要及时充分关注本地化政策。另外，有的企业在2月份已经缴纳相关社保费的，由各省税务局对2020年2月已经征收的社保费进行分类，确定应退（抵）的企业和金额。对采取以2月份已缴费款冲抵以后月份应缴费款的参保单位，要明确冲抵流程和操作办法，有序办理费款冲抵业务。①

[延伸阅读]

关于进一步做好建筑业工伤保险工作的意见

人社部发〔2014〕103号

各省、自治区、直辖市及新疆生产建设兵团人力资源社会保障厅（局）、住房城乡建设厅（委、局）、安全生产监督管理局、总工会：

改革开放以来，我国建筑业蓬勃发展，建筑业职工队伍不断发展壮大，为经济社会发展和人民安居乐业做出了重大贡献。建筑业属于工伤风险较高行业，又是农民工集中的行业。为维护建筑业职工特别是农民工的工伤保障权益，国家先后出台了一系列法律法规和政策，各地区、各有关部门积极采取措施，加强建筑施工安全生产制度建设和监督检查，大力推进建筑施工企业依法参加工伤保险，使建筑业职工工伤权益保障工作不断得到加强。但目前仍存在部分建

① 《关于阶段性减征职工基本医疗保险费的指导意见》（医保发〔2020〕6号）.

筑施工企业安全管理制度不落实、工伤保险参保覆盖率低、一线建筑工人特别是农民工工伤维权能力弱、工伤待遇落实难等问题。

为贯彻落实党中央、国务院关于切实保障和改善民生的要求，依据社会保险法、建筑法、安全生产法、职业病防治法和《工伤保险条例》等法律法规规定，现就进一步做好建筑业工伤保险工作、切实维护建筑业职工工伤保障权益提出以下意见：

一、完善符合建筑业特点的工伤保险参保政策，大力扩展建筑企业工伤保险参保覆盖面。建筑施工企业应依法参加工伤保险。针对建筑行业的特点，建筑施工企业对相对固定的职工，应按用人单位参加工伤保险；对不能按用人单位参保、建筑项目使用的建筑业职工特别是农民工，按项目参加工伤保险。房屋建筑和市政基础设施工程实行以建设项目为单位参加工伤保险的，可在各项社会保险中优先办理参加工伤保险手续。建设单位在办理施工许可手续时，应当提交建设项目工伤保险参保证明，作为保证工程安全施工的具体措施之一；安全施工措施未落实的项目，各地住房城乡建设主管部门不予核发施工许可证。

二、完善工伤保险费计缴方式。按用人单位参保的建筑施工企业应以工资总额为基数依法缴纳工伤保险费。以建设项目为单位参保的，可以按照项目工程总造价的一定比例计算缴纳工伤保险费。

三、科学确定工伤保险费率。各地区人力资源社会保障部门应参照本地区建筑企业行业基准费率，按照以支定收、收支平衡原则，商住房城乡建设主管部门合理确定建设项目工伤保险缴费比例。要充分运用工伤保险浮动费率机制，根据各建筑企业工伤事故发生率、工伤保险基金使用等情况适时适当调整费率，促进企业加强安全生产，预防和减少工伤事故。

四、确保工伤保险费用来源。建设单位要在工程概算中将工伤保险费用单独列支，作为不可竞争费，不参与竞标，并在项目开工前由施工总承包单位一次性代缴本项目工伤保险费，覆盖项目使用的所有职工，包括专业承包单位、劳务分包单位使用的农民工。

五、健全工伤认定所涉及劳动关系确认机制。建筑施工企业应依法与其职工签订劳动合同，加强施工现场劳务用工管理。施工总承包单位应当在工程项目施工期内督促专业承包单位、劳务分包单位建立职工花名册、考勤记录、工资发放表等台账，对项目施工期内全部施工人员实行动态实名制管理。施工人员发生工伤后，以劳动合同为基础确认劳动关系。对未签订劳动合同的，由人力资源社会保障部门参照工资支付凭证或记录、工作证、招工登记表、考勤记录及其他劳动者证言等证据，确认事实劳动关系。相关方面应积极提供有关证据；按规定应由用人单位负举证责任而用人单位不提供的，应当承担不利后果。

六、规范和简化工伤认定和劳动能力鉴定程序。职工发生工伤事故，应当由其所在用人单位在 30 日内提出工伤认定申请，施工总承包单位应当密切配合并提供参保证明等相关材料。用人单位未在规定时限内提出工伤认定申请的，职工本人或其近亲属、工会组织可以在 1 年内提出工伤认定申请，经人社部门调查确认工伤的，在此期间发生的工伤待遇等有关费用由其所在用人单位负担。各地人社部门和劳动能力鉴定机构要优化流程，简化手续，缩短认定、鉴定时间。对于事实清楚、权利义务关系明确的工伤认定申请，应当自受理工伤认定申请之日起 15 日内做出工伤认定决定。探索建立工伤认定和劳动能力鉴定相关材料网上申报、审核和送达办法，提高工作效率。

七、完善工伤保险待遇支付政策。对认定为工伤的建筑业职工，各级社会保险经办机构和用人单位应依法按时足额支付各项工伤保险待遇。对在参保项目施工期间发生工伤、项目竣工时尚未完成工伤认定或劳动能力鉴定的建筑业职工，其所在用人单位要继续保证其医疗救治和停工期间的法定待遇，待完成工伤认定及劳动能力鉴定后，依法享受参保职工的各项工伤保险待遇；其中应由用人单位支付的待遇，工伤职工所在用人单位要按时足额支付，也可根据其意愿一次性支付。针对建筑业工资收入分配的特点，对相关工伤保险待遇中难以按本人工资作为计发基数的，可以参照统筹地区上年度职工平均工资作为计发基数。

八、落实工伤保险先行支付政策。未参加工伤保险的建设项目，职工发生工伤事故，依法由职工所在用人单位支付工伤保险待遇，施工总承包单位、建设单位承担连带责任；用人单位和承担连带责任的施工总承包单位、建设单位不支付的，由工伤保险基金先行支付，用人单位和承担连带责任的施工总承包单位、建设单位应当偿还；不偿还的，由社会保险经办机构依法追偿。

九、建立健全工伤赔偿连带责任追究机制。建设单位、施工总承包单位或具有用工主体资格的分包单位将工程（业务）发包给不具备用工主体资格的组织或个人，该组织或个人招用的劳动者发生工伤的，发包单位与不具备用工主体资格的组织或个人承担连带赔偿责任。

十、加强工伤保险政策宣传和培训。施工总承包单位应当按照项目所在地人力资源社会保障部门统一规定的式样，制作项目参加工伤保险情况公示牌，在施工现场显著位置予以公示，并安排有关工伤预防及工伤保险政策讲解的培训课程，保障广大建筑业职工特别是农民工的知情权，增强其依法维权意识。各地人力资源社会保障部门要会同有关部门加大工伤保险政策宣传力度，让广大职工知晓其依法享有的工伤保险权益及相关办事流程。开展工伤预防试点的地区可以从工伤保险基金提取一定比例用于工伤预防，各地人力资源社会保障部门应会同住房城乡建设部门积极开展建筑业工伤预防的宣传和培训工作，并将建筑业职工特别是农民工作为宣传和培训的重点对象。建立健全政府部门、行业协会、建筑施工企业等多层次的培训体系，不断提升建筑业职工的安全生产意识、工伤维权意识和岗位技能水平，从源头上控制和减少安全事故。

十一、严肃查处谎报瞒报事故的行为。发生生产安全事故时，建筑施工企业现场有关人员和企业负责人要严格依照《生产安全事故报告和调查处理条例》等规定，及时、如实向安全监管、住房城乡建设和其他负有监管职责的部门报告，并做好工伤保险相关工作。事故报告后出现新情况的，要及时补报。对谎报、瞒报事故和迟报、漏报的有关单位和人员，要严格依法查处。

十二、积极发挥工会组织在职工工伤维权工作中的作用。各级工会要加强基层组织建设，通过项目工会、托管工会、联合工会等多种形式，努力将建筑施工一线职工纳入工会组织，为其提供维权依托。提升基层工会组织在职工工伤维权方面的业务能力和服务水平。具备条件的企业工会要设立工伤保障专员，学习掌握工伤保险政策，介入工伤事故处理的全过程，了解工伤职工需求，跟踪工伤待遇支付进程，监督工伤职工各项权益落实情况。

十三、齐抓共管合力维护建筑工人工伤权益。人力资源社会保障部门要积极会同相关部门，把大力推进建筑施工企业参加工伤保险作为当前扩大社会保险覆盖面的重要任务和重点工作领域，对各类建筑施工企业和建设项目进行摸底排查，力争尽快实现全面覆盖。各地人力资源社会保障、住房城乡建设、安全监管等部门要认真履行各自职能，对违法施工、非法转包、违法用工、不参加工伤保险等违法行为依法予以查处，进一步规范建筑市场秩序，保障建筑业职工工伤保险权益。人力资源社会保障、住房城乡建设、安全监管等部门和总工会要定期组织开展建筑业职工工伤维权工作情况的联合督查。有关部门和工会组织要建立部门间信息共享机制，及时沟通项目开工、项目用工、参加工伤保险、安全生产监管等信息，实现建筑业职工参保等信息互联互通，为维护建筑业职工工伤权益提供有效保障。

交通运输、铁路、水利等相关行业职工工伤权益保障工作可参照本文件规定执行。

各地人力资源社会保障、住房城乡建设、安全监管等部门和工会组织要依据国家法律法规和本文件精神，结合本地实际制定具体实施方案，定期召开有关部门协调工作会议，共同研究解决有关难点重点问题，合力做好建筑业职工工伤保险权益保障工作。

人力资源社会保障部
住房城乡建设部
安全监管总局
全国总工会
2014 年 12 月 29 日

“聪明”莫被“聪明”误，骗取社会保险费基金进班房①

——社会保险基金管理风险警示教育宣传

来源：珠海市人力资源和社会保障局官网　发表时间：2019 - 07 - 11

人社部门提醒：国家对社会保险费基金实行严格监管，各种形式的骗取社会保险费基金行为均属违法行为，骗取社会保险费基金数额较大的，将被追究刑事责任。

部分因骗取社会保险费基金而被追究刑事责任的案例介绍：

1. 某参保人通过提交修改了出生时间的虚假身份材料，在未达到退休年龄的情况下办理了退休，骗取社会保险费基金。后被社会保险费经办机构工作人员办理业务时发现其造假情形，移送公安机关侦查，最终其被人民法院以诈骗罪判处有期徒刑 2 年 11 个月，缓刑 4 年。

2. 某市社会保险费经办机构工作人员在办理“机关养老保险一次性缴费审核”业务时，发现部分申请材料存在公章造假的嫌疑。经人社部门实地调查发现，缴费人均非申请材料中所列单位的职工，是不法中介机构收取“中介费”后，为个人伪造资料办理养老保险参保，骗取社会保险费基金。最终该中介机构有关负责人被人民法院以诈骗罪判处有期徒刑两年零四个月。

3. 某市人社部门接到举报：某公司为职工申领工伤保险待遇时，存在骗取

① http：//www. zhrsj. gov. cn/zhengwu/ztzl/fqzfml/201907/t20190711_55678597. html 珠海市人力资源和社会保障局官网 .

社会保险费基金的行为。经人社部门对工伤职工就医记录、参保记录等情况进行调查发现，该公司在该职工发生工伤事故后为其补办工伤参保手续，在申请工伤认定时将工伤事故发生时间篡改虚报为参保之后，骗取了工伤保险待遇。最终该公司有关责任人被人民法院以诈骗罪判处有期徒刑7个月，并处罚金1万元。

4. 某市社会保险费经办机构通过系统比对数据发现，参保人王某涉嫌已就业仍享受失业保险待遇。有关部门对其进行调查，王某仍隐瞒其在享受失业保险待遇期间已经就业并有稳定收入的事实，拒不退回多享受的失业保险待遇2万余元。案件经公安机关侦查和人民法院审理，王某被以诈骗罪判处其有期徒刑6个月，缓刑1年。

5. 领取职工基本养老保险待遇的陈某去世后，其家属不向社会保险经办机构报告，在年度生存认证时提供虚假的健在证明，冒领养老金9万余元。人社部门通过跨部门信息比对发现，陈某在有关部门系统登记状态为已死亡，于是将案件移送公安机关。最终陈某家属被人民法院以诈骗罪判处有期徒刑3年。

以案说法：国家对社会保险待遇领取资格条件和停发有明确规定，以欺诈、伪造证明材料虚构符合待遇领取条件申领社会保险待遇，或者通过虚构劳动关系参保、故意隐瞒已经丧失享受社会保险待遇条件等其他手段骗取社会保险费基金，数额较大，都有可能被追究刑事责任。

郑重提醒：试图违法侵害社会保险费基金的单位或个人，切莫以身拭法。

相关法律法规内容介绍：

一、有关骗保的法律责任规定

1. 《中华人民共和国社会保险法》第八十八条：“以欺诈、伪造证明材料或者其他手段骗取社会保险待遇的，由人社部门责令退回骗取的社会保险金，处骗取金额2倍以上5倍以下的罚款。”

第九十四条：“违反本法规定，构成犯罪的，依法追究刑事责任。”

2. 《中华人民共和国刑法》第二百六十六条：“诈骗公私财物，数额较大的，处3年以下有期徒刑、拘役或者管制，并处或者单处罚金；数额巨大或者有其他严重情节的，处3年以上10年以下有期徒刑，并处罚金；数额特别巨大或者有其他特别严重情节的，处10年以上有期徒刑或者无期徒刑，并处罚金或者没收财产。”

3. 2014年4月24日第十二届全国人民代表大会常务委员会第八次会议通过的《关于〈中华人民共和国刑法〉第二百六十六条的解释》：“以欺诈，伪造证明材料或者其他手段骗取养老、医疗、工伤、失业、生育等社会保险金或者其他社会保障待遇的，属于刑法第二百六十六条规定的诈骗公私财物的行为。”

4.《广东省高级人民法院 广东省人民检察院关于确定诈骗刑事案件数额标准的通知》（粤高法发〔2014〕12 号）：“对我省执行“数额较大”“数额巨大”“数额特别巨大”的标准通知如下：一类地区包括广州、深圳、珠海、佛山、中山、东莞等 6 个市，诈骗数额较大的起点掌握在 6000 元以上；数额巨大的起点掌握在 10 万元以上；数额特别巨大的起点掌握在 50 万元以上。”

二、享受和支付社会保险待遇相关规定

1.《中华人民共和国社会保险法》第四十三条：“工伤职工有下列情形之一的，停止享受工伤保险待遇：

（一）丧失享受待遇条件的；

（二）拒不接受劳动能力鉴定的；

（三）拒绝治疗的。”

2.《中华人民共和国社会保险法》第五十一条：“失业人员在领取失业保险金期间有下列情形之一的，停止领取失业保险金，并同时停止享受其他失业保险待遇：

（一）重新就业的；

（二）应征服兵役的；

（三）移居境外的；

（四）享受基本养老保险待遇的；

（五）无正当理由，拒不接受当地人民政府指定部门或者机构介绍的适当工作或者提供的培训的。”

3.《劳动和社会保障部关于进一步规范基本养老金社会化发放工作的通知》（劳社厅发〔2001〕8 号）：“离退休人员发生下列情形之一，社会保险经办机构应停发或暂时停发其基本养老金：

（一）无正当理由不按规定提供本人居住证明或其他相关证明材料的；

（二）下落不明超过 6 个月，其亲属或利害关系人申报失踪或户口登记机关暂时注销其户口的；

（三）被判刑收监执行或被劳动教养期间的；

（四）法律、法规规定的其他情形。”

4.《广东省失业保险条例》（2013 年修订）第四十条：“失业人员应当凭本人身份证明、就业失业登记凭证按月到社会保险经办机构办理领取失业保险金手续，说明求职和接受职业指导、职业培训情况。

失业人员有停止享受失业保险待遇情形的，应当及时告知社会保险经办机构。

失业人员无正当理由连续两个月不按照规定办理领取手续或者说明求职等情况的，视同重新就业。”

5.《广东省工伤保险条例》(2019 年修订) 第五十五条：“用人单位依照本条例规定应当参加工伤保险而未参加或者未按时缴纳工伤保险费，职工发生工伤的，由该用人单位按照本条例规定的工伤保险待遇项目和标准向职工支付费用。

用人单位按照规定补缴应当缴纳的工伤保险费和滞纳金后，由工伤保险基金和用人单位按照本条例的规定支付新发生的费用。”

第五十七条：“用人单位、工伤职工或者其近亲属骗取工伤保险待遇，医疗机构、康复机构、辅助器具配置机构骗取工伤保险基金支出的，由人社部门责令退还，处骗取金额 2 倍以上 5 倍以下的罚款；构成犯罪的，依法追究刑事责任。”

特别提醒：根据国家发改委等 28 个部门于 2018 年 5 月 22 日印发的《关于对社会保险领域严重失信企业及其有关人员实施联合惩戒的合作备忘录》(发改财金〔2018〕1704 号)，“以欺诈、伪造证明材料或者其他手段参加、申报社会保险和骗取社会保险基金支出或社会保险待遇”的单位和人员将被列入不诚信名单，多部门将对其进行联合惩戒，如限制乘坐飞机和一定等次座位的动车；限制作为供应商参加政府采购活动；失信信息纳入金融信用信息基础数据库，为金融机构融资授信提供重要参考等。

[自测]

一、单项选择题（请选出您认为最符合题意的选项，将其标号填入括号中）

1. 国务院办公厅《关于印发降低社会保险费率综合方案的通知》（国办发〔2019〕13 号）规定了调整社保缴费基数政策，各省应以一定的方法计算的全口径城镇单位就业人员平均工资，核定社保个人缴费基数上下限，合理降低部分参保人员和企业的社保缴费基数。调整就业人员平均工资计算口径后，各省要制定基本养老金计发办法的过渡措施，确保退休人员待遇水平平稳衔接。该标准计算方法是

（ ）。

A. 本省城镇非私营单位就业人员平均工资和城镇私营单位就业人员平均工资加权计算

B. 本省城镇非私营单位从业人员平均工资和城镇私营单位就业人员平均工资加权计算

C. 本省城镇非私营单位在岗人员平均工资和城镇私营单位在岗人员平均工资加权计算

D. 本省城镇非私营单位在岗职工平均工资和城镇私营单位在岗职工平均工资加权计算

2. 个体工商户和灵活就业人员参加企业职工基本养老保险，可以在本省全口径城镇单位就业人员平均工资的一定区间选择适当的缴费基数。该区间为（ ）。

A. 60% ~100%　　B. 60% ~300%

C. 50% ~300%　　D. 60% ~200%

3. 企业年金的企业缴费每年不超过本企业职工工资总额的（ ）。

A. 1/12　　B. 1/6

C. 5%　　D. 8%

4. 保留劳动关系，退出工作岗位，从工伤保险基金按月支付伤残津贴，适用的伤残等级为（ ）。

A. 一级至四级伤残　　B. 五级至六级伤残

C. 七级至八级伤残　　D. 九级至十级伤残

5. 缴费单位不按规定申报应缴纳的社保费的，由社会保险经办机构暂按该单位上月缴费数额的一定比例确定应缴费额，该比例为（ ）。

A. 1 倍　　B. 1.1 倍

C. 1.5 倍　　D. 0.5 倍

6. 用人单位因不可抗力造成生产经营出现严重困难的，经省级政府人社部门批准后，可以暂缓缴纳一定期限的社会保险费。该期限是（ ）。

A. 一年　　B. 六个月

C. 三个月　　D. 不确定

7. 用人单位未按规定申报时，社会保险费征收机构应当相应采取的措施，表述正确的是（ ）。

A. 给予 2000 元以下处罚

B. 按其上月缴费额的 110% 确定应缴纳社会保险费数额

C. 应缴纳社会保险费数额的 50% ~300% 罚款

D. 警告

8. 对职工权益保护方面，下列表述错误的是（　　）。

A. 缴费单位应当每年向本单位职工公布本单位全年社会保险费缴纳情况，接受职工监督

B. 社会保险经办机构应当定期向社会公告社会保险费征收情况，接受社会监督

C. 劳动者对用人单位违反劳动保障法律、侵犯其合法权益的行为，有权向劳动保障行政部门或者税务部门投诉

D. 用人单位未按月将缴纳社会保险费的明细情况告知职工本人的，由人社部门责令改正

9. 对工伤保险相关的法律责任，表述正确的是（　　）。

A. 应当参加工伤保险而未参加工伤保险的用人单位职工发生工伤的，由该用人单位按工伤保险待遇项目和标准支付费用

B. 用人单位、工伤职工或者其近亲属骗取工伤保险待遇，医疗机构、辅助器具配置机构骗取工伤保险基金支出的，由社会保险费部门责令退还，处骗取金额 1 倍以上 5 倍以下的罚款

C. 用人单位未按时申报社会保险费的，由社会保险费征收机构责令限期缴纳或者补足，并自欠缴之日起，按日加收万分之五的滞纳金

D. 用人单位在终止或者解除劳动合同时拒不向职工出具终止或者解除劳动关系证明，导致职工无法享受社会保险待遇的，用人单位不承担赔偿责任。

参考答案：

1. A
2. B
3. D
4. A
5. B
6. A
7. B
8. C
9. A

二、多项选择题（题目所列选项 2 ~ 3 个符合题意。请选出您认为符合题意的选项，将其标号填入括号中）

1. 建立企业年金的条件包括（　　）。

A. 依法参加基本养老保险并履行缴费义务

B. 具有相应的经济负担能力

C. 已建立集体协商机制

D. 人社部门审批

E. 连续三年无亏损

2. 用人单位招用劳动者未订立书面劳动合同，但同时具备相关情形的，劳动关系成立，这些情形包括（　　）。

A. 用人单位和劳动者符合法律、法规规定的主体资格

B. 用人单位依法制定的劳动规章制度适用于劳动者，劳动者受用人单位的劳动管理，从事用人单位安排的有报酬的劳动

C. 提供的工资报酬可以按年发放

D. 劳动者提供的劳动是用人单位业务的组成部分

3. 以下工资福利计入社会保险费缴费基数的是（　　）。

A. 计件工资　　B. 探亲路费

C. 冬季取暖补贴　　D. 独生子女补贴

E. 返聘离退休人员的劳动报酬

4. 生育保险待遇包括（　　）。

A. 生育医疗费用　　B. 职工未就业配偶的生育津贴

C. 生育津贴　　D. 自购营养品的费用

E. 胎儿早教费用

5. 用人单位有下列情形之一的，社会保险经办机构应当于查明欠缴事实之日起5个工作日内发出社会保险费限期补缴通知，责令用人单位在收到通知后5个工作日内补缴，同时告知其逾期仍未缴纳的，将按照社会保险法第六十三条、第八十六条的规定处理。这些情形包括（　　）。

A. 未按规定申报且未缴纳社会保险费的

B. 申报后未按时足额缴纳社会保险费的

C. 因瞒报、漏报职工人数、缴费基数等事项而少缴社会保险费的

D. 用人单位工资报酬拖欠的

E. 用人单位协助挂靠人员骗取社会保险费待遇的

6. 用人单位按月向社会保险费经办机构申报，申报事项包括（　　）。

A. 单位名称、机构代码、地址及联系方式

B. 单位开户银行、户名及账号

C. 为职工办理商业保险情况

D. 缴费险种、基数、费率、缴费额

E. 职工名册及职工缴费情况

参考答案：

1. ABC
2. ABD
3. BCD
4. AC
5. ABCD
6. ABDE

三、判断题（判断正误，如果您认为正确，请在括号中填“√”，如果您认为错误，请在括号中填“×”）

1. 职工所在用人单位未依法缴纳工伤保险费，发生工伤事故的，由用人单位支付工伤保险待遇。用人单位不支付的，从工伤保险基金中先行支付。（　　）

2. 建设单位要在工程概算中将工伤保险费用单独列支，作为不可竞争费，不参与竞标，在项目开工前可以由施工总承包单位一次性代缴本项目工伤保险费，也可以由专业承包单位、劳务分包单位自行申报缴纳工伤保险费。（　　）

3. 按照用人单位参加生育保险和职工基本医疗保险的缴费比例之和确定新的用人单位职工基本医疗保险费率，个人不缴纳生育保险费。（　　）

4. 生育津贴支付期限按照《女职工劳动保护特别规定》规定的产假期限执行。（　　）

5. 生活护理费按照生活完全不能自理、生活大部分不能自理或者生活部分不能自理3个不同等级支付，其标准分别为统筹地区上年度职工月平均工资的60%、50%或者40%。（　　）

6. 对职工而言，职工本人应当缴纳的社会保险费由用人单位代扣代缴。用人单位未依法代扣代缴的，由社会保险费征收机构责令用人单位限期代缴，并自欠缴之日起向用人单位按日加收万分之五的滞纳金。用人单位不得要求职工承担滞纳金。（　　）

7. 劳动者以用人单位未为其办理社会保险手续，且社会保险费经办机构不能补办导致其无法享受社会保险费待遇为由，要求用人单位赔偿损失而发生争议的，人民法院应予受理。（　　）

8. 社会保险经办机构应当及时、完整、准确地记录参加社会保险的个人缴费和用人单位为其缴费，以及享受社会保险待遇等个人权益记录，定期将个人权益记录单免费寄送本人。（　　）

9. 用人单位应当自行申报、按时足额缴纳社会保险费，非因不可抗力等法定事由不得缓缴、减免。（　）

10. 用人单位未足额缴纳社会保险费且未提供担保的，社会保险费征收机构可以直接扣押、查封、拍卖其价值相当于应当缴纳社会保险费的财产，以拍卖所得抵缴社会保险费。（　）

参考答案：

1. √　2. ×

答案解析：建设单位要在工程概算中将工伤保险费用单独列支，作为不可竞争费，不参与竞标，并在项目开工前由施工总承包单位一次性代缴本项目工伤保险费，覆盖项目使用的所有职工，包括专业承包单位、劳务分包单位使用的农民工。

3. √

4. √

5. ×

答案解析：生活护理费按照生活完全不能自理、生活大部分不能自理或者生活部分不能自理3个不同等级支付，其标准分别为统筹地区上年度职工月平均工资的50%、40%或30%。

6. √

7. √

8. √

9. √

10. ×

答案解析：用人单位未足额缴纳社会保险费且未提供担保的，社会保险费征收机构可以申请人民法院扣押、查封、拍卖其价值相当于应当缴纳社会保险费的财产，以拍卖所得抵缴社会保险费。

四、简答题

职工因工致残被鉴定为一级至四级伤残的，如何享受工伤保险待遇？

参考答案：

根据《工伤保险条例》相关规定，职工因工致残被鉴定为一级至四级伤残的，保留劳动关系，退出工作岗位，享受以下待遇：

（1）从工伤保险基金按伤残等级支付一次性伤残补助金，标准为：一级伤残为27个月的本人工资，二级伤残为25个月的本人工资，三级伤残为23个月的本人工资，四级伤残为21个月的本人工资。

（2）从工伤保险基金按月支付伤残津贴，标准为：一级伤残为本人工资的90%，二级伤残为本人工资的85%，三级伤残为本人工资的80%，四级伤残为本人工资的75%。伤残津贴实际金额低于当地最低工资标准的，由工伤保险基金补足差额。

（3）工伤职工达到退休年龄并办理退休手续后，停发伤残津贴，按照国家有关规定享受基本养老保险待遇。基本养老保险待遇低于伤残津贴的，由工伤保险基金补足差额。

职工因工致残被鉴定为一级至四级伤残的，由用人单位和职工个人以伤残津贴为基数，缴纳基本医疗保险费。

第6章

社会保险费的缴费基数

6.1 社会平均工资

2019年4月1日国务院出台《降低社会保险费率综合方案》（国办发〔2019〕13号）（以下统称“社会保险费新政”），对社会保险费缴费基数政策进行调整，明确要求调整就业人员平均工资计算口径，各省应以本省城镇非私营单位就业人员平均工资和城镇私营单位就业人员平均工资加权计算的全口径城镇单位就业人员平均工资，核定社会保险费个人缴费基数上下限，合理降低部分参保人员和企业的社会保险费缴费基数。调整就业人员平均工资计算口径后，各省要制定基本养老金计发办法的过渡措施，确保退休人员待遇水平平稳衔接。为此，要了解社会平均工资，有必要对与之相关的工资总额、社会保险费缴费基数等概念进行系统把握。

6.1.1 平均工资的概念

平均工资是一项反映工资总体水平的重要指标。职工平均工资是确定单位职工个人缴费基数的重要参考指标，是单基数法下确定单位缴费基数的重要影响因素，也是确定个体工商户和灵活就业人员缴费基数的唯一依据。①

所谓平均工资，是指企业、事业、机关单位的职工在一定时期内平均每人所得的货币工资额，它不同于每一个人的具体工资水平。尽管平均工资是传统概念，但由于2018年以来社会保险费征收体制进行重大改革，2019年4月社会保险费新政实施，社会平均工资的概念逐步引起了社会各界的关注。

要了解社会保险费，初学首应作必要的基础知识储备，至少需要从五个方面掌握社会保险费应知应会的内容：

（1）熟悉社会保险费降率综合方案。在了解社会保险费新政的基础上，知晓本

① 董克用，施文凯．税收征收体制下职工平均工资在基本养老保险缴费基数政策中的适应性研究［J］．税务研究，2019（1）．

省级的社会保险费新政的具体实施时间，对基本养老保险的费率、社会保险费缴费工资的基数，尤其是灵活就业人员的缴费基数，所在市（县）的基本医疗保险的缴费基数要有掌握。

（2）掌握缴费人所在省份上一年度的三项平均工资的水平。以2019年为例，需要熟悉本省2018年度非私营单位就业人员年平均工资、本省2018年度的私营单位就业人员年平均工资、本省2018年度就业人员全口径平均工资。

（3）了解本市（县）最低工资标准。

（4）了解本省（市）2018年度社会保险费的缴费基数，至于缴费基数的上限和下限后文将述及，此处不再展开。

（5）了解本省新农村基本养老保险（以下简称“新农保”）有无与城镇居民养老保险合并？本省新农合有无与城镇居民医疗保险合并？

6.1.2　平均工资

6.1.2.1　全口径城镇单位就业人员平均工资

社会保险费新政明确提出，“各省应以本省城镇非私营单位就业人员平均工资和城镇私营单位就业人员平均工资加权计算的全口径城镇单位就业人员平均工资，核定社会保险费个人缴费基数上下限，合理降低部分参保人员和企业的社会保险费缴费基数。”在2019年5月1日实施社会保险费新政之前，许多省份是以本省级上一年度的城镇非私营单位就业人员平均工资作为本年社会保险费缴费基数的计算依据。从面上看，基本上每个地区城镇非私营单位就业人员平均工资普遍高于城镇私营单位就业人员平均工资，而且差距较大。加权平均后的全口径就业人员平均工资低于城镇非私营单位就业人员平均工资，以全口径就业人员平均工资作为社会保险费缴费基数的计算依据，自然达到减税降费的目的。

例如，广西壮族自治区2017年度城镇非私营单位就业人员平均工资为63821元，2017年度城镇私营单位就业人员平均工资为38227元，城镇非私营单位就业人员平均工资明显高于城镇私营单位就业人员平均工资，相差25594元；江苏省2017年度城镇非私营单位就业人员平均工资为78267元，2017年度城镇私营单位就业人员平均工资为49345元，城镇非私营单位就业人员平均工资也是明显高于城镇私营单位就业人员平均工资，相差28922元；大多数省份也是如此。

由于过去大部分省份基本养老保险缴费的缴费基数是以本省城镇非私营单位就业人员平均工资作为计算依据，相应地带来不少地区的基本养老保险缴费的缴费基数偏高，一些用人单位存在一定的少申报、虚假申报社会保险费现象。因此，国务院及时出台社会保险费新政，合理降低了部分参保人员和企业的社会保险费缴费基数，这是国家实施减税降费政策，降低社会保险费率，完善社会保险费制度，稳步推进社会保险费征收体制改革的重大利好。

那么，全口径城镇单位就业人员平均工资是如何加权计算出来的？我们透过广西壮族自治区的社会保险费降率综合方案计算公式的计算口径，可帮助我们加强理解。

全口径就业人员月平均工资 =（全区城镇非私营单位人数 × 全区城镇非私营单位月人均工资 + 全区城镇私营单位人数 × 全区城镇私营单位月人均工资）÷（全区城镇非私营单位人数 + 全区城镇私营单位人数）。①

6.1.2.2 平均工资的锚定事项

对于税务人员、办税员或者人力资源行业、涉税专业服务行业的从业人员而言，社会平均工资应当是必知必会内容。为什么要关注社会平均工资？社会平均工资所涉相关规范锚定事项除了社会保险费外，至少包括以下若干项目。而这些项目直接或间接与社会保险费相关。

1. 退休时的基础养老金

退休时的基础养老金的月标准以当地上年度在岗职工月平均工资和本人指数化月平均缴费工资的平均值为基数，缴费每满 1 年发给 1%。

2. 丧葬补助金

丧葬补助金的发放标准为 6 个月的统筹地区上年度职工月平均工资。

3. 灵活就业人员基本养老保险的缴费基数

灵活就业人员基本养老保险的缴费基数以当地上年度在岗职工平均工资。

4. 生育津贴的领取上限

生育津贴的领取上限按照职工所在用人单位上年度职工月平均工资计发。

5. “疾病待遇”的上限

“疾病待遇”上限是劳动者在患病或非因工负伤停止工作期间应享受的待遇，是劳动保险待遇的一种，包括医疗费、病假工资及疾病或因工负伤救济费。

6. “经济补偿金”的上限

经济补偿金应以劳动者实际月工资为基准，以劳动者在劳动合同解除或者终

① 《广西壮族自治区人力资源和社会保障厅 广西壮族自治区财政厅关于印发降低社会保险费率实施方案的通知》（桂人社规〔2019〕9 号）.

止前 12 个月的平均工资来计算；劳动者实际月工资高于用人单位所在地区公布的本地区上年度职工月平均工资 3 倍的，向其支付经济补偿的标准（1 个月工资标准）按本地区上年度职工月平均工资 3 倍的数额支付，支付经济补偿的年限最高不超过 12 年。

7. “经济补偿金”的个人所得税起征线

个人因与用人单位解除劳动关系而取得的一次性补偿收入，其收入在当地上年职工平均工资 3 倍数额以内的部分，免征个人所得税；超过的部分按照《关于个人因解除劳动合同取得经济补偿金征收个人所得税问题的通知》（国税发〔1999〕178 号）计征。

8. “住房公积金缴存基数”的上限

单位和职工个人缴存住房公积金的月平均工资不得超过职工工作地所在设区市上一年度职工月平均工资的 3 倍。

9. 残疾人就业保障金征收标准的上限

自 2018 年 4 月 1 日起，残疾人就业保障金征收标准的上限由当地社会平均工资的 3 倍降低至 2 倍。

10. 生活护理费

工伤保险待遇中的生活护理费按照 3 个不同等级支付，其标准分别为统筹地区上年度职工月平均工资的 50%、40% 或 30%。

11. 伤残津贴、供养亲属抚恤金、生活护理费

由统筹地区社会保险费部门根据职工平均工资和生活费用变化等情况适时调整。调整办法由省级政府规定。

12. 个体工商户的税前扣除标准

业主本人缴纳的补充养老、补充医疗保险费，以当地（省辖市）上年度社会平均工资的 3 倍为计算基数，分别在不超过该计算基数 5% 标准内的部分据实扣除。

13. 小型服务业企业以及有雇工的个体工商户工伤保险费的计算

商贸、餐饮、住宿、美容美发、洗浴以及文体娱乐等小型服务业企业以及有雇工的个体工商户，可以按照营业面积的大小核定应参保人数，按照所在统筹地区上一年度职工月平均工资的一定比例和相应的费率，计算缴纳工伤保险费。

14. 城市落户标准

全国范围内有不少城市出台了城市落户标准，相关标准与社会平均工资挂钩。如，上海市 2012 年出台的落户标准规定，最近连续 3 年社会保险费高于上海社会平均工资 2 倍、或个人所得税高于同行业中管理岗位年均薪酬收入水平：申办者可以不需要职称。中共中央办公厅、国务院办公厅印发《关于促进劳动力和人才

社会性流动体制机制改革的意见》提出，为畅通有序流动渠道，激发社会性流动活力，全面取消城区常住人口300万以下的城市落户限制，全面放宽城区常住人口300万~500万的大城市落户条件。完善城区常住人口500万以上的超大特大城市积分落户政策，精简积分项目，确保社会保险缴纳年限和居住年限分数占主要比例。①

15. 竞业限制中的经济补偿

当事人在劳动合同或者保密协议中约定了竞业限制，但未约定解除或者终止劳动合同后给予劳动者经济补偿，劳动者履行了竞业限制义务，要求用人单位按照劳动者在劳动合同解除或者终止前12个月平均工资的30%按月支付经济补偿的，人民法院应予支持。月平均工资的30%低于劳动合同履行地最低工资标准的，按照劳动合同履行地最低工资标准支付。

16. 企业年金

企业年金的个人缴费工资计税基数为本人上一年度的月平均工资。月平均工资按国家统计局规定列入工资总额统计的项目计算。月平均工资超过职工工作地所在设区城市上一年度职工月平均工资300%以上的部分，不计入个人缴费工资计税基数。职业年金个人缴费工资计税基数为职工岗位工资和薪级工资之和。职工岗位工资和薪级工资之和超过职工工作地所在设区城市上一年度职工月平均工资300%以上的部分，不计入个人缴费工资计税基数。

需要注意的是，全国城镇居民人均可支配收入与社会平均工资不能混同，这是两个截然不同的概念。例如，工伤或者工亡的社会保险费理赔限额方面，一次性工亡补助金标准为上一年度全国城镇居民人均可支配收入的20倍。城镇居民人均可支配收入是指反映居民家庭全部现金收入能用于安排家庭日常生活的那部分收入。它是家庭总收入扣除缴纳的所得税、个人缴纳的社会保障费以及调查户的记账补贴后的收入。②一次性工亡补助金标准为上一年度全国城镇居民人均可支配收入的20倍。这些项目与社会平均工资没有关联性。

① 中共中央办公厅 国务院办公厅印发《关于促进劳动力和人才社会性流动体制机制改革的意见》，新华社北京2012月25日电．

② https：//baike. baidu. com/item/%E5%9F%8E%E9%95%87%E5%B1%85%E6%B0%91%E4%BA%BA%E5%9D%87%E5%8F%AF%E6%94%AF%E9%85%8D%E6%94%B6%E5%85%A5/3571108？fr = aladdin.

6.1.3　最低平均工资

6.1.3.1　确定最低工资标准的概念

最低工资保障制度是我国一项劳动和社会保障制度。《最低工资规定》（中华人民共和国劳动和社会保障部令第21号）已于2003年12月30日颁布，2004年3月1日起施行。[①] 顾名思义，最低平均工资是某地区的最低工资标准。最低工资标准一般采取月最低工资标准和小时最低工资标准的形式。月最低工资标准适用于全日制人员，小时最低工资标准适用非全日制人员。

6.1.3.2　最低工资标准的确定

确定最低工资标准一般要考虑当地城镇居民生活费用支出、职工个人缴纳社会保险费、住房公积金、职工平均工资、失业率、经济发展水平、物价水平等，确定的方法通常有比重法和恩格尔系数法。[②] 这里还要注意的是，当地公布的月最低工资标准，是否包含由用人单位承担的社会保险费和住房公积金。最低工资标准也不同于社会保险费最低缴费基数。

一般情况下，下列项目不作为最低工资的组成部分，应当由单位按规定另行支付：

（1）延长法定工作时间的工资。

（2）中班、夜班、高温、低温、井下、有毒有害等特殊工作环境、条件下的津贴。

（3）伙食补贴（饭贴）、上下班交通费补贴、住房补贴。

最低工资不包含用人单位依法缴纳的社会保险费，以及通过补贴伙食、住房支付或提供给劳动者的非货币收入，不得抵扣最低工资标准。劳动者个人应当缴纳的社会保险费和住房公积金包含在最低工资标准之内。

6.1.3.3　最低工资标准的锚定事项

目前，我国最低工资标准的宏观调控发挥作用还不够，不过从近年来相关政策所涉最低工资标准锚定的事项来看，最低工资标准的调控作用逐步显现，理应得到

---

① 《最低工资规定》（中华人民共和国劳动和社会保障部令（第21号）.

② https：//baike. baidu. com/item/%E6%9C%80%E4%BD%8E%E5%B7%A5%E8%B5%84%E6%A0%87%E5%87%86/3308333？fr = aladdin.

更多关注和重视。

1. 试用期工资

劳动者在试用期的工资不得低于本单位相同岗位最低档工资的80%或者不得低于劳动合同约定工资的80%，并不得低于用人单位所在地的最低工资标准。①

2. 伤残津贴

六级伤残，其伤残津贴实际金额低于当地最低工资标准的，由用人单位补足差额。

3. 失业保险金标准

该标准由省级人民政府确定，不得低于城市居民最低生活保障标准。

4. 请长假职工的工资

若劳动者没有提供正常劳动，用人单位没有安排劳动者工作的，应当按不低于当地最低工资标准的70%支付劳动者生活费。

5. 残疾人就业保障金

用人单位将残疾人录用为在编人员或依法与就业年龄段的残疾人签订1年（含）以上劳动合同，且实际支付的工资不低于当地最低工资标准，并足额缴纳社会保险费的，方可计入用人单位所安排的残疾人就业人数。

6. 增值税即征即退

安置的每位残疾人每月可退还的增值税具体限额，由县以上税务局根据纳税人所在县适用的经省级政府批准的月最低工资标准的4倍确定。②

7. 残疾人就业补贴

为促进残疾人就业，一些地区出台残疾人就业补贴政策。例如，对江苏省规定，安排残疾人就业达规定比例的，按照每人每年不低于上年度当地月最低工资标准的2倍给予按比例补贴，累计补贴不超过3年。每超比例安置1名残疾人，按照每年不低于上年度当地月最低工资标准的4倍给予超比例奖励（不重复享受按比例补贴），累计奖励不超过3年。

8. 经济补偿金

经济补偿的月工资按照劳动者应得工资计算，包括计时工资或者计件工资以及奖金、津贴和补贴等货币性收入。劳动者在劳动合同解除或者终止前12个月的平均工资低于当地最低工资标准的，按照当地最低工资标准计算。劳动者工作不满12个月的，按照实际工作的月数计算平均工资。③

---

① 《中华人民共和国劳动合同法》第二十条.

② 《财政部　国家税务总局关于促进残疾人就业增值税优惠政策的通知》（财税〔2016〕52号）.

③ 《中华人民共和国劳动合同法》第四十七条.

9. 集体合同中的劳动报酬和劳动条件

其标准不得低于当地人民政府规定的最低标准，用人单位与劳动者订立的劳动合同中劳动报酬和劳动条件等标准不得低于集体合同规定的标准。①

10. 无工作期间被派遣劳动者的工资

劳务派遣单位应当与被派遣劳动者订立两年以上的固定期限劳动合同，按月支付劳动报酬；被派遣劳动者在无工作期间，劳务派遣单位应当按照所在地人民政府规定的最低工资标准，向其按月支付报酬。②

11. 补付劳动报酬

用人单位有下列情形之一的，由劳动行政部门责令限期支付劳动报酬、加班费或者经济补偿；劳动报酬低于当地最低工资标准的，应当支付其差额部分；逾期不支付的，责令用人单位按应付金额50%以上100%以下的标准向劳动者加付赔偿金：

（1）未按照劳动合同的约定或者国家规定及时足额支付劳动者劳动报酬的；

（2）低于当地最低工资标准支付劳动者工资的；

（3）安排加班不支付加班费的；

（4）解除或者终止劳动合同，未依照本法规定向劳动者支付经济补偿的。③

6.2　工资总额

6.2.1　工资总额

6.2.1.1　工资总额概述

1. 工资总额的概念

工资总额是国民经济核算和劳动工资计划管理的一项重要指标。所谓工资总额，

① 《中华人民共和国劳动合同法》第五十五条.

② 《中华人民共和国劳动合同法》第五十八条.

③ 《中华人民共和国劳动合同法》第八十五条.

是指各单位在一定时期内直接支付给本单位全部职工的劳动报酬总额。[①]

2. 劳动报酬总额的组成

劳动报酬总额包括：在岗职工工资总额；不在岗职工生活费；聘用 + 留用的离退休人员的劳动报酬；外籍及港澳台方人员劳动报酬以及聘用其他从业人员的劳动报酬。[②]

各单位支付给职工的劳动报酬以及其他根据有关规定支付的工资，不论是计入成本的还是不计入成本的，不论是按国家规定列入计征奖金税项目的还是未列入计征奖金税项目的，不论是以货币形式支付的还是以实物形式支付的，均应列入工资总额的计算范围。[③]

6.2.1.2 工资总额的计算

工资总额的计算应以直接支付给职工的全部劳动报酬为根据，在计算社会保险费缴费基数时作为依据。工资总额由计时工资、计件工资、奖金、津贴和补贴、加班加点工资、特殊情况下支付的工资等部分组成：

1. 计时工资

计时工资是指按计时工资标准（包括地区生活费补贴）和工作时间支付给个人的劳动报酬。包括：

（1）对已做工作按计时工资标准支付的工资；

（2）实行结构工资制单位支付给职工的基础工资和职务（岗位）工资；

（3）新参加工作职工的见习工资（学徒的生活费）；

（4）运动员体育津贴。

2. 计件工资

计件工资是指对已做工作按计件单价支付的劳动报酬。包括：

（1）实行超额累进计件、直接无限计件、限额计件、超定额计件等工资制，按劳动部门或主管部门批准的定额和计件单价支付给个人的工资；

（2）按工作任务包干方法支付给个人的工资；

（3）按营业额提成或利润提成办法支付给个人的工资。

3. 奖金

奖金是指支付给职工的超额劳动报酬和增收节支的劳动报酬：

---

① 《关于工资总额组成的规定》（国务院批准 1990 年国家统计局令第一号）.

② 劳动和社会保障部社会保险事业管理中心《关于规范社会保险缴费基数有关问题的通知》（劳社险中心函〔2006〕60 号）.

③ 国家统计局关于认真贯彻执行《关于工资总额组成的规定》的通知（统制字〔1990〕1 号）.

（1）生产奖；

（2）节约奖；

（3）劳动竞赛奖；

（4）机关、事业单位的奖励工资；

（5）其他奖金。

4. 津贴和补贴

津贴和补贴是指为了补偿职工特殊或额外的劳动消耗和因其他特殊原因支付给职工的津贴，以及为了保证职工工资水平不受物价影响支付给职工的物价补贴。

津贴。包括：补偿职工特殊或额外劳动消耗的津贴，保健性津贴，技术性津贴，年功性津贴及其他津贴。

物价补贴。包括：为保证职工工资水平不受物价上涨或变动影响而支付的各种补贴。

5. 加班加点工资

加班加点工资是指按规定支付的加班工资和加点工资。

6. 特殊情况下支付的工资

（1）根据国家法律、法规和政策规定，因病、工伤、产假、计划生育假、婚丧假、事假、探亲假、定期休假、停工学习、执行国家或社会义务等原因按计时工资标准或计时工资标准的一定比例支付的工资。

（2）附加工资、保留工资。

当然，在工资总额的计算还有许多问题要实践中加以解决。例如，调整工资补发的工资，在工资总额构成中如何反映？根据相关口径，调整工资，如果是补发当年的，应列入“计时工资”中；若补发上年的工资，则应列入工资总额组成的“其他”项内。计算标准工资是否包括教龄津贴和护龄津贴？在计算标准工资时，应当包括实行结构工资制的教龄津贴和护龄津贴。即：标准工资包括实行结构工资制的基础工资、职务工资、工龄津贴、教龄津贴和护龄津贴。至于合同工资能否作为缴费基数？是不可以的。合同工资是单位与职工之间约定的工资金额，而缴费工资的统计应以实际发生的工资为准。

6.2.1.3　缴费工资的统计原则

依照财务制度中“收付实现制”的原则进行统计，由于各单位的薪金制度可能是上发薪或下发薪（每月月中之前发薪为上发薪，之后为下发薪），因此统计时间以实际发放至职工手中的时间为准。例如，2018 年的年终奖，在 2019 年进行发放，那么该笔奖金应该记入职工 2019 年的工资总额。

6.2.2 职工福利费

6.2.2.1 职工福利费的概念

所谓企业职工福利费，是指企业为职工提供的除职工工资、奖金、津贴、纳入工资总额管理的补贴、职工教育经费、社会保险费和补充养老保险费（年金）、补充医疗保险费及住房公积金以外的福利待遇支出。

6.2.2.2 职工福利费的组成

（1）为职工卫生保健、生活等发放或支付的各项现金补贴和非货币性福利，包括职工因公外地就医费用、暂未实行医疗统筹企业职工医疗费用、职工供养直系亲属医疗补贴、职工疗养费用、自办职工食堂经费补贴或未办职工食堂统一供应午餐支出、符合国家有关财务规定的供暖费补贴、防暑降温费等。

（2）企业尚未分离的内设集体福利部门所发生的设备、设施和人员费用，包括职工食堂、职工浴室、理发室、医务所、托儿所、疗养院、集体宿舍等集体福利部门设备、设施的折旧、维修保养费用以及集体福利部门工作人员的工资薪金、社会保险费、住房公积金、劳务费等人工费用。

（3）职工困难补助，或者企业统筹建立和管理的专门用于帮助、救济困难职工的基金支出。

（4）离退休人员统筹外费用，包括离休人员的医疗费及离退休人员其他统筹外费用。企业重组涉及的离退休人员统筹外费用，按照《财政部关于企业重组有关职工安置费用财务管理问题的通知》（财企〔2009〕117 号）执行。国家另有规定的，从其规定。

（5）按规定发生的其他职工福利费，包括丧葬补助费、抚恤费、职工异地安家费、独生子女费、探亲假路费，以及符合企业职工福利费定义但没有包括在本通知各条款项目中的其他支出。

6.2.2.3 应当纳入职工工资总额不再纳入职工福利费的项目

企业为职工提供的交通、住房、通信待遇、节日补助。已经实行货币化改革的，按月按标准发放或支付的住房补贴、交通补贴或者车改补贴、通信补贴，应当纳入职工工资总额，不再纳入职工福利费管理。

企业给职工发放的节日补助、未统一供餐而按月发放的午餐费补贴，应当纳入工资总额管理。

6.2.2.4 职工福利性质、形式与财务管理原则

1. 职工福利的性质

职工福利是企业对职工劳动补偿的辅助形式，企业应当参照历史一般水平合理控制职工福利费在职工总收入的比重。应当由个人承担的有关支出，企业不得作为职工福利费开支。①

企业应当逐步推进内设集体福利部门的分离改革，通过市场化方式解决职工福利待遇问题。同时，结合企业薪酬制度改革，逐步建立完整的人工成本管理制度，将职工福利纳入职工工资总额管理。

对实行年薪制等薪酬制度改革的企业负责人，企业应当将符合国家规定的各项福利性货币补贴纳入薪酬体系统筹管理，发放或支付的福利性货币补贴从其个人应发薪酬中列支。

2. 职工福利的形式

职工福利包括发放给职工或为职工支付的各项现金补贴和非货币性集体福利。

企业职工福利一般应以货币形式为主。对以本企业产品和服务作为职工福利的，企业要严格控制。国家出资的电信、电力、交通、热力、供水、燃气等企业，将本企业产品和服务作为职工福利的，应当按商业化原则实行公平交易，不得直接供职工及其亲属免费或者低价使用。

3. 职工福利费财务管理的原则

（1）制度健全。企业应当依法制定职工福利费的管理制度，并经股东会或董事会批准，明确职工福利费开支的项目、标准、审批程序、审计监督。

（2）标准合理。国家对企业职工福利费支出有明确规定的，企业应当严格执行。没有明确规定的，企业应当参照当地物价水平、职工收入情况、企业财务状况等要求，按照职工福利项目制定合理标准。

（3）管理科学。企业应当对职工福利费实行预算控制和管理。职工福利费预算应当经过职工代表大会审议后，纳入企业财务预算，按规定批准执行，并在企业内部向职工公开相关信息。

（4）核算规范。企业发生的职工福利费，应当按规定进行明细核算，准确反映开支项目和金额。

企业按照企业内部管理制度，履行内部审批程序后，发生的职工福利费，按规

---

① 《企业财务通则》第四十六条.

定进行核算，并在年度财务会计报告中按规定予以披露。

在计算应纳税所得额时，企业职工福利费财务管理同税收法律、行政法规的规定不一致的，应当依照税收法律、行政法规的规定计算纳税。[①]

6.2.3 涉税“工资薪金”与社会保险费“工资总额”的异同

6.2.3.1 三项“工资”的相同点

企业所得税“工资薪金总额”、个人所得税“工资薪金所得”、社会保险费的“工资总额”，这三项“工资”都是依据统计局工资总额的规定制定各部门的规定，都是员工在用人单位取得工资性收入的总和。一般来说，属于企业所得税“工资、薪金总额”项目，也应属于个人所得税“工资薪金所得”的项目；他们都是通过正列举或反列举的方式列出一些可以计入或不计入；随着市场经济体制的逐步建立和完善，一些规定还带有明显的时代烙印，略显滞后。

6.2.3.2 三项“工资”的不同点

1. “工资、薪金所得”个性化特征

“工资、薪金所得”属于个人所得税的范畴。其扣除口径最为清晰和严格，每个项目都有具体的对应规定，可以有效保证国家的税收收入。

“工资、薪金所得”，是综合所得的一个征税项目，具体是指个人因任职或者受雇而取得的工资、薪金、奖金、年终加薪、劳动分红、津贴、补贴以及与任职或者受雇有关的其他所得。

个人所得税主要是按照收付实现制计算“工资、薪金”所得，所用口径最为广泛，对于不属于企业所得税“工资、薪金总额”的项目，也可能属于单位雇员“工资、薪金所得”项目。

而“工资、薪金所得”个人所得税政策相关规定较为分散。

2. “工资、薪金支出”个性化特征

企业所得税的扣除口径三者居中，合理相关支出原则上都可扣除。

企业所得税关于“工资、薪金”的规定，也称工资、薪金支出。《企业所得税实施条例》第三十四条规定，企业发生的合理的工资、薪金支出，准予扣除，具体是指企业每一纳税年度支付给在本企业任职或者受雇的员工的所有现金或者非现金

---

① 《财政部关于企业加强职工福利费财务管理的通知》（财企〔2009〕242 号）.

形式的劳动报酬，包括基本工资、奖金、津贴、补贴、年终加薪、加班工资，以及与员工任职或者受雇有关的其他支出。

工资、薪金总额相对狭义，不包括企业的职工福利费、职工教育经费、工会经费等，但是从福利费和工会经费中支付给本单位职工的人人有份的补贴、补助是个人所得税的纳税范围；企业所得税的工资、薪金总额要抓住合理性和相关性。一是合理性。所称“合理工资薪金”，是指企业按照股东大会、董事会、薪酬委员会或相关管理机构制定的工薪制度规定实际发放给员工的工资薪金。对工资薪金进行合理性确认时，可按一定的原则掌握。例如，规范的员工工资薪金制度、符合行业及地区水平、履行代扣代缴个人所得税义务、不以减少或逃避税款为目的等。① 二是相关性。即注重工薪支出的合理性及与企业生产经营收入的相关性。

企业所得税“工资、薪金支出”的规定相对分散。

3.“工资总额”的个性化特征

“工资总额”属于与社会保险费范畴，是统计部门的概念。其核算口径最为宽泛，工资总额用来确定缴费基数。

“工资总额”，是缴费基数的核定依据，主要是指各单位在一定时期内直接支付给本单位全部职工的劳动报酬总额，由计时工资、计件工资、奖金、加班加点工资、特殊情况下支付的工资、津贴和补贴等组成。

社会保险费的缴费基数中的“工资总额”的主要依据是劳动和社会保障部社会保险事业管理中心《关于规范社会保险缴费基数有关问题的通知》（劳社险中心函〔2006〕60号）以及地方性规定。例如，江苏省规定“工资总额”包括：（1）单位从个人工资中直接为职工代扣代缴的社会保险费、个人所得税、住房公积金以及各类扣款；（2）单位一次性发放或按月发放给职工的旅游费、午餐补贴、过节费、劳务费、通信费等；（3）单位为职工缴纳的各种商业保险费（不含企业年金和补充医疗保险费），单位为个人购买的国库券、债券等；（4）职工在本单位以外获得劳动报酬，且未记入本单位工资总额的，应纳入个人缴费工资；（5）凡是属于劳动报酬性质并且现行统计制度未明确规定不统计为工资的，以及其他按有关规定应列入的都应列入工资总额的项目。②城镇各类企业和城镇个体工商户使用离退休人员发给的劳动报酬，纳入用人单位缴纳基本养老保险费的基数，但离退休人员本人不缴纳基本养老保险费，也不记载基本养老保险个人账户。③ 黑龙江省规定，自2019年3月

---

① 《关于企业工资薪金及职工福利费扣除问题的通知》（国税函〔2009〕3号）.

② 《关于规范养老保险缴费基数有关问题的补充意见》（苏社险管〔2007〕9号）.

③ 《江苏省劳动厅关于扩大城镇企业职工基本养老保险覆盖面若干问题的意见》（苏劳〔1999〕27号）第六条.

（费款属期）起，用人单位聘用的退休人员和已经由原单位缴纳基本养老保险费的兼职人员的劳务报酬（包括工资薪金等各类劳动报酬）不计入用人单位缴纳基本养老保险费基数。[①]“工资总额”的界定政策相对集中。

6.2.4 社会保险费的会计处理

用人单位按照国务院、地方政府或企业年金计划规定的基准或比例计算，向社会保险经办机构缴纳的医疗保险费、养老保险费（包括向社会保险经办机构缴纳的基本养老保险费和向企业年金基金相关管理人缴纳的补充养老保险费）、失业保险费、工伤保险费和生育保险费。

6.2.4.1 社会保险费的计量范围

单位向社会保险经办机构等缴纳的基本养老保险费（包括企业年金）、基本医疗保险费、失业保险费、工伤保险费、生育保险费等社会保险费（含购买商业保险形式提供给职工的各种保险待遇），在会计核算上，属于“职工薪酬”的范围。

计量应付职工薪酬时，应按照国家规定的比例计提基础，国家没有规定比例的，应根据历史经验数据和实际情况合理预计当期应付职工薪酬。企业年度终了时，应对该会计科目进行清算，注意补提与冲回多提的应付职工薪酬。

6.2.4.2 社会保险费的账务处理

计提社会保险费时借记“生产成本”“管理费用”等相关成本或费用科目，贷记“应付职工薪酬”科目。缴纳社会保险费时，借记“应付职工薪酬”科目，贷记“银行存款”科目。

1. 计提应付职工薪酬

借：生产成本（制造费用、销售费用、管理费用等）

　　贷：应付职工薪酬——工资薪金

　　　　应付职工薪酬——社会保险费

　　　　应付职工薪酬——住房公积金

2. 支付职工薪酬

借：应付职工薪酬——工资薪金

① 《关于用人单位聘用退休人员和已经由原单位缴纳基本养老保险费的兼职人员的劳务报酬不计入用人单位缴费基数的通告》（国家税务总局黑龙江省税务局2019年第2号）.

贷：银行存款

其他应付款——代扣社会保险费

其他应付款——个人负担公积金

应交税费——代缴个人所得税

3. 缴纳社会保险费

借：应付职工薪酬——社会保险费

应付职工薪酬——住房公积金

其他应付款——代扣社会保险费

其他应付款——代扣住房公积金

应交税费——代缴个人所得税

贷：银行存款

计提社会保险费时，借记“管理费用”等相关成本或费用科目，贷记“应付职工薪酬”科目。缴纳社会保险费时，借记“应付职工薪酬”科目，贷记“银行存款”科目。[①]

企业以购买商业保险形式提供给职工的各种保险待遇属于企业提供的职工薪酬，应当按照职工薪酬的原则进行确认、计量和披露。

6.2.4.3　社会保险费的特殊账务处理

就业关系到经济社会稳定发展，国家对就业率非常关注，加大援企稳岗力度，失业保险稳岗补贴也是国家对企业的一项福利。国务院决定，自2019年1月1日起对符合条件的生产经营困难且努力稳定就业的失业保险参保企业，可通过减费返还企业及其职工缴纳的50%失业保险费。参保企业面临暂时性生产经营困难且恢复有望、坚持不裁员或少裁员的失业保险稳岗返还政策，以及困难企业开展职工在岗培训的补贴政策，实施期限均延长至2020年12月31日。[②] 根据《企业会计准则第16号——政府补助》第九条规定，与收益相关的政府补助，应当分情况按照以下规定进行会计处理：用于补偿企业以后期间的相关成本费用或损失的，确认为递延收益，并在确认相关成本费用或损失的期间，计入当期损益或冲减相关成本；用于补偿企业已发生的相关成本费用或损失的，直接计入当期损益或冲减相关成本。[③] 企业失业保险稳岗补贴的账务处理如下：

---

① 2014年1月27日《关于印发修订〈企业会计准则第9号——职工薪酬〉的通知》(财会〔2014〕8号).

② 《国务院关于进一步做好稳就业工作的意见》(国发〔2019〕28号).

③ 《企业会计准则第16号——政府补助》第九条.

1. 收到补贴时相关支出没有发生

（1）收到补贴款时：

借：银行存款

　　贷：递延收益

（2）发生相关支出时：

借：管理费用

　　贷：银行存款

同时：

借：递延收益

　　贷：其他收益

或者

借：管理费用

　　贷：银行存款

同时：

借：递延收益

　　贷：管理费用

2. 收到补贴时相关支出已经发生

借：银行存款

　　贷：其他收益

或者

借：银行存款

　　贷：管理费用

6.3 社会保险费的缴费基数

社会保险费缴费基数简称社保基数，是指职工在一个社保年度的社会保险缴费基数。它是用人单位及其职工缴纳社会保险费和职工社会保险待遇的重要依据。

6.3.1　社会保险缴费基数的核定

如何核定社会保险缴费基数？可以从了解三个方面去把握：一是工资总额的计算，以直接支付给职工的全部劳动报酬为根据；二是缴费工资，是指职工上一年度的本人月平均工资，是根据职工的工资总额为基准统计、计算得出的；三是缴费基数，有上下限的缴费工资，一般上限为上一年度社会平均工资的 300%，下限为上一年度社会平均工资的 60%。

1990 年，国家统计局发布了《关于工资总额组成的规定》（国家统计局令第 1 号），之后相继下发了一系列通知对有关工资总额统计做出了明确规定，每年各省区市统计局在劳动统计报表制度中对劳动报酬指标亦有具体解释。这些文件都应作为核定社会保险缴费基数的依据。凡是国家统计局有关文件没有明确规定不作为工资收入统计的项目，均应作为社会保险缴费基数。

例如，A 职工 2018 年 1—12 月的工资总额为 24 万元，2018 年月平均工资即为 2 万元。在 2019 年的基数核定期，单位为 A 职工申报的 2019 年度缴费工资应为 2 万元。A 职工所在省份 2018 年社会平均工资为 5793 元/月，则 2019 年度缴费基数上限为 17379 元（5793 元×300%）。单位为 A 职工申报的缴费工资虽为 2 万元，但经社会保险费经办机构核定的缴费基数应当为 17379 元。

需要注意的是，2020 年由于受新冠疫情等不确定因素的影响，为进一步帮助企业特别是中小微企业应对风险、渡过难关，减轻企业和低收入参保人员今年的缴费负担，《人力资源社会保障部　财政部　税务总局关于延长阶段性减免企业社会保险费政策实施期限等问题的通知》（人社部发〔2020〕49 号）通知要求，各省 2020 年社会保险个人缴费基数下限可继续执行 2019 年个人缴费基数下限标准，个人缴费基数上限按规定正常调整。

6.3.2　社会保险费缴费基数的口径

《劳动和社会保障部社会保险事业管理中心关于规范社会保险缴费基数有关问题的通知》（劳社险中心函〔2006〕60 号）第四条明确规定了不列入社会保险费缴费基数的项目。

6.3.2.1　不列入缴费基数的项目

根据国家统计局的规定，下列项目不计入工资总额，在计算缴费基数时应予剔除：

（1）根据国务院发布的有关规定发放的创造发明奖、国家星火奖、自然科学奖、科学技术进步奖和支付的合理化建议和技术改进奖以及支付给运动员在重大体育比赛中的重奖、债券利息以及职工个人技术投入后的税前收益分配。

（2）有关劳动保险和职工福利方面的费用。职工保险福利费用包括医疗卫生费、职工死亡丧葬费及抚恤费、职工生活困难补助、文体宣传费、集体福利事业设施费和集体福利事业补贴、探亲路费、计划生育补贴、冬季取暖补贴、防暑降温费、婴幼儿补贴（即托儿补助）、独生子女牛奶补贴、独生子女费、“六一”儿童节给职工的独生子女补贴、工作服洗补费、献血员营养补助及其他保险福利费。

（3）劳动保护的各种支出。包括工作服、手套等劳动保护用品，解毒剂、清凉饮料，以及按照国务院1963年7月19日劳动部等七单位规定的范围对接触有毒物质、矽尘作业、放射线作业和潜水、沉箱作业，高温作业等五类工种所享受的由劳动保护费开支的保健食品待遇。

（4）有关离休、退休、退职人员待遇的各项支出。

（5）支付给外单位人员的稿费、讲课费及其他专门工作报酬。

（6）出差补助、误餐补助。是指职工出差应购卧铺票实际改乘坐席的减价提成归己部分；因实行住宿费包干，实际支出费用低于标准的差价归己部分。

（7）对自带工具、牲畜来企业工作的从业人员所支付的工具、牲畜等的补偿费用。

例如，有的单位以自带工具的名义给员工发放1000元/月，经了解，单位称是个人带的笔记本电脑，所以会有自带工具的补贴。这只是用人单位所找不应计入缴费基数的理由，实际还是发放给职工的收入。

（8）实行租赁经营单位的承租人的风险性补偿收入。

（9）职工集资入股或购买企业债券后发给职工的股息分红。

（10）劳动合同制职工解除劳动合同时由企业支付的医疗补助费、生活补助费以及一次性支付给职工的经济补偿金。

（11）劳务派遣单位收取用工单位支付的人员工资以外的手续费和管理费。

（12）支付给家庭工人的加工费和按加工订货办法支付给承包单位的发包费用。

（13）支付给参加企业劳动的在校学生的补贴。

（14）调动工作的旅费和安家费中净结余的现金。

（15）由单位缴纳的各项社会保险、住房公积金。

（16）支付给从保安公司招用的人员的补贴。

（17）按照国家政策为职工建立的企业年金和补充医疗保险，其中单位按政策规定比例缴纳部分。

还有一些特殊情况，也不列入工资收入。例如，考勤扣款不列入工资收入，绩效工资的扣除部分不应再计入工资收入。

6.3.2.2　特殊人员的缴费基数

（1）新招职工（包括研究生、大学生、大中专毕业生等）以起薪当月工资收入作为缴费工资基数；自第二年起，按上一年实发工资的月平均工资作为缴费工资基数。

（2）单位派出的长期脱产学习人员和经批准请长假的职工，保留工资关系的，以脱产或请假的上年月平均工资作为缴费工资基数。

（3）单位派出境外、国外工作的职工。单位派出境外、国外工作的职工，按本人出境（国）上年在本单位领取的月平均工资作为缴费工资基数；年的缴费工资基数按上年本单位平均工资增长率进行调整。

（4）失业后再就业的职工。失业后再就业，以再就业起薪当月的工资作为缴费工资基数；自第二年起，按上一年实发工资的月均工资作为缴费工资基数。

（5）参加工作或失业后再就业的人员，转业、复员、退伍军人，由机关或其他企、事业单位调（转）入企业的人员，缴纳基本养老保险费时，以进入本企业工作第一个月的工资作为当年各月缴费工资基数。自第二年起，以本人上一年在本企业实发工资的月平均工资作为缴费工资基数。

（6）商业部门实行的柜组承包，交通运输部门实行的车队承包、司机个人承包等，这部分人员一般只需定期上交一定的所得，其余部分归己。对这些人员的缴费基数原则上采取全部收入扣除各项（一定）费用支出后计算。①

（7）在离开本单位，但仍保留劳动关系（含下岗）的职工中，由社会保险费、民政部门发放的生活费不属于工资总额范畴，而由企业发放的生活费仍属于工资总额范畴，应据此由原有企业计提工会经费。

对新出现的住房补贴、电话补贴、伙食补贴等补贴项目，也要计入工资总额，并计提工会经费。②

（8）单位为职工缴纳的补充养老保险和补充医疗保险暂不做工资总额统计，其他各种商业性保险其性质为劳动报酬，因此应计入工资统计。

---

① 《关于印发劳动统计问题解答的通知》（制司字〔1992〕39 号）．

② 国家统计局办公室《关于印发 1998 年年报劳动统计新增指标解释及问题解答的通知》（工财字〔1999〕27 号）．

（9）由单位给职工个人实报实销的职工个人家庭使用的固定电话话费、职工个人使用的手机费、职工个人购买的服装费（不包括工作服）等各种费用，其实质为岗位津贴或补贴，应计入工资统计。

（10）有些地区为不休假的职工发放一定的现金或补贴，其性质为劳动报酬，应计入工资统计。

（11）试行企业经营者年薪制的经营者，其工资正常发放部分和年终结算后补发的部分属劳动报酬性质，应计入工资统计。①

（12）使用劳务输出机构提供的劳务工，其人数和工资按照“谁发工资谁统计”的原则，如果劳务工的使用方不直接支付劳务工的工资，而是向劳务工输出方支付费用，再由劳务输出方向劳务工支付工资，应由劳务输出方统计工资和人数。

如果劳务工的使用方直接向劳务工支付工资，则应由劳务使用方统计工资和人数。输出和使用劳务工单位的缴费基数以谁发工资谁计算缴费基数的原则执行。②

6.3.3 社会保险稽核

2018 年《中国企业社会保险费白皮书》披露，部分劳动密集型企业不愿缴纳社会保险费，一些企业实际上没有按员工的工资缴纳，部分企业按当地最低标准缴费；分析其原因，除部分企业和员工基于利益默契，默认企业不缴纳社会保险费，也有一些企业考虑到在实发工资扣除社会保险费后，工资低于同行业标准难以招到员工；另外，成本抬升也是重要因素，企业需要承担五项险种的单位部分。低收入群体劳动者不愿缴纳社会保险费，也有一定的普遍性。因为他们一方面对延长退休年龄而延迟享受退休待遇持观望态度，另一方面赚到眼前的现实利益更多在心理上占据了主要位置。实际上，不少企业按照社会保险费缴费基数的下限缴费。可见，对用人单位社会保险费缴费基数进行复核是必要的，这也是社会保险费征管中不可或缺的重要环节。

6.3.3.1 社会保险稽核

为规范社会保险稽核工作，维护参保人员的合法权益，原劳动和社会保障部于 2003 年 2 月 27 日发布《社会保险稽核办法》并于 2003 年 4 月 1 日起施行。所谓社

---

① 《关于印发 2002 年劳动统计年报新增指标解释及问题解答的通知》（国统办字〔2002〕20 号）.

② 《国家统计局关于印发 2004 年劳动统计年报新增指标解释及问题解答的通知》（国统办字〔2004〕48 号）.

会保险费稽核，是指社会保险经办机构依法对社会保险费缴纳情况和社会保险待遇领取情况进行的核查。

可见，社会保险费稽核不完全等同于社会保险稽核，社会保险费稽核仅是社会保险稽核的一部分。由于社会保险费缴费基数的复核又是社会保险费复核的组成部分，且是极为重要的内容。为阐述方便，本书直接以社会保险稽核述之。

6.3.3.2　社会保险稽核权限

县级以上社会保险经办机构负责社会保险稽核工作。其稽核部门具体承办社会保险稽核工作。社会保险经办机构及社会保险稽核人员开展稽核工作，行使下列职权：

（1）要求被稽核单位提供用人情况、工资收入情况、财务报表、统计报表、缴费数据和相关账册、会计凭证等与缴纳社会保险费有关的情况和资料；

（2）可以记录、录音、录像、照相和复制与缴纳社会保险费有关的资料，对被稽核对象的参保情况和缴纳社会保险费等方面的情况进行调查、询问；

（3）要求被稽核对象提供与稽核事项有关的资料。

6.3.3.3　社会保险稽核内容

社会保险稽核人员承担客观公正、保密、回避等义务；社会保险稽核采取日常稽核、重点稽核和举报稽核等方式进行。涉及社会保险缴费情况稽核的内容包括：

（1）缴费单位和缴费个人申报的社会保险缴费人数、缴费基数是否符合国家规定；

（2）缴费单位和缴费个人是否按时足额缴纳社会保险费；

（3）欠缴社会保险费的单位和个人的补缴情况；

（4）国家规定的或者劳动保障行政部门交办的其他稽核事项。

6.3.3.4　社会保险稽核程序

1. 通知

社会保险经办机构提前3日将进行稽核的有关内容、要求、方法和需要准备的资料等事项通知被稽核对象，特殊情况下的稽核也可以不事先通知；稽核时，稽核人员必须亮证，应有两名以上稽核人员共同进行，出示执行公务的证件，并向被稽核对象说明身份。

2. 实施

稽核人员对稽核情况应做笔录，笔录应当由稽核人员和被稽核单位法定代表人

（或法定代表人委托的代理人）签名或盖章，被稽核单位法定代表人拒不签名或盖章的，应注明拒签原因。

3. 处理

对于经稽核未发现违反法规行为的被稽核对象，社会保险经办机构应当在稽核结束后5个工作日内书面告知其稽核结果；发现存在违法行为的，要据实写出稽核意见书，并在稽核结束后10个工作日内送达被稽核对象。限定被稽核对象在一定时间内改正。

在社会保险费稽核的处理有四种情形：

（1）被稽核对象少报、瞒报缴费基数和缴费人数，社会保险经办机构应当责令其改正；拒不改正的，社会保险经办机构应当报请劳动保障行政部门依法处罚。

（2）被稽核对象拒绝稽核或伪造、变造、故意毁灭有关账册、材料迟延缴纳社会保险费的，社会保险经办机构应当报请劳动保障行政部门依法处罚。

（3）社会保险经办机构应定期向劳动保障行政部门报告社会保险稽核工作情况。劳动保障行政部门应将社会保险经办机构提请处理事项的结果及时通报社会保险经办机构。

（4）社会保险经办机构应当对参保个人领取社会保险待遇情况进行核查，发现社会保险待遇领取人丧失待遇领取资格后本人或他人继续领取待遇或以其他形式骗取社会保险待遇的，社会保险经办机构应当立即停止待遇的支付并责令退还；拒不退还的，由劳动保障行政部门依法处理，并可对其处以500元以上1000元以下罚款；构成犯罪的，由司法机关依法追究刑事责任。①

[延伸阅读]

关于工资总额组成的规定

（一九八九年九月三十日国务院批准
一九九〇年一月一日国家统计局令第一号发布）

第一章　总则

第一条　为了统一工资总额的计算范围，保证国家对工资进行统一的统计核算和会计核算，有利于编制、检查计划和进行工资管理以及正确地反映职工

① 《社会保险稽核办法》（劳动和社会保障部令第16号）.

的工资收入，制定本规定。

第二条　全民所有制和集体所有制企业、事业单位，各种合营单位，各级国家机关、政党机关和社会团体，在计划、统计、会计上有关工资总额范围的计算，均应遵守本规定。

第三条　工资总额是指各单位在一定时期内直接支付给本单位全部职工的劳动报酬总额。

工资总额的计算应以直接支付给职工的全部劳动报酬为根据。

第二章　工资总额的组成

第四条　工资总额由下列六个部分组成：

（一）计时工资；

（二）计件工资；

（三）奖金；

（四）津贴和补贴；

（五）加班加点工资；

（六）特殊情况下支付的工资。

第五条　计时工资是指按计时工资标准（包括地区生活费补贴）和工作时间支付给个人的劳动报酬。包括：

（一）对已做工作按计时工资标准支付的工资；

（二）实行结构工资制的单位支付给职工的基础工资和职务（岗位）工资；

（三）新参加工作职工的见习工资（学徒的生活费）；

（四）运动员体育津贴。

第六条　计件工资是指对已做工作按计件单价支付的劳动报酬。包括：

（一）实行超额累进计件、直接无限计件、限额计件、超定额计件等工资制，按劳动部门或主管部门批准的定额和计件单价支付给个人的工资；

（二）按工作任务包干方法支付给个人的工资；

（三）按营业额提成或利润提成办法支付给个人的工资。

第七条　奖金是指支付给职工的超额劳动报酬和增收节支的劳动报酬。包括：

（一）生产奖；

（二）节约奖；

（三）劳动竞赛奖；

（四）机关、事业单位的奖励工资；

（五）其他奖金。

第八条　津贴和补贴是指为了补偿职工特殊或额外的劳动消耗和因其他特殊原因支付给职工的津贴，以及为了保证职工工资水平不受物价影响支付给职工的物价补贴。

（一）津贴。包括补偿职工特殊或额外劳动消耗的津贴，保健性津贴，技术性津贴，年功性津贴及其他津贴。

（二）物价补贴。包括为保证职工工资水平不受物价上涨或变动影响而支付的各种补贴。

第九条　加班加点工资是指按规定支付的加班工资和加点工资。

第十条　特殊情况下支付的工资。包括：

（一）根据国家法律、法规和政策规定，因病、工伤、产假、计划生育假、婚丧假、事假、探亲假、定期休假、停工学习、执行国家或社会义务等原因按计时工资标准或计时工资标准的一定比例支付的工资；

（二）附加工资、保留工资。

第三章　工资总额不包括的项目

第十一条　下列各项不列入工资总额的范围：

（一）根据国务院发布的有关规定颁发的发明创造奖、自然科学奖、科学技术进步奖和支付的合理化建议和技术改进奖以及支付给运动员、教练员的奖金；

（二）有关劳动保险和职工福利方面的各项费用；

（三）有关离休、退休、退职人员待遇的各项支出；

（四）劳动保护的各项支出；

（五）稿费、讲课费及其他专门工作报酬；

（六）出差伙食补助费、误餐补助、调动工作的旅费和安家费；

（七）对自带工具、牲畜来企业工作职工所支付的工具、牲畜等的补偿费用；

（八）实行租赁经营单位的承租人的风险性补偿收入；

（九）对购买本企业股票和债券的职工所支付的股息（包括股金分红）和利息；

（十）劳动合同制职工解除劳动合同时由企业支付的医疗补助费、生活补助费等；

（十一）因录用临时工而在工资以外向提供劳动力单位支付的手续费或管

理费；

（十二）支付给家庭工人的加工费和按加工订货办法支付给承包单位的发包费用；

（十三）支付给参加企业劳动的在校学生的补贴；

（十四）计划生育独生子女补贴。

第十二条　前条所列各项按照国家规定另行统计。

第四章　附则

第十三条　中华人民共和国境内的私营单位、华侨及港、澳、台工商业者经营单位和外商经营单位有关工资总额范围的计算，参照本规定执行。

第十四条　本规定由国家统计局负责解释。

第十五条　各地区、各部门可依据本规定制定有关工资总额组成的具体范围的规定。

第十六条　本规定自发布之日起施行。国务院 1955 年 5 月 21 日批准颁发的《关于工资总额组成的暂行规定》同时废止。

[自测]

一、单项选择题（请选出您认为最符合题意的选项，将其标号填入括号中）

1. 下列关于社会平均工资的表述，正确的是（　　）。

A. 一次性工亡补助金标准，为上一年度全国城镇居民人均可支配收入的 30 倍

B. 伤残津贴、供养亲属抚恤金、生活护理费，由统筹地区社会保险费部门根据职工平均工资和生活费用变化等情况适时调整，调整办法由省级政府规定

C. 个体工商户的税前扣除标准，业主本人缴纳的补充养老、补充医疗保险费，以当地（地级市）上年度社会平均工资的 2 倍为计算基数，分别在不超过该计算基数 5% 标准内的部分据实扣除

D. 在小型服务业企业以及无雇工的个体工商户工伤保险费计算方面，商贸、餐饮、住宿、美容美发、洗浴以及文体娱乐等小型服务业企业以及有雇工的个体工商户，可以按照营业面积的大小核定应参保人数，按照所在统筹地区上一年度职工月平均工资的一定比例和相应的费率，计算缴纳工伤保险费

2. 下列关于最低工资的相关表述，正确的是（　　）。

A. 试用期工资。劳动者在试用期的工资不得低于本单位相同岗位最低档工资的80%或者不得低于劳动合同约定工资的80%，并不得低于用人单位所在地的最低工资标准

B. 伤残津贴。九级、十级伤残，其伤残津贴实际金额低于当地最低工资标准的，由用人单位补足差额

C. 失业保险金标准。该标准由省人力资源和社会保障部门确定，可以低于城市居民最低生活保障标准，但须报省人民政府备案

D. 请长假职工的工资。若劳动者没有提供正常劳动，用人单位没有安排劳动者工作的，应当按不低于当地最低工资标准的60%支付劳动者生活费

3. A职工2018年1—12月的工资总额为24万元，2018年月平均工资即为2万元。在2019年的基数核定期，单位为A职工申报的2019年度缴费工资应为2万元。A职工所在省份2018年社会平均工资为5793元/月，则2019年度缴费基数上限为17379元（5793元×300%）。单位为A职工申报的缴费工资虽为2万元，但经社会保险费经办机构核定的缴费基数应当为（　　）。

A. 20000元　　B. 5793元

C. 17379元　　D. 3475.80元

4. 关于特殊人员的缴费基数，下列表述错误的是（　　）。

A. 新招职工（包括研究生、大学生、大中专毕业生等）以起薪当月工资收入作为缴费工资基数；自第二年起，按上一年实发工资的月平均工资作为缴费工资基数

B. 单位派出的长期脱产学习人员、经批准请长假的职工，保留工资关系的，以脱产或请假的上年月平均工资作为缴费工资基数

C. 单位派出境外、国外工作的职工，按本人出境（国）上年在本单位领取的月平均工资作为缴费工资基数；次年的缴费工资基数按上年本单位平均工资增长率进行调整

D. 失业后再就业的职工，失业后再就业，以失业的当年工资作为缴费工资基数；自第二年起，按上一年实发工资的月均工资作为缴费工资基数

参考答案：

1. B
2. A
3. C
4. D

二、多项选择题（题目所列选项2～3个符合题意。请选出您认为符合题意的选项，将其标号填入括号中）

1. 劳动报酬总额包括（　　）。

A. 在岗职工工资总额

B. 不在岗职工生活费

C. 聘用的离退休人员的劳动报酬

D. 外籍及港澳台方人员劳动报酬以及聘用其他从业人员的劳动报酬

E. 留用的离退休人员的劳动报酬

2. 工资总额由下列项目部分组成（　　）。

A. 计时工资

B. 外请专家讲课费

C. 计件工资

D. 奖金、津贴和补贴

E. 加班加点工资、特殊情况下支付的工资等

3. 以下不计入工资总额的项目有（　　）。

A. 根据国务院规定发放的创造发明奖

B. 劳动保护的各种支出

C. 有关离休、退休、退职人员待遇的各项支出

D. 稿费、讲课费及其他专门工作报酬

E. 出差伙食补助费、误餐补助、调动工作的旅费和安家费

4. 社会保险缴费情况稽核内容包括（　　）。

A. 缴费单位和缴费个人申报的社会保险缴费人数、缴费基数是否符合国家规定

B. 缴费单位和缴费个人是否按时足额缴纳社会保险费

C. 欠缴社会保险费的单位和个人的补缴情况

D. 国家规定的或者劳动保障行政部门交办的其他稽核事项

E. 经济合同的签订、变更和解除情况

5. 工伤保险的覆盖范围有（　　）。

A. 个体工商户的雇工　　B. 国有企业职工

C. 事业单位职工　　D. 民办非企业单位职工

参考答案：

1. ABCDE

2. ACDE

3. ABCDE

4. ABCD

5. ABCD

三、判断题（判断正误，如果您认为正确，请在括号中填“√”，如果您认为错误，请在括号中填“×”）

1. 合同工资是单位与职工之间约定的工资金额，合同工资可以作为缴费基数。（ ）

2. 对于经稽核未发现违反法规行为的被稽核对象，社会保险经办机构应当在稽核结束后5个工作日内书面告知其稽核结果。（ ）

3. 依照财务制度中“收付实现制”的原则进行统计，由于各单位的薪金制度可能是上发薪或下发薪，因此统计时间以实际发放至职工手中的时间为准。（ ）

4. 凡是统计局有关文件没有明确规定不作为工资收入统计的项目，均应作为社会保险缴费基数。（ ）

5. 企业所得税所称“合理工资薪金”，是指企业按照股东大会、董事会、薪酬委员会或相关管理机构制定的工薪制度规定实际发放给员工的工资薪金。对工资薪金进行合理性确认时，可按一定的原则掌握。如，规范的员工工资薪金制度、符合行业及地区水平、履行代扣代缴个人所得税义务、不以减少或逃避税款为目的等。（ ）

参考答案：

1. ×

答案解析：合同工资是单位与职工之间约定的工资金额，合同工资不能作为缴费基数。

2. √

3. √

4. √

5. √

四、简答题

谈谈您对工资总额的理解？

参考答案：

（1）工资总额是国民经济核算和劳动工资计划管理的一项重要指标。所谓工资总额，是指各单位在一定时期内直接支付给本单位全部职工的劳动报酬总额。劳动报酬总额包括：在岗职工工资总额；不在岗职工生活费；聘用＋留用的离退休人员的劳动报酬；外籍及港澳台方人员劳动报酬以及聘用其他从业人员的劳动报酬。各单位支付给职工的劳动报酬以及其他根据有关规定支付的工资，不论是计入成本的还是不计入成本的，不论是按国家规定列入计征奖金税项目的还是未列入计征奖金税项目的，不论是以货币形式支付的还是以实物形式支付的，均应列入工资总额的计算范围。

（2）工资总额的计算应以直接支付给职工的全部劳动报酬为根据。工资总额由计时工资、计件工资、奖金、津贴和补贴、加班加点工资、特殊情况下支付的工资等部分组成。

第7章

社会保险费的涉税处理

7.1 社会保险费与个人所得税

企业按照国务院、各地政府或企业年金计划规定的基准和比例计算，向社会保险经办机构缴纳的养老保险费、医疗保险费、失业保险费、工伤保险费和生育保险费。企业以购买商业保险形式提供给职工的各种保险待遇属于企业提供的职工薪酬，应当按照职工薪酬的原则进行确认、计量和披露。[①] 无论是社会保险费，还是商业保险费，都涉及个人所得税征免问题。

7.1.1 基本养老保险、基本医疗保险和失业保险涉税规定

7.1.1.1 基本养老保险费、基本医疗保险费和失业保险费征免税

根据《关于基本养老保险费 基本医疗保险费 失业保险费 住房公积金有关个人所得税政策的通知》（财税〔2006〕10 号）规定，企事业单位按照国家或省级人民政府规定的缴费比例或办法实际缴付的基本养老保险费、基本医疗保险费和失业保险费，免征个人所得税；个人按照国家或省级人民政府规定的缴费比例或办法实际缴付的基本养老保险费、基本医疗保险费和失业保险费，允许在个人应纳税所得额中扣除。

企事业单位和个人超过规定的比例和标准缴付的基本养老保险费、基本医疗保险费和失业保险费，应将超过部分并入个人当期的工资、薪金收入，计征个人所得税。企业以现金形式发给个人的医疗补助费，应全额计入领取人的当期工资、薪金收入计征个人所得税。[②]

---

① 《企业会计准则第 9 号——职工薪酬》.

② 《关于基本养老保险费 基本医疗保险费 失业保险费 住房公积金有关个人所得税政策的通知》（财税〔2006〕10 号）.

7.1.1.2　基本养老保险、基本医疗保险和失业保险待遇征免规定

根据《个人所得税法》规定，按照国家统一规定发给干部、职工的安家费、退职费、基本养老金或者退休费、离休费、离休生活补助费。①

根据《住房公积金管理条例》《建设部 财政部 中国人民银行关于住房公积金管理若干具体问题的指导意见》（建金管〔2005〕5号）等文件规定，单位和个人分别在不超过职工本人上一年度月平均工资12%的幅度内，其实际缴存的住房公积金，允许在个人应纳税所得额中扣除。单位和职工个人缴存住房公积金的月平均工资不得超过职工工作地所在设区城市上一年度职工月平均工资的3倍，具体标准按照各地有关规定执行。单位和个人超过上述规定比例和标准缴付的住房公积金，应将超过部分并入个人当期的工资、薪金收入，计征个人所得税。

个人实际领（支）取原提存的基本养老保险金、基本医疗保险金、失业保险金和住房公积金时，免征个人所得税。职工工资口径按照国家统计局规定列入工资总额统计的项目计算。②

个人领取的企业以现金形式发给的住房补贴、医疗补助费，应全额计入领取人的当期工资、薪金收入计征个人所得税。③

7.1.2　工伤保险待遇涉税规定

7.1.2.1　工伤保险费征免规定

企业依照国务院有关主管部门或者省级人民政府规定的范围和标准为职工缴纳的工伤保险费，准予扣除。④ 对于企业的工伤赔偿款，由于工伤是因公受伤，与企业的生产经营有关，因此工伤赔偿属于与生产经营相关的支出，可以企业所得税前扣除。

7.1.2.2　工伤保险待遇征免规定

为贯彻落实《工伤保险条例》（国务院令第586号），根据个人所得税法关于

---

① 《中华人民共和国个人所得税法》根据2018年8月31日第十三届全国人民代表大会常务委员会第五次会议《关于修改〈中华人民共和国个人所得税法〉的决定》第七次修正.

② 《关于基本养老保险费 基本医疗保险费 失业保险费 住房公积金有关个税政策的通知》（财税〔2006〕10号）.

③ 《关于基本养老保险费基本医疗保险费失业保险费住房公积金有关个人所得税政策的通知》（财税〔2006〕10号）.

④ 《中华人民共和国企业所得税法实施条例》（中华人民共和国国务院令第512号）第三十五条.

“经国务院财政部门批准免税的所得”的规定，对工伤职工及其近亲属按照该条例规定取得的工伤保险待遇，免征个人所得税。

这里所指的工伤保险待遇，包括工伤职工按规定取得的一次性伤残补助金、伤残津贴、一次性工伤医疗补助金、一次性伤残就业补助金、工伤医疗待遇、住院伙食补助费、外地就医交通食宿费用、工伤康复费用、辅助器具费用、生活护理费等，以及职工因公死亡，其近亲属按照该条例规定取得的丧葬补助金、供养亲属抚恤金和一次性工亡补助金等。

该政策自2011年1月1日起执行，对2011年1月1日之后已征税款，由纳税人向主管税务机关提出申请，主管税务机关按相关规定予以退还。①

7.1.3 生育保险待遇涉税规定

7.1.3.1 生育保险费征免税规定

企业依照国务院有关主管部门或者省级人民政府规定的范围和标准为职工缴纳的生育保险费，准予扣除。②

7.1.3.2 生育保险待遇征免税规定

根据《个人所得税法》有关规定，经国务院批准，生育妇女按照县级以上人民政府根据国家有关规定制定的生育保险办法，取得的生育津贴、生育医疗费或其他属于生育保险性质的津贴、补贴，免征个人所得税。自2008年3月7日起执行。③

男职工取得的生育津贴是否享受免税，各地口径不尽相同。例如，广东省规定，男职工按照《广东省职工生育保险规定》取得的生育假期津贴同样参照财税〔2008〕8号文的有关规定执行。符合上述规定取得的生育津贴免征个人所得税，不符合上述规定发放的工资收入，应按规定计算缴纳个人所得税。

7.1.4 企业年金和职业年金个人所得税征免税规定

党的十八届三中全会提出，“制定实施免税、延期征税等优惠政策，加快发展

---

① 《关于工伤职工取得的工伤保险待遇有关个人所得税政策的通知》（财税〔2012〕40号）.

② 《中华人民共和国企业所得税法实施条例》（中华人民共和国国务院令第512号）第三十五条.

③ 《关于生育津贴和生育医疗费有关个人所得税政策的通知》（财税〔2008〕8号）.

企业年金、职业年金、商业保险，构建多层次社会保障体系。”企业年金、职业年金作为我国国家基本养老保险的重要补充，是我国多层次养老保险体系的重要组成部分，是我国养老保险的第二支柱。企业年金、职业年金个人所得税政策调整，是贯彻落实党的十八届三中全会要求，进一步促进企业年金、职业年金发展，优化收入分配格局，健全社会保障制度的重要举措。

7.1.4.1 企业年金和职业年金缴费的个人所得税处理

（1）企业和事业单位根据国家规定，为在本单位任职或者受雇的全体职工缴付的企业年金或职业年金（以下统称“年金”）单位缴费部分，在计入个人账户时，个人暂不缴纳个人所得税。

（2）个人根据国家有关政策规定缴付的年金个人缴费部分，在不超过本人缴费工资计税基数的4%标准内的部分，暂从个人当期的应纳税所得额中扣除。

（3）超过前述企业和个人标准缴付的年金单位缴费和个人缴费部分，应并入个人当期的工资、薪金所得，依法计征个人所得税。税款由建立年金的单位代扣代缴，并向主管税务机关申报解缴。

（4）企业年金个人缴费工资计税基数为本人上一年度月平均工资。月平均工资按国家统计局规定列入工资总额统计的项目计算。月平均工资超过职工工作地所在设区城市上一年度职工月平均工资300%以上的部分，不计入个人缴费工资计税基数。职业年金个人缴费工资计税基数为职工岗位工资和薪级工资之和。职工岗位工资和薪级工资之和超过职工工作地所在设区城市上一年度职工月平均工资300%以上的部分，不计入个人缴费工资计税基数。

7.1.4.2 年金基金投资运营收益的个人所得税处理

年金基金投资运营收益分配计入个人账户时，个人暂不缴纳个人所得税。

7.1.4.3 领取年金的个人所得税处理

1. 领取年金的个人所得税计算

个人达到国家规定的退休年龄，领取的企业年金、职业年金，符合《财政部 人力资源社会保障部 国家税务总局关于企业年金 职业年金个人所得税有关问题的通知》（财税〔2013〕103号）规定的，不并入综合所得，全额单独计算应纳税款。其中按月领取的，适用月度税率表计算纳税；按季领取的，平均分摊计入各月，按每月领取额适用月度税率表计算纳税；按年领取的，适用综合所得税率表计算纳税。年金托管人在第一次代扣代缴年金领取人的个人所得税时，应在《个人所得税基础信息表（a 表)》“备注”中注明“年金领取”字样。

个人因出境定居而一次性领取的年金个人账户资金，或个人死亡后，其指定的受益人或法定继承人一次性领取的年金个人账户余额，适用综合所得税率表计算纳税。对个人除上述特殊原因外一次性领取年金个人账户资金或余额的，适用月度税率表计算纳税。①

2. 年金的扣缴申报与资料备案

（1）个人领取年金时，其应纳税款由受托人代表委托人委托托管人代扣代缴。年金账户管理人应及时向托管人提供个人年金缴费及对应的个人所得税纳税明细。托管人根据受托人指令及账户管理人提供的资料，按照规定计算扣缴个人当期领取年金待遇的应纳税款，并向托管人所在地主管税务机关申报解缴。

（2）建立年金计划的单位、年金托管人，应按照《个人所得税法》和《税收征收管理法》的有关规定，实行全员全额扣缴明细申报。受托人有责任协调相关管理人依法向税务机关办理扣缴申报、提供相关资料。

（3）年金的备案。建立年金计划的单位应于建立年金计划的次月 15 日内，向其所在地主管税务机关报送年金方案、人力资源社会保障部门出具的方案备案函、计划确认函以及主管税务机关要求报送的其他相关资料。年金方案、受托人、托管人发生变化的，应于发生变化的次月 15 日内重新向其主管税务机关报送上述资料。

按照国家或省级地方政府规定的比例缴付的基本养老保险金、医疗保险金、失业保险基金专项基金或资金存入银行个人账户所取得的利息收入免征个人所得税。②

7.2　社会保险费与企业所得税

《中华人民共和国企业所得税法实施条例》第三十五条第一款规定，企业依照国务院有关主管部门或者省级人民政府规定的范围和标准为职工缴纳的基本养老保

① 《关于个人所得税法修改后有关优惠政策衔接问题的通知》（财税〔2018〕164 号）.

② 《财政部 国家税务总局关于住房公积金、医疗保险金、基本养老保险金、失业保险基金个人账户存款利息所得免征个人所得税的通知》（财税字〔1999〕267 号）.

险费、基本医疗保险费、失业保险费、工伤保险费、生育保险费等基本社会保险费和住房公积金，准予扣除。社会保险费不得在企业所得税前扣除的情形较多，归纳起来，主要为以下几个方面：

7.2.1　超过标准缴纳的社会保险费不得税前扣除

企业依照国务院有关主管部门或者省级人民政府规定的范围和标准为职工缴纳的基本养老保险费、基本医疗保险费、失业保险费、工伤保险费、生育保险费等基本社会保险费和住房公积金，准予扣除。企业为投资者或者职工支付的补充养老保险费、补充医疗保险费，在国务院财政、税务主管部门规定的范围和标准内，准予扣除。

7.2.2　不合规的补充社会保险费不得税前扣除

7.2.2.1　为部分员工缴纳的补充社会保险费不得税前扣除

自 2008 年 1 月 1 日起，企业根据国家有关政策规定，为在本企业任职或者受雇的全体员工支付的补充养老保险费、补充医疗保险费，分别在不超过职工工资总额 5% 标准内的部分，在计算应纳税所得额时准予扣除；超过的部分，不予扣除。[①]自 2008 年 1 月 1 日起，为在本企业任职或受雇的全体员工支付的补充养老保险、补充医疗保险费，分别在不超过职工工资总额 5% 标准内的部分，在计算应纳税所得额时准予扣除，超过的部分不予扣除。一是必须满足为全体员工购买的两个补充才能扣除，仅给部分职工支付的就不能扣除；二是必须实际支付，部分企业采取先计提后支付的，应该在实际支付时税前扣除；三是扣除限额，补充养老保险费和补充医疗保险费分别在不超过职工工资总额 5% 标准内的部分，在计算应纳税所得额时准予扣除，超过的部分，不予扣除，形成永久性差异。只为企业高级管理人员支付的补充养老保险和补充医疗保险不得在税前扣除。[②]

7.2.2.2　未实际缴纳的补充养老保险不能税前扣除

企业当年度实际发生的相关成本、费用，由于各种原因未能及时取得该成本、

① 《关于补充养老保险费补充医疗保险费有关企业所得税政策问题的通知》（财税〔2009〕27 号）.

② 《关于补充养老保险费补充医疗保险费有关企业所得税政策问题的通知》（财税〔2009〕27 号）.

费用的有效凭证，企业在预缴季度所得税时，可暂按账面发生金额进行核算；但在汇算清缴时，应补充提供该成本、费用的有效凭证。注意，“汇算清缴时”不是“汇算清缴期”，意味着企业在5月31日前取得凭证是可以的。在整个汇算清缴期，企业仍未实际缴纳的社会保险费不得在企业所得税税前扣除。①

7.2.2.3 为退休人员缴纳的补充养老保险费不能税前扣除

自2008年1月1日起，企业按规定为任职或者受雇的全体员工支付的补充养老保险费、补充医疗保险费，分别在不超过职工工资总额5%标准内的部分，在计算应纳税所得额时准予扣除；超过的部分，不予扣除。可见，为退休人员缴纳的补充养老保险费不能在企业所得税前扣除。②

7.2.3 汇缴前仍未缴纳的社会保险费不得税前扣除

企业当年度实际发生的相关成本、费用，由于各种原因未能及时取得该成本、费用的有效凭证，企业在预缴季度所得税时，可暂按账面发生金额进行核算；但在汇算清缴时，应补充提供该成本、费用的有效凭证。③

7.2.4 应当由个人缴纳的社会保险费不得税前扣除

企业实际发生的与取得收入有关的、合理的支出，包括成本、费用、税金、损失和其他支出，准予在计算应纳税所得额时扣除。④ 企业发生的合理的工资、薪金支出，准予扣除。⑤ 这里，有关的支出，是指与取得收入直接相关的支出。合理的支出，是指符合生产经营活动常规，应当计入当期损益或者有关资产成本的必要和正常的支出。

个人承担的社保费包括两种情形：一是由职工个人自己承担的社保费部分不在企业所得税税前扣除，若是属于个人负担的部分已计入工资薪金的，可以作为工资薪金按规定在个人所得税税前扣除。二是企业为挂靠人员代缴的社保费不得税前扣

---

① 《国家税务总局关于企业所得税若干问题的公告》（总局公告2011年第34号）第六条.

② 《财政部 国家税务总局关于补充养老保险费 补充医疗保险费有关企业所得税政策问题的通知》（财税〔2009〕27号）.

③ 《国家税务总局关于企业所得税若干问题的公告》（国家税务总局公告2011年第34号）第六条.

④ 《中华人民共和国企业所得税法》第八条.

⑤ 《企业所得税法实施条例》（国务院令第512号）第三十四条.

除，因为是非本单位员工，与公司的无关，当然不能在企业所得税前扣除。[①]

7.2.5　与社会保险费相关的行政罚款不得税前扣除

企业支付的社会保险费罚款，属于行政性罚款，不可以税前扣除。但是社会保险费滞纳金不属于税收滞纳金，可以在企业所得税税前扣除，税收滞纳金不能税前扣除。[②]

7.2.6　外企直接为境内员工支付的境外社会保险费不得税前扣除

外商投资企业和外国企业按照有关国家社会保险制度的要求，或者作为企业内部福利或奖励制度，直接为其在中国境内工作的雇员（含在中国境内有住所和无住所的雇员）支付或负担的各类境外商业人身保险费和境外社会保险费，如向境外社会保险机构和商业保险机构支付的失业保险费、退休金、储蓄金、人身意外伤害保险费、医疗保险费等，不得在企业所得税前扣除。

需要注意的是，但该境外保险费作为支付给雇员的工资、薪金的，可以在企业所得税前扣除。[③]

7.2.7　补缴5年前的社会保险费不得税前扣除

根据《税收征收管理法》的有关规定，对企业发现以前年度实际发生的、按照税收规定应在企业所得税前扣除而未扣除或者少扣除的支出，企业做出专项申报及说明后，准予追补至该项目发生年度计算扣除，但追补确认期限不得超过5年。企业由于上述原因多缴的企业所得税税款，可以在追补确认年度企业所得税应纳税款中抵扣，不足抵扣的，可以向以后年度递延抵扣或申请退税。

据此，补缴以前年度的“五险一金”应作为被补缴当年费用处理；补缴年度应做出专项申报及说明后，追补至被补缴年度税前扣除。若超过5个年度的，不得在

① 《企业所得税法实施条例》第二十七条.

② 《中华人民共和国企业所得税法》第十条.

③ 《关于外商投资企业和外国企业的雇员的境外保险费有关所得税处理问题的通知》（国税发〔1998〕101号）.

企业所得税税前扣除。①

7.3 社会保险基金涉税政策

7.3.1 社会保险保障基金

社会保险保障基金可以分述为社会保险基金与社会保障基金。国家设立全国社会保障基金（以下简称“社保基金”），作为国家社会保障储备基金。社保基金由中央财政预算拨款、国有资本划转、基金投资收益和以国务院批准的其他方式筹集的资金构成。用于人口老龄化高峰时期的养老保险等社会保障支出的补充、调剂。社保基金是不向个人投资者开放的，社保基金是国家把企事业职工交的养老保险费中的一部分资金交给专业的机构管理，实现保值增值。

社会保险基金，是指为了使社会保险有可靠的资金保障，国家通过立法要求全社会统一建立的、用于支付社会保险待遇的专项资金。用此种资金购置的资产及其增值部分也属于社会保险基金的范围；社会保险基金是国家为举办社会保险事业而筹集的，用于支付劳动者因暂时或永久丧失劳动能力或劳动机会时所享受的保险金和津贴的资金。社会保险基金按照保险类型确定资金来源，逐步实行社会统筹。用人单位和劳动者必须依法参加社会保险，缴纳社会保险费。

社会保险基金包括基本养老保险基金、基本医疗保险基金、工伤保险基金、失业保险基金和生育保险基金，各项社会保险基金按照社会保险险种分别建账，分账核算，然后执行国家统一的会计制度；社会保险基金专款专用，任何组织和个人不得侵占或者挪用。基本养老保险基金逐步实行全国统筹，其他社会保险基金逐步实行省级统筹，具体时间、步骤由国务院规定；社会保险基金通过预算实现收支平衡。县级以上人民政府在社会保险基金出现支付不足时，给予补贴；社会保险基金按照

① 《国家税务总局关于企业所得税应纳税额若干税务处理问题的公告》（总局公告2012年第15号）第六条第一款.

统筹层次设立预算。社会保险基金预算按照社会保险项目分别编制；其预算、决算草案的编制、审核和批准，依照法律和国务院规定执行；社会保险基金在保证安全的前提下，按照国务院规定投资运营实现保值增值。社会保险基金不得违规投资运营，不得用于平衡其他政府预算，不得用于兴建、改建办公场所和支付人员经费、运行费用、管理费用，或者违反法律、行政法规规定挪作其他用途；社会保险经办机构应当定期向社会公布参加社会保险情况以及社会保险基金的收入、支出、结余和收益情况。①

7.3.2 保险保障基金有关税收政策

为支持保险保障基金发展，增强行业经营风险防范能力，《关于保险保障基金有关税收政策问题的通知》（财税〔2018〕41号）明确，自2018年1月1日起至2020年12月31日期间，按下列政策执行：

1. 对中国保险保障基金有限责任公司（以下简称“保险保障基金公司”）根据《保险保障基金管理办法》取得的下列收入，免征企业所得税：

（1）境内保险公司依法缴纳的保险保障基金；

（2）依法从撤销或破产保险公司清算财产中获得的受偿收入和向有关责任方追偿所得，以及依法从保险公司风险处置中获得的财产转让所得；

（3）接受捐赠收入；

（4）银行存款利息收入；

（5）购买政府债券、中央银行、中央企业和中央级金融机构发行债券的利息收入；

（6）国务院批准的其他资金运用取得的收入。

2. 对保险保障基金公司下列应税凭证，免征印花税：

（1）新设立的资金账簿；

（2）在对保险公司进行风险处置和破产救助过程中签订的产权转移书据；

（3）在对保险公司进行风险处置过程中与中国人民银行签订的再贷款合同；

（4）以保险保障基金自有财产和接收的受偿资产与保险公司签订的财产保险合同。

对与保险保障基金公司签订上述产权转移书据或应税合同的其他当事人照章征收印花税。

---

① 《中华人民共和国社会保险法》.

7.3.3　全国社会保障基金有关投资业务税收政策

《关于全国社会保障基金有关投资业务税收政策的通知》（财税〔2018〕94号）对全国社会保障基金理事会（以下简称“社保基金会”）管理的全国社会保障基金（以下简称“社保基金”）有关投资业务的税收政策进行了明确。

（1）对社保基金会、社保基金投资管理人在运用社保基金投资过程中，提供贷款服务取得的全部利息及利息性质的收入和金融商品转让收入，免征增值税。

（2）对社保基金取得的直接股权投资收益、股权投资基金收益，作为企业所得税不征税收入。

（3）对社保基金会、社保基金投资管理人管理的社保基金转让非上市公司股权，免征社保基金会、社保基金投资管理人应缴纳的印花税。

2018年9月10日前发生的社保基金有关投资业务，符合规定且未缴纳相关税款的，按上述规定执行；已缴纳的相关税款，不再退还。

7.3.4　基本养老保险基金有关投资业务税收政策

《关于基本养老保险基金有关投资业务税收政策的通知》（财税〔2018〕95号）对社保基金会受托投资的基本养老保险基金（以下简称“养老基金”）有关投资业务税收政策明确。

（1）对社保基金会及养老基金投资管理机构在国务院批准的投资范围内，运用养老基金投资过程中，提供贷款服务取得的全部利息及利息性质的收入和金融商品转让收入，免征增值税。

（2）对社保基金会及养老基金投资管理机构在国务院批准的投资范围内，运用养老基金投资取得的归属于养老基金的投资收入，作为企业所得税不征税收入；对养老基金投资管理机构、养老基金托管机构从事养老基金管理活动取得的收入，依照税法规定征收企业所得税。

（3）对社保基金会及养老基金投资管理机构运用养老基金买卖证券应缴纳的印花税实行先征后返；养老基金持有的证券，在养老基金证券账户之间的划拨过户，不属于印花税的征收范围，不征收印花税。对社保基金会及养老基金投资管理机构管理的养老基金转让非上市公司股权，免征社保基金会及养老基金投资管理机构应缴纳的印花税。

2018年9月20日前发生的养老基金有关投资业务，符合规定且未缴纳相关税款的，按本政策执行；已缴纳的相关税款，不再退还。

7.3.5　划转部分国有资本充实社保基金税收政策

根据《关于全面推开划转部分国有资本充实社保基金工作的通知》（财资〔2019〕49号）文件精神，中央和地方划转部分国有资本充实社保基金工作于2019年全面推开。其中：中央层面，具备条件的企业于2019年年底前基本完成，确有难度的企业可于2020年年底前完成，中央行政事业单位所办企业待集中统一监管改革完成后予以划转；地方层面，于2020年年底前基本完成划转工作。

在划转国有资本充实社保基金的税费处理方面（财资〔2019〕49号）文件明确，在国有股权划转和接收过程中，划转非上市公司股份的，对划出方与划入方签订的产权转移书据免征印花税；划转上市公司股份和全国中小企业股份转让系统挂牌公司股份的，免征证券交易印花税；对划入方因承接划转股权而增加的实收资本和资本公积，免征印花税；涉及境内上市公司、全国中小企业股份转让系统挂牌的公司和境外上市公司非境外上市股份的，免收过户费。2019年9月10日前，划转双方已缴纳的上述税费由征收单位予以退还。

另外，国有股权划出方和划入方均不确认所得，不征收企业所得税，划入方取得已划入股权的企业所得税计税基础以划入股权的原计税基础确定。

[延伸阅读]

林红军、武汉市超峰玻璃有限公司劳动争议二审民事判决书

（2017）鄂01民终7929号

上诉人（原审原告）：林红军，男，××××年××月××日出生，汉族。

委托诉讼代理人：项永斌，湖北我们律师事务所律师。

委托诉讼代理人：彭辉宇，湖北我们律师事务所律师。

上诉人（原审被告）：武汉市超峰玻璃有限公司，住所地湖北省武汉市江岸区谌家矶街朱家河村特1号。

法定代表人：宋艳松，董事长。

委托诉讼代理人：李强，湖北泓峰律师事务所律师。

上诉人林红军、武汉市超峰玻璃有限公司（以下简称超峰公司）因劳动争议一案，均不服湖北省武汉市江岸区人民法院（2017）鄂0102民初5544号民事判决，向本院提起上诉。本院于2017年11月20日立案后，依法组成合议庭对本案进行了审理。现已审理终结。

林红军上诉请求：（1）维持原判第一、三、五项；（2）撤销原判第二项，改判超峰公司支付林红军2013年3月28日至2014年2月27日未签订书面劳动合同2倍工资差额24482.74元；（3）撤销原判第四项，改判超峰公司支付林红军2015年4月至2016年1月被拖欠的工资21208元；（4）改判超峰公司支付林红军2013年3月至2015年4月期间的休息日及延时加班工资26262元；（5）改判超峰公司支付林红军2013年2月至2016年1月未享受带薪年休假的加班工资共计7724元。事实与理由：（1）关于2倍工资。超峰公司提交的劳动合同签字日期为2014年2月1日，而2014年2月1日是大年初二，林红军不可能在这天签订劳动合同。超峰公司对此未作合理解释，应当认定双方未签订劳动合同由超峰公司支付2倍工资差额。另外从工资明细表上看，林红军2014年2月工资1104元低于同期武汉市最低工资标准1300元。（2）关于2015年4月至2016年1月被拖欠的工资问题。首先，仲裁委裁决的该项金额是10198.30元，超峰公司未对仲裁裁决起诉，故法院对该项请求的判决金额不能低于仲裁裁决的数额；其次，按照《湖北省工伤职工停工留薪期管理办法》第五条的规定，用人单位应当确定工伤职工的停工留薪期。林红军在解除劳动关系时，一并要求超峰公司确认其停工留薪期，但超峰公司一直未履行此义务，所以林红军的停工留薪期应当一直顺延至林红军解除劳动关系的2016年1月；再次，即使按照一审判决观点林红军的停工留薪期应当确定为5个月，那么在停工留薪期结束后的2015年9月11日至2016年1月16日期间，依照《湖北省工伤职工停工留薪期管理办法》第十一条的规定，停工留薪期满或终止工伤职工停止享受停工留薪期待遇，由用人单位安排适当工作。确因伤情不能工作需要继续治疗的，工伤职工或其近亲属必须在停工留薪期满或终止后的5个工作日内出具签订服务协议的医疗机构的诊断证明或休假证明，继续享受工伤医疗待遇，不享受停工留薪期待遇，由用人单位发给病假工资，所以在停工留薪期满后超峰公司应当发放病假工资。（3）关于加班工资及年休假工资。超峰公司对林红军进行考勤管理，但超峰公司提交的考勤资料中看不出林红军每月工作天数和每日工作时间，超峰公司也没有对其已足额支付加班工资进行举证，应当承担不利后果支付林红军主张的加班工资。林红军认可每年春节休息15天，但超峰公司没有证明该超出春节法定假期的期间就是带薪年休假，一审判决认定为带薪年休假缺乏依据。

超峰公司上诉请求撤销原判第二、三、四项，改判驳回林红军关于该三项的诉讼请求。事实与理由：（1）林红军 2013 年 2 月入职时没有签订书面劳动合同，但超峰公司在 2014 年与其签订了劳动合同，林红军主张的未签订书面劳动合同二倍工资差额已过诉讼时效；（2）超峰公司系因林红军主动要求才未为其缴纳社会保险费，且按月支付了社会保险费补贴，林红军以未缴社会保险费提出辞职不符合诚实信用原则，不得以此为由主张经济补偿金。停工留薪期工资待遇属于合理争议，超峰公司无法确定林红军的待遇，有待相关职能部门或者法院确定，因此是否足额支付停工留薪期待遇不应成为林红军主张经济补偿金的理由。（3）超峰公司已经支付了停工留薪期待遇，且不低于当时的最低工资标准，不存在应当补足的差额。

林红军向一审法院起诉请求：（1）确认林红军与超峰公司 2013 年 2 月至 2016 年 1 月期间存在劳动关系；（2）超峰公司支付林红军 2013 年 3 月至 2016 年 1 月期间未依法签订书面劳动合同及无固定期限劳动合同的双倍工资差额 98000 元（2800 元/月 ×35 个月）；（3）超峰公司支付林红军被迫解除劳动关系的经济补偿金 8400 元（2800 元/月 ×3 个月）；（4）超峰公司支付林红军 2015 年 4 月至 2016 年 1 月被拖欠的工资待遇差额共计 21208 元（2800 元/月 ×10 个月 －900 元/月 ×6 个月 －1392 元）；（5）超峰公司支付林红军 2013 年 3 月至 2015 年 4 月期间的休息日及延时加班工资共计 26262 元（按照每月加班 3 天计算加班费）；（6）超峰公司支付林红军 2013 年 2 月至 2016 年 1 月未享受带薪年休假 30 天的加班工资共计 7724 元；（7）超峰公司为林红军出具解除劳动关系证明的离职手续。

一审法院认定事实：林红军、超峰公司于 2013 年 2 月 27 日建立劳动关系，双方于 2014 年 2 月 1 日签订书面劳动合同，合同期限从 2014 年 2 月 1 日至 2016 年 1 月 31 日，工作内容主要是卸钢化炉上的玻璃；约定工资为 1300 元；实行标准工时制，两班倒，每周工作时间为 40 小时，超出部分按每小时 15 元标准支付加班费；每年年终休假 15 天，照常发放基本工资。林红军承认每年春节期间休息 15 天，也正常发放了工资，但认为系平时加班的调休，而非休假。超峰公司未为林红军办理社会保险。2015 年 4 月 10 日，林红军在工作过程中左下肢被砸伤，住院 31 天后于 2015 年 5 月 11 日出院。自受伤后，林红军一直未回公司上班。超峰公司称曾在 2015 年 9 月、10 月底多次打电话通知林红军回公司上班，但林红军予以否认，同时称自己曾于 2015 年 11 月主动联系超峰公司要求回去上班，超峰公司予以同意，但岗位变为搬运工，林红军则答复称因自己受伤无法从事搬运工作，双方协商未果，超峰公司遂停发了林红军工资。但双方对上述说法均未提供证据。2016 年 1 月 16 日，林红军向超峰公司邮寄送达解除劳动关系通知书，以超峰公司未缴纳社会保险、未支付停工留薪期工资为由解除双方劳动关系。林红军主张其停工留薪期间为“2015 年 4 月 10 日至 2016 年 1 月 16 日”，超峰公司则认为按照《湖北省工伤职工停工留薪期管理办法》，林红军停工留薪期应为 5 个月。超峰公司平时均通过银行转账方式支付工资，当月工资下月发放。林红军自认超峰公司通过现金方式向其发放了 2015 年 2 月的工资 2900 元。超峰公司向林红军发放了 2015 年 4 月工资 1392 元，之后改为每月向林红军发放 900 元停工留薪期工资至 2015 年 10 月。2016 年 3 月 31 日，武汉市人力资源和社会保障局做出武人社工险决字〔2016〕第 0088 号《认定工伤决定书》，认定林红军所受伤为工伤。2016 年 9 月 19 日，武汉市劳动能力鉴定委员会鉴定林红军所受工伤致残等级为九级。

《湖北省工伤职工停工留薪期管理办法》第六条规定：“多部位、多组织器官受到伤害的，以对应的的各停工留薪期中最长的期限作为该工伤职工的停工留薪期。各受损伤部位停工留薪期的时间不予累加。”经医院诊断，林红军的伤情为“（1）左腓骨下段粉碎性骨折；（2）左内踝骨折；（3）左踝关节脱位”，《湖北省工伤职工停工留薪期分类目录》规定“腓骨骨折 S82.4，停工留薪期 4 个月；内踝骨折 S82.5，停工留薪期为 5 个月；踝关节脱位 93.0，停工留薪期为 5 个月”，综上，应按照上述各停工留薪期中最长的期限确定林红军的停工留薪期为 5 个月。

2016 年 8 月 12 日，林红军提请劳动仲裁，要求确认双方存在劳动关系的期间、超峰公司向林红军支付未签书面劳动合同二倍工资差额、经济补偿金、拖欠的工资、加班工资、年休假工资，并出具解除劳动关系证明。武汉市江岸区劳动人事争议仲裁委员会于 2017 年 6 月 12 日做出岸劳人仲裁字〔2016〕第 721 号《仲裁裁决书》，裁决双方于 2013 年 2 月至 2016 年 1 月存在劳动关系，超峰公司向林红军支付停工留薪期工资差额 10198.30 元，并为林红军出具解除劳动关系书面证明，驳回了林红军的其他仲裁请求。

超峰公司主张其每月已向林红军发放了社会保险补贴，并提交林红军于 2014 年 3 月 1 日出具的《申明》一份以及 2013 年 2 月至 12 月《社会保险费发放登记表》12 张予以佐证，《申明》内容为林红军称自己要求超峰公司不为其缴纳社会保险，改为发放社会保险费补贴，并放弃追究超峰公司未缴社会保险费的诉讼权利。2014 年 4 月至 2015 年 3 月期间林红军的工资收入总额为 29951

元，据月均工资数额为 2495.92 元。此外，《应付职工薪酬（林红军）》显示林红军 2013 年 3 月至 2014 年 1 月工资分别为 1889 元、2056 元、1918 元、2334 元、2641 元、2238 元、2144 元、2354 元、2536 元、2854 元、1864 元，其中 2013 年 7 月加班 39 小时，2013 年 11 月加班 32 小时，2013 年 12 月加班 48 小时。

一审法院认为，关于双方劳动关系解除时间问题。超峰公司主张双方劳动关系在 2015 年 11 月 1 日解除，却未举证证实告知林红军解除劳动关系一事，故对超峰公司关于劳动关系解除日期的诉讼意见应不予采纳，法院认定林红军向超峰公司送达《解除劳动关系通知》的时间即 2016 年 1 月 16 日为双方劳动关系解除时间。林红军在超峰公司处工作超过两年半，不足 3 年。林红军因工受伤后一直未上班，也未举证证明事后曾回单位就继续工作与超峰公司协商或履行相应的请假手续，故林红军主张的 2015 年 11 月 1 日至 2016 年 1 月 16 日期间的工资于法无据，应不予支持。林红军的停工留薪期为 5 个月，即 2015 年 4 月 10 日至 2015 年 9 月 10 日。在停工留薪期内原工资待遇不变，但超峰公司在此期间仅向林红军发放 900 元/月工资，对于不足部分应予补足，该差额为 6519.57 元（2495.92 元/月 ×5 个月 +2495.92 元/月 ÷30 天 ×10 天 -900 元/月 ×6 个月 -1392 元）。超峰公司未为林红军缴纳社会保险，林红军有权解除劳动关系，并主张解除劳动关系经济补偿金，数额为 7487.76 元（2495.92 元/月 ×3 个月）。

《中华人民共和国劳动合同法》第八十二条规定："用人单位自用工之日起超过一个月不满一年未与劳动者订立书面劳动合同的，应当向劳动者每月支付 2 倍的工资。用人单位违反本法规定不与劳动者订立无固定期限劳动合同的，自应当订立无固定期限劳动合同之日起向劳动者每月支付 2 倍的工资。"林红军于 2013 年 2 月 27 日入职超峰公司，但超峰公司于 2014 年 2 月 1 日方与林红军签订书面劳动合同，林红军有权主张 2013 年 3 月 28 日至 2014 年 1 月 31 日期间的 2 倍工资差额，经核算数额为 23182.74 元（1889 元 ÷31 天 ×4 天 +2056 元 +1918 元 +2334 元 +2641 元 +2238 元 +2144 元 +2354 元 +2536 元 +2854 元 +1864 元）。

按照双方劳动合同约定的 15 元/小时的加班工资标准，在超峰公司自认的林红军存在加班情形的月份，其实发工资扣除加班费后均高于约定工资数额，而林红军也并未举证证明其主张的每月固定加班 3 天的事实，故对林红军主张的加班工资，应不予支持。超峰公司每年按劳动合同约定安排员工在春节期间休假15天，且正常发放了工资，扣除春年法定节假日，也已超过林红军依法每年可享受的5天带薪年休假，故对林红军主张的带薪年休假工资差额，应不予支持。超峰公司同意为林红军出具解除劳动关系证明，故对林红军的该诉请，予以支持。

据此，依据《中华人民共和国劳动合同法》第三十八条第一款第三项、第四十六条第一项、第四十七条、第八十二条，《中华人民共和国工伤保险条例》第三十三条第一款、第二款，《中华人民共和国民事诉讼法》第一百四十二条之规定，一审法院判决：（1）林红军与超峰公司自2013年2月27日至2016年1月16日期间存在劳动关系；（2）超峰公司于判决生效之日起十日内向林红军支付未签订书面劳动合同二倍工资差额23182.74元；（3）超峰公司于判决生效之日起10日内向林红军支付解除劳动关系经济补偿金7487.76元；（4）超峰公司于判决生效之日起10日内向林红军支付停工留薪期工资待遇差额6519.57元；（5）超峰公司于判决生效之日起10日内为林红军出具解除劳动关系证明；（6）驳回林红军的其他诉讼请求。如果未按判决指定的期间履行给付金钱义务，应当依照《中华人民共和国民事诉讼法》第二百五十三条之规定，加倍支付迟延履行期间的债务利息。案件受理费10元，减半收取5元，予以免收。

二审期间双方均未提交新证据，本院对一审法院认定的事实予以确认。

本院认为，关于停工留薪期及工资待遇差额。根据《湖北省工伤职工停工留薪期管理办法》第三条“工伤职工停工留薪期是指职工因工作遭受事故伤害或者职业病后，需要暂停工作接受工伤医疗，继续享受原工资福利待遇的期限”的规定，停工留薪期应当自工伤职工暂停工作接受工伤医疗之日起算。再依照该办法第六条以及《湖北省工伤职工停工留薪期分类目录》中有关各类工伤伤情停工留薪期的规定，林红军的伤情应当确定其享受5个月停工留薪期待遇，即2015年4月10日至2015年9月10日。虽然超峰公司未依照《湖北省工伤职工停工留薪期管理办法》第五条的规定履行确认停工留薪期的义务，但该违法行为并不会导致工伤职工停工留薪期的变化，林红军关于停工留薪期因用人单位未及时确定导致顺延的上诉观点缺乏法律依据。林红军停工留薪期满后并无确因伤情不能工作需要继续治疗的情况，超峰公司也未准许其休假，林红军上诉主张其停工留薪期满后至2016年1月16日应认定为病假期间缺乏事实依据。《工伤保险条例》第三十三条规定，停工留薪期内工伤职工保持原工资福利待遇不变，超峰公司仅向林红军发放900元/月工资不符合法律规定，应予补足差额，其关于不存在差额的上诉理由缺乏事实和法律依据。林红军2013年2月27日与超峰公司建立劳动关系，并于 2014 年 2 月 1 日签订合同期限为 2014 年 2 月 1 日至 2016 年 1 月 31 日书面劳动合同，但林红军停工留薪期满后未再为超峰公司提供劳动直至 2016 年 1 月 16 日双方劳动合同关系解除，该段期间双方劳动关系处于中止状态，超峰公司无须向林红军支付停工留薪期满后至劳动合同解除期间的工资。劳动争议案件前置的仲裁程序与诉讼程序不同，不能将劳动仲裁视为一审程序的前一个审级，民事诉讼中未对一审判决上诉视为认可判决结果系因民事诉讼法有明确法律规定，而劳动者或用人单位就劳动争议起诉后劳动仲裁裁决即确定不具有法律效力，用人单位未就劳动仲裁裁决起诉只能表明其愿意接受仲裁裁决的整体结果，不能参照民事诉讼视为认可裁决结果，林红军关于用人单位未就裁决起诉因而法院判决数额不能低于仲裁裁决结果的上诉理由缺乏法律依据。一审法院关于林红军停工留薪期及工资待遇差额的处理准确，本院予以确认。

关于 2 倍工资。超峰公司提交的证据显示 2014 年 2 月 1 日与林红军签订了书面劳动合同，虽然林红军称落款时间为大年初二不合常理，故而主张该合同签订不真实，但该合同确实由林红军本人签订，其中不合理之处应由林红军说明并进行举证方能推翻该劳动合同的真实性，仅凭落款时间为大年初二不足以证明，因此本院认可该劳动合同的真实性。林红军 2013 年 2 月 27 日入职后超峰公司直至 2014 年 2 月 1 日方与其签订书面劳动合同，应当向林红军支付 2013 年 3 月 28 日至 2014 年 1 月 31 日期间的 2 倍工资差额。未签订书面劳动合同 2 倍工资差额属于劳动争议的内容但其性质不属于劳动报酬，不适用诉讼时效规定而应当适用 1 年的劳动仲裁时效。超峰公司在仲裁和一审阶段均未对 2 倍工资差额提出时效抗辩，在二审中再予主张不符合时效的有关法理，本院不予支持。林红军 2014 年 2 月份工资不属于计算 2 倍工资差额的范围，其主张该月工资低于武汉市同期最低工资标准与 2 倍工资差额数额认定无关，本院不予采纳。一审法院核算的 2 倍工资数额 23182. 74 元计算准确，应予确认。

关于解除劳动合同经济补偿金。林红军解除劳动合同提出了未缴纳社会保险费和未支付停工留薪期工资两个理由。林红军在职期间超峰公司确实未为其缴纳社会保险费，但是系因林红军主动出具《申明》要求不予缴纳，超峰公司也确实按月向其支付了社会保险费补贴，且该补贴与林红军应缴社会保险费中超峰公司应承担部分的数额基本相当。从以上事实分析，超峰公司虽然客观上违反了法律规定，但确实不是出于逃避社会保险费缴纳义务的意图，而是为配合林红军规避法律的意愿，林红军在双方产生争议后再以未缴社会保险费为由主张经济补偿金不符合诚实信用原则，本院对该理由不予支持。但是，超峰公司确实还存在未足额支付林红军停工留薪期待遇的情况，林红军以此为由主张解除劳动合同经济补偿金符合法律规定，本院对该理由予以支持。一审判决认为超峰公司应支付经济补偿金及数额计算正确，本院予以确认，但一审判决支持经济补偿金的理由有误，本院予以纠正。

关于加班工资及年休假工资。《最高人民法院关于审理劳动争议案件适用法律若干问题的解释（三）》第九条的规定，劳动者主张加班费的，应当就加班事实的存在承担举证责任。超峰公司提交的有关证据显示已经足额支付林红军加班工资，林红军虽有异议但并无证据能够证明加班工资未足额支付，故本院对其关于加班费的诉请不予支持；林红军在一审认可春节法定节假日之外的休假期间超峰公司已发放工资，一审驳回其关于年休假工资的诉讼请求处理正确。

综上所述，林红军、超峰公司的上诉请求均不能成立，应予驳回。一审判决认定事实清楚，适用法律基本正确，应予维持。依照《中华人民共和国民事诉讼法》第一百七十条第一款第一项规定，判决如下：

驳回上诉，维持原判。

二审案件受理费10元，由武汉市超峰玻璃有限公司负担。

本判决为终审判决。

审 判 长　杨俊广

审 判 员　赵文莉

审 判 员　徐子岑

2017年12月22日

法官助理　刘鑫荣

书 记 员　范　欢

[自测]

一、单项选择题（请选出您认为最符合题意的选项，将其标号填入括号中）

1. 企业年金个人缴费工资计税基数为（　　）。

A. 企业职工上一年度月平均工资

B. 本人上一年度月平均工资

C. 本人当月平均工资

D. 所在市从业人员上一年度月平均工资

2. 根据社会保险法相关规定，下列关于基本养老的表述中，正确的是（　　）

A. 企业职工与企业缴纳的养老保险金都划入个人账户

B. 个人账户利率不得低于银行活期存款利息

C. 个人账户不得提前支取

D. 参加职工基本养老保险的个人死亡后，其统筹账户中的余额可以继承，但要纳税

参考答案：

1. B

2. C

二、多项选择题（题目所列选项2~3个符合题意。请选出您认为符合题意的选项，将其标号填入括号中）

1. 个人实际领（支）取原提存的下列项目时，免征个人所得税的是（　　）。

A. 基本养老保险金　　B. 基本医疗保险金

C. 失业保险金　　D. 住房公积金

E. 集资款利息

2. 下列工伤保险待遇个人所得税的项目有（　　）。

A. 一次性伤残补助金　　B. 伤残津贴

C. 一次性工伤医疗补助金　　D. 一次性伤残就业补助金

E. 住院伙食补助费

3. 生育妇女按照县级以上人民政府根据国家有关规定制定的生育保险办法，取得的下列项目，免征个人所得税的是（　　）。

A. 生育津贴

B. 生育医疗费

C. 保险赔款

D. 其他属于生育保险性质的津贴、补贴

E. 胎儿早教费

参考答案：

1. ABCD

2. ABCDE

3. ABD

三、判断题（判断正误，如果您认为正确，请在括号中填"√"，如果您认为错误，请在括号中填"×"）

1. 企事业单位和个人超过规定的比例和标准缴付的基本养老保险费、基本医疗保险费和失业保险费，应将超过部分并入个人当期的工资、薪金收入，计征个人所得税。（　　）

2. 对工伤职工及其近亲属按照《工伤保险条例》规定取得的工伤保险待遇，免征个人所得税。（　　）

3. 企业和事业单位根据国家有关政策规定的办法和标准，为在本单位任职或者受雇的全体职工缴付的企业年金或职业年金单位缴费部分，在计入个人账户时，应当缴纳个人所得税。（　　）

4. 自2008年1月1日起，企业根据国家有关政策规定，为在本企业任职或者受雇的全体员工支付的补充养老保险费、补充医疗保险费，分别在不超过职工工资总额10%标准内的部分，在计算应纳税所得额时准予扣除；超过的部分，不予扣除。（　　）

参考答案：

1. √

2. √

3. ×

答案解析：企业和事业单位根据国家有关政策规定的办法和标准，为在本单位任职或者受雇的全体职工缴付的企业年金或职业年金单位缴费部分，在计入个人账户时，个人暂不缴纳个人所得税。

4. ×

答案解析：自2008年1月1日起，企业根据国家有关政策规定，为在本企业任职或者受雇的全体员工支付的补充养老保险费、补充医疗保险费，分别在不超过职工工资总额5%标准内的部分，在计算应纳税所得额时准予扣除；超过的部分，不予扣除。

第8章

特殊用工方式下会计、税务、社会保险费处理

8.1 劳动关系的成立

社会保险费的申报缴纳基于用工是否为劳动关系，用工的标志关键看劳动者与用人单位有无签订劳动合同。形成劳动关系而没有签订书面劳动合同的，形成事实劳动关系。劳动合同可以明确双方当事人的权利和义务，保护劳动者的合法权益，构建和发展和谐稳定的劳动关系，有利于缴费人社会保险费申报缴纳，也有利于维护劳动者的合法权益。

8.1.1 劳动关系成立的要件

所谓劳动关系，是指劳动者与用人单位依法签订劳动合同而在劳动者与用人单位之间产生的法律关系。劳动合同是劳动者与用单位之间依法确立劳动关系，明确双方权利义务的协议。

用人单位自用工之日起即与劳动者建立劳动关系。用人单位与劳动者是否订立劳动合同，用工是劳动关系建立的标志，一般以订立书面合同为要件。《劳动合同法》未对劳动关系的构成条件做出具体规定。建立劳动关系，应当订立书面劳动合同。已建立劳动关系，未同时订立书面劳动合同的，应当自用工之日起一个月内订立书面劳动合同。用人单位劳动者在用工前订立劳动合同的，劳动关系自用工之日起建立。①

用人单位招用劳动者未订书面合同，但同时具备下列情形的，劳动关系成立，劳动关系成立的要件以归纳为“四要件”。“四要件”，即劳动者与用人单位都符合主体资格、劳动者受用人单位的劳动管理、劳动者从事用人单位安排的有报酬的劳动、劳动者提供的劳动是用人单位业务的组成部分。

（1）用人单位和劳动者符合法律、法规规定的主体资格。

劳动者方面，一般情况下，需年满 16 周岁。劳动者就业，不因民族种族、性别，宗教信仰不同而受歧视；妇女享有与男子“平等”的就业权利。除国家规定的

① 《中华人民共和国劳动合同法》第十条.

不适合妇女的工种或岗位外，不得以性别为由拒绝或提高对妇女的录用标准。当然，特殊情况下，“文艺、体育和特种工艺”不受年满16周岁限制，但应履行审批手续，并保障其接受义务教育的权利；残疾人，少数民族人员、退役军人就业，法律、法规有特别规定的，从其规定。

用人单位方面，一般情况下，有营业执照或登记证书。特殊情况下，无营业执照或登记证书，受用人单位“委托”可与劳动者订立劳动合同。

（2）用人单位依法制定的劳动规章制度适用于劳动者，劳动者受用人单位的劳动管理。

（3）劳动者从事用人单位安排的有报酬的劳动；如果是义务劳动或志愿者劳动，显然不在此列。

（4）劳动者提供的劳动是用人单位业务的组成部分。①

国家以档案服务改革畅通职业转换，流动人员人事档案可存放在公共就业服务机构、公共人才服务机构等档案管理服务机构，存档人员身份不因档案管理服务机构的不同发生改变。与单位解除劳动关系的大中专毕业生，可凭与原单位解除劳动关系证明、新单位接收证明转递档案。②

8.1.2　劳动关系成立的证据

用人单位需要举证的记录等劳动关系成立证据，可以归结为“三记录”。这关系到用人单位对劳动关系是否成立的举证责任分配，也就是用人单位是否与劳动者签订劳动合同，认定双方存在劳动关系时可参照下列凭证：

（1）劳动者填写的用人单位招工招聘“登记表”“报名表”等招聘招用记录。

（2）用人单位对劳动者平时的绩效考核考勤等记录。

（3）工资薪酬支付凭证或记录（职工工资发放花名册）、以工资发放表原件或工资发放表（盖单位公章）为准，缴纳各项社会保险费的记录。

举报用人单位不给员工申报社会保险费，还需要提供已申请劳动仲裁或上诉人民法院的必须提供劳动仲裁书或者人民法院判决书，可以作为证明劳动关系存在的初步证据。上面的规定由用人单位举证，如果单位不能举证，视为劳动关系成立。

当然，劳动者也要有“两记录”，也就是由劳动者本人在主张时需要举证的记录等证据：

---

① 《关于确立有关劳动关系有关事项的通知》（劳社部发〔2005〕）.

② 中共中央办公厅 国务院办公厅印发《关于促进劳动力和人才社会性流动体制机制改革的意见》.

（1）用人单位向劳动者发放的“工作证”“服务证”等能够证明（工作）身份的证件；

（2）其他劳动者的证言等。

用人单位对凭证负有一定的管理责任。用人单位必须书面记录支付劳动者工资的数额、时间、领取者的姓名以及签字，并保存两年以上备查。用人单位在支付工资时应向劳动者提供一份其个人的工资清单。

在各行业中，建筑施工企业中工伤认定所涉及劳动关系确认稍微复杂，其认定的条件如下：

（1）建筑施工企业应依法与其职工签订劳动合同，加强施工现场劳务用工管理。

（2）施工总承包单位应当在工程项目施工期内督促专业承包单位、劳务分包单位建立职工花名册、考勤记录、工资发放表等台账，对项目施工期内全部施工人员实行动态实名制管理。

（3）施工人员发生工伤后，以劳动合同为基础确认劳动关系。

（4）对未签订劳动合同的，由人社部门参照工资支付凭证或记录、工作证、招工登记表、考勤记录及其他劳动者证言等证据，确认事实劳动关系。

（5）相关方面应积极提供有关证据；按规定应由用人单位负举证责任而用人单位不提供的，应当承担不利后果。

社会保险费政策与劳动关系密切相关，如劳务外包、劳务消遣、非全日制用工、离退休人员返聘等用工方式对社会保险费征缴影响较大，减少违规风险。2019 年 7 月 7 日，江苏省高级人民法院发布了 2016—2018 年江苏法院劳动人事争议审判状况。虽然该省法院近三年来受理劳动争议案件数有所下降，但是劳资纠纷多发。另外，新经济业态案件数迅速增加，如涉及网约驾驶员、快递员、互联网物流的配送人员、网络主播的案件从无到有，这些用工方式都涉及社会保险费申报缴纳的问题。①

8.1.3　当前稳就业优先相关社会保险政策

国家支持企业与职工集体协商，采取协商薪酬、调整工时、轮岗轮休、在岗培训等措施，保留劳动关系。对拟进行经济性裁员的企业，指导其依法依规制定和实施职工安置方案，提前 30 日向工会或全体职工说明相关情况，依法依规支付经济补

① 江苏高院发布劳动争议审判状况白皮书. http：//news. jsdushi. cn/2019/0709/165859. shtml.

偿，偿还拖欠的职工工资，补缴欠缴的社会保险费。[①]

对企业吸纳登记失业半年以上人员就业且签订 1 年以上劳动合同并按规定缴纳社会保险的，有条件的地区可给予一次性吸纳就业补贴，实施期限为 2020 年 1 月 1 日至 12 月 31 日。

支持灵活就业和新就业形态。支持劳动者通过临时性、非全日制、季节性、弹性工作等灵活多样形式实现就业。研究完善支持灵活就业的政策措施，明确灵活就业、新就业形态人员劳动用工、就业服务、权益保障办法，启动新就业形态人员职业伤害保障试点，抓紧清理取消不合理限制灵活就业的规定。对就业困难人员享受灵活就业社会保险补贴政策期满仍未实现稳定就业的，政策享受期限可延长 1 年，实施期限为 2020 年 1 月 1 日至 12 月 31 日。

8.1.4　新冠肺炎疫情防控期间劳动关系的处理

2020 年 1 月 24 日，人力资源社会保障部就妥善处理新冠肺炎疫情防控期间劳动关系问题，维护职工合法权益，保障企业正常生产经营秩序，促进劳动关系和谐稳定明确相关要求。

8.1.4.1　劳动合同处理

对新冠肺炎患者、疑似病人、密切接触者在其隔离治疗期间或医学观察期间以及因政府实施隔离措施或采取其他紧急措施导致不能提供正常劳动的企业职工，企业应当支付职工在此期间的工作报酬，并不得依据《劳动合同法》第四十条、四十一条与职工解除劳动合同。在此期间，劳动合同到期的，分别顺延至职工医疗期期满、医学观察期期满、隔离期期满或者政府采取的紧急措施结束。

8.1.4.2　工资标准处理

企业因受疫情影响导致生产经营困难的，可以通过与职工协商一致采取调整薪酬、轮岗轮休、缩短工时等方式稳定工作岗位，尽量不裁员或者少裁员。符合条件的企业，可按规定享受稳岗补贴。企业停工停产在一个工资支付周期内的，企业应按劳动合同规定的标准支付职工工资。超过一个工资支付周期的，若职工提供了正常劳动，企业支付给职工的工资不得低于当地最低工资标准。职工没有提供正常劳动的，企业应当发放生活费，生活费标准按各省、自治区、直辖市规定的办法执行。

---

① 《国务院关于进一步做好稳就业工作的意见》（国发〔2019〕28 号）.

8.1.4.3 劳动人事仲裁时效处理

因受疫情影响造成当事人不能在法定仲裁时效期间申请劳动人事争议仲裁的，仲裁时效中止。从中止时效的原因消除之日起，仲裁时效期间继续计算。因受疫情影响导致劳动人事争议仲裁机构难以按法定时限审理案件的，可相应顺延审理期限。①

8.2 试用期用工、劳务派遣与非全日制用工

8.2.1 试用期用工

顾名思义，试用期是劳动者在用人单位被试用的期限。《劳动合同法》规定了试用期。如今，不少用人单位在决定录用劳动者之前，实施试用期制度。试用期不同于见习期，见习期是对应届毕业生进行业务适应及考核的一种制度，适用对象为应届毕业生。

8.2.1.1 试用期限

劳动合同期限3个月以上不满1年的，试用期不得超过1个月；1年以上不满3年的，试用期不得超过2个月；3年以上固定期限和无固定期限的劳动合同，试用期不得超过6个月。同一用人单位与同一劳动者只能约定一次试用期。以完成一定工作任务为期限的劳动合同或者劳动合同期限不满3个月的，不得约定试用期。试用期包含在劳动合同期限内。劳动合同仅约定试用期的，试用期不成立，该期限为劳动合同期限。

8.2.1.2 试用期与解除劳动合同

在试用期中，除劳动者有用人单位可以解除劳动合同等情形外，用人单位不得

① 《人力资源社会保障部办公厅关于妥善处理新型冠状病毒感染的肺炎疫情防控期间劳动关系问题的通知》（人社厅发明电〔2020〕5号）.

解除劳动合同。用人单位在试用期解除劳动合同的，应当向劳动者说明理由。用人单位违反《劳动合同法》的规定与劳动者约定试用期的，由劳动行政部门责令改正；违法约定的试用期已经履行的，由用人单位以劳动者试用期满月工资为标准，按已经履行的超过法定试用期的期间向劳动者支付赔偿金。

劳动者在试用期间被证明不符合录用条件的，有同时与其他用人单位建立劳动关系等情形的，用人单位可以解除劳动合同。①

8.2.1.3 试用期劳动者的会计、税收与社会保险费处理

试用期的劳动者个人与用人单位已经存在事实的雇佣关系，其工资应计入应付职工薪酬，按职工薪酬作相关账务处理。

试用期劳动者的工资薪酬平时应按“工资、薪金所得”项目预扣预缴个人所得税；有的企业将其工资计入劳务费，作为临时的劳务人员，这种做法是有问题的，因为试用期劳动者需要签订劳动合同，与企业是劳动关系，应当以工资薪金发放。

用人单位应当为试用期内的劳动者缴纳社会保险费；用人单位未依法为劳动者缴纳社会保险费的，劳动者可以解除劳动合同；劳动者在试用期内提前3日通知用人单位，可以解除劳动合同。劳动者在试用期社会保险费计算，以试用期劳动者的工资为依据，试用期劳动者的工资不得低于本单位相同岗位最低档工资的80%或者不得低于劳动合同约定工资的80%，并不得低于用人单位所在地的最低工资标准。

8.2.2 劳务派遣

8.2.2.1 劳务派遣的概念

劳务派遣是近年来一种新型的用工服务方式。所谓劳务派遣，是指劳务派遣公司为了满足用工单位对于各类灵活用工的需求，将员工派遣至用工单位，接受用工单位管理并为其工作的服务。劳务派遣一般在临时性、辅助性或者替代性的工作岗位上实施。

劳务派遣员工的劳动合同最短须签两年。在被派遣劳动者合法权益受到侵害时，用工单位与劳务派遣单位承担连带赔偿责任。①

8.2.2.2 劳务派遣与劳动合同、劳务派遣协议的订立

1. 劳务派遣单位的设立

劳务派遣单位应当依照公司法的有关规定设立，注册资本不得少于200万元。

---

① 《中华人民共和国劳动合同法》第五十八条.

劳务派遣单位是劳动合同法所称的用人单位，应当履行用人单位对劳动者的义务。用工单位是接受以劳务派遣形式用工的单位。

用人单位不得设立劳务派遣单位向本单位或者所属单位派遣劳动者。① 用人单位或者其所属单位出资或者合伙设立的劳务派遣单位，向本单位或者所属单位派遣劳动者的，属于《劳动合同法》第六十七条规定的不得设立的劳务派遣单位。②

劳务派遣单位不得以非全日制用工形式招用被派遣劳动者。③

2. 劳动合同的订立

劳务派遣单位与被派遣劳动者订立的劳动合同。劳动合同除应当载明所必备条款的事项外，还应当载明被派遣劳动者的用工单位以及派遣期限、工作岗位等情况。劳务派遣单位应当与被派遣劳动者订立两年以上的固定期限劳动合同，按月支付劳动报酬；被派遣劳动者在无工作期间，劳务派遣单位应当按照所在地人民政府规定的最低工资标准，向其按月支付报酬。以劳务派遣形式就业的残疾人，属于劳务派遣单位的职工。④

3. 劳务派遣协议的订立

劳务派遣单位派遣劳动者，应当与用工单位订立劳务派遣协议。劳务派遣协议应当约定派遣岗位和人员数量、派遣期限、劳动报酬和社会保险费的数额与支付方式以及违反协议的责任。使用的被派遣劳动者数量不得超过企业用工总量的 10%。用工单位应当根据工作岗位的实际需要与劳务派遣单位确定派遣期限，不得规避相关规定，将连续用工期限分割订立数个短期劳务派遣协议。

劳动报酬方面，劳务派遣单位应当将劳务派遣协议的内容告知被派遣劳动者。劳务派遣单位不得克扣用工单位按照劳务派遣协议支付给被派遣劳动者的劳动报酬。劳务派遣单位和用工单位不得向被派遣劳动者收取费用。劳务派遣单位跨地区派遣劳动者的，被派遣劳动者享有的劳动报酬和劳动条件，按照用工单位所在地的标准执行。⑤

劳务派遣员工只能在“临时性、辅助性、替代性”岗位任职。临时性工作岗位是指存续时间不超过 6 个月的岗位；辅助性工作岗位是指为主营业务岗位提供服务的非主营业务岗位；替代性工作岗位是指用工单位的劳动者因脱产学习、休假等原因无法工作的一定期间内，可以由其他劳动者替代工作的岗位。

不过，劳务派遣也有特殊情形。外国企业常驻代表机构和外国金融机构驻华代

① 《中华人民共和国劳动合同法》第六十七条.

② 《中华人民共和国劳动合同法实施条例》第二十八条.

③ 《中华人民共和国劳动合同法》第六十二条至第六十七条.

④ 《关于促进残疾人就业税收优惠政策的通知》(财税〔2007〕92 号).

⑤ 《中华人民共和国劳动合同法》第五十七至第六十一条.

表机构等使用被派遣劳动者的，以及船员用人单位以劳务派遣形式使用国际远洋海员的，不受临时性、辅助性、替代性岗位和劳务派遣用工比例的限制。用人单位将本单位劳动者派往境外工作或者派往家庭、自然人处提供劳动的，不属于劳务派遣。

8.2.2.3　用工单位的义务与被派遣劳动者的权利

1. 用工单位的义务

（1）执行国家劳动标准，提供相应的劳动条件和劳动保护；

（2）告知被派遣劳动者的工作要求和劳动报酬；

（3）支付加班费、绩效奖金，提供与工作岗位相关的福利待遇；

（4）对在岗被派遣劳动者进行工作岗位所必需的培训；

（5）连续用工的，实行正常的工资调整机制。

用工单位不得将被派遣劳动者再派遣到其他用人单位。用工单位应当履行应尽的法定义务，维护被派遣劳动者的合法权益。

2. 被派遣劳动者的权利

被派遣劳动者享有与用工单位的劳动者同工同酬的权利。用工单位无同类岗位劳动者的，参照用工单位所在地相同或者相近岗位劳动者的劳动报酬确定。被派遣劳动者有权在劳务派遣单位或者用工单位依法参加或者组织工会，维护自身的合法权益。

被派遣劳动者与用人单位协商一致或者用人单位有法定情形之一的，劳动者可以与劳务派遣单位解除劳动合同。

被派遣劳动者有《劳动合同法》第三十九条和第四十条第一项、第二项规定情形的，用工单位可以将劳动者退回劳务派遣单位，劳务派遣单位依法可以与劳动者解除劳动合同。

劳务派遣单位违反《劳动合同法》规定的，由劳动行政部门和其他有关主管部门责令改正；情节严重的，以每人1000元以上5000元以下的标准处以罚款，并由市场监管部门吊销营业执照；给被派遣劳动者造成损害的，劳务派遣单位与用工单位承担连带赔偿责任。

8.2.2.4　劳务派遣会计、税务和社会保险费处理

1. 劳务派遣企业的会计处理

（1）收到劳务费，开具劳务费发票（不考虑是否为一般纳税人）时。

借：银行存款

　　贷：主营业务收入

（2）计提劳务派遣人员工资及企业承担的社会保险费、住房公积金时。

借：主营业务成本

　　贷：应付职工薪酬——工资薪金

　　　　其他应付款——社会保险费（企业承担部分）

　　　　其他应付款——住房公积金（企业承担部分）

（3）支付派遣人员的工资。

借：应付职工薪酬——工资薪金

　　贷：库存现金（银行存款）

　　　　其他应付款——社会保险费（个人承担的三险和公积金）

　　　　应交税费——个人所得税

（4）缴纳社会保险费和公积金。

借：其他应付款——社会保险费等

　　贷：银行存款

（5）计提税金和附加税费。

借：税金及附加

　　贷：应交税费——增值税

　　　　应交税费——城市维护建设税

　　　　应交税费——教育费附加

（6）支付本企业人员工资和费用。

借：管理费用——工资/办公费等

　　贷：应付职工薪酬——工资薪金

（7）期末结转。

借：本年利润

　　贷：主营业务成本/管理费用/税金及附加

借：主营业务收入

　　贷：本年利润

2. 劳务派遣的税务处理

一般纳税人提供劳务派遣服务，可以按照《财政部 国家税务总局关于全面推开营业税改征增值税试点的通知》（财税〔2016〕36 号）的有关规定，以取得的全部价款和价外费用为销售额，按照一般计税方法计算缴纳增值税；也可以选择差额纳税，以取得的全部价款和价外费用，扣除代用工单位支付给劳务派遣员工的工资、福利和为其办理社会保险及住房公积金后的余额为销售额，按照简易计税方法依5%的征收率计算缴纳增值税。

小规模纳税人提供劳务派遣服务，可以按照《财政部 国家税务总局关于全面推开营业税改征增值税试点的通知》（财税〔2016〕36号）的有关规定，以取得的全部价款和价外费用为销售额，按照简易计税方法依3%的征收率计算缴纳增值税；也可以选择差额纳税，以取得的全部价款和价外费用，扣除代用工单位支付给劳务派遣员工的工资、福利和为其办理社会保险及住房公积金后的余额为销售额，按照简易计税方法依5%的征收率计算缴纳增值税。

选择差额纳税的纳税人，向用工单位收取用于支付给劳务派遣员工工资、福利和为其办理社会保险及住房公积金的费用，不得开具增值税专用发票，可以开具普通发票。

总承包企业和分承包企业通过劳务派遣公司聘用劳务人员跨省异地工作期间的工资、薪金所得个人所得税，由劳务派遣公司依法代扣代缴并向工程作业所在地税务机关申报缴纳。总承包企业、分承包企业和劳务派遣公司机构所在地税务机关需要掌握异地工程作业人员工资、薪金所得个人所得税缴纳情况的，工程作业所在地税务机关应及时提供。总承包企业、分承包企业和劳务派遣公司机构所在地税务机关不得对异地工程作业人员已纳税工资、薪金所得重复征税。①

就企业所得税而言，企业接受外部劳务派遣用工所实际发生的费用，应分两种情况按规定在税前扣除：按照协议（合同）约定直接支付给劳务派遣公司的费用，应作为劳务费支出；直接支付给员工个人的费用，应作为工资薪金支出和职工福利费支出。其中属于工资薪金支出的费用，准予计入企业工资薪金总额的基数，作为计算其他各项相关费用扣除的依据。②

3. 劳务派遣社会保险费处理

劳务派遣单位跨地区派遣劳动者的，应当在用工单位所在地为被派遣劳动者参加社会保险，按照用工单位所在地的规定缴纳社会保险费，被派遣劳动者按照国家规定享受社会保险待遇。劳务派遣单位在用工单位所在地设立分支机构的，由分支机构为被派遣劳动者办理参保手续，缴纳社会保险费。劳务派遣单位未在用工单位所在地设立分支机构的，由用工单位代劳务派遣单位为被派遣劳动者办理参保手续，缴纳社会保险费。③ 输出和使用劳务工单位的缴费基数以“谁发工资谁计算缴费基

---

① 关于建筑安装业跨省异地工程作业人员个人所得税征收管理问题的公告（国家税务总局公告2015年第52号）.

② 《关于企业工资薪金和职工福利费等支出税前扣除问题的公告》（国家税务总局公告2015年第34号）.

③ 《劳务派遣暂行规定》（人力资源和社会保障部令2014年第22号）第十八条.

数”的原则执行。[①]

8.2.3 非全日制用工

8.2.3.1 非全日制用工的概念

非全日制用工对全日制用工的突破，也是对传统用工模式的革命，是灵活就业的主要方式之一，打破了传统用工的思维和框架，便于人力资源流动，适应了用人单位灵活用工和劳动者自主择业的内在需求，已成为促进就业和促进民生发展的重要途径。另外，新业态企业的临时性、辅助性、替代性岗位，可以采用劳务派遣等用工方式。新业态企业根据实际情况依法使用非全日制用工的，可以与从业人员签订书面劳动合同或者订立口头协议。[②]

所谓非全日制用工，是指以小时计酬为主，劳动者在同一用人单位一般平均每日工作时间不超过 4 小时，每周工作时间累计不超过 24 小时的用工形式。实践中，有的人认为，劳动者在同一用人单位平均每日工作时间不超过 5 小时累计每周工作时间不超过 30 小时的用工形式，这是以往的说法。2003 年《关于非全日制用工若干问题的意见》（劳社部发〔2003〕12 号）出台时做出了相关规定，但当时《劳动合同法》尚没有出台。2008 年 1 月 1 日《劳动合同法》正式施行后，根据法律位阶和从新等原则，该文件的部分非全日制用工规定已实际失效，但没有全部失效。

8.2.3.2 非全日制用工的权利与义务

劳动合同一般以书面形式订立，理论上用人单位与非全日制劳动者建立劳动关系，也应当订立劳动合同。但是，非全日制用工作为特殊的劳动合同，双方当事人可以订立口头协议，不需要书面合同。从事非全日制用工的劳动者可以与一个或者一个以上用人单位订立劳动合同；但是，后订立的劳动合同不得影响先订立的劳动合同的履行。也就是说，如果张三上午在 A 企业上班时间不超过 4 小时，下午在 B 企业上班时间不超过 4 小时，这是完全可行的。不过，非全日制用工不同于长期用工，双方当事人不得约定试用期。

非全日制劳动合同的内容由双方协商确定，包括工作时间和期限、工作内容、

---

① 国家统计局《关于印发 2004 年劳动统计年报新增指标解释及问题解答的通知》（国统办字〔2004〕48 号）.

② 《浙江省人力资源和社会保障厅关于优化新业态劳动用工服务的指导意见》（浙人社发〔2019〕63 号）.

劳动报酬、劳动保护和劳动条件五项必备条款。非全日制劳动合同的终止条件，也按照双方的约定办理（见非全日制用工劳动合同样本）。

非全日制用工劳动合同书

甲方（用人单位）名称：______

地址：______

法定代表人（委托代理人）：______

乙方（劳动者）　姓名：______

性别：______

出生年月：______

家庭住址：______

居民身份证号码：______

用人单位招用劳动者从事非全日制工作，应当在录用后到当地劳动保障行政部门办理录用备案手续，这既是对劳动者的保护，也是对用人单位的规范。从事非全日制工作的劳动者档案可由本人户口所在地劳动保障部门的公共职业介绍机构代管。

终止用工，用人单位不向劳动者支付经济补偿。劳动合同中，当事人未约定终止劳动合同提前通知期的，任何一方均可以随时通知对方终止劳动合同；双方约定了违约责任的，按照约定承担赔偿责任。这里注意，劳务派遣单位不得以非全日制用工形式招用被派遣劳动者。①

非全日制用工的薪酬方面，用人单位应当按时足额支付非全日制劳动者的工资。标准非全日制用工的小时计酬标准不得低于用人单位所在地人民政府规定的最低小时工资标准，且劳动报酬结算支付周期最长不得超过15日。非全日制用工的小时最低工资标准由省、自治区、直辖市规定，并报劳动保障部备案。确定和调整小时最低工资标准应当综合参考以下因素：当地政府颁布的月最低工资标准；单位应缴纳的基本养老保险费和基本医疗保险费（当地政府颁布的月最低工资标准未包含个人缴纳社会保险费因素的，还应考虑个人应缴纳的社会保险费）；非全日制劳动者在工作稳定性、劳动条件和劳动强度、福利等方面与全日制就业人员之间的差异。根据相关文件规定，小时最低工资标准＝［（月最低工资标准÷20.92÷8）×（1＋单

① 《中华人民共和国劳动合同法实施条例》第三十条.

位应当缴纳的基本养老保险费、基本医疗保险费比例之和)] ×(1+浮动系数)。[①]

8.2.3.3 非全日制用工的会计、税务、社会保险费处理

1. 非全日制用工的会计处理

一个常见的很现实问题是，非全日制用工的会计处理需不需要通过“应付职工薪酬”来核算？本书认为，非全日制用工劳动者是企业的员工，其会计处理如下：

在签订劳务合同时，应当按工资薪金计算：

借：管理费用

　　贷：应付职工薪酬

发放工资时：

借：应付职工薪酬

　　贷：银行存款

2. 非全日制用工的涉税处理

如前所述，从事非全日制用工的劳动者可以与一个或者一个以上用人单位订立劳动合同，但是后订立的劳动合同不得影响先订立的劳动合同的履行。也就是说，非全日制用工的劳动者可能是两个以上任职或雇用单位。非全日制用工工资由用工单位需要进行个税扣缴申报，应当按“工资、薪金所得”申报。

取得综合所得需要办理汇算清缴的纳税申报，从两处以上取得综合所得，且综合所得年收入额减除专项扣除后的余额超过6万元，应当于次年3月1日至6月30日依法办理个人所得税汇算清缴。[②]

3. 非全日制用工的社会保险费处理

非全日制人员属于灵活就业人员，其参加基本养老保险，原则上参照无雇工的个体工商户的参保办法执行。对于已参加过基本养老保险和建立个人账户的人员，前后缴费年限合并计算，跨统筹地区转移的，应办理基本养老保险关系和个人账户的转移、接续手续。符合退休条件时，按国家规定计发基本养老金。

非全日制人员可以以个人身份参加基本医疗保险，并按照待遇水平与缴费水平相挂钩的原则，享受相应的基本医疗保险待遇。参加基本医疗保险的具体办法由各地研究制定。

用人单位应当为建立劳动关系的非全日制劳动者缴纳工伤保险费。从事非全日制工作的劳动者发生工伤，依法享受工伤保险待遇；被鉴定为伤残5~10级的，经

① 《关于非全日制用工若干问题的意见》(劳社部发〔2003〕12号).

② 《关于个人所得税自行纳税申报有关问题的公告》(国家税务总局公告2018年第62号).

劳动者与用人单位协商一致，可以一次性结算伤残待遇及有关费用。

关于非全日制用工的劳动争议处理。从事非全日制工作的劳动者与用人单位因履行劳动合同引发的劳动争议，按照国家劳动争议处理规定执行。劳动者直接向其他家庭或个人提供非全日制劳动的，当事人双方发生的争议不适用劳动争议处理规定。

非全日制人员作为灵活就业人员，可以采取按月、季、半年或年缴费的办法，相关部门应当及时为非全日制劳动者办理社会保险关系及个人账户的接续和转移手续；按规定发放社会保险缴费对账单，及时支付各项社会保险待遇，维护其社会保障权益。[①]

8.3　劳务外包与临时用工

8.3.1　劳务外包

8.3.1.1　劳务外包的概念

劳务外包，也称服务外包、业务外包。所谓劳务外包，顾名思义，就是指非核心业务外包给一个服务机构来完成。[②] 劳务外包不是用工形式，其在法律上为承揽，外包承揽属法律上的经营形式。用人单位以承揽、外包等名义，按劳务派遣用工形式使用劳动者的，按照劳务派遣规定处理。

劳务外包的好处是多方面的，一是可以方便快捷解决员工的录用招聘、社会保险金和公积金转移等人力资源事务；二是可以应对复杂多变的政策调整情况，将专业的事交给专业的人做，规避风险免遭经济损失；三是可以减少法人治理结构繁杂带来的麻烦，尤其是企业迅速发展，设置分部“叠床加瓦”有时加大空耗，因此通过劳务外包规范操作，简化手续，降低成本，为企业增值，让员工满意，提升企业核心竞争力 。

但是，劳务外包目前没有专门的法律法规，也没有专门章节进行条款规定，相

① 《关于非全日制用工若干问题的意见》（劳社部发〔2003〕12号）.

② https：//baike. baidu. com/item/%E5%8A%B3%E5%8A%A1%E5%A4%96%E5%8C%85/9882822？fr = aladdin.

关条款散布于若干法律。例如，《合同法》第二百七十二条第三款规定，禁止承包人将工程分包给不具备相应资质条件的单位。禁止分包单位将其承包的工程再分包。建设工程主体结构的施工必须由承包人自行完成。

由于劳务外包在建筑施工领域是常态，因此了解其相关条款是必要的。《建筑法》规定，禁止承包单位将其承包的全部建筑工程转包给他人，禁止承包单位将其承包的全部建筑工程肢解以后以分包的名义分别转包给他人。建筑工程总承包单位可以将承包工程中的部分工程发包给具有相应资质条件的分包单位；但是，除总承包合同中约定的分包外，必须经建设单位认可。施工总承包的，建筑工程主体结构的施工必须由总承包单位自行完成。禁止总承包单位将工程分包给不具备相应资质条件的单位。禁止分包单位将其承包的工程再分包。

专业分包单位将其承包的专业工程中非劳务作业部分再分包的；建筑企业总包和专业分包人可以就其纯劳务部分进行分包给劳务公司。① 承包单位将承包的工程转包的，或者违反建筑法规定进行分包的，相关部门应当责令改正，没收违法所得，并处罚款，可以责令停业整顿，降低资质等级；情节严重的，吊销资质证书。承包单位有该法违法行为的，对因转包工程或者违法分包的工程不符合规定的质量标准造成的损失，与接受转包或者分包的单位承担连带赔偿责任。②

招标投标方面，中标人应当按照合同约定履行义务，完成中标项目。中标人不得向他人转让中标项目，也不得将中标项目肢解后分别向他人转让。中标人按照合同约定或者经招标人同意，可以将中标项目的部分非主体、非关键性工作分包给他人完成。接受分包的人应当具备相应得资格条件，并不得再次分包。中标人应当就分包项目向招标人负责，接受分包的人就分包项目承担连带责任。③ 中标人将中标项目转让给他人的，将中标项目肢解后分别转让给他人的，违反本法规定将中标项目的部分主体、关键性工作分包给他人的，或者分包人再次分包的，转让、分包无效，处转让、分包项目金额千分之五以上千分之十以下的罚款；有违法所得的，并处没收违法所得；可以责令停业整顿；情节严重的，由工商行政管理机关吊销营业执照。④

关于劳务外包的劳动关系认定。许多地区进行了有益探索，做法值得借鉴。如山东省烟台市规定，违法发包、转包、分包、个人挂靠经营等情形下，非法用工主

---

① 住房和城乡建设部关于印发建筑工程施工发包与承包违法行为认定查处管理办法的通知（建市规〔2019〕1号）.

② 《中华人民共和国建筑法》第二十八条、第二十九条.

③ 《中华人民共和国招标投标法》第四十八条.

④ 《中华人民共和国招标投标法》第五十八条.

体招用的人员与发包方、转包方、分包方、被挂靠方不存在劳动关系，但是符合《关于确立劳动关系有关事项的通知》（劳社部发〔2005〕12号）第一条规定的劳动关系成立要件的情形除外。①

对发包单位而言，要加强对外包单位的资格管理。包括企业的资质、相关人员的资格以及企业的生产状态，也要从劳动成果验收、检验的方面加强对外包单位的监督管理。

8.3.1.2　劳务外包的会计、社保及涉税处理

1. 劳务外包的会计处理

在建筑领域劳务外包较多。在此以建筑劳务外包为例，承包单位以为其他企业提供服务作为经营事项的，收到发包单位的支付劳务款项时，应将其全额列入主营业务收入；承包单位给发包单位提供的劳务是兼营事项，则收到对价应将其列支其他业务收入。建筑企业直接凭劳务公司开具的增值税发票计入成本，在“工程施工——分包成本——人工费用”科目进行成本核算。

2. 劳务外包的涉税处理

发包公司凭劳务公司开具的发票企业所得税税前扣除，劳务用工的个人所得税，由劳务公司代扣代缴。

（1）建筑安装业跨省异地工程作业人员个人所得税方面。总承包企业、分承包企业派驻跨省异地工程项目的管理人员、技术人员和其他工作人员在异地工作期间的工资、薪金所得个人所得税，由总承包企业、分承包企业依法代扣代缴并向工程作业所在地税务机关申报缴纳。总承包企业和分承包企业通过劳务派遣公司聘用劳务人员跨省异地工作期间的工资、薪金所得个人所得税，由劳务派遣公司依法代扣代缴并向工程作业所在地税务机关申报缴纳。

（2）跨省异地施工单位应就其所支付的工程作业人员工资、薪金所得，向工程作业所在地税务机关办理全员全额扣缴明细申报。凡实行全员全额扣缴明细申报的，工程作业所在地税务机关不得核定征收个人所得税。

（3）总承包企业、分承包企业和劳务派遣公司机构所在地税务机关需要掌握异地工程作业人员工资、薪金所得个人所得税缴纳情况的，工程作业所在地税务机关应及时提供。总承包企业、分承包企业和劳务派遣公司机构所在地税务机关不得对

---

①　http://rshj.yantai.gov.cn/art/2019/6/28/art_23404_2462048.html 2019-06-28 09：34 山东省烟台市中级人民法院、烟台市人力资源和社会保障局《关于劳动争议案件裁审衔接问题的处理意见》.

异地工程作业人员已纳税工资、薪金所得重复征税。[①]

3. 劳务外包的社会保险费处理

劳务外包用工人员的社会保险费，一般由劳务公司自身负担，若有约定从约定。劳务外包市场上有些地区推行社会保险费合规管理。例如，劳务公司与农民工签订非全日制用工合同，或者对没有实施农民工工资专用账户管理的建筑项目，劳务公司与长期合作的农民工签订劳务专业作业分包协议，或者将合作的农民工个体工商户化，或者由包工头代开劳务发票给劳务公司，或者劳务公司与户口所在地已缴纳城乡居民险的农民工签订全日制劳动合同，这里或有若干涉税风险，需要对照相关法律法规作深度解析，此处不展开。

还要注意的是，建筑劳务公司和专业分包单位不缴纳工伤保险费，工伤保险费由建筑总承包方在项目开工前一次性缴纳。《关于进一步做好建筑业工伤保险工作的意见》（人社部发〔2014〕103 号）规定，建设单位要在工程概算中将工伤保险费用单独列支，作为不可竞争费，不参与竞标，并在项目开工前由施工总承包单位一次性代缴本项目工伤保险费，覆盖项目使用的所有职工，包括专业承包单位、劳务分包单位使用的农民工。

8.3.2 临时用工

8.3.2.1 临时用工与临时工的异同

临时用工不是临时工，根据《劳动法》等法律法规，临时工不是法律语言。“临时工”或者“正式工”，并不是区分劳动关系与其他法律关系的标准。临时用工通常是指具有固定工作岗位，参加单位的考勤、服从单位的规章制度管理，临时性招用的人员，如保安、保洁人员，一般为临时用工人员，也可能为非全日制人员。临时用工与非全日制最显著的区别之一就是用工是否为全日制。

8.3.2.2 临时用工的会计、税务与社会保险费处理

1. 临时用工的会计处理

在临时用工的会计处理上，企业雇用临时用工的薪酬一般情况下属于工资薪金，在支出时可以工资单的形式出现。其工资也应计入“应付职工薪酬”科目，并且作

① 《国家税务总局关于建筑安装业跨省异地工程作业人员个人所得税征收管理问题的公告》（国家税务总局公告 2015 年第 52 号）.

为计提福利费、职工教育经费、工会费等的依据。根据《企业会计准则第9号——职工薪酬》（财会〔2014〕8号）第三条规定，临时工的工资在企业的“应付职工薪酬”会计科目中进行核算。

2. 临时用工的涉税处理

在临时用工的企业所得税处理上，关于季节工、临时工等费用税前扣除问题，《关于企业所得税应纳税所得额若干税务处理问题的公告》（总局公告2012年第15号）规定，企业因雇用季节工、临时工、实习生、返聘离退休人员以及接受外部劳务派遣用工所实际发生的费用，应区分为工资薪金支出和职工福利费支出，并按规定在税前扣除。其中属于工资薪金支出的，准予计入企业工资薪金总额的基数，作为计算其他各项相关费用扣除的依据；《关于企业所得税应纳税所得额若干税务处理问题的公告》（总局公告2012年第15号）也规定，企业因雇用季节工、临时工、实习生、返聘离退休人员所实际发生的费用，应区分为工资薪金支出和职工福利费支出，并按规定在税前扣除。其中属于工资薪金支出的，准予计入企业工资薪金总额的基数，作为计算其他各项相关费用扣除的依据。

3. 临时用工的社会保险费处理

在社会保险费处理上，临时用工也是用工人员，用人单位应当自用工之日起30日内为其职工向社会保险经办机构申请办理社会保险登记。未办理社会保险参保登记的，由社会保险经办机构核定其应当缴纳的社会保险费。企业有为临时用工购买社会保险的法定义务。①

8.4　离退休人员返聘与兼职

8.4.1　离退休人员返聘

8.4.1.1　离退休人员的概念及特点

一般而言，离退休人员就是已经离休或退休的人员。对1949年9月30日前参

① 《中华人民共和国社会保险法》第五十条、第六十条、第六十三条.

加中国共产党所领导的革命战争，脱产享受供给制度待遇的和从事地下革命工作的老干部，达到离职休养年龄的，试行离职休养的制度。已经退休的干部，符合相关规定的，应当改为离休。[①] 退休，是指根据国家有关规定，劳动者因年老或因工、因病致残，完全丧失劳动能力（或部分丧失劳动能力）而退出工作岗位。我国现行退休年龄是企业职工男 60 周岁、女干部 55 周岁、女工人 50 周岁。

离退休人员的优点是工作经验丰富，轻车熟路，进入状态快，不需要试用和培养，有一技之长，一般多为原单位的业务或管理方面的骨干。对于返聘离退休人员的单位而言，管理和聘用成本较低，没有社会保险费和住房公积金负担，用工关系有较大的灵活性，其好处是不言而喻的。此外，因为退休返聘人员本身有养老金可以保障生活，心态一般较好，带着发挥余热的心理，对薪资的心理预期相对不高，对周边工作人员的心理调节有正能量引领功能。

反之，离退休人员的缺点是，年龄相对较高，易发生人身伤害等意外事故，因此返聘单位也要充分考虑风险，实践中单位为返聘离退休人员办理意外伤害保险较多。

8.4.1.2 离退休人员与返聘单位的法律关系

新中国成立已 70 多年，离休人员都已届高龄，返聘的可能性不大，因此本书着重以退休人员为例，谈一下退休人员返聘的相关业务处理问题。对于离退休人员与返聘单位是劳动关系还是劳务关系？这在实践中要区分一般与特殊两类情形。其一般情形为，已经享受养老保险待遇或领取退休金的退休人员，根据最高人民法院的相关司法解释，此类人员再就业的，不属于《劳动法》《劳动合同法》规定的劳动者，与招用单位不建立劳动关系，而构成劳务关系，双方可签订劳务合同。

特殊情况主要是，对于虽已达到法定退休年龄的人员，但用人单位未与其解除劳动关系仍继续用工，且未按规定办理退休手续的，上海地区的司法实践是按劳动关系处理。《劳动合同法》第四十四条规定，劳动者开始依法享受基本养老保险待遇的，劳动合同终止。因此，企业不用为享受基本养老保险的返聘员工缴纳社会保险费。人力资源和社会保障部《对十二届全国人大四次会议第 4419 号建议的答复》（人社建字〔2016〕69 号）认为：《劳动合同法实施条例》第二十一条规定，劳动者达到法定退休年龄的，劳动合同终止。按照《劳动合同法实施条例》，劳动者只要达到法定退休年龄，无论其是否享受养老保险待遇，劳动合同自然终止。女工人年满 50 周岁仍继续就业的，不属劳动关系。

---

① 《国务院关于发布老干部离职休养制度的几项规定的通知》（国发〔1982〕62 号）.

8.4.1.3 返聘离退休人员的会计、税务与社会保险费处理

1. 返聘离退休人员的会计处理

依据《企业会计准则第 9 号——职工薪酬》规定，离退休人员退休后再返聘，回企业任职的，也属于准则所规定的职工，企业支付给相关人员的报酬，应该作为短期薪酬核算。

2. 返聘离退休人员的涉税处理

对于未返聘的离退休人员，按照国家统一规定发给干部、职工的安家费、退职费、基本养老金或者退休费、离休费、离休生活补助费免征个人所得税。[①] 那么返聘的离退休人员获得的收入是否需要缴纳个人所得税？答案是肯定的。根据最高人民法院相关解释，用人单位与其招用的已经依法享受养老保险待遇或领取退休金的人员发生用工争议，向人民法院提起诉讼的，人民法院应当按劳务关系处理。[②] 这说明退休人员返聘单位之间属于劳务关系，因此退休人员获得劳务报酬当然按照“劳务报酬所得”项目缴税。

但是，返聘离退休人员涉及再任职问题，《国家税务总局关于离退休人员再任职界定问题的批复》（国税函〔2006〕526 号）下列四项条件的，则可以按“工资薪金所得”项目计税，具体以税务部门答复为准。

（1）受雇人员与用人单位签订一年以上（含一年）劳动合同（协议），存在长期或连续的雇用与被雇用关系；

（2）受雇人员因事假、病假、休假等原因不能正常出勤时，仍享受固定或基本工资收入；

（3）受雇人员与单位其他正式职工享受同等福利、社保、培训及其他待遇；不过自 2011 年 5 月 1 日起，单位是否为离退休人员缴纳社会保险费，不再作为离退休人员再任职的界定条件。[③]

（4）受雇人员的职务晋升、职称评定等工作由用人单位负责组织。

注意的是，离退休人员除按规定领取离退休工资或养老金外，另从原任职单位取得的各类补贴、奖金、实物，不属于《个人所得税法》规定可以免税的退休工资、离休工资、离休生活补助费。根据《个人所得税法》，离退休人员从原任职单位取得的各类补贴、奖金、实物，应在减除费用扣除标准后，按“工资、薪金所

---

① 《中华人民共和国个人所得税法》第四条.

② 《关于审理劳动争议案件适用法律若干问题的解释（三）》第七条（法释〔2010〕12 号）.

③ 《国家税务总局关于个人所得税有关问题的公告》（国家税务总局公告 2011 年第 27 号）.

得”应税项目缴纳个税。退休人员再任职取得的收入，在减除费用扣除标准后，按“工资、薪金所得”应税项目缴纳个人所得税。[①]

在企业所得税方面，企业实际发生的与取得收入有关的、合理的支出，包括成本、费用、税金、损失和其他支出，准予在计算应纳税所得额时扣除。[②] 这里，有关的支出，是指与取得收入直接相关的支出；合理的支出，是指符合生产经营活动常规、应当计入当期损益或者有关资产成本的必要和正常的支出。[③] 离退休人员的工资、福利费等支出，与企业取得收入不直接相关的，不得在企业所得税前扣除。

当然，企业因雇用返聘离退休人员所实际发生的费用（不是工资），应区分为工资薪金支出和职工福利费支出，并按规定在税前扣除。[④] 其中属于工资薪金支出的，准予计入企业工资薪金总额的基数，作为计算其他各项相关费用扣除的依据。

3. 返聘离退休人员的社会保险费处理

劳动者开始依法享受基本养老保险待遇的，劳动合同终止。[⑤] 企业与离退休人员签订的合同不属于劳动合同，而属于劳务合同。劳动合同纠纷由劳动法、劳动合同法、工会法调整，采用仲裁前置程序。劳务合同属于民事合同，受民法、合同法及经济法的调整，故因劳务合同发生的争议由人民法院审理也可以经双方当事人协商解决。总之，社会保险是建立在劳动关系基础之上的，退休返聘人员一般是与招用单位形成劳务关系。所以，单位无需为退休返聘人员缴纳社会保险费。

那么，离退休人员在工作中受伤该怎么办？这是有救济渠道的。一般情况下，退休返聘人员在工作中受伤并不意味着单位就一点不需要承担责任，单位应按照《侵权责任法》《最高人民法院关于审理人身损害赔偿案件适用法律若干问题的解释》的规定，承担雇主赔偿责任，该赔偿范围既包含财产损失，还包含精神损害赔偿等工伤保险待遇中未涵盖的费用，最终用工单位支付的赔偿标准会高于同等条件下的工伤赔偿。[⑥]

现实中，有一些企业员工达到或超过了退休年龄仍在原单位继续工作，当其遭遇职业伤害后如何保障其权益，一直是社会关注的焦点。[⑦] 为更好地保障这部分人员工伤保险权益，进一步规范各地做法，人力资源社会保障部在印发的《关于执行

---

① 《关于个人兼职和退休人员再任职取得收入如何计算征收个税问题的批复》（国税函〔2005〕382 号）.

② 《中华人民共和国企业所得税法》第八条.

③ 《中华人民共和国企业所得税法实施条例》第二十七条.

④ 《关于企税应纳税所得额若干税务处理问题的公告》（总局公告 2012 年第 15 号）.

⑤ 《中华人民共和国劳动合同法》第四十四条.

⑥ http：//cache. baiducontent. com.

⑦ 《人力资源社会保障部对十二届全国人大五次会议第 1796 号建议的答复》（人社建字〔2017〕13 号）.

〈工伤保险条例〉若干问题的意见（二）》（人社部发〔2016〕29号）中分两种情况予以明确规定：一是达到或超过法定退休年龄，但未办理退休手续或者未依法享受城镇职工基本养老保险待遇，继续在原用人单位工作期间受到事故伤害或患职业病的，用人单位依法承担工伤保险责任；二是用人单位招用已经达到、超过法定退休年龄或已经领取城镇职工基本养老保险待遇的人员，在用工期间因工作原因受到事故伤害或患职业病的，如招用单位已按项目参保等方式为其缴纳工伤保险费的，应适用《工伤保险条例》。①

至于年满50岁已办理退休手续后继续留任企业的女工人，其劳动关系因到法定退休年龄而终止，在企业参加社会保险并缴费的义务也即行终止。按照《实施〈中华人民共和国社会保险法〉若干规定》（2011年人力资源社会保障部令第13号）的规定，参保人员达到法定退休年龄时，累计缴费年限不足15年的，可以申请延长缴费至满15年；社会保险法实施前参保、延长缴费5年后仍不足15年的，可以一次性缴费至满15年。参加职工基本养老保险的人员达到法定退休年龄后，累计缴费不足15年（含依照上述规定延长缴费）的，可以申请转入户籍所在地城乡居民基本养老保险，享受相应的养老保险待遇。②

对高级专家延长离休退休期间取得的工资、薪金所得，有关征免个人所得税政策口径问题。首先，延长离休退休年龄的高级专家是指享受国家发放的政府特殊津贴的专家、学者和中国科学院、中国工程院院士。③ 高级专家延长离休退休期间取得的工资薪金所得，如果是高级专家从其劳动人事关系所在单位取得的，单位按国家有关规定向职工统一发放的工资、薪金、奖金、津贴、补贴等收入，视同离休、退休工资，免征个人所得税；如果是前述收入以外各种名目的津补贴收入等，以及高级专家从其劳动人事关系所在单位之外的其他地方取得的培训费、讲课费、顾问费、稿酬等各种收入，依法计征个人所得税。

高级专家从两处以上取得应税工资、薪金所得以及具有税法规定应当自行纳税申报的其他情形的，应在税法规定的期限内自行向主管税务机关办理纳税申报。④

---

① 《人力资源社会保障部关于执行〈工伤保险条例〉若干问题的意见（二）》（人社部发〔2016〕29号）.

② 《人力资源社会保障部对十二届全国人大五次会议第1796号建议的答复》（人社建字〔2017〕13号）.

③ 《财政部 国家税务总局关于个人所得税若干政策问题的通知》（财税字〔1994〕20号）第二条第（七）项.

④ 《财政部 国家税务总局关于高级专家延长离休退休期间取得工资薪金所得有关个人所得税问题的通知》（财税〔2008〕7号）.

8.4.2 兼职与斜杠

8.4.2.1 兼职与斜杠的相关概念

什么是兼职？非独立劳务的兼职人员是指在不脱离本职工作的情况下，利用业余时间从事第二职业，为第三方提供体力或脑力劳动支出。社会保险费不得重复缴纳，在多个单位供职的员工，无论其工作性质是兼职还是全职，只可以选择其中一个单位参保。也就是说，劳动关系在原单位的，一般不得在其他单位或以个人名义参保。兼职人员本身有自己的工作，签订劳动合同和缴纳社会保险，均有工作单位办理，与所兼职的公司无关，因此无须缴纳社会保险费。

什么是斜杠？这是近年来流行的词汇，人们常说的斜杠青年，其实也是兼职的一种新形态，指的是一群不再满足“专一职业”的生活方式，而选择拥有多重职业和身份的多元生活的人群。[①] 斜杠模式的出现是新时期条件下的一种劳动业态，其本质是兼职，属于灵活就业人员，该模式颠覆了单一雇佣的劳动模式，让人力资源流动，达到了充分、可重复的利用，是对人力资源的充分利用，充分发挥了人的聪明才智，也带来对现有组织运作方式、组织吸引人才手段乃至社保体系的颠覆。例如，工作时的程序员，休息时就可能变成游泳教练、茶座歌手，多重身份变换，从事多种职业，就是对斜杠青年的诠释。为此，本书将斜杠与兼职一起进行表述。

8.4.2.2 兼职与斜杠业务的会计、税务与社会保险费处理

1. 兼职与斜杠业务的会计处理

个人兼职取得的收入以劳务费用列支。按劳务费支出，在管理费用中核算。公司凭提供劳务个人的劳务费发票，支付款项并入管理费用。

2. 兼职与斜杠业务的涉税处理

个人兼职取得的收入应按照“劳务报酬所得”应税项目缴纳个税；兼职人员从两处以上取得综合所得，且综合所得年收入额减除专项扣除后的余额超过 6 万元；或者取得劳务报酬所得、稿酬所得、特许权使用费所得中一项或者多项所得，且综合所得年收入额减除专项扣除的余额超过 6 万元的，取得综合所得需要办理个人所得税汇算清缴的纳税申报。

兼职发生的劳务费支出以什么作为入账凭证？根据国家税务总局关于发布《企

---

① https：//baike. baidu. com/item/%E6%96%9C%E6%9D%A0%E9%9D%92%E5%B9%B4/19447422.

业所得税税前扣除凭证管理办法》的公告（国家税务总局公告2018年第28号）规定，企业在境内发生的支出项目不属于应税项目的，对方为个人的，以内部凭证作为税前扣除凭证。内部凭证是指企业自制用于成本、费用、损失和其他支出核算的会计原始凭证。内部凭证的填制和使用应当符合国家会计法律、法规等相关规定。①

3. 兼职与斜杠业务的社会保险费处理

兼职人员没有固定工作单位的，单位无须为兼职的个人缴纳社会保险费。在多个单位兼职，在兼职时，该人员发生人生伤害，由谁承担责任？如果该兼职人员有固定工作单位，由固定单位工作缴纳社会保险费；在两个或者两个以上非固定兼职时了发生伤害，责任按侵权责任法相关规定处理。②

8.5　其他特殊用工方式

8.5.1　大学生实习

8.5.1.1　大学生实习的概念

首先，应了解见习与实习的区别。见习与实习性质上是不同的，但日常社会生活中，经常被混淆。“实习”是大学生毕业前，属于在籍，而“见习”是大学生毕业后。毕业后尚未找到工作的大学生，可以申请到就业见习基地“见习”。③ 高等学校本、专科毕业生分配工作后，原则上都要安排到基层见习。见习期为1年。对入学前已从事1年以上有关本专业实际工作的，经所在单位批准，可免去见习期。有

---

① 国家税务总局关于发布《企业所得税税前扣除凭证管理办法》的公告（国家税务总局公告2018年第28号）.

② 《实施〈中华人民共和国社会保险法〉若干规定》（人力资源和社会保障部令第13号）第九条.

③ https：//zhidao. baidu. com/question/216509167. html.

些行业的人才，需要更长时间的实际锻炼，可以在见习期后自行安排。[①] 在籍大学生聘用实习生，签订实习协议。

这里还要注意的是，在校生利用业余时间勤工助学，不视为就业，也不一定是实习，未建立劳动关系，可以不签订劳动合同。[②]

8.5.1.2 实习大学生与单位的法律关系

在籍大学生的学籍在学校，与实习单位没有人身依附关系。因此，在籍大学生实习，与实习单位构成劳务关系，并不构成劳动关系。

实习项目是学校教学内容的延伸和扩展，是进行与其所学专业相关的操作。因此，“在校生利用业余时间勤工助学，不视为就业，未建立劳动关系，可以不签订劳动合同。”可见，我国劳动法律规范对大学生与用人单位建立劳动关系是否定的。[③]

8.5.1.3 大学生实习的会计、税务与社会保险费处理

基于前面述及的在籍大学生实习与实习单位的法律关系属于劳务关系，实习报酬属于劳务报酬，在账务上作为费用处理。应按“劳务报酬”项目征收个人所得税；见习一般也按“劳务报酬”项目缴纳个人所得税，但是接受单位管理的，大学生与用人单位签订了长期合同，同等福利待遇等条件满足的话，则可以按“工资薪金”项目缴纳个人所得税。当然，无论是“劳务报酬”，还是“工资薪金”，都可以在企业所得税税前扣除。

因为在籍大学生实习与实习单位的法律关系属于劳务关系，企业可以不用也不须为在籍大学生缴纳社会保险费。但是，实习生有其基本的合法权益。例如，机械专业的大学生在实习中受到机器伤害；不能无限制地要求其加班加点实习（工作）等，且必须按照实习协议为其缴纳意外伤害保险。学生在实习过程中受到的伤害，应按一般民事侵权纠纷处理。根据有关侵权的法律规定，由学生、学校、企业按过错程度承担相应的责任。[④]

---

① 《国家教育委员会、劳动人事部关于发出〈高等学校毕业生见习暂行办法〉的通知》（〔1987〕教学字022号）.

② 劳动部关于印发《关于贯彻执行〈中华人民共和国劳动法〉若干问题的意见》的通知（劳部发〔1995〕309号）.

③ 劳动部《关于贯彻执行〈劳动法〉若干问题的意见》第十二条.

④ 《中华人民共和国最高人民法院公报》2014年第07期（王俊诉江苏强维橡塑科技有限公司、徐州工业职业技术学院人身损害赔偿纠纷案）.

8.5.2 母公司向子公司派驻人员

母公司是指拥有另一个公司一定比例以上的股份或通过协议方式能够对另一个公司实行实际控制的公司，具有法人资格，可以独立承担民事责任。子公司是与母公司相对应的法律概念，是指一定比例以上的股份被另一个公司持有或通过协议方式受到另一个公司实际控制的公司。子公司具有法人资格，可以独立承担民事责任。① 母公司向子公司派驻人员的形式较为复杂，大致有四种模式。

其一，最简模式。该模式类似于组织分配，由母公司设招聘人员的门槛，考察高校毕业生是否毕业于985、211高校，其账务、税收、社会保险费悉由子公司处理。

其二，最黏模式。该模式中派驻人员的社保费由母公司全负担，子公司买单，职工薪酬的账务处理可能在母公司，也可能在子公司。

其三，分摊模式。母公司与子公司按派驻员工的期间分摊社会保险费比例。

其四，最清模式。母公司与子公司按独立交易进行结算。

针对上述若干模式以及衍生的其他模式，无论母公司与子公司如何交易，应按独立交易原则进行。换言之，公司之间属于母子也行、父子也好，也要“亲兄弟、明算账”。

母公司为其子公司提供各种服务而发生的费用，应按照独立企业之间公平交易原则确定服务的价格，作为企业正常的劳务费用进行税务处理。母子公司未按照独立企业之间的业务往来收取价款的，税务机关有权予以调整。具体而言：

（1）母公司向其子公司提供各项服务，双方应签订服务合同或协议，明确规定提供服务的内容、收费标准及金额等，凡按上述合同或协议规定所发生的服务费，母公司应作为营业收入申报纳税；子公司作为成本费用在税前扣除。

（2）母公司向其多个子公司提供同类项服务，其收取的服务费可以采取分项签订合同或协议收取；也可以采取服务分摊协议的方式，即由母公司与各子公司签订服务费用分摊合同或协议，以母公司为其子公司提供服务所发生的实际费用并附加一定比例利润作为向子公司收取的总服务费，在各服务受益子公司（包括盈利企业、亏损企业和享受减免税企业）之间按《企业所得税法》第四十一条第二款规定合理分摊。即企业与其关联方共同开发、受让无形资产，或者共同提供、接受劳务发生的成本，在计算应纳税所得额时应当按照独立交易原则进行分摊。

① https://baike.baidu.com/item/%E6%AF%8D%E5%85%AC%E5%8F%B8/7944496?fr=aladdin.

（3）如果母公司以管理费形式向子公司提取费用，子公司因此支付给母公司的管理费，不得在税前扣除。

（4）子公司申报税前扣除向母公司支付的服务费用，应向主管税务机关提供与母公司签订的服务合同或者协议等与税前扣除该项费用相关的材料。不能提供相关材料的，支付的服务费用不得税前扣除。①

母公司向其子公司提供各项服务，包括派驻人员服务，双方应签订服务合同或协议，明确规定提供服务的内容、收费标准及金额等，凡按上述合同或协议规定所发生的服务费，母公司应作为营业收入申报纳税；子公司作为成本费用在税前扣除。母公司向子公司派驻人员的社会保险费当然必须作为必备内容写入服务合同。需要注意的是，社会保险一般属地管理，这是相关合同签订中需要注意的一个方面。

8.5.3 个体工商户外包

有的企业生产车间的员工，以车间或组为单位成立个体工商户，企业员工的工资薪金所得便成为个体工商户的经营所得，而无雇工的个体工商户则成为灵活就业人员，可以参加基本养老保险，由个人缴纳基本养老保险费。如此操作，企业似乎无须为非本单位员工缴纳社会保险费，该操作里面蕴藏着若干风险。由于个体工商户是有一定限额免税政策，可以给企业开具发票，降低成本，便成为一些企业的筹划，但涉嫌发票等方面的风险较多，还存在社会保险的转移接续、登记办理等若干税费风险，甚至涉嫌严重违法。

8.5.4 个人承包经营

个人承包经营违反《劳动合同法》相关规定，招用劳动者，给劳动者造成损害的，发包的组织与个人承包经营者承担连带赔偿责任。② 个人对企业承包经营，并不会对会计、税收与社会保险费处理产生实质性影响。

在税务方面，承包人或者承租人有独立的生产经营权，在财务上独立核算，并定期向发包人或者出租人上缴承包费或者租金的，承包人或者承租人应当就其生产、经营收入和所得纳税，并接受税务管理；但是，法律、行政法规另有规定的除外。③

---

① 《国家税务总局关于母子公司间提供服务支付费用有关企业所得税处理问题的通知》（国税发〔2008〕86号）.

② 《中华人民共和国劳动合同法》第九十四条.

③ 《中华人民共和国税收征收管理法实施细则》第四十九条.

如，增值税管理上，单位以承包、承租、挂靠方式经营的，承包人、承租人、挂靠人以发包人、出租人、被挂靠人名义对外经营并由发包人承担相关法律责任的，以该发包人为纳税人。否则，以承包人为纳税人。[①]

在社会保险费方面，建筑劳务公司和专业分包单位不缴纳工伤保险费，其他社会保险费由原单位缴纳，工伤保险费由建筑总承包方在项目开工前一次性缴纳。建设单位要在工程概算中将工伤保险费用单独列支，作为不可竞争费，不参与竞标，并在项目开工前由施工总承包单位一次性代缴本项目工伤保险费，覆盖项目使用的所有职工，包括专业承包单位、劳务分包单位使用的农民工。[②]

8.5.5　新经济平台

当前，新经济平台快速发展，这对社会保险制度创新提出了新要求，也给社会保险费管理带来新课题。国务院要求相关部门抓紧研究完善平台企业用工和灵活就业等从业人员社保政策，开展职业伤害保障试点，积极推进全民参保计划，引导更多平台从业人员参保。加强对平台从业人员的职业技能培训，将其纳入职业技能提升行动。[③] 依法使用多样化的用工方式。浙江省明确，未与新业态企业建立劳动关系的新业态从业人员，新业态企业可以通过劳务外包、加盟协作和其他合作关系等形式，与新业态从业人员签订民事协议，合理确定企业、从业人员、合作单位的权利和义务。[④]

四川省成都市等地区以分类施策、实施动态管理，以规范新经济从业人员劳动关系为抓手，着力构建既推动新经济快速、健康、高质量发展，又适应新经济从业人员特点的参保促进机制、工作推进机制和部门协同机制，维护从业人员合法权益，激发新经济组织发展活力，努力推进与新经济组织建立规范劳动关系的从业人员基本实现社会保险参保全覆盖，走出了制度创新的路子，其做法值得借鉴和参考。

（1）新经济组织使用全日制从业人员的，单位和个人按企业参保办法参加社会保险。使用非全日制从业人员的，从业人员本人按灵活就业人员参保办法参加城镇

---

① 《关于全面推开营业税改征增值税试点的通知》（财税〔2016〕36号）（附件1：营业税改征增值税试点实施办法）.

② 《关于进一步做好建筑业工伤保险工作的意见》（人社部发〔2014〕103号）.

③ 《国务院办公厅关于促进平台经济规范健康发展的指导意见》（国办发〔2019〕38号）.

④ 《浙江省人力资源和社会保障厅关于优化新业态劳动用工服务的指导意见》（浙人社发〔2019〕63号）.

职工基本养老保险和基本医疗保险，同时新经济组织应为其参加工伤保险。

（2）新经济组织使用劳务派遣从业人员的，劳务派遣单位和从业人员按企业参保办法参加社会保险。

（3）新经济组织将所属业务外包给其他单位的，承揽单位和从业人员按企业参保办法参加社会保险。

（4）新经济组织依据《合同法》与从业人员签订民事协议的，从业人员按灵活就业人员参保办法参加城镇职工基本养老保险和基本医疗保险。

（5）同一新经济组织使用多种用工形态的，可根据不同用工形态的参保办法合理选择组合参保方式。①

8.5.6 员工共享

所谓“共享员工”，是指将企业暂时无法经营或者所需员工大量缩减的情况下，将员工“借”给急需用工的企业，以达到劳动力的平衡。2020年初受“新冠”疫情影响，一些暂时难以复工的中小企业先在餐饮、电商零售等行业开始探索“共享模式”，在其他行业中不断产生新突破，逐渐从线上零售行业推广至物流、制造业等行业，并从大城市向中小城市扩展。作为新业态新模式，包容看待“共享员工”是必要的，加强研究“共享员工”也是现实的课题，其中有几个法律问题需要分析。

1.“共享员工”模式是否属于派遣员工？

在前面章节已对劳务派遣的概念进行明确，劳务派遣是指劳务派遣公司为了满足用工单位对于各类灵活用工的需求，将员工派遣至用工单位，接受用工单位管理并为其工作的服务。劳务派遣一般在临时性、辅助性或者替代性的工作岗位上实施。“共享员工”模式下，借出单位将员工派到借入单位共享，中间并没有劳务派遣公司起中介作用，从现行法律角度来看，“共享员工”应不是传统的劳务派遣。

2.“共享员工”是否属于双重劳动关系？

《劳动合同法》第三十九条第二款第四项规定，劳动者有下列情形之一的，用人单位可以解除劳动合同：劳动者同时与其他用人单位建立劳动关系，对完成本单位的工作任务造成严重影响，或者经用人单位提出，拒不改正的。该规定明确，劳动者不得随意兼职，若有违反情节严重的，原用人单位可以因此解除劳动合同。

“共享员工”与借出单位之间构成劳动关系，这是毋庸置疑的。借出单位和借

① 《成都市人民政府办公厅关于促进新经济新业态从业人员参加社会保险的试行实施意见》（成办函〔2019〕80号）.

入单位之间构成民事合同关系，“共享员工”与借入单位之间是否构成劳务关系？在盒马生鲜的公告中看出盒马和餐企的员工签署的是劳务合同，支付的是劳务报酬。因此，他们不是兼职，不构成双重劳动关系。

因此，基于“共享员工”模式，会计处理不受影响，其社会保险费处理上，仍由借出单位缴。个人所得税处理上，工资薪金项目个人所得税由借出单位代扣代缴，共享期间的劳务报酬项目个人所得税由借入单位代扣代缴。

[延伸阅读一]

非全日制用工人员发生工伤权益如何保障？

发布日期：2019－01－22　　来源：人社部

吴某于2015年6月2日进入某水泥厂工作，双方约定吴某为非全日制工，每日工作半天，每周工作不超过24小时，并约定工资标准为18元/小时，该厂为吴某缴纳了工伤保险费。2015年7月14日，吴某在该厂工作时不慎砸伤左手食指，后于2015年9月3日被认定为工伤，于2016年3月12日被鉴定为因工致残程度十级，工伤保险基金支付了一次性伤残补助金，后双方因用人单位支付的工伤待遇产生争议，吴某向仲裁委提请仲裁，要求某水泥厂支付一次性伤残就业补助金、停工留薪期工资。仲裁庭审理后裁决某水泥厂支付吴某两项合计23877元。本案涉及非全日制从业人员工伤保障问题。

非全日制用工，即通常意义上的“小时工”“钟点工”，这一用工形式突破了传统的全日制用工模式，适应了用人单位灵活用工和劳动者自主择业的需要，已成为促进就业的重要途径。那么，非全日制用工人员发生工伤怎么办呢？这部分人员的社保权益如何保障？国家对此有哪些规定呢？让我们一起来看一看。

1. 什么是非全日制用工？

按照《中华人民共和国劳动合同法》第六十八条的规定，非全日制用工是指以小时计酬为主，劳动者在同一用人单位一般平均每日工作时间不超过4小时，每周工作时间累计不超过24小时的用工形式。

非全日制用工，仅指劳动者在用人单位工作的情形，劳动者直接向其他家庭或个人提供非全日制劳动的，不是法定意义上的“非全日制用工”，不受《中华人民共和国劳动法》调整，当事人双方发生的争议不适用劳动争议处理规定。

2. 非全日制用工有何特殊之处？

非全日制用工是劳动用工制度的一种重要形式，是灵活就业的主要方式。

按照《中华人民共和国劳动合同法》第六十九条至第七十二条规定，非全日制用工双方当事人可以订立口头协议。从事非全日制用工的劳动者可以与一个或者一个以上用人单位订立劳动合同，但是后订立的劳动合同不得影响先订立的劳动合同的履行。非全日制用工双方当事人不得约定试用期。非全日制用工双方当事人任何一方都可以随时通知对方终止用工；终止用工，用人单位不向劳动者支付经济补偿。非全日制用工小时计酬标准不得低于用人单位所在地人民政府规定的最低小时工资标准，劳动报酬结算支付周期最长不得超过15日。

3. 非全日制用工工伤如何保障?

为规范用人单位非全日制用工行为，保障劳动者的合法权益，促进非全日制就业健康发展，原劳动和社会保障部制定了《关于非全日制用工若干问题的意见》(劳社部发〔2003〕12号)，其中第十二条规定："用人单位应当按照国家有关规定为建立劳动关系的非全日制劳动者缴纳工伤保险费。从事非全日制工作的劳动者发生工伤，依法享受工伤保险待遇；被鉴定为伤残5～10级的，经劳动者与用人单位协商一致，可以一次性结算伤残待遇及有关费用"。

对于现实中比较常见的多重务工问题，人力资源和社会保障部《实施〈中华人民共和国社会保险法〉若干规定》(人社部令第13号)第九条规定："职工(包括非全日制从业人员)在两个或者两个以上用人单位同时就业的，各用人单位应当分别为职工缴纳工伤保险费。职工发生工伤，由职工受到伤害时工作的单位依法承担工伤保险责任。"

可见，按照现有法律规定，工伤保险是国家唯一强制用人单位为非全日制从业人员缴纳的社会保险，且是唯一一项多重劳动关系(包括全日制职工和非全日制从业人员)可以多重缴纳的社会保险，目的就是最大限度地分散用人单位的用工风险，保护劳动者工伤权益。

在此提示：各级社会保险征收机构、经办机构要为非全日制劳动者参保缴费提供便利条件，依法落实各项工伤保险待遇，切实维护他们的合法权益。

甲、乙双方在平等自愿、协商一致的基础上，同意订立本劳动合同，共同遵守本合同所列条款。

一、劳动合同期限和工作内容

第一条 本合同自______年____月____日起至______年____月____日止。期限为__年(月)。

第二条 根据甲方工作需要，乙方同意担任____________岗位(工种)工作。经甲、乙双方协商同意，可以变更工作岗位(工种)。

第三条　乙方应按照甲方的要求，按时完成规定的工作数量，达到规定的质量标准。

二、工作时间

第四条　乙方累计每周工作时间不超过 24 小时，具体日工作时间由甲、乙双方约定。

三、劳动保护和劳动条件

第五条　甲方要严格执行国家有关劳动保护的法律、法规和规章制度，为乙方提供必要的劳动条件和劳动工具及劳动保护用品，制定操作规程、工作规范和劳动安全卫生制度及其标准。

第六条　甲方有义务负责对乙方进行政治思想、职业道德、业务技术、劳动安全卫生及有关规章制度的教育和培训。

第七条　甲方安排乙方从事技术工作岗位的，乙方应持证上岗。

第八条　乙方有权拒绝甲方的违章指挥。

四、劳动报酬

第九条　乙方的小时工资标准为______元（不得低于当地政府颁布的小时最低工资标准）。

第十条　甲方每月第 15 日前以法定货币形式足额支付乙方工资。

第十一条　甲方安排乙方在法定休假日安排乙方工作的，支付不低于乙方小时工资标准 300% 的工资报酬。

五、社会保险待遇

第十二条　甲方支付的小时工资中已包含其应缴纳的基本养老保险、基本医疗保险费用。乙方可依照国家和地方有关规定自主参加基本养老、基本医疗保险。

第十三条　甲方依照国家和地方规定，为乙方办理工伤保险和缴纳工伤保险费，乙方在合同期内因工负伤享受工伤保险待遇。

第十四条　乙方患职业病或因工负伤的相关待遇按国家和地方有关规定执行。

六、劳动纪律

第十五条　甲方依法制定的各项规章制度应向乙方公示。

第十六条　乙方应遵守甲方制定的规章制度；严格遵守劳动安全卫生、生产工艺、操作规程和工作规范；爱护甲方的财产，遵守职业道德；积极参加甲方组织的培训，提高思想觉悟和职业技能。

第十七条　乙方违反劳动纪律，甲方可以解除本合同。

第十八条 乙方在本合同有效期间或本合同终止（包括期限届满）或解除后，对本合同的内容及在本合同的履行中所知悉的甲方的业务内容、技术信息、商业秘密等信息，除经甲方事先书面同意，不得向任何第三人公开或泄露或以合同之外的目的进行使用。

第十九条 乙方违反前述规定的，乙方应向甲方支付违约金人民币______元。甲方遭受的损失超过违约金的金额的，甲方有权要求乙方对超过部分进行损害赔偿。

七、劳动合同的变更、解除、终止、续订

第二十条 甲、乙双方在任何情况下可以随时通知对方终止、解除劳动合同。

第二十一条 本合同期满，劳动合同即终止。甲、乙双方经协商同意，可以续订劳动合同。

第二十二条 本合同期满后，未办理终止劳动合同手续仍存在劳动关系，双方应及时办理劳动合同终止或延续手续。

八、经济补偿与赔偿

第二十三条 乙方违反规定或本合同的约定解除本合同，给对甲方造成直接经济损失的，乙方应按国家和省有关规定给予赔偿。

九、劳动争议处理

第二十四条 甲、乙双方因履行合同发生的争议，应当协商解决，协商不成的按劳动争议有关规定和程序处理。

第二十五条 本合同未尽事宜，双方可另协商解决；与今后国家法律、行政法规有关规定相悖的，按有关规定执行。

第二十六条 本合同一式两份，甲、乙双方各执一份。

（特别提示：以上条款内容甲、乙双方在签署本合同前，均应事先仔细阅读，并详细了解本合同以及附件内容，双方签字后即行生效。）

甲方：（盖章） 法定代表人或 （委托代理人）：（签名） ______年_____月_____日	乙方：（签名） ______年_____月_____日

[延伸阅读二]

新型用工模式“共享员工”悄然兴起　这些法律风险值得关注

浙江在线 2020 年 3 月 4 日讯（浙江在线记者 吴晓婷 通讯员 章寅莹）

酒店服务生下车间做起了零件组装员，厨师做起了生鲜配送员……在新冠肺炎疫情期间，“共享员工”这种新型用工模式悄然兴起。不仅能减少未复工企业的职工工资成本，也解决已复工企业人手不足的问题，还能调动部分闲置劳动力，可谓是一举多得的用工模式。“共享”员工，但不“共享”薪资，这些法律风险又该如何规避呢?

为加快推进企业复工复产工作部署，杭州市江干区司法局、杭州市江干区工商联决定联合成立杭州市江干区企业复工复产律师公益服务团，由全区 85 名律师组成，点对点服务 8 个街道及钱塘智慧城，助力企业精准防控、顺利复工复产。

浙江君安世纪律师事务所虞军红律师团队是律师公益服务团的成员之一。近日，团队收到了顾问团队 A 公司发来的问题：A 公司受疫情影响，短期内无法复工，故正在与不存在关联关系的 B 公司商谈“共享员工计划”。该计划的初步设想是将 A 公司的部分员工临时派到 B 公司，听从 B 公司的安排进行工作，期间工资由 B 公司承担；待 A 公司恢复营业后，上述员工再返回 A 公司继续正常上班。那么在 A 公司与 B 公司签订相关合同以及实际履行“共享员工计划”的过程中，A 公司存在着哪些法律风险，又应当如何避免?

针对这起典型案例，虞军红律师团队将法律风险以及相应措施作了说明。

（一）违法劳务派遣风险

“共享员工计划”的实施必然要求 A 公司（用人单位）派遣部分职工前往 B 公司（用工单位）从事临时性的工作，这与劳动法中的劳务派遣概念具有相似之处。依照法律规定，劳务派遣业务的开展是需要相应资质的，但 A 公司并不具有劳务派遣资质，故如果没有依法共享员工，A 公司可能需要承担违法劳务派遣的行政责任。

【应对措施】

（1）A 公司应避免在与 B 公司签订的合同中采用“劳务派遣”等表述；

（2）A 公司不得向 B 公司收取管理费，B 公司支付的全部职工工资均应如数下发给外派职工。

（3）在疫情影响结束后，A 公司应当及时复工并召回外派职工。

（二）工伤问题

按照法律规定，参与共享员工计划的职工仍是A公司的职工，如果发生工伤，应由A公司承担责任。

【应对措施】

（1）应当与B公司对工伤后的补偿方案加以明确，要求B公司对A公司因职工工伤遭受的损失予以适当补偿；

（2）A公司继续为员工缴纳社保；

（3）如认为有必要的，A公司可以考虑购买雇主责任险等商业保险。

（三）工资支付、社保缴纳问题

目前共享员工计划的通行做法是B公司等用工企业将工资支付给A公司，再由A公司支付给职工。这就存在一个风险，若B公司未按约定向A公司支付社保费用，则A公司仍需向职工支付工资、缴纳社保。

【应对措施】

严格来说该风险难以避免，故A公司应当及时与B公司进行结算、对账，为将来产生纠纷甚至诉至法院时留存好证据。

（四）职工意愿问题

"共享员工计划"涉及对职工的岗位做出临时性调整，在职工不愿意的情况下，公司单方面岗位调整决定存在违法风险，需要承担相应的民事责任。

【应对措施】

A公司应当与员工采用书面方式确认员工接受临时的岗位调整，并对共享期间的工资标准予以确认。①

[自测]

一、单项选择题（请选出您认为最符合题意的选项，将其标号填入括号中）

1. 下列关于劳动合同的表述错误的是（　　）。

A. 用人单位与劳动者协商一致，可以解除劳动合同

B. 劳动者提前30日以书面形式通知用人单位，可以解除劳动合同，劳动者在试用期内提前3日通知用人单位，可以解除劳动合同

C. 劳动者有患病或者非因工负伤、不能胜任工作、情势变化的，用人单位提前

① 浙江在线 > 教育频道 > 教育即时报 > 综合 http：//edu. zjol. com. cn/jyjsb/zh/202003/t20200304_11741505. shtml.

60日以书面形式通知劳动者本人或者额外支付劳动者1个月工资后，可以解除劳动合同

D. 用人单位依照劳动合同法规定，选择额外支付劳动者1个月工资解除劳动合同的，其额外支付的工资应当按照该劳动者上1个月的工资标准确定

2. 2019年8月30日，张三与甲公司签订劳动合同，约定合同期限1年，试用期1个月，每月10日前发工资，个人所得税和社会保险费由公司代扣代缴。张三9月6日正式上班。甲公司与张三劳动关系建立时间是（　　）。

A. 2019年8月30日　　B. 2019年9月6日

C. 2019年9月1日　　D. 2019年9月10日

3. 基本养老保险费全部由个人缴纳的有（　　）。

A. 国有企业的职工　　B. 有雇工的个体工商户

C. 机关事业单位的职工　　D. 非全日制人员

参考答案：

1. C

2. B

3. D

二、多项选择题（题目所列选项2~3个符合题意。请选出您认为符合题意的选项，将其标号填入括号中）

1. 订立劳动合同，应当遵循的原则有（　　）。

A. 合法　　B. 公平

C. 平等自愿　　D. 协商一致

E. 诚实信用

2. 下列属于用人单位应当向劳动者支付经济补偿的情形有（　　）。

A. 劳动者可以解除劳动合同的

B. 向劳动者提出解除劳动合同并与劳动者协商一致解除劳动合同的

C. 劳动者有患病、胜任、情势变更情形的，用人单位提前30日以书面形式通知劳动者本人或者额外支付劳动者1个月工资后，可以解除劳动合同

D. 用人单位需要裁减人员30人以上或者裁减不足20人但占企业职工总数10%以上的，用人单位提前30日向工会或者全体职工说明情况，听取工会或者职工的意见后，裁减人员方案经向劳动行政部门报告，可以裁减人员

E. 除用人单位维持或者提高劳动合同约定条件续订劳动合同，劳动者不同意续订的情形外，劳动合同期满的，终止固定期限劳动合同的

1. ABCDE

2. ABCE

参考答案：

三、判断题（判断正误，如果您认为正确，请在括号中填“√”，如果您认为错误，请在括号中填“×”）

1. 劳动者达到法定退休年龄，并享受养老保险待遇，劳动合同才终止。（　）

2. 在籍大学生实习与实习单位的法律关系属于劳务关系，实习报酬属于劳务报酬。（　）

3. 母公司为其子公司提供各种服务而发生的费用，应按照独立企业之间公平交易原则确定服务的价格，作为企业正常的劳务费用进行税务处理。（　）

参考答案：

1. ×

答案解析：根据《劳动合同法实施条例》规定，劳动者只要达到法定退休年龄，无论其是否享受养老保险待遇，劳动合同自然终止。

2. √

3. √

四、简答题

1. 什么是非全日制用工人员？非全日制用工人员的社会保险如何申报缴纳？

参考答案：

（1）非全日制用工对全日制用工的突破，也是传统用工模式的革命，是灵活就业的主要方式，打破了传统用工思维和框架，便于人力资源流动，适应了用人单位灵活用工和劳动者自主择业的内在需求，已成为促进就业和促进民生发展的重要途径。所谓非全日制用工，是指以小时计酬为主，劳动者在同一用人单位一般平均每日工作时间不超过4小时，每周工作时间累计不超过24小时的用工形式。

（2）非全日制人员应当参加基本养老保险，原则上参照个体工商户的参保办法执行。对于已参加过基本养老保险和建立个人账户的人员，前后缴费年限合并计算，跨统筹地区转移的，应办理基本养老保险关系和个人账户的转移、接续手续。符合退休条件时，按国家规定计发基本养老金。

非全日制人员可以以个人身份参加基本医疗保险，并按照待遇水平与缴费水平相挂钩的原则，享受相应的基本医疗保险待遇。参加基本医疗保险的具体办法由各地研究制定。

用人单位应当为建立劳动关系的非全日制劳动者缴纳工伤保险费。从事非全日制工作的劳动者发生工伤，依法享受工伤保险待遇；被鉴定为伤残5～10级的，经劳动者与用人单位协商一致，可以一次性结算伤残待遇及有关费用。

（3）非全日制人员可以采取按月、季、半年或年缴费的办法，相关部门应当及时为非全日制劳动者办理社会保险关系及个人账户的接续和转移手续；按规定发放社会保险缴费对账单，及时支付各项社会保险待遇，维护其社会保障权益。各级公共职业介绍机构要积极为从事非全日制工作的劳动者提供档案保管、社会保险代理等服务。

（4）关于非全日制用工的劳动争议处理。从事非全日制工作的劳动者与用人单位因履行劳动合同引发的劳动争议，按照国家劳动争议处理规定执行。劳动者直接向其他家庭或个人提供非全日制劳动的，当事人双方发生的争议不适用劳动争议处理规定。

附录

社会保险费、劳动、工资主要法律法规及文件清单

一、社会保险费主要法律法规部分

中华人民共和国劳动法

（1994 年 7 月 5 日第八届全国人民代表大会常务委员会第八次会议通过。根据 2009 年 8 月 27 日第十一届全国人民代表大会常务委员会第十次会议《关于修改部分法律的决定》第一次修正。根据 2018 年 12 月 29 日第十三届全国人民代表大会常务委员会第七次会议《关于修改〈中华人民共和国劳动法〉等七部法律的决定》第二次修正。）

第一章 总 则

第一条 为了保护劳动者的合法权益，调整劳动关系，建立和维护适应社会主义市场经济的劳动制度，促进经济发展和社会进步，根据宪法，制定本法。

第二条 在中华人民共和国境内的企业、个体经济组织（以下统称“用人单位”）和与之形成劳动关系的劳动者，适用本法。

国家机关、事业组织、社会团体和与之建立劳动合同关系的劳动者，依照本法执行。

第三条 劳动者享有平等就业和选择职业的权利、取得劳动报酬的权利、休息休假的权利、获得劳动安全卫生保护的权利、接受职业技能培训的权利、享受社会保险和福利的权利、提请劳动争议处理的权利以及法律规定的其他劳动权利。

劳动者应当完成劳动任务，提高职业技能，执行劳动安全卫生规程，遵守劳动纪律和职业道德。

第四条 用人单位应当依法建立和完善规章制度，保障劳动者享有劳动权利和履行劳动义务。

第五条 国家采取各种措施，促进劳动就业，发展职业教育，制定劳动标准，调节社会收入，完善社会保险，协调劳动关系，逐步提高劳动者的生活水平。

第六条 国家提倡劳动者参加社会义务劳动，开展劳动竞赛和合理化建议活动，鼓励和保护劳动者进行科学研究、技术革新和发明创造，表彰和奖励劳动模范和先进工作者。

第七条　劳动者有权依法参加和组织工会。

工会代表和维护劳动者的合法权益，依法独立自主地开展活动。

第八条　劳动者依照法律规定，通过职工大会、职工代表大会或者其他形式，参与民主管理或者就保护劳动者合法权益与用人单位进行平等协商。

第九条　国务院劳动行政部门主管全国劳动工作。

县级以上地方人民政府劳动行政部门主管本行政区域内的劳动工作。

第二章　促进就业

第十条　国家通过促进经济和社会发展，创造就业条件，扩大就业机会。

国家鼓励企业、事业组织、社会团体在法律、行政法规规定的范围内兴办产业或者拓展经营，增加就业。

国家支持劳动者自愿组织起来就业和从事个体经营实现就业。

第十一条　地方各级人民政府应当采取措施，发展多种类型的职业介绍机构，提供就业服务。

第十二条　劳动者就业，不因民族、种族、性别、宗教信仰不同而受歧视。

第十三条　妇女享有与男子平等的就业权利。在录用职工时，除国家规定的不适合妇女的工种或者岗位外，不得以性别为由拒绝录用妇女或者提高对妇女的录用标准。

第十四条　残疾人、少数民族人员、退出现役的军人的就业，法律、法规有特别规定的，从其规定。

第十五条　禁止用人单位招用未满十六周岁的未成年人。

文艺、体育和特种工艺单位招用未满十六周岁的未成年人，必须遵守国家有关规定，并保障其接受义务教育的权利。

第三章　劳动合同和集体合同

第十六条　劳动合同是劳动者与用人单位确立劳动关系、明确双方权利和义务的协议。

建立劳动关系应当订立劳动合同。

第十七条　订立和变更劳动合同，应当遵循平等自愿、协商一致的原则，不得违反法律、行政法规的规定。

劳动合同依法订立即具有法律约束力，当事人必须履行劳动合同规定的义务。

第十八条 下列劳动合同无效：

（一）违反法律、行政法规的劳动合同；

（二）采取欺诈、威胁等手段订立的劳动合同。

无效的劳动合同，从订立的时候起，就没有法律约束力。确认劳动合同部分无效的，如果不影响其余部分的效力，其余部分仍然有效。

劳动合同的无效，由劳动争议仲裁委员会或者人民法院确认。

第十九条 劳动合同应当以书面形式订立，并具备以下条款：

（一）劳动合同期限；

（二）工作内容；

（三）劳动保护和劳动条件；

（四）劳动报酬；

（五）劳动纪律；

（六）劳动合同终止的条件；

（七）违反劳动合同的责任。

劳动合同除前款规定的必备条款外，当事人可以协商约定其他内容。

第二十条 劳动合同的期限分为有固定期限、无固定期限和以完成一定的工作为期限。

劳动者在同一用人单位连续工作满十年以上，当事人双方同意续延劳动合同的，如果劳动者提出订立无固定期限的劳动合同，应当订立无固定期限的劳动合同。

第二十一条 劳动合同可以约定试用期。试用期最长不得超过六个月。

第二十二条 劳动合同当事人可以在劳动合同中约定保守用人单位商业秘密的有关事项。

第二十三条 劳动合同期满或者当事人约定的劳动合同终止条件出现，劳动合同即行终止。

第二十四条 经劳动合同当事人协商一致，劳动合同可以解除。

第二十五条 劳动者有下列情形之一的，用人单位可以解除劳动合同：

（一）在试用期间被证明不符合录用条件的；

（二）严重违反劳动纪律或者用人单位规章制度的；

（三）严重失职，营私舞弊，对用人单位利益造成重大损害的；

（四）被依法追究刑事责任的。

第二十六条 有下列情形之一的，用人单位可以解除劳动合同，但是应当提前三十日以书面形式通知劳动者本人：

（一）劳动者患病或者非因工负伤，医疗期满后，不能从事原工作也不能从事由用人单位另行安排的工作的；

（二）劳动者不能胜任工作，经过培训或者调整工作岗位，仍不能胜任工作的；

（三）劳动合同订立时所依据的客观情况发生重大变化，致使原劳动合同无法履行，经当事人协商不能就变更劳动合同达成协议的。

第二十七条　用人单位濒临破产进行法定整顿期间或者生产经营状况发生严重困难，确需裁减人员的，应当提前三十日向工会或者全体职工说明情况，听取工会或者职工的意见，经向劳动行政部门报告后，可以裁减人员。

用人单位依据本条规定裁减人员，在六个月内录用人员的，应当优先录用被裁减的人员。

第二十八条　用人单位依据本法第二十四条、第二十六条、第二十七条的规定解除劳动合同的，应当依照国家有关规定给予经济补偿。

第二十九条　劳动者有下列情形之一的，用人单位不得依据本法第二十六条、第二十七条的规定解除劳动合同：

（一）患职业病或者因工负伤并被确认丧失或者部分丧失劳动能力的；

（二）患病或者负伤，在规定的医疗期内的；

（三）女职工在孕期、产期、哺乳期内的；

（四）法律、行政法规规定的其他情形。

第三十条　用人单位解除劳动合同，工会认为不适当的，有权提出意见。如果用人单位违反法律、法规或者劳动合同，工会有权要求重新处理；劳动者申请仲裁或者提起诉讼的，工会应当依法给予支持和帮助。

第三十一条　劳动者解除劳动合同，应当提前三十日以书面形式通知用人单位。

第三十二条　有下列情形之一的，劳动者可以随时通知用人单位解除劳动合同：

（一）在试用期内的；

（二）用人单位以暴力、威胁或者非法限制人身自由的手段强迫劳动的；

（三）用人单位未按照劳动合同约定支付劳动报酬或者提供劳动条件的。

第三十三条　企业职工一方与企业可以就劳动报酬、工作时间、休息休假、劳动安全卫生、保险福利等事项，签订集体合同。集体合同草案应当提交职工代表大会或者全体职工讨论通过。

集体合同由工会代表职工与企业签订；没有建立工会的企业，由职工推举的代表与企业签订。

第三十四条　集体合同签订后应当报送劳动行政部门；劳动行政部门自收到集体合同文本之日起十五日内未提出异议的，集体合同即行生效。

第三十五条　依法签订的集体合同对企业和企业全体职工具有约束力。职工个人与企业订立的劳动合同中劳动条件和劳动报酬等标准不得低于集体合同的规定。

第四章　工作时间和休息休假

第三十六条　国家实行劳动者每日工作时间不超过八小时、平均每周工作时间不超过四十四小时的工时制度。

第三十七条　对实行计件工作的劳动者，用人单位应当根据本法第三十六条规定的工时制度合理确定其劳动定额和计件报酬标准。

第三十八条　用人单位应当保证劳动者每周至少休息一日。

第三十九条　企业因生产特点不能实行本法第三十六条、第三十八条规定的，经劳动行政部门批准，可以实行其他工作和休息办法。

第四十条　用人单位在下列节日期间应当依法安排劳动者休假：

（一）元旦；

（二）春节；

（三）国际劳动节；

（四）国庆节；

（五）法律、法规规定的其他休假节日。

第四十一条　用人单位由于生产经营需要，经与工会和劳动者协商后可以延长工作时间，一般每日不得超过一小时；因特殊原因需要延长工作时间的，在保障劳动者身体健康的条件下延长工作时间每日不得超过三小时，但是每月不得超过三十六小时。

第四十二条　有下列情形之一的，延长工作时间不受本法第四十一条规定的限制：

（一）发生自然灾害、事故或者因其他原因，威胁劳动者生命健康和财产安全，需要紧急处理的；

（二）生产设备、交通运输线路、公共设施发生故障，影响生产和公众利益，必须及时抢修的；

（三）法律、行政法规规定的其他情形。

第四十三条　用人单位不得违反本法规定延长劳动者的工作时间。

第四十四条　有下列情形之一的，用人单位应当按照下列标准支付高于劳动者正常工作时间工资的工资报酬：

（一）安排劳动者延长工作时间的，支付不低于工资的百分之一百五十的工资报酬；

（二）休息日安排劳动者工作又不能安排补休的，支付不低于工资的百分之二百的工资报酬；

（三）法定休假日安排劳动者工作的，支付不低于工资的百分之三百的工资报酬。

第四十五条 国家实行带薪年休假制度。

劳动者连续工作一年以上的，享受带薪年休假。具体办法由国务院规定。

第五章 工 资

第四十六条 工资分配应当遵循按劳分配原则，实行同工同酬。

工资水平在经济发展的基础上逐步提高。国家对工资总量实行宏观调控。

第四十七条 用人单位根据本单位的生产经营特点和经济效益，依法自主确定本单位的工资分配方式和工资水平。

第四十八条 国家实行最低工资保障制度。最低工资的具体标准由省、自治区、直辖市人民政府规定，报国务院备案。

用人单位支付劳动者的工资不得低于当地最低工资标准。

第四十九条 确定和调整最低工资标准应当综合参考下列因素：

（一）劳动者本人及平均赡养人口的最低生活费用；

（二）社会平均工资水平；

（三）劳动生产率；

（四）就业状况；

（五）地区之间经济发展水平的差异。

第五十条 工资应当以货币形式按月支付给劳动者本人。不得克扣或者无故拖欠劳动者的工资。

第五十一条 劳动者在法定休假日和婚丧假期间以及依法参加社会活动期间，用人单位应当依法支付工资。

第六章 劳动安全卫生

第五十二条 用人单位必须建立、健全劳动安全卫生制度，严格执行国家劳动安全卫生规程和标准，对劳动者进行劳动安全卫生教育，防止劳动过程中的事故，减少职业危害。

第五十三条 劳动安全卫生设施必须符合国家规定的标准。

新建、改建、扩建工程的劳动安全卫生设施必须与主体工程同时设计、同时施工、同时投入生产和使用。

第五十四条 用人单位必须为劳动者提供符合国家规定的劳动安全卫生条件和

必要的劳动防护用品，对从事有职业危害作业的劳动者应当定期进行健康检查。

第五十五条 从事特种作业的劳动者必须经过专门培训并取得特种作业资格。

第五十六条 劳动者在劳动过程中必须严格遵守安全操作规程。

劳动者对用人单位管理人员违章指挥、强令冒险作业，有权拒绝执行；对危害生命安全和身体健康的行为，有权提出批评、检举和控告。

第五十七条 国家建立伤亡事故和职业病统计报告和处理制度。县级以上各级人民政府劳动行政部门、有关部门和用人单位应当依法对劳动者在劳动过程中发生的伤亡事故和劳动者的职业病状况，进行统计、报告和处理。

第七章　女职工和未成年工特殊保护

第五十八条 国家对女职工和未成年工实行特殊劳动保护。

未成年工是指年满十六周岁未满十八周岁的劳动者。

第五十九条 禁止安排女职工从事矿山井下、国家规定的第四级体力劳动强度的劳动和其他禁忌从事的劳动。

第六十条 不得安排女职工在经期从事高处、低温、冷水作业和国家规定的第三级体力劳动强度的劳动。

第六十一条 不得安排女职工在怀孕期间从事国家规定的第三级体力劳动强度的劳动和孕期禁忌从事的劳动。对怀孕七个月以上的女职工，不得安排其延长工作时间和夜班劳动。

第六十二条 女职工生育享受不少于九十天的产假。

第六十三条 不得安排女职工在哺乳未满一周岁的婴儿期间从事国家规定的第三级体力劳动强度的劳动和哺乳期禁忌从事的其他劳动，不得安排其延长工作时间和夜班劳动。

第六十四条 不得安排未成年工从事矿山井下、有毒有害、国家规定的第四级体力劳动强度的劳动和其他禁忌从事的劳动。

第六十五条 用人单位应当对未成年工定期进行健康检查。

第八章　职业培训

第六十六条 国家通过各种途径，采取各种措施，发展职业培训事业，开发劳动者的职业技能，提高劳动者素质，增强劳动者的就业能力和工作能力。

第六十七条 各级人民政府应当把发展职业培训纳入社会经济发展的规划，鼓励和支持有条件的企业、事业组织、社会团体和个人进行各种形式的职业培训。

第六十八条 用人单位应当建立职业培训制度，按照国家规定提取和使用职业培训经费，根据本单位实际，有计划地对劳动者进行职业培训。

从事技术工种的劳动者，上岗前必须经过培训。

第六十九条　国家确定职业分类，对规定的职业制定职业技能标准，实行职业资格证书制度，由经备案的考核鉴定机构负责对劳动者实施职业技能考核鉴定。

第九章　社会保险和福利

第七十条　国家发展社会保险事业，建立社会保险制度，设立社会保险基金，使劳动者在年老、患病、工伤、失业、生育等情况下获得帮助和补偿。

第七十一条　社会保险水平应当与社会经济发展水平和社会承受能力相适应。

第七十二条　社会保险基金按照保险类型确定资金来源，逐步实行社会统筹。用人单位和劳动者必须依法参加社会保险，缴纳社会保险费。

第七十三条　劳动者在下列情形下，依法享受社会保险待遇：

（一）退休；

（二）患病、负伤；

（三）因工伤残或者患职业病；

（四）失业；

（五）生育。

劳动者死亡后，其遗属依法享受遗属津贴。

劳动者享受社会保险待遇的条件和标准由法律、法规规定。

劳动者享受的社会保险金必须按时足额支付。

第七十四条　社会保险基金经办机构依照法律规定收支、管理和运营社会保险基金，并负有使社会保险基金保值增值的责任。

社会保险基金监督机构依照法律规定，对社会保险基金的收支、管理和运营实施监督。

社会保险基金经办机构和社会保险基金监督机构的设立和职能由法律规定。

任何组织和个人不得挪用社会保险基金。

第七十五条　国家鼓励用人单位根据本单位实际情况为劳动者建立补充保险。

国家提倡劳动者个人进行储蓄性保险。

第七十六条　国家发展社会福利事业，兴建公共福利设施，为劳动者休息、休养和疗养提供条件。

用人单位应当创造条件，改善集体福利，提高劳动者的福利待遇。

第十章　劳动争议

第七十七条　用人单位与劳动者发生劳动争议，当事人可以依法申请调解、仲裁、提起诉讼，也可以协商解决。

调解原则适用于仲裁和诉讼程序。

第七十八条　解决劳动争议，应当根据合法、公正、及时处理的原则，依法维护劳动争议当事人的合法权益。

第七十九条　劳动争议发生后，当事人可以向本单位劳动争议调解委员会申请调解；调解不成，当事人一方要求仲裁的，可以向劳动争议仲裁委员会申请仲裁。当事人一方也可以直接向劳动争议仲裁委员会申请仲裁。对仲裁裁决不服的，可以向人民法院提起诉讼。

第八十条　在用人单位内，可以设立劳动争议调解委员会。劳动争议调解委员会由职工代表、用人单位代表和工会代表组成。劳动争议调解委员会主任由工会代表担任。

劳动争议经调解达成协议的，当事人应当履行。

第八十一条　劳动争议仲裁委员会由劳动行政部门代表、同级工会代表、用人单位方面的代表组成。劳动争议仲裁委员会主任由劳动行政部门代表担任。

第八十二条　提出仲裁要求的一方应当自劳动争议发生之日起六十日内向劳动争议仲裁委员会提出书面申请。仲裁裁决一般应在收到仲裁申请的六十日内做出。对仲裁裁决无异议的，当事人必须履行。

第八十三条　劳动争议当事人对仲裁裁决不服的，可以自收到仲裁裁决书之日起十五日内向人民法院提起诉讼。一方当事人在法定期限内不起诉又不履行仲裁裁决的，另一方当事人可以申请人民法院强制执行。

第八十四条　因签订集体合同发生争议，当事人协商解决不成的，当地人民政府劳动行政部门可以组织有关各方协调处理。

因履行集体合同发生争议，当事人协商解决不成的，可以向劳动争议仲裁委员会申请仲裁；对仲裁裁决不服的，可以自收到仲裁裁决书之日起十五日内向人民法院提起诉讼。

第十一章　监督检查

第八十五条　县级以上各级人民政府劳动行政部门依法对用人单位遵守劳动法律、法规的情况进行监督检查，对违反劳动法律、法规的行为有权制止，并责令改正。

第八十六条　县级以上各级人民政府劳动行政部门监督检查人员执行公务，有权进入用人单位了解执行劳动法律、法规的情况，查阅必要的资料，并对劳动场所进行检查。

县级以上各级人民政府劳动行政部门监督检查人员执行公务，必须出示证件，秉公执法并遵守有关规定。

第八十七条　县级以上各级人民政府有关部门在各自职责范围内，对用人单位遵守劳动法律、法规的情况进行监督。

第八十八条　各级工会依法维护劳动者的合法权益，对用人单位遵守劳动法律、法规的情况进行监督。

任何组织和个人对于违反劳动法律、法规的行为有权检举和控告。

第十二章　法律责任

第八十九条　用人单位制定的劳动规章制度违反法律、法规规定的，由劳动行政部门给予警告，责令改正；对劳动者造成损害的，应当承担赔偿责任。

第九十条　用人单位违反本法规定，延长劳动者工作时间的，由劳动行政部门给予警告，责令改正，并可以处以罚款。

第九十一条　用人单位有下列侵害劳动者合法权益情形之一的，由劳动行政部门责令支付劳动者的工资报酬、经济补偿，并可以责令支付赔偿金：

（一）克扣或者无故拖欠劳动者工资的；

（二）拒不支付劳动者延长工作时间工资报酬的；

（三）低于当地最低工资标准支付劳动者工资的；

（四）解除劳动合同后，未依照本法规定给予劳动者经济补偿的。

第九十二条　用人单位的劳动安全设施和劳动卫生条件不符合国家规定或者未向劳动者提供必要的劳动防护用品和劳动保护设施的，由劳动行政部门或者有关部门责令改正，可以处以罚款；情节严重的，提请县级以上人民政府决定责令停产整顿；对事故隐患不采取措施，致使发生重大事故，造成劳动者生命和财产损失的，对责任人员依照刑法有关规定追究刑事责任。

第九十三条　用人单位强令劳动者违章冒险作业，发生重大伤亡事故，造成严重后果的，对责任人员依法追究刑事责任。

第九十四条　用人单位非法招用未满十六周岁的未成年人的，由劳动行政部门责令改正，处以罚款；情节严重的，由市场监督管理部门吊销营业执照。

第九十五条　用人单位违反本法对女职工和未成年工的保护规定，侵害其合法权益的，由劳动行政部门责令改正，处以罚款；对女职工或者未成年工造成损害的，应当承担赔偿责任。

第九十六条 用人单位有下列行为之一，由公安机关对责任人员处以十五日以下拘留、罚款或者警告；构成犯罪的，对责任人员依法追究刑事责任：

（一）以暴力、威胁或者非法限制人身自由的手段强迫劳动的；

（二）侮辱、体罚、殴打、非法搜查和拘禁劳动者的。

第九十七条 由于用人单位的原因订立的无效合同，对劳动者造成损害的，应当承担赔偿责任。

第九十八条 用人单位违反本法规定的条件解除劳动合同或者故意拖延不订立劳动合同的，由劳动行政部门责令改正；对劳动者造成损害的，应当承担赔偿责任。

第九十九条 用人单位招用尚未解除劳动合同的劳动者，对原用人单位造成经济损失的，该用人单位应当依法承担连带赔偿责任。

第一百条 用人单位无故不缴纳社会保险费的，由劳动行政部门责令其限期缴纳；逾期不缴的，可以加收滞纳金。

第一百零一条 用人单位无理阻挠劳动行政部门、有关部门及其工作人员行使监督检查权，打击报复举报人员的，由劳动行政部门或者有关部门处以罚款；构成犯罪的，对责任人员依法追究刑事责任。

第一百零二条 劳动者违反本法规定的条件解除劳动合同或者违反劳动合同中约定的保密事项，对用人单位造成经济损失的，应当依法承担赔偿责任。

第一百零三条 劳动行政部门或者有关部门的工作人员滥用职权、玩忽职守、徇私舞弊，构成犯罪的，依法追究刑事责任；不构成犯罪的，给予行政处分。

第一百零四条 国家工作人员和社会保险基金经办机构的工作人员挪用社会保险基金，构成犯罪的，依法追究刑事责任。

第一百零五条 违反本法规定侵害劳动者合法权益，其他法律、行政法规已规定处罚的，依照该法律、行政法规的规定处罚。

第十三章　附　　则

第一百零六条 省、自治区、直辖市人民政府根据本法和本地区的实际情况，规定劳动合同制度的实施步骤，报国务院备案。

第一百零七条 本法自 1995 年 1 月 1 日起施行。

中华人民共和国社会保险法

（2010 年 10 月 28 日第十一届全国人民代表大会常务委员会第十七次会议通过　根据 2018 年 12 月 29 日第十三届全国人民代表大会常务委员会第七次会议《关于修改〈中华人民共和国社会保险法〉的决定》修正）

第一章　总　　则

第一条　为了规范社会保险关系，维护公民参加社会保险和享受社会保险待遇的合法权益，使公民共享发展成果，促进社会和谐稳定，根据宪法，制定本法。

第二条　国家建立基本养老保险、基本医疗保险、工伤保险、失业保险、生育保险等社会保险制度，保障公民在年老、疾病、工伤、失业、生育等情况下依法从国家和社会获得物质帮助的权利。

第三条　社会保险制度坚持广覆盖、保基本、多层次、可持续的方针，社会保险水平应当与经济社会发展水平相适应。

第四条　中华人民共和国境内的用人单位和个人依法缴纳社会保险费，有权查询缴费记录、个人权益记录，要求社会保险经办机构提供社会保险咨询等相关服务。

个人依法享受社会保险待遇，有权监督本单位为其缴费情况。

第五条　县级以上人民政府将社会保险事业纳入国民经济和社会发展规划。

国家多渠道筹集社会保险资金。县级以上人民政府对社会保险事业给予必要的经费支持。

国家通过税收优惠政策支持社会保险事业。

第六条　国家对社会保险基金实行严格监管。

国务院和省、自治区、直辖市人民政府建立健全社会保险基金监督管理制度，保障社会保险基金安全、有效运行。

县级以上人民政府采取措施，鼓励和支持社会各方面参与社会保险基金的监督。

第七条　国务院人社部门负责全国的社会保险管理工作，国务院其他有关部门在各自的职责范围内负责有关的社会保险工作。

县级以上地方人民政府人社部门负责本行政区域的社会保险管理工作，县级以上地方人民政府其他有关部门在各自的职责范围内负责有关的社会保险工作。

第八条 社会保险经办机构提供社会保险服务，负责社会保险登记、个人权益记录、社会保险待遇支付等工作。

第九条 工会依法维护职工的合法权益，有权参与社会保险重大事项的研究，参加社会保险监督委员会，对与职工社会保险权益有关的事项进行监督。

第二章 基本养老保险

第十条 职工应当参加基本养老保险，由用人单位和职工共同缴纳基本养老保险费。

无雇工的个体工商户、未在用人单位参加基本养老保险的非全日制从业人员以及其他灵活就业人员可以参加基本养老保险，由个人缴纳基本养老保险费。

公务员和参照公务员法管理的工作人员养老保险的办法由国务院规定。

第十一条 基本养老保险实行社会统筹与个人账户相结合。

基本养老保险基金由用人单位和个人缴费以及政府补贴等组成。

第十二条 用人单位应当按照国家规定的本单位职工工资总额的比例缴纳基本养老保险费，记入基本养老保险统筹基金。

职工应当按照国家规定的本人工资的比例缴纳基本养老保险费，记入个人账户。

无雇工的个体工商户、未在用人单位参加基本养老保险的非全日制从业人员以及其他灵活就业人员参加基本养老保险的，应当按照国家规定缴纳基本养老保险费，分别记入基本养老保险统筹基金和个人账户。

第十三条 国有企业、事业单位职工参加基本养老保险前，视同缴费年限期间应当缴纳的基本养老保险费由政府承担。

基本养老保险基金出现支付不足时，政府给予补贴。

第十四条 个人账户不得提前支取，记账利率不得低于银行定期存款利率，免征利息税。个人死亡的，个人账户余额可以继承。

第十五条 基本养老金由统筹养老金和个人账户养老金组成。

基本养老金根据个人累计缴费年限、缴费工资、当地职工平均工资、个人账户金额、城镇人口平均预期寿命等因素确定。

第十六条 参加基本养老保险的个人，达到法定退休年龄时累计缴费满十五年的，按月领取基本养老金。

参加基本养老保险的个人，达到法定退休年龄时累计缴费不足十五年的，可以缴费至满十五年，按月领取基本养老金；也可以转入新型农村社会养老保险或者城镇居民社会养老保险，按照国务院规定享受相应的养老保险待遇。

第十七条　参加基本养老保险的个人，因病或者非因工死亡的，其遗属可以领取丧葬补助金和抚恤金；在未达到法定退休年龄时因病或者非因工致残完全丧失劳动能力的，可以领取病残津贴。所需资金从基本养老保险基金中支付。

第十八条　国家建立基本养老金正常调整机制。根据职工平均工资增长、物价上涨情况，适时提高基本养老保险待遇水平。

第十九条　个人跨统筹地区就业的，其基本养老保险关系随本人转移，缴费年限累计计算。个人达到法定退休年龄时，基本养老金分段计算、统一支付。具体办法由国务院规定。

第二十条　国家建立和完善新型农村社会养老保险制度。

新型农村社会养老保险实行个人缴费、集体补助和政府补贴相结合。

第二十一条　新型农村社会养老保险待遇由基础养老金和个人账户养老金组成。

参加新型农村社会养老保险的农村居民，符合国家规定条件的，按月领取新型农村社会养老保险待遇。

第二十二条　国家建立和完善城镇居民社会养老保险制度。

省、自治区、直辖市人民政府根据实际情况，可以将城镇居民社会养老保险和新型农村社会养老保险合并实施。

第三章　基本医疗保险

第二十三条　职工应当参加职工基本医疗保险，由用人单位和职工按照国家规定共同缴纳基本医疗保险费。

无雇工的个体工商户、未在用人单位参加职工基本医疗保险的非全日制从业人员以及其他灵活就业人员可以参加职工基本医疗保险，由个人按照国家规定缴纳基本医疗保险费。

第二十四条　国家建立和完善新型农村合作医疗制度。

新型农村合作医疗的管理办法，由国务院规定。

第二十五条　国家建立和完善城镇居民基本医疗保险制度。

城镇居民基本医疗保险实行个人缴费和政府补贴相结合。

享受最低生活保障的人、丧失劳动能力的残疾人、低收入家庭六十周岁以上的老年人和未成年人等所需个人缴费部分，由政府给予补贴。

第二十六条　职工基本医疗保险、新型农村合作医疗和城镇居民基本医疗保险的待遇标准按照国家规定执行。

第二十七条　参加职工基本医疗保险的个人，达到法定退休年龄时累计缴费达到国家规定年限的，退休后不再缴纳基本医疗保险费，按照国家规定享受基本医疗保险待遇；未达到国家规定年限的，可以缴费至国家规定年限。

第二十八条 符合基本医疗保险药品目录、诊疗项目、医疗服务设施标准以及急诊、抢救的医疗费用，按照国家规定从基本医疗保险基金中支付。

第二十九条 参保人员医疗费用中应当由基本医疗保险基金支付的部分，由社会保险经办机构与医疗机构、药品经营单位直接结算。

人社部门和卫生行政部门应当建立异地就医医疗费用结算制度，方便参保人员享受基本医疗保险待遇。

第三十条 下列医疗费用不纳入基本医疗保险基金支付范围：

（一）应当从工伤保险基金中支付的；

（二）应当由第三人负担的；

（三）应当由公共卫生负担的；

（四）在境外就医的。

医疗费用依法应当由第三人负担，第三人不支付或者无法确定第三人的，由基本医疗保险基金先行支付。基本医疗保险基金先行支付后，有权向第三人追偿。

第三十一条 社会保险经办机构根据管理服务的需要，可以与医疗机构、药品经营单位签订服务协议，规范医疗服务行为。

医疗机构应当为参保人员提供合理、必要的医疗服务。

第三十二条 个人跨统筹地区就业的，其基本医疗保险关系随本人转移，缴费年限累计计算。

第四章 工伤保险

第三十三条 职工应当参加工伤保险，由用人单位缴纳工伤保险费，职工不缴纳工伤保险费。

第三十四条 国家根据不同行业的工伤风险程度确定行业的差别费率，并根据使用工伤保险基金、工伤发生率等情况在每个行业内确定费率档次。行业差别费率和行业内费率档次由国务院人社部门制定，报国务院批准后公布施行。

社会保险经办机构根据用人单位使用工伤保险基金、工伤发生率和所属行业费率档次等情况，确定用人单位缴费费率。

第三十五条 用人单位应当按照本单位职工工资总额，根据社会保险经办机构确定的费率缴纳工伤保险费。

第三十六条 职工因工作原因受到事故伤害或者患职业病，且经工伤认定的，享受工伤保险待遇；其中，经劳动能力鉴定丧失劳动能力的，享受伤残待遇。

工伤认定和劳动能力鉴定应当简捷、方便。

第三十七条　职工因下列情形之一导致本人在工作中伤亡的，不认定为工伤：

（一）故意犯罪；

（二）醉酒或者吸毒；

（三）自残或者自杀；

（四）法律、行政法规规定的其他情形。

第三十八条　因工伤发生的下列费用，按照国家规定从工伤保险基金中支付：

（一）治疗工伤的医疗费用和康复费用；

（二）住院伙食补助费；

（三）到统筹地区以外就医的交通食宿费；

（四）安装配置伤残辅助器具所需费用；

（五）生活不能自理的，经劳动能力鉴定委员会确认的生活护理费；

（六）一次性伤残补助金和一至四级伤残职工按月领取的伤残津贴；

（七）终止或者解除劳动合同时，应当享受的一次性医疗补助金；

（八）因工死亡的，其遗属领取的丧葬补助金、供养亲属抚恤金和因工死亡补助金；

（九）劳动能力鉴定费。

第三十九条　因工伤发生的下列费用，按照国家规定由用人单位支付：

（一）治疗工伤期间的工资福利；

（二）五级、六级伤残职工按月领取的伤残津贴；

（三）终止或者解除劳动合同时，应当享受的一次性伤残就业补助金。

第四十条　工伤职工符合领取基本养老金条件的，停发伤残津贴，享受基本养老保险待遇。基本养老保险待遇低于伤残津贴的，从工伤保险基金中补足差额。

第四十一条　职工所在用人单位未依法缴纳工伤保险费，发生工伤事故的，由用人单位支付工伤保险待遇。用人单位不支付的，从工伤保险基金中先行支付。

从工伤保险基金中先行支付的工伤保险待遇应当由用人单位偿还。用人单位不偿还的，社会保险经办机构可以依照本法第六十三条的规定追偿。

第四十二条　由于第三人的原因造成工伤，第三人不支付工伤医疗费用或者无法确定第三人的，由工伤保险基金先行支付。工伤保险基金先行支付后，有权向第三人追偿。

第四十三条　工伤职工有下列情形之一的，停止享受工伤保险待遇：

（一）丧失享受待遇条件的；

（二）拒不接受劳动能力鉴定的；

（三）拒绝治疗的。

第五章　失业保险

第四十四条　职工应当参加失业保险，由用人单位和职工按照国家规定共同缴纳失业保险费。

第四十五条　失业人员符合下列条件的，从失业保险基金中领取失业保险金：

（一）失业前用人单位和本人已经缴纳失业保险费满一年的；

（二）非因本人意愿中断就业的；

（三）已经进行失业登记，并有求职要求的。

第四十六条　失业人员失业前用人单位和本人累计缴费满一年不足五年的，领取失业保险金的期限最长为十二个月；累计缴费满五年不足十年的，领取失业保险金的期限最长为十八个月；累计缴费十年以上的，领取失业保险金的期限最长为二十四个月。重新就业后，再次失业的，缴费时间重新计算，领取失业保险金的期限与前次失业应当领取而尚未领取的失业保险金的期限合并计算，最长不超过二十四个月。

第四十七条　失业保险金的标准，由省、自治区、直辖市人民政府确定，不得低于城市居民最低生活保障标准。

第四十八条　失业人员在领取失业保险金期间，参加职工基本医疗保险，享受基本医疗保险待遇。

失业人员应当缴纳的基本医疗保险费从失业保险基金中支付，个人不缴纳基本医疗保险费。

第四十九条　失业人员在领取失业保险金期间死亡的，参照当地对在职职工死亡的规定，向其遗属发给一次性丧葬补助金和抚恤金。所需资金从失业保险基金中支付。

个人死亡同时符合领取基本养老保险丧葬补助金、工伤保险丧葬补助金和失业保险丧葬补助金条件的，其遗属只能选择领取其中的一项。

第五十条　用人单位应当及时为失业人员出具终止或者解除劳动关系的证明，并将失业人员的名单自终止或者解除劳动关系之日起十五日内告知社会保险经办机构。

失业人员应当持本单位为其出具的终止或者解除劳动关系的证明，及时到指定的公共就业服务机构办理失业登记。

失业人员凭失业登记证明和个人身份证明，到社会保险经办机构办理领取失业保险金的手续。失业保险金领取期限自办理失业登记之日起计算。

第五十一条　失业人员在领取失业保险金期间有下列情形之一的，停止领取失业保险金，并同时停止享受其他失业保险待遇：

（一）重新就业的；

（二）应征服兵役的；

（三）移居境外的；

（四）享受基本养老保险待遇的；

（五）无正当理由，拒不接受当地人民政府指定部门或者机构介绍的适当工作或者提供的培训的。

第五十二条　职工跨统筹地区就业的，其失业保险关系随本人转移，缴费年限累计计算。

第六章　生育保险

第五十三条　职工应当参加生育保险，由用人单位按照国家规定缴纳生育保险费，职工不缴纳生育保险费。

第五十四条　用人单位已经缴纳生育保险费的，其职工享受生育保险待遇；职工未就业配偶按照国家规定享受生育医疗费用待遇。所需资金从生育保险基金中支付。

生育保险待遇包括生育医疗费用和生育津贴。

第五十五条　生育医疗费用包括下列各项：

（一）生育的医疗费用；

（二）计划生育的医疗费用；

（三）法律、法规规定的其他项目费用。

第五十六条　职工有下列情形之一的，可以按照国家规定享受生育津贴：

（一）女职工生育享受产假；

（二）享受计划生育手术休假；

（三）法律、法规规定的其他情形。

生育津贴按照职工所在用人单位上年度职工月平均工资计发。

第七章　社会保险费征缴

第五十七条　用人单位应当自成立之日起三十日内凭营业执照、登记证书或者单位印章，向当地社会保险经办机构申请办理社会保险登记。社会保险经办机构应当自收到申请之日起十五日内予以审核，发给社会保险登记证件。

用人单位的社会保险登记事项发生变更或者用人单位依法终止的，应当自变更或者终止之日起三十日内，到社会保险经办机构办理变更或者注销社会保险登记。

市场监督管理部门、民政部门和机构编制管理机关应当及时向社会保险经办机构通报用人单位的成立、终止情况，公安机关应当及时向社会保险经办机构通报个人的出生、死亡以及户口登记、迁移、注销等情况。

第五十八条 用人单位应当自用工之日起三十日内为其职工向社会保险经办机构申请办理社会保险登记。未办理社会保险登记的，由社会保险经办机构核定其应当缴纳的社会保险费。

自愿参加社会保险的无雇工的个体工商户、未在用人单位参加社会保险的非全日制从业人员以及其他灵活就业人员，应当向社会保险经办机构申请办理社会保险登记。

国家建立全国统一的个人社会保障号码。个人社会保障号码为公民身份号码。

第五十九条 县级以上人民政府加强社会保险费的征收工作。

社会保险费实行统一征收，实施步骤和具体办法由国务院规定。

第六十条 用人单位应当自行申报、按时足额缴纳社会保险费，非因不可抗力等法定事由不得缓缴、减免。职工应当缴纳的社会保险费由用人单位代扣代缴，用人单位应当按月将缴纳社会保险费的明细情况告知本人。

无雇工的个体工商户、未在用人单位参加社会保险的非全日制从业人员以及其他灵活就业人员，可以直接向社会保险费征收机构缴纳社会保险费。

第六十一条 社会保险费征收机构应当依法按时足额征收社会保险费，并将缴费情况定期告知用人单位和个人。

第六十二条 用人单位未按规定申报应当缴纳的社会保险费数额的，按照该单位上月缴费额的百分之一百一十确定应当缴纳数额；缴费单位补办申报手续后，由社会保险费征收机构按照规定结算。

第六十三条 用人单位未按时足额缴纳社会保险费的，由社会保险费征收机构责令其限期缴纳或者补足。

用人单位逾期仍未缴纳或者补足社会保险费的，社会保险费征收机构可以向银行和其他金融机构查询其存款账户；并可以申请县级以上有关行政部门做出划拨社会保险费的决定，书面通知其开户银行或者其他金融机构划拨社会保险费。用人单位账户余额少于应当缴纳的社会保险费的，社会保险费征收机构可以要求该用人单位提供担保，签订延期缴费协议。

用人单位未足额缴纳社会保险费且未提供担保的，社会保险费征收机构可以申请人民法院扣押、查封、拍卖其价值相当于应当缴纳社会保险费的财产，以拍卖所得抵缴社会保险费。

第八章　社会保险基金

第六十四条　社会保险基金包括基本养老保险基金、基本医疗保险基金、工伤保险基金、失业保险基金和生育保险基金。除基本医疗保险基金与生育保险基金合并建账及核算外，其他各项社会保险基金按照社会保险险种分别建账，分账核算。社会保险基金执行国家统一的会计制度。

社会保险基金专款专用，任何组织和个人不得侵占或者挪用。

基本养老保险基金逐步实行全国统筹，其他社会保险基金逐步实行省级统筹，具体时间、步骤由国务院规定。

第六十五条　社会保险基金通过预算实现收支平衡。

县级以上人民政府在社会保险基金出现支付不足时，给予补贴。

第六十六条　社会保险基金按照统筹层次设立预算。除基本医疗保险基金与生育保险基金预算合并编制外，其他社会保险基金预算按照社会保险项目分别编制。

第六十七条　社会保险基金预算、决算草案的编制、审核和批准，依照法律和国务院规定执行。

第六十八条　社会保险基金存入财政专户，具体管理办法由国务院规定。

第六十九条　社会保险基金在保证安全的前提下，按照国务院规定投资运营实现保值增值。

社会保险基金不得违规投资运营，不得用于平衡其他政府预算，不得用于兴建、改建办公场所和支付人员经费、运行费用、管理费用，或者违反法律、行政法规规定挪作其他用途。

第七十条　社会保险经办机构应当定期向社会公布参加社会保险情况以及社会保险基金的收入、支出、结余和收益情况。

第七十一条　国家设立全国社会保障基金，由中央财政预算拨款以及国务院批准的其他方式筹集的资金构成，用于社会保障支出的补充、调剂。全国社会保障基金由全国社会保障基金管理运营机构负责管理运营，在保证安全的前提下实现保值增值。

全国社会保障基金应当定期向社会公布收支、管理和投资运营的情况。国务院财政部门、人社部门、审计机关对全国社会保障基金的收支、管理和投资运营情况实施监督。

第九章　社会保险经办

第七十二条　统筹地区设立社会保险经办机构。社会保险经办机构根据工作需要，经所在地的人社部门和机构编制管理机关批准，可以在本统筹地区设立分支机构和服务网点。

社会保险经办机构的人员经费和经办社会保险发生的基本运行费用、管理费用，由同级财政按照国家规定予以保障。

第七十三条 社会保险经办机构应当建立健全业务、财务、安全和风险管理制度。

社会保险经办机构应当按时足额支付社会保险待遇。

第七十四条 社会保险经办机构通过业务经办、统计、调查获取社会保险工作所需的数据，有关单位和个人应当及时、如实提供。

社会保险经办机构应当及时为用人单位建立档案，完整、准确地记录参加社会保险的人员、缴费等社会保险数据，妥善保管登记、申报的原始凭证和支付结算的会计凭证。

社会保险经办机构应当及时、完整、准确地记录参加社会保险的个人缴费和用人单位为其缴费，以及享受社会保险待遇等个人权益记录，定期将个人权益记录单免费寄送本人。

用人单位和个人可以免费向社会保险经办机构查询、核对其缴费和享受社会保险待遇记录，要求社会保险经办机构提供社会保险咨询等相关服务。

第七十五条 全国社会保险信息系统按照国家统一规划，由县级以上人民政府按照分级负责的原则共同建设。

第十章 社会保险监督

第七十六条 各级人民代表大会常务委员会听取和审议本级人民政府对社会保险基金的收支、管理、投资运营以及监督检查情况的专项工作报告，组织对本法实施情况的执法检查等，依法行使监督职权。

第七十七条 县级以上人民政府人社部门应当加强对用人单位和个人遵守社会保险法律、法规情况的监督检查。

人社部门实施监督检查时，被检查的用人单位和个人应当如实提供与社会保险有关的资料，不得拒绝检查或者谎报、瞒报。

第七十八条 财政部门、审计机关按照各自职责，对社会保险基金的收支、管理和投资运营情况实施监督。

第七十九条 人社部门对社会保险基金的收支、管理和投资运营情况进行监督检查，发现存在问题的，应当提出整改建议，依法做出处理决定或者向有关行政部门提出处理建议。社会保险基金检查结果应当定期向社会公布。

人社部门对社会保险基金实施监督检查，有权采取下列措施：

（一）查阅、记录、复制与社会保险基金收支、管理和投资运营相关的资料，对可能被转移、隐匿或者灭失的资料予以封存；

（二）询问与调查事项有关的单位和个人，要求其对与调查事项有关的问题做出说明、提供有关证明材料；

（三）对隐匿、转移、侵占、挪用社会保险基金的行为予以制止并责令改正。

第八十条　统筹地区人民政府成立由用人单位代表、参保人员代表，以及工会代表、专家等组成的社会保险监督委员会，掌握、分析社会保险基金的收支、管理和投资运营情况，对社会保险工作提出咨询意见和建议，实施社会监督。

社会保险经办机构应当定期向社会保险监督委员会汇报社会保险基金的收支、管理和投资运营情况。社会保险监督委员会可以聘请会计师事务所对社会保险基金的收支、管理和投资运营情况进行年度审计和专项审计。审计结果应当向社会公开。

社会保险监督委员会发现社会保险基金收支、管理和投资运营中存在问题的，有权提出改正建议；对社会保险经办机构及其工作人员的违法行为，有权向有关部门提出依法处理建议。

第八十一条　人社部门和其他有关行政部门、社会保险经办机构、社会保险费征收机构及其工作人员，应当依法为用人单位和个人的信息保密，不得以任何形式泄露。

第八十二条　任何组织或者个人有权对违反社会保险法律、法规的行为进行举报、投诉。

人社部门、卫生行政部门、社会保险经办机构、社会保险费征收机构和财政部门、审计机关对属于本部门、本机构职责范围的举报、投诉，应当依法处理；对不属于本部门、本机构职责范围的，应当书面通知并移交有权处理的部门、机构处理。有权处理的部门、机构应当及时处理，不得推诿。

第八十三条　用人单位或者个人认为社会保险费征收机构的行为侵害自己合法权益的，可以依法申请行政复议或者提起行政诉讼。

用人单位或者个人对社会保险经办机构不依法办理社会保险登记、核定社会保险费、支付社会保险待遇、办理社会保险转移接续手续或者侵害其他社会保险权益的行为，可以依法申请行政复议或者提起行政诉讼。

个人与所在用人单位发生社会保险争议的，可以依法申请调解、仲裁，提起诉讼。用人单位侵害个人社会保险权益的，个人也可以要求人社部门或者社会保险费征收机构依法处理。

第十一章　法律责任

第八十四条　用人单位不办理社会保险登记的，由人社部门责令限期改正；逾期不改正的，对用人单位处应缴社会保险费数额一倍以上三倍以下的罚款，对其直接负责的主管人员和其他直接责任人员处五百元以上三千元以下的罚款。

第八十五条　用人单位拒不出具终止或者解除劳动关系证明的，依照《中华人民共和国劳动合同法》的规定处理。

第八十六条　用人单位未按时足额缴纳社会保险费的，由社会保险费征收机构责令限期缴纳或者补足，并自欠缴之日起，按日加收万分之五的滞纳金；逾期仍不缴纳的，由有关行政部门处欠缴数额一倍以上三倍以下的罚款。

第八十七条　社会保险经办机构以及医疗机构、药品经营单位等社会保险服务机构以欺诈、伪造证明材料或者其他手段骗取社会保险基金支出的，由人社部门责令退回骗取的社会保险金，处骗取金额二倍以上五倍以下的罚款；属于社会保险服务机构的，解除服务协议；直接负责的主管人员和其他直接责任人员有执业资格的，依法吊销其执业资格。

第八十八条　以欺诈、伪造证明材料或者其他手段骗取社会保险待遇的，由人社部门责令退回骗取的社会保险金，处骗取金额二倍以上五倍以下的罚款。

第八十九条　社会保险经办机构及其工作人员有下列行为之一的，由人社部门责令改正；给社会保险基金、用人单位或者个人造成损失的，依法承担赔偿责任；对直接负责的主管人员和其他直接责任人员依法给予处分：

（一）未履行社会保险法定职责的；

（二）未将社会保险基金存入财政专户的；

（三）克扣或者拒不按时支付社会保险待遇的；

（四）丢失或者篡改缴费记录、享受社会保险待遇记录等社会保险数据、个人权益记录的；

（五）有违反社会保险法律、法规的其他行为的。

第九十条　社会保险费征收机构擅自更改社会保险费缴费基数、费率，导致少收或者多收社会保险费的，由有关行政部门责令其追缴应当缴纳的社会保险费或者退还不应当缴纳的社会保险费；对直接负责的主管人员和其他直接责任人员依法给予处分。

第九十一条　违反本法规定，隐匿、转移、侵占、挪用社会保险基金或者违规投资运营的，由人社部门、财政部门、审计机关责令追回；有违法所得的，没收违法所得；对直接负责的主管人员和其他直接责任人员依法给予处分。

第九十二条　人社部门和其他有关行政部门、社会保险经办机构、社会保险费征收机构及其工作人员泄露用人单位和个人信息的，对直接负责的主管人员和其他直接责任人员依法给予处分；给用人单位或者个人造成损失的，应当承担赔偿责任。

第九十三条　国家工作人员在社会保险管理、监督工作中滥用职权、玩忽职守、徇私舞弊的，依法给予处分。

第九十四条　违反本法规定，构成犯罪的，依法追究刑事责任。

第十二章　附　　则

第九十五条　进城务工的农村居民依照本法规定参加社会保险。

第九十六条　征收农村集体所有的土地，应当足额安排被征地农民的社会保险费，按照国务院规定将被征地农民纳入相应的社会保险制度。

第九十七条　外国人在中国境内就业的，参照本法规定参加社会保险。

第九十八条　本法自 2011 年 7 月 1 日起施行。

中华人民共和国劳动合同法

（《中华人民共和国劳动合同法》已由中华人民共和国第十届全国人民代表大会常务委员会第二十八次会议于2007年6月29日通过，现予公布，自2008年1月1日起施行。

《全国人民代表大会常务委员会关于修改〈中华人民共和国劳动合同法〉的决定》已由中华人民共和国第十一届全国人民代表大会常务委员会第三十次会议于2012年12月28日通过，自2013年7月1日起施行。）

第一章　总　　则

第一条　为了完善劳动合同制度，明确劳动合同双方当事人的权利和义务，保护劳动者的合法权益，构建和发展和谐稳定的劳动关系，制定本法。

第二条　中华人民共和国境内的企业、个体经济组织、民办非企业单位等组织（以下称用人单位）与劳动者建立劳动关系，订立、履行、变更、解除或者终止劳动合同，适用本法。

国家机关、事业单位、社会团体和与其建立劳动关系的劳动者，订立、履行、变更、解除或者终止劳动合同，依照本法执行。

第三条　订立劳动合同，应当遵循合法、公平、平等自愿、协商一致、诚实信用的原则。

依法订立的劳动合同具有约束力，用人单位与劳动者应当履行劳动合同约定的义务。

第四条　用人单位应当依法建立和完善劳动规章制度，保障劳动者享有劳动权利、履行劳动义务。

用人单位在制定、修改或者决定有关劳动报酬、工作时间、休息休假、劳动安全卫生、保险福利、职工培训、劳动纪律以及劳动定额管理等直接涉及劳动者切身利益的规章制度或者重大事项时，应当经职工代表大会或者全体职工讨论，提出方案和意见，与工会或者职工代表平等协商确定。

在规章制度和重大事项决定实施过程中，工会或者职工认为不适当的，有权向用人单位提出，通过协商予以修改完善。

用人单位应当将直接涉及劳动者切身利益的规章制度和重大事项决定公示，或者告知劳动者。

第五条　县级以上人民政府劳动行政部门会同工会和企业方面代表，建立健全协调劳动关系三方机制，共同研究解决有关劳动关系的重大问题。

第六条　工会应当帮助、指导劳动者与用人单位依法订立和履行劳动合同，并与用人单位建立集体协商机制，维护劳动者的合法权益。

第二章　劳动合同的订立

第七条　用人单位自用工之日起即与劳动者建立劳动关系。用人单位应当建立职工名册备查。

第八条　用人单位招用劳动者时，应当如实告知劳动者工作内容、工作条件、工作地点、职业危害、安全生产状况、劳动报酬，以及劳动者要求了解的其他情况；用人单位有权了解劳动者与劳动合同直接相关的基本情况，劳动者应当如实说明。

第九条　用人单位招用劳动者，不得扣押劳动者的居民身份证和其他证件，不得要求劳动者提供担保或者以其他名义向劳动者收取财物。

第十条　建立劳动关系，应当订立书面劳动合同。

已建立劳动关系，未同时订立书面劳动合同的，应当自用工之日起一个月内订立书面劳动合同。

用人单位与劳动者在用工前订立劳动合同的，劳动关系自用工之日起建立。

第十一条　用人单位未在用工的同时订立书面劳动合同，与劳动者约定的劳动报酬不明确的，新招用的劳动者的劳动报酬按照集体合同规定的标准执行；没有集体合同或者集体合同未规定的，实行同工同酬。

第十二条　劳动合同分为固定期限劳动合同、无固定期限劳动合同和以完成一定工作任务为期限的劳动合同。

第十三条　固定期限劳动合同，是指用人单位与劳动者约定合同终止时间的劳动合同。

用人单位与劳动者协商一致，可以订立固定期限劳动合同。

第十四条　无固定期限劳动合同，是指用人单位与劳动者约定无确定终止时间的劳动合同。

用人单位与劳动者协商一致，可以订立无固定期限劳动合同。有下列情形之一，劳动者提出或者同意续订、订立劳动合同的，除劳动者提出订立固定期限劳动合同外，应当订立无固定期限劳动合同：

（一）劳动者在该用人单位连续工作满十年的；

（二）用人单位初次实行劳动合同制度或者国有企业改制重新订立劳动合同时，劳动者在该用人单位连续工作满十年且距法定退休年龄不足十年的；

（三）连续订立二次固定期限劳动合同，且劳动者没有本法第三十九条和第四十条第一项、第二项规定的情形，续订劳动合同的。

用人单位自用工之日起满一年不与劳动者订立书面劳动合同的，视为用人单位与劳动者已订立无固定期限劳动合同。

第十五条 以完成一定工作任务为期限的劳动合同，是指用人单位与劳动者约定以某项工作的完成为合同期限的劳动合同。

用人单位与劳动者协商一致，可以订立以完成一定工作任务为期限的劳动合同。

第十六条 劳动合同由用人单位与劳动者协商一致，并经用人单位与劳动者在劳动合同文本上签字或者盖章生效。

劳动合同文本由用人单位和劳动者各执一份。

第十七条 劳动合同应当具备以下条款：

（一）用人单位的名称、住所和法定代表人或者主要负责人；

（二）劳动者的姓名、住址和居民身份证或者其他有效身份证件号码；

（三）劳动合同期限；

（四）工作内容和工作地点；

（五）工作时间和休息休假；

（六）劳动报酬；

（七）社会保险；

（八）劳动保护、劳动条件和职业危害防护；

（九）法律、法规规定应当纳入劳动合同的其他事项。

劳动合同除前款规定的必备条款外，用人单位与劳动者可以约定试用期、培训、保守秘密、补充保险和福利待遇等其他事项。

第十八条 劳动合同对劳动报酬和劳动条件等标准约定不明确，引发争议的，用人单位与劳动者可以重新协商；协商不成的，适用集体合同规定；没有集体合同或者集体合同未规定劳动报酬的，实行同工同酬；没有集体合同或者集体合同未规定劳动条件等标准的，适用国家有关规定。

第十九条 劳动合同期限三个月以上不满一年的，试用期不得超过一个月；劳动合同期限一年以上不满三年的，试用期不得超过二个月；三年以上固定期限和无固定期限的劳动合同，试用期不得超过六个月。

同一用人单位与同一劳动者只能约定一次试用期。

以完成一定工作任务为期限的劳动合同或者劳动合同期限不满三个月的，不得约定试用期。

试用期包含在劳动合同期限内。劳动合同仅约定试用期的，试用期不成立，该期限为劳动合同期限。

第二十条 劳动者在试用期的工资不得低于本单位相同岗位最低档工资或者劳动合同约定工资的百分之八十，并不得低于用人单位所在地的最低工资标准。

第二十一条 在试用期中，除劳动者有本法第三十九条和第四十条第一项、第二项规定的情形外，用人单位不得解除劳动合同。用人单位在试用期解除劳动合同的，应当向劳动者说明理由。

第二十二条 用人单位为劳动者提供专项培训费用，对其进行专业技术培训的，可以与该劳动者订立协议，约定服务期。

劳动者违反服务期约定的，应当按照约定向用人单位支付违约金。违约金的数额不得超过用人单位提供的培训费用。用人单位要求劳动者支付的违约金不得超过服务期尚未履行部分所应分摊的培训费用。

用人单位与劳动者约定服务期的，不影响按照正常的工资调整机制提高劳动者在服务期期间的劳动报酬。

第二十三条 用人单位与劳动者可以在劳动合同中约定保守用人单位的商业秘密和与知识产权相关的保密事项。

对负有保密义务的劳动者，用人单位可以在劳动合同或者保密协议中与劳动者约定竞业限制条款，并约定在解除或者终止劳动合同后，在竞业限制期限内按月给予劳动者经济补偿。劳动者违反竞业限制约定的，应当按照约定向用人单位支付违约金。

第二十四条 竞业限制的人员限于用人单位的高级管理人员、高级技术人员和其他负有保密义务的人员。竞业限制的范围、地域、期限由用人单位与劳动者约定，竞业限制的约定不得违反法律、法规的规定。

在解除或者终止劳动合同后，前款规定的人员到与本单位生产或者经营同类产品、从事同类业务的有竞争关系的其他用人单位，或者自己开业生产或者经营同类产品、从事同类业务的竞业限制期限，不得超过二年。

第二十五条 除本法第二十二条和第二十三条规定的情形外，用人单位不得与劳动者约定由劳动者承担违约金。

第二十六条 下列劳动合同无效或者部分无效：

（一）以欺诈、胁迫的手段或者乘人之危，使对方在违背真实意思的情况下订立或者变更劳动合同的；

（二）用人单位免除自己的法定责任、排除劳动者权利的；

（三）违反法律、行政法规强制性规定的。

对劳动合同的无效或者部分无效有争议的，由劳动争议仲裁机构或者人民法院确认。

第二十七条 劳动合同部分无效，不影响其他部分效力的，其他部分仍然有效。

第二十八条 劳动合同被确认无效，劳动者已付出劳动的，用人单位应当向劳动者支付劳动报酬。劳动报酬的数额，参照本单位相同或者相近岗位劳动者的劳动报酬确定。

第三章 劳动合同的履行和变更

第二十九条 用人单位与劳动者应当按照劳动合同的约定，全面履行各自的义务。

第三十条 用人单位应当按照劳动合同约定和国家规定，向劳动者及时足额支付劳动报酬。

用人单位拖欠或者未足额支付劳动报酬的，劳动者可以依法向当地人民法院申请支付令，人民法院应当依法发出支付令。

第三十一条 用人单位应当严格执行劳动定额标准，不得强迫或者变相强迫劳动者加班。用人单位安排加班的，应当按照国家有关规定向劳动者支付加班费。

第三十二条 劳动者拒绝用人单位管理人员违章指挥、强令冒险作业的，不视为违反劳动合同。

劳动者对危害生命安全和身体健康的劳动条件，有权对用人单位提出批评、检举和控告。

第三十三条 用人单位变更名称、法定代表人、主要负责人或者投资人等事项，不影响劳动合同的履行。

第三十四条 用人单位发生合并或者分立等情况，原劳动合同继续有效，劳动合同由承继其权利和义务的用人单位继续履行。

第三十五条 用人单位与劳动者协商一致，可以变更劳动合同约定的内容。变更劳动合同，应当采用书面形式。

变更后的劳动合同文本由用人单位和劳动者各执一份。

第四章 劳动合同的解除和终止

第三十六条 用人单位与劳动者协商一致，可以解除劳动合同。

第三十七条 劳动者提前三十日以书面形式通知用人单位，可以解除劳动合同。

劳动者在试用期内提前三日通知用人单位，可以解除劳动合同。

第三十八条 用人单位有下列情形之一的，劳动者可以解除劳动合同：

（一）未按照劳动合同约定提供劳动保护或者劳动条件的；

（二）未及时足额支付劳动报酬的；

（三）未依法为劳动者缴纳社会保险费的；

（四）用人单位的规章制度违反法律、法规的规定，损害劳动者权益的；

（五）因本法第二十六条第一款规定的情形致使劳动合同无效的；

（六）法律、行政法规规定劳动者可以解除劳动合同的其他情形。

用人单位以暴力、威胁或者非法限制人身自由的手段强迫劳动者劳动的，或者用人单位违章指挥、强令冒险作业危及劳动者人身安全的，劳动者可以立即解除劳动合同，不需事先告知用人单位。

第三十九条 劳动者有下列情形之一的，用人单位可以解除劳动合同：

（一）在试用期间被证明不符合录用条件的；

（二）严重违反用人单位的规章制度的；

（三）严重失职，营私舞弊，给用人单位造成重大损害的；

（四）劳动者同时与其他用人单位建立劳动关系，对完成本单位的工作任务造成严重影响，或者经用人单位提出，拒不改正的；

（五）因本法第二十六条第一款第一项规定的情形致使劳动合同无效的；

（六）被依法追究刑事责任的。

第四十条 有下列情形之一的，用人单位提前三十日以书面形式通知劳动者本人或者额外支付劳动者一个月工资后，可以解除劳动合同：

（一）劳动者患病或者非因工负伤，在规定的医疗期满后不能从事原工作，也不能从事由用人单位另行安排的工作的；

（二）劳动者不能胜任工作，经过培训或者调整工作岗位，仍不能胜任工作的；

（三）劳动合同订立时所依据的客观情况发生重大变化，致使劳动合同无法履行，经用人单位与劳动者协商，未能就变更劳动合同内容达成协议的。

第四十一条 有下列情形之一，需要裁减人员二十人以上或者裁减不足二十人但占企业职工总数百分之十以上的，用人单位提前三十日向工会或者全体职工说明情况，听取工会或者职工的意见后，裁减人员方案经向劳动行政部门报告，可以裁减人员：

（一）依照企业破产法规定进行重整的；

（二）生产经营发生严重困难的；

（三）企业转产、重大技术革新或者经营方式调整，经变更劳动合同后，仍需裁减人员的；

（四）其他因劳动合同订立时所依据的客观经济情况发生重大变化，致使劳动合同无法履行的。

裁减人员时，应当优先留用下列人员：

（一）与本单位订立较长期限的固定期限劳动合同的；

（二）与本单位订立无固定期限劳动合同的；

（三）家庭无其他就业人员，有需要扶养的老人或者未成年人的。

用人单位依照本条第一款规定裁减人员，在六个月内重新招用人员的，应当通知被裁减的人员，并在同等条件下优先招用被裁减的人员。

第四十二条 劳动者有下列情形之一的，用人单位不得依照本法第四十条、第四十一条的规定解除劳动合同：

（一）从事接触职业病危害作业的劳动者未进行离岗前职业健康检查，或者疑似职业病病人在诊断或者医学观察期间的；

（二）在本单位患职业病或者因工负伤并被确认丧失或者部分丧失劳动能力的；

（三）患病或者非因工负伤，在规定的医疗期内的；

（四）女职工在孕期、产期、哺乳期的；

（五）在本单位连续工作满十五年，且距法定退休年龄不足五年的；

（六）法律、行政法规规定的其他情形。

第四十三条 用人单位单方解除劳动合同，应当事先将理由通知工会。用人单位违反法律、行政法规规定或者劳动合同约定的，工会有权要求用人单位纠正。用人单位应当研究工会的意见，并将处理结果书面通知工会。

第四十四条 有下列情形之一的，劳动合同终止：

（一）劳动合同期满的；

（二）劳动者开始依法享受基本养老保险待遇的；

（三）劳动者死亡，或者被人民法院宣告死亡或者宣告失踪的；

（四）用人单位被依法宣告破产的；

（五）用人单位被吊销营业执照、责令关闭、撤销或者用人单位决定提前解散的；

（六）法律、行政法规规定的其他情形。

第四十五条 劳动合同期满，有本法第四十二条规定情形之一的，劳动合同应当续延至相应的情形消失时终止。但是，本法第四十二条第二项规定丧失或者部分丧失劳动能力劳动者的劳动合同的终止，按照国家有关工伤保险的规定执行。

第四十六条 有下列情形之一的，用人单位应当向劳动者支付经济补偿：

（一）劳动者依照本法第三十八条规定解除劳动合同的；

（二）用人单位依照本法第三十六条规定向劳动者提出解除劳动合同并与劳动者协商一致解除劳动合同的；

（三）用人单位依照本法第四十条规定解除劳动合同的；

（四）用人单位依照本法第四十一条第一款规定解除劳动合同的；

（五）除用人单位维持或者提高劳动合同约定条件续订劳动合同，劳动者不同意续订的情形外，依照本法第四十四条第一项规定终止固定期限劳动合同的；

（六）依照本法第四十四条第四项、第五项规定终止劳动合同的；

（七）法律、行政法规规定的其他情形。

第四十七条　经济补偿按劳动者在本单位工作的年限，每满一年支付一个月工资的标准向劳动者支付。六个月以上不满一年的，按一年计算；不满六个月的，向劳动者支付半个月工资的经济补偿。

劳动者月工资高于用人单位所在直辖市、设区的市级人民政府公布的本地区上年度职工月平均工资三倍的，向其支付经济补偿的标准按职工月平均工资三倍的数额支付，向其支付经济补偿的年限最高不超过十二年。

本条所称月工资是指劳动者在劳动合同解除或者终止前十二个月的平均工资。

第四十八条　用人单位违反本法规定解除或者终止劳动合同，劳动者要求继续履行劳动合同的，用人单位应当继续履行；劳动者不要求继续履行劳动合同或者劳动合同已经不能继续履行的，用人单位应当依照本法第八十七条规定支付赔偿金。

第四十九条　国家采取措施，建立健全劳动者社会保险关系跨地区转移接续制度。

第五十条　用人单位应当在解除或者终止劳动合同时出具解除或者终止劳动合同的证明，并在十五日内为劳动者办理档案和社会保险关系转移手续。

劳动者应当按照双方约定，办理工作交接。用人单位依照本法有关规定应当向劳动者支付经济补偿的，在办结工作交接时支付。

用人单位对已经解除或者终止的劳动合同的文本，至少保存两年备查。

第五章　特别规定

第一节　集体合同

第五十一条　企业职工一方与用人单位通过平等协商，可以就劳动报酬、工作时间、休息休假、劳动安全卫生、保险福利等事项订立集体合同。集体合同草案应当提交职工代表大会或者全体职工讨论通过。

集体合同由工会代表企业职工一方与用人单位订立；尚未建立工会的用人单位，由上级工会指导劳动者推举的代表与用人单位订立。

第五十二条 企业职工一方与用人单位可以订立劳动安全卫生、女职工权益保护、工资调整机制等专项集体合同。

第五十三条 在县级以下区域内，建筑业、采矿业、餐饮服务业等行业可以由工会与企业方面代表订立行业性集体合同，或者订立区域性集体合同。

第五十四条 集体合同订立后，应当报送劳动行政部门；劳动行政部门自收到集体合同文本之日起十五日内未提出异议的，集体合同即行生效。

依法订立的集体合同对用人单位和劳动者具有约束力。行业性、区域性集体合同对当地本行业、本区域的用人单位和劳动者具有约束力。

第五十五条 集体合同中劳动报酬和劳动条件等标准不得低于当地人民政府规定的最低标准；用人单位与劳动者订立的劳动合同中劳动报酬和劳动条件等标准不得低于集体合同规定的标准。

第五十六条 用人单位违反集体合同，侵犯职工劳动权益的，工会可以依法要求用人单位承担责任；因履行集体合同发生争议，经协商解决不成的，工会可以依法申请仲裁、提起诉讼。

第二节 劳务派遣

第五十七条 经营劳务派遣业务应当具备下列条件：

（一）注册资本不得少于人民币二百万元；

（二）有与开展业务相适应的固定的经营场所和设施；

（三）有符合法律、行政法规规定的劳务派遣管理制度；

（四）法律、行政法规规定的其他条件。

经营劳务派遣业务，应当向劳动行政部门依法申请行政许可；经许可的，依法办理相应的公司登记。未经许可，任何单位和个人不得经营劳务派遣业务。

第五十八条 劳务派遣单位是本法所称用人单位，应当履行用人单位对劳动者的义务。劳务派遣单位与被派遣劳动者订立的劳动合同，除应当载明本法第十七条规定的事项外，还应当载明被派遣劳动者的用工单位以及派遣期限、工作岗位等情况。

劳务派遣单位应当与被派遣劳动者订立两年以上的固定期限劳动合同，按月支付劳动报酬；被派遣劳动者在无工作期间，劳务派遣单位应当按照所在地人民政府规定的最低工资标准，向其按月支付报酬。

第五十九条 劳务派遣单位派遣劳动者应当与接受以劳务派遣形式用工的单位

（以下称用工单位）订立劳务派遣协议。劳务派遣协议应当约定派遣岗位和人员数量、派遣期限、劳动报酬和社会保险费的数额与支付方式以及违反协议的责任。

用工单位应当根据工作岗位的实际需要与劳务派遣单位确定派遣期限，不得将连续用工期限分割订立数个短期劳务派遣协议。

第六十条　劳务派遣单位应当将劳务派遣协议的内容告知被派遣劳动者。

劳务派遣单位不得克扣用工单位按照劳务派遣协议支付给被派遣劳动者的劳动报酬。

劳务派遣单位和用工单位不得向被派遣劳动者收取费用。

第六十一条　劳务派遣单位跨地区派遣劳动者的，被派遣劳动者享有的劳动报酬和劳动条件，按照用工单位所在地的标准执行。

第六十二条　用工单位应当履行下列义务：

（一）执行国家劳动标准，提供相应的劳动条件和劳动保护；

（二）告知被派遣劳动者的工作要求和劳动报酬；

（三）支付加班费、绩效奖金，提供与工作岗位相关的福利待遇；

（四）对在岗被派遣劳动者进行工作岗位所必需的培训；

（五）连续用工的，实行正常的工资调整机制。

用工单位不得将被派遣劳动者再派遣到其他用人单位。

第六十三条　被派遣劳动者享有与用工单位的劳动者同工同酬的权利。用工单位应当按照同工同酬原则，对被派遣劳动者与本单位同类岗位的劳动者实行相同的劳动报酬分配办法。用工单位无同类岗位劳动者的，参照用工单位所在地相同或者相近岗位劳动者的劳动报酬确定。

劳务派遣单位与被派遣劳动者订立的劳动合同和与用工单位订立的劳务派遣协议，载明或者约定的向被派遣劳动者支付的劳动报酬应当符合前款规定。

第六十四条　被派遣劳动者有权在劳务派遣单位或者用工单位依法参加或者组织工会，维护自身的合法权益。

第六十五条　被派遣劳动者可以依照本法第三十六条、第三十八条的规定与劳务派遣单位解除劳动合同。

被派遣劳动者有本法第三十九条和第四十条第一项、第二项规定情形的，用工单位可以将劳动者退回劳务派遣单位，劳务派遣单位依照本法有关规定，可以与劳动者解除劳动合同。

第六十六条　劳动合同用工是我国的企业基本用工形式。劳务派遣用工是补充形式，只能在临时性、辅助性或者替代性的工作岗位上实施。

前款规定的临时性工作岗位是指存续时间不超过六个月的岗位；辅助性工作岗

位是指为主营业务岗位提供服务的非主营业务岗位；替代性工作岗位是指用工单位的劳动者因脱产学习、休假等原因无法工作的一定期间内，可以由其他劳动者替代工作的岗位。

用工单位应当严格控制劳务派遣用工数量，不得超过其用工总量的一定比例，具体比例由国务院劳动行政部门规定。

第六十七条 用人单位不得设立劳务派遣单位向本单位或者所属单位派遣劳动者。

第三节 非全日制用工

第六十八条 非全日制用工，是指以小时计酬为主，劳动者在同一用人单位一般平均每日工作时间不超过四小时，每周工作时间累计不超过二十四小时的用工形式。

第六十九条 非全日制用工双方当事人可以订立口头协议。

从事非全日制用工的劳动者可以与一个或者一个以上用人单位订立劳动合同；但是，后订立的劳动合同不得影响先订立的劳动合同的履行。

第七十条 非全日制用工双方当事人不得约定试用期。

第七十一条 非全日制用工双方当事人任何一方都可以随时通知对方终止用工。终止用工，用人单位不向劳动者支付经济补偿。

第七十二条 非全日制用工小时计酬标准不得低于用人单位所在地人民政府规定的最低小时工资标准。

非全日制用工劳动报酬结算支付周期最长不得超过十五日。

第六章 监督检查

第七十三条 国务院劳动行政部门负责全国劳动合同制度实施的监督管理。

县级以上地方人民政府劳动行政部门负责本行政区域内劳动合同制度实施的监督管理。

县级以上各级人民政府劳动行政部门在劳动合同制度实施的监督管理工作中，应当听取工会、企业方面代表以及有关行业主管部门的意见。

第七十四条 县级以上地方人民政府劳动行政部门依法对下列实施劳动合同制度的情况进行监督检查：

（一）用人单位制定直接涉及劳动者切身利益的规章制度及其执行的情况；

（二）用人单位与劳动者订立和解除劳动合同的情况；

（三）劳务派遣单位和用工单位遵守劳务派遣有关规定的情况；

（四）用人单位遵守国家关于劳动者工作时间和休息休假规定的情况；

（五）用人单位支付劳动合同约定的劳动报酬和执行最低工资标准的情况；

（六）用人单位参加各项社会保险和缴纳社会保险费的情况；

（七）法律、法规规定的其他劳动监察事项。

第七十五条 县级以上地方人民政府劳动行政部门实施监督检查时，有权查阅与劳动合同、集体合同有关的材料，有权对劳动场所进行实地检查，用人单位和劳动者都应当如实提供有关情况和材料。

劳动行政部门的工作人员进行监督检查，应当出示证件，依法行使职权，文明执法。

第七十六条 县级以上人民政府建设、卫生、安全生产监督管理等有关主管部门在各自职责范围内，对用人单位执行劳动合同制度的情况进行监督管理。

第七十七条 劳动者合法权益受到侵害的，有权要求有关部门依法处理，或者依法申请仲裁、提起诉讼。

第七十八条 工会依法维护劳动者的合法权益，对用人单位履行劳动合同、集体合同的情况进行监督。用人单位违反劳动法律、法规和劳动合同、集体合同的，工会有权提出意见或者要求纠正；劳动者申请仲裁、提起诉讼的，工会依法给予支持和帮助。

第七十九条 任何组织或者个人对违反本法的行为都有权举报，县级以上人民政府劳动行政部门应当及时核实、处理，并对举报有功人员给予奖励。

第七章 法律责任

第八十条 用人单位直接涉及劳动者切身利益的规章制度违反法律、法规规定的，由劳动行政部门责令改正，给予警告；给劳动者造成损害的，应当承担赔偿责任。

第八十一条 用人单位提供的劳动合同文本未载明本法规定的劳动合同必备条款或者用人单位未将劳动合同文本交付劳动者的，由劳动行政部门责令改正；给劳动者造成损害的，应当承担赔偿责任。

第八十二条 用人单位自用工之日起超过一个月不满一年未与劳动者订立书面劳动合同的，应当向劳动者每月支付二倍的工资。

用人单位违反本法规定不与劳动者订立无固定期限劳动合同的，自应当订立无固定期限劳动合同之日起向劳动者每月支付二倍的工资。

第八十三条 用人单位违反本法规定与劳动者约定试用期的，由劳动行政部门责令改正；违法约定的试用期已经履行的，由用人单位以劳动者试用期满月工资为标准，按已经履行的超过法定试用期的期间向劳动者支付赔偿金。

第八十四条 用人单位违反本法规定，扣押劳动者居民身份证等证件的，由劳动行政部门责令限期退还劳动者本人，并依照有关法律规定给予处罚。

用人单位违反本法规定，以担保或者其他名义向劳动者收取财物的，由劳动行政部门责令限期退还劳动者本人，并以每人五百元以上二千元以下的标准处以罚款；给劳动者造成损害的，应当承担赔偿责任。

劳动者依法解除或者终止劳动合同，用人单位扣押劳动者档案或者其他物品的，依照前款规定处罚。

第八十五条 用人单位有下列情形之一的，由劳动行政部门责令限期支付劳动报酬、加班费或者经济补偿；劳动报酬低于当地最低工资标准的，应当支付其差额部分；逾期不支付的，责令用人单位按应付金额百分之五十以上百分之一百以下的标准向劳动者加付赔偿金：

（一）未按照劳动合同的约定或者国家规定及时足额支付劳动者劳动报酬的；

（二）低于当地最低工资标准支付劳动者工资的；

（三）安排加班不支付加班费的；

（四）解除或者终止劳动合同，未依照本法规定向劳动者支付经济补偿的。

第八十六条 劳动合同依照本法第二十六条规定被确认无效，给对方造成损害的，有过错的一方应当承担赔偿责任。

第八十七条 用人单位违反本法规定解除或者终止劳动合同的，应当依照本法第四十七条规定的经济补偿标准的二倍向劳动者支付赔偿金。

第八十八条 用人单位有下列情形之一的，依法给予行政处罚；构成犯罪的，依法追究刑事责任；给劳动者造成损害的，应当承担赔偿责任：

（一）以暴力、威胁或者非法限制人身自由的手段强迫劳动的；

（二）违章指挥或者强令冒险作业危及劳动者人身安全的；

（三）侮辱、体罚、殴打、非法搜查或者拘禁劳动者的；

（四）劳动条件恶劣、环境污染严重，给劳动者身心健康造成严重损害的。

第八十九条 用人单位违反本法规定未向劳动者出具解除或者终止劳动合同的书面证明，由劳动行政部门责令改正；给劳动者造成损害的，应当承担赔偿责任。

第九十条 劳动者违反本法规定解除劳动合同，或者违反劳动合同中约定的保密义务或者竞业限制，给用人单位造成损失的，应当承担赔偿责任。

第九十一条 用人单位招用与其他用人单位尚未解除或者终止劳动合同的劳动者，给其他用人单位造成损失的，应当承担连带赔偿责任。

第九十二条 违反本法规定，未经许可，擅自经营劳务派遣业务的，由劳动行政部门责令停止违法行为，没收违法所得，并处违法所得一倍以上五倍以下的罚款；没有违法所得的，可以处五万元以下的罚款。

劳务派遣单位、用工单位违反本法有关劳务派遣规定的，由劳动行政部门责令限期改正；逾期不改正的，以每人五千元以上一万元以下的标准处以罚款，对劳务派遣单位，吊销其劳务派遣业务经营许可证。用工单位给被派遣劳动者造成损害的，劳务派遣单位与用工单位承担连带赔偿责任。

第九十三条　对不具备合法经营资格的用人单位的违法犯罪行为，依法追究法律责任；劳动者已经付出劳动的，该单位或者其出资人应当依照本法有关规定向劳动者支付劳动报酬、经济补偿、赔偿金；给劳动者造成损害的，应当承担赔偿责任。

第九十四条　个人承包经营违反本法规定招用劳动者，给劳动者造成损害的，发包的组织与个人承包经营者承担连带赔偿责任。

第九十五条　劳动行政部门和其他有关主管部门及其工作人员玩忽职守、不履行法定职责，或者违法行使职权，给劳动者或者用人单位造成损害的，应当承担赔偿责任；对直接负责的主管人员和其他直接责任人员，依法给予行政处分；构成犯罪的，依法追究刑事责任。

第八章　附　　则

第九十六条　事业单位与实行聘用制的工作人员订立、履行、变更、解除或者终止劳动合同，法律、行政法规或者国务院另有规定的，依照其规定；未作规定的，依照本法有关规定执行。

第九十七条　本法施行前已依法订立且在本法施行之日存续的劳动合同，继续履行；本法第十四条第二款第三项规定连续订立固定期限劳动合同的次数，自本法施行后续订固定期限劳动合同时开始计算。

本法施行前已建立劳动关系，尚未订立书面劳动合同的，应当自本法施行之日起一个月内订立。

本法施行之日存续的劳动合同在本法施行后解除或者终止，依照本法第四十六条规定应当支付经济补偿的，经济补偿年限自本法施行之日起计算；本法施行前按照当时有关规定，用人单位应当向劳动者支付经济补偿的，按照当时有关规定执行。

第九十八条　本法自 2008 年 1 月 1 日起施行。

（注：修订条款自 2013 年 7 月 1 日起施行。）

中华人民共和国劳动争议调解仲裁法

（2007 年 12 月 29 日第十届全国人民代表大会常务委员会第三十一次会议通过）

目　　录

第一章　总　　则

第一条　为了公正及时解决劳动争议，保护当事人合法权益，促进劳动关系和谐稳定，制定本法。

第二条　中华人民共和国境内的用人单位与劳动者发生的下列劳动争议，适用本法：

（一）因确认劳动关系发生的争议；

（二）因订立、履行、变更、解除和终止劳动合同发生的争议；

（三）因除名、辞退和辞职、离职发生的争议；

（四）因工作时间、休息休假、社会保险、福利、培训以及劳动保护发生的争议；

（五）因劳动报酬、工伤医疗费、经济补偿或者赔偿金等发生的争议；

（六）法律、法规规定的其他劳动争议。

第三条　解决劳动争议，应当根据事实，遵循合法、公正、及时、着重调解的原则，依法保护当事人的合法权益。

第四条　发生劳动争议，劳动者可以与用人单位协商，也可以请工会或者第三方共同与用人单位协商，达成和解协议。

第五条　发生劳动争议，当事人不愿协商、协商不成或者达成和解协议后不履行的，可以向调解组织申请调解；不愿调解、调解不成或者达成调解协议后不履行的，可以向劳动争议仲裁委员会申请仲裁；对仲裁裁决不服的，除本法另有规定的外，可以向人民法院提起诉讼。

第六条　发生劳动争议，当事人对自己提出的主张，有责任提供证据。与争议事项有关的证据属于用人单位掌握管理的，用人单位应当提供；用人单位不提供的，应当承担不利后果。

第七条　发生劳动争议的劳动者一方在十人以上，并有共同请求的，可以推举代表参加调解、仲裁或者诉讼活动。

第八条　县级以上人民政府劳动行政部门会同工会和企业方面代表建立协调劳动关系三方机制，共同研究解决劳动争议的重大问题。

第九条　用人单位违反国家规定，拖欠或者未足额支付劳动报酬，或者拖欠工伤医疗费、经济补偿或者赔偿金的，劳动者可以向劳动行政部门投诉，劳动行政部门应当依法处理。

第二章　调　　解

第十条　发生劳动争议，当事人可以到下列调解组织申请调解：

（一）企业劳动争议调解委员会；

（二）依法设立的基层人民调解组织；

（三）在乡镇、街道设立的具有劳动争议调解职能的组织。

企业劳动争议调解委员会由职工代表和企业代表组成。职工代表由工会成员担任或者由全体职工推举产生，企业代表由企业负责人指定。企业劳动争议调解委员会主任由工会成员或者双方推举的人员担任。

第十一条　劳动争议调解组织的调解员应当由公道正派、联系群众、热心调解工作，并具有一定法律知识、政策水平和文化水平的成年公民担任。

第十二条　当事人申请劳动争议调解可以书面申请，也可以口头申请。口头申请的，调解组织应当当场记录申请人基本情况、申请调解的争议事项、理由和时间。

第十三条　调解劳动争议，应当充分听取双方当事人对事实和理由的陈述，耐心疏导，帮助其达成协议。

第十四条　经调解达成协议的，应当制作调解协议书。

调解协议书由双方当事人签名或者盖章，经调解员签名并加盖调解组织印章后生效，对双方当事人具有约束力，当事人应当履行。

自劳动争议调解组织收到调解申请之日起十五日内未达成调解协议的，当事人可以依法申请仲裁。

第十五条 达成调解协议后，一方当事人在协议约定期限内不履行调解协议的，另一方当事人可以依法申请仲裁。

第十六条 因支付拖欠劳动报酬、工伤医疗费、经济补偿或者赔偿金事项达成调解协议，用人单位在协议约定期限内不履行的，劳动者可以持调解协议书依法向人民法院申请支付令。人民法院应当依法发出支付令。

第三章 仲　　裁

第一节 一般规定

第十七条 劳动争议仲裁委员会按照统筹规划、合理布局和适应实际需要的原则设立。省、自治区人民政府可以决定在市、县设立；直辖市人民政府可以决定在区、县设立。直辖市、设区的市也可以设立一个或者若干个劳动争议仲裁委员会。劳动争议仲裁委员会不按行政区划层层设立。

第十八条 国务院劳动行政部门依照本法有关规定制定仲裁规则。省、自治区、直辖市人民政府劳动行政部门对本行政区域的劳动争议仲裁工作进行指导。

第十九条 劳动争议仲裁委员会由劳动行政部门代表、工会代表和企业方面代表组成。劳动争议仲裁委员会组成人员应当是单数。

劳动争议仲裁委员会依法履行下列职责：

（一）聘任、解聘专职或者兼职仲裁员；

（二）受理劳动争议案件；

（三）讨论重大或者疑难的劳动争议案件；

（四）对仲裁活动进行监督。

劳动争议仲裁委员会下设办事机构，负责办理劳动争议仲裁委员会的日常工作。

第二十条 劳动争议仲裁委员会应当设仲裁员名册。

仲裁员应当公道正派并符合下列条件之一：

（一）曾任审判员的；

（二）从事法律研究、教学工作并具有中级以上职称的；

（三）具有法律知识、从事人力资源管理或者工会等专业工作满五年的；

（四）律师执业满三年的。

第二十一条 劳动争议仲裁委员会负责管辖本区域内发生的劳动争议。

劳动争议由劳动合同履行地或者用人单位所在地的劳动争议仲裁委员会管辖。

双方当事人分别向劳动合同履行地和用人单位所在地的劳动争议仲裁委员会申请仲裁的，由劳动合同履行地的劳动争议仲裁委员会管辖。

第二十二条　发生劳动争议的劳动者和用人单位为劳动争议仲裁案件的双方当事人。

劳务派遣单位或者用工单位与劳动者发生劳动争议的，劳务派遣单位和用工单位为共同当事人。

第二十三条　与劳动争议案件的处理结果有利害关系的第三人，可以申请参加仲裁活动或者由劳动争议仲裁委员会通知其参加仲裁活动。

第二十四条　当事人可以委托代理人参加仲裁活动。委托他人参加仲裁活动，应当向劳动争议仲裁委员会提交有委托人签名或者盖章的委托书，委托书应当载明委托事项和权限。

第二十五条　丧失或者部分丧失民事行为能力的劳动者，由其法定代理人代为参加仲裁活动；无法定代理人的，由劳动争议仲裁委员会为其指定代理人。劳动者死亡的，由其近亲属或者代理人参加仲裁活动。

第二十六条　劳动争议仲裁公开进行，但当事人协议不公开进行或者涉及国家秘密、商业秘密和个人隐私的除外。

第二节　申请和受理

第二十七条　劳动争议申请仲裁的时效期间为一年。仲裁时效期间从当事人知道或者应当知道其权利被侵害之日起计算。

前款规定的仲裁时效，因当事人一方向对方当事人主张权利，或者向有关部门请求权利救济，或者对方当事人同意履行义务而中断。从中断时起，仲裁时效期间重新计算。

因不可抗力或者有其他正当理由，当事人不能在本条第一款规定的仲裁时效期间申请仲裁的，仲裁时效中止。从中止时效的原因消除之日起，仲裁时效期间继续计算。

劳动关系存续期间因拖欠劳动报酬发生争议的，劳动者申请仲裁不受本条第一款规定的仲裁时效期间的限制；但是，劳动关系终止的，应当自劳动关系终止之日起一年内提出。

第二十八条　申请人申请仲裁应当提交书面仲裁申请，并按照被申请人人数提交副本。

仲裁申请书应当载明下列事项：

（一）劳动者的姓名、性别、年龄、职业、工作单位和住所，用人单位的名称、住所和法定代表人或者主要负责人的姓名、职务；

（二）仲裁请求和所根据的事实、理由；

（三）证据和证据来源、证人姓名和住所。

书写仲裁申请确有困难的，可以口头申请，由劳动争议仲裁委员会记入笔录，并告知对方当事人。

第二十九条 劳动争议仲裁委员会收到仲裁申请之日起五日内，认为符合受理条件的，应当受理，并通知申请人；认为不符合受理条件的，应当书面通知申请人不予受理，并说明理由。对劳动争议仲裁委员会不予受理或者逾期未做出决定的，申请人可以就该劳动争议事项向人民法院提起诉讼。

第三十条 劳动争议仲裁委员会受理仲裁申请后，应当在五日内将仲裁申请书副本送达被申请人。

被申请人收到仲裁申请书副本后，应当在十日内向劳动争议仲裁委员会提交答辩书。劳动争议仲裁委员会收到答辩书后，应当在五日内将答辩书副本送达申请人。被申请人未提交答辩书的，不影响仲裁程序的进行。

第三节 开庭和裁决

第三十一条 劳动争议仲裁委员会裁决劳动争议案件实行仲裁庭制。仲裁庭由三名仲裁员组成，设首席仲裁员。简单劳动争议案件可以由一名仲裁员独任仲裁。

第三十二条 劳动争议仲裁委员会应当在受理仲裁申请之日起五日内将仲裁庭的组成情况书面通知当事人。

第三十三条 仲裁员有下列情形之一，应当回避，当事人也有权以口头或者书面方式提出回避申请：

（一）是本案当事人或者当事人、代理人的近亲属的；

（二）与本案有利害关系的；

（三）与本案当事人、代理人有其他关系，可能影响公正裁决的；

（四）私自会见当事人、代理人，或者接受当事人、代理人的请客送礼的。

劳动争议仲裁委员会对回避申请应当及时做出决定，并以口头或者书面方式通知当事人。

第三十四条 仲裁员有本法第三十三条第四项规定情形，或者有索贿受贿、徇私舞弊、枉法裁决行为的，应当依法承担法律责任。劳动争议仲裁委员会应当将其解聘。

第三十五条 仲裁庭应当在开庭五日前，将开庭日期、地点书面通知双方当事人。当事人有正当理由的，可以在开庭三日前请求延期开庭。是否延期，由劳动争议仲裁委员会决定。

第三十六条　申请人收到书面通知，无正当理由拒不到庭或者未经仲裁庭同意中途退庭的，可以视为撤回仲裁申请。

被申请人收到书面通知，无正当理由拒不到庭或者未经仲裁庭同意中途退庭的，可以缺席裁决。

第三十七条　仲裁庭对专门性问题认为需要鉴定的，可以交由当事人约定的鉴定机构鉴定；当事人没有约定或者无法达成约定的，由仲裁庭指定的鉴定机构鉴定。

根据当事人的请求或者仲裁庭的要求，鉴定机构应当派鉴定人参加开庭。当事人经仲裁庭许可，可以向鉴定人提问。

第三十八条　当事人在仲裁过程中有权进行质证和辩论。质证和辩论终结时，首席仲裁员或者独任仲裁员应当征询当事人的最后意见。

第三十九条　当事人提供的证据经查证属实的，仲裁庭应当将其作为认定事实的根据。

劳动者无法提供由用人单位掌握管理的与仲裁请求有关的证据，仲裁庭可以要求用人单位在指定期限内提供。用人单位在指定期限内不提供的，应当承担不利后果。

第四十条　仲裁庭应当将开庭情况记入笔录。当事人和其他仲裁参加人认为对自己陈述的记录有遗漏或者差错的，有权申请补正。如果不予补正，应当记录该申请。

笔录由仲裁员、记录人员、当事人和其他仲裁参加人签名或者盖章。

第四十一条　当事人申请劳动争议仲裁后，可以自行和解。达成和解协议的，可以撤回仲裁申请。

第四十二条　仲裁庭在做出裁决前，应当先行调解。

调解达成协议的，仲裁庭应当制作调解书。

调解书应当写明仲裁请求和当事人协议的结果。调解书由仲裁员签名，加盖劳动争议仲裁委员会印章，送达双方当事人。调解书经双方当事人签收后，发生法律效力。

调解不成或者调解书送达前，一方当事人反悔的，仲裁庭应当及时做出裁决。

第四十三条　仲裁庭裁决劳动争议案件，应当自劳动争议仲裁委员会受理仲裁申请之日起四十五日内结束。案情复杂需要延期的，经劳动争议仲裁委员会主任批准，可以延期并书面通知当事人，但是延长期限不得超过十五日。逾期未做出仲裁裁决的，当事人可以就该劳动争议事项向人民法院提起诉讼。

仲裁庭裁决劳动争议案件时，其中一部分事实已经清楚，可以就该部分先行裁决。

第四十四条 仲裁庭对追索劳动报酬、工伤医疗费、经济补偿或者赔偿金的案件，根据当事人的申请，可以裁决先予执行，移送人民法院执行。

仲裁庭裁决先予执行的，应当符合下列条件：

（一）当事人之间权利义务关系明确；

（二）不先予执行将严重影响申请人的生活。

劳动者申请先予执行的，可以不提供担保。

第四十五条 裁决应当按照多数仲裁员的意见做出，少数仲裁员的不同意见应当记入笔录。仲裁庭不能形成多数意见时，裁决应当按照首席仲裁员的意见做出。

第四十六条 裁决书应当载明仲裁请求、争议事实、裁决理由、裁决结果和裁决日期。裁决书由仲裁员签名，加盖劳动争议仲裁委员会印章。对裁决持不同意见的仲裁员，可以签名，也可以不签名。

第四十七条 下列劳动争议，除本法另有规定的外，仲裁裁决为终局裁决，裁决书自做出之日起发生法律效力：

（一）追索劳动报酬、工伤医疗费、经济补偿或者赔偿金，不超过当地月最低工资标准十二个月金额的争议；

（二）因执行国家的劳动标准在工作时间、休息休假、社会保险等方面发生的争议。

第四十八条 劳动者对本法第四十七条规定的仲裁裁决不服的，可以自收到仲裁裁决书之日起十五日内向人民法院提起诉讼。

第四十九条 用人单位有证据证明本法第四十七条规定的仲裁裁决有下列情形之一，可以自收到仲裁裁决书之日起三十日内向劳动争议仲裁委员会所在地的中级人民法院申请撤销裁决：

（一）适用法律、法规确有错误的；

（二）劳动争议仲裁委员会无管辖权的；

（三）违反法定程序的；

（四）裁决所根据的证据是伪造的；

（五）对方当事人隐瞒了足以影响公正裁决的证据的；

（六）仲裁员在仲裁该案时有索贿受贿、徇私舞弊、枉法裁决行为的。

人民法院经组成合议庭审查核实裁决有前款规定情形之一的，应当裁定撤销。

仲裁裁决被人民法院裁定撤销的，当事人可以自收到裁定书之日起十五日内就该劳动争议事项向人民法院提起诉讼。

第五十条 当事人对本法第四十七条规定以外的其他劳动争议案件的仲裁裁决

不服的，可以自收到仲裁裁决书之日起十五日内向人民法院提起诉讼；期满不起诉的，裁决书发生法律效力。

第五十一条　当事人对发生法律效力的调解书、裁决书，应当依照规定的期限履行。一方当事人逾期不履行的，另一方当事人可以依照民事诉讼法的有关规定向人民法院申请执行。受理申请的人民法院应当依法执行。

第四章　附　　则

第五十二条　事业单位实行聘用制的工作人员与本单位发生劳动争议的，依照本法执行；法律、行政法规或者国务院另有规定的，依照其规定。

第五十三条　劳动争议仲裁不收费。劳动争议仲裁委员会的经费由财政予以保障。

第五十四条　本法自 2008 年 5 月 1 日起施行。

中华人民共和国工会法

（1992年4月3日，第七届全国人民代表大会第五次会议通过1992年4月3日中华人民共和国主席令第五十七号公布。根据2001年10月27日，第九届全国人民代表大会常务委员会第二十四次会议《关于修改〈中华人民共和国工会法〉的决定》第一次修正。根据2009年8月27日，第十一届全国人民代表大会常务委员会第十次会议《关于修改部分法律的决定》第二次修正）

第一章 总 则

第一条 为保障工会在国家政治、经济和社会生活中的地位，确定工会的权利与义务，发挥工会在社会主义现代化建设事业中的作用，根据宪法，制定本法。

第二条 工会是职工自愿结合的工人阶级的群众组织。

中华全国总工会及其各工会组织代表职工的利益，依法维护职工的合法权益。

第三条 在中国境内的企业、事业单位、机关中以工资收入为主要生活来源的体力劳动者和脑力劳动者，不分民族、种族、性别、职业、宗教信仰、教育程度，都有依法参加和组织工会的权利。任何组织和个人不得阻挠和限制。

第四条 工会必须遵守和维护宪法，以宪法为根本的活动准则，以经济建设为中心，坚持社会主义道路、坚持人民民主专政、坚持中国共产党的领导、坚持马克思列宁主义毛泽东思想邓小平理论，坚持改革开放，依照工会章程独立自主地开展工作。

工会会员全国代表大会制定或者修改《中国工会章程》，章程不得与宪法和法律相抵触。

国家保护工会的合法权益不受侵犯。

第五条 工会组织和教育职工依照宪法和法律的规定行使民主权利，发挥国家主人翁的作用，通过各种途径和形式，参与管理国家事务、管理经济和文化事业、管理社会事务；协助人民政府开展工作，维护工人阶级领导的、以工农联盟为基础的人民民主专政的社会主义国家政权。

第六条 维护职工合法权益是工会的基本职责。工会在维护全国人民总体利益的同时，代表和维护职工的合法权益。

工会通过平等协商和集体合同制度，协调劳动关系，维护企业职工劳动权益。

工会依照法律规定通过职工代表大会或者其他形式，组织职工参与本单位的民主决策、民主管理和民主监督。

工会必须密切联系职工，听取和反映职工的意见和要求，关心职工的生活，帮助职工解决困难，全心全意为职工服务。

第七条　工会动员和组织职工积极参加经济建设，努力完成生产任务和工作任务。教育职工不断提高思想道德、技术业务和科学文化素质，建设有理想、有道德、有文化、有纪律的职工队伍。

第八条　中华全国总工会根据独立、平等、互相尊重、互不干涉内部事务的原则，加强同各国工会组织的友好合作关系。

第二章　工会组织

第九条　工会各级组织按照民主集中制原则建立。

各级工会委员会由会员大会或者会员代表大会民主选举产生。企业主要负责人的近亲属不得作为本企业基层工会委员会成员的人选。

各级工会委员会向同级会员大会或者会员代表大会负责并报告工作，接受其监督。

工会会员大会或者会员代表大会有权撤换或者罢免其所选举的代表或者工会委员会组成人员。

上级工会组织领导下级工会组织。

第十条　企业、事业单位、机关有会员二十五人以上的，应当建立基层工会委员会；不足二十五人的，可以单独建立基层工会委员会，也可以由两个以上单位的会员联合建立基层工会委员会，也可以选举组织员一人，组织会员开展活动。女职工人数较多的，可以建立工会女职工委员会，在同级工会领导下开展工作；女职工人数较少的，可以在工会委员会中设女职工委员。

企业职工较多的乡镇、城市街道，可以建立基层工会的联合会。

县级以上地方建立地方各级总工会。

同一行业或者性质相近的几个行业，可以根据需要建立全国的或者地方的产业工会。

全国建立统一的中华全国总工会。

第十一条　基层工会、地方各级总工会、全国或者地方产业工会组织的建立，必须报上一级工会批准。

上级工会可以派员帮助和指导企业职工组建工会，任何单位和个人不得阻挠。

第十二条 任何组织和个人不得随意撤销、合并工会组织。

基层工会所在的企业终止或者所在的事业单位、机关被撤销，该工会组织相应撤销，并报告上一级工会。

依前款规定被撤销的工会，其会员的会籍可以继续保留，具体管理办法由中华全国总工会制定。

第十三条 职工二百人以上的企业、事业单位的工会，可以设专职工会主席。工会专职工作人员的人数由工会与企业、事业单位协商确定。

第十四条 中华全国总工会、地方总工会、产业工会具有社会团体法人资格。

基层工会组织具备民法通则规定的法人条件的，依法取得社会团体法人资格。

第十五条 基层工会委员会每届任期三年或者五年。各级地方总工会委员会和产业工会委员会每届任期五年。

第十六条 基层工会委员会定期召开会员大会或者会员代表大会，讨论决定工会工作的重大问题。经基层工会委员会或者三分之一以上的工会会员提议，可以临时召开会员大会或者会员代表大会。

第十七条 工会主席、副主席任期未满时，不得随意调动其工作。因工作需要调动时，应当征得本级工会委员会和上一级工会的同意。

罢免工会主席、副主席必须召开会员大会或者会员代表大会讨论，非经会员大会全体会员或者会员代表大会全体代表过半数通过，不得罢免。

第十八条 基层工会专职主席、副主席或者委员自任职之日起，其劳动合同期限自动延长，延长期限相当于其任职期间；非专职主席、副主席或者委员自任职之日起，其尚未履行的劳动合同期限短于任期的，劳动合同期限自动延长至任期期满。但是，任职期间个人严重过失或者达到法定退休年龄的除外。

第三章　工会的权利和义务

第十九条 企业、事业单位违反职工代表大会制度和其他民主管理制度，工会有权要求纠正，保障职工依法行使民主管理的权利。

法律、法规规定应当提交职工大会或者职工代表大会审议、通过、决定的事项，企业、事业单位应当依法办理。

第二十条 工会帮助、指导职工与企业以及实行企业化管理的事业单位签订劳动合同。

工会代表职工与企业以及实行企业化管理的事业单位进行平等协商，签订集体合同。集体合同草案应当提交职工代表大会或者全体职工讨论通过。

工会签订集体合同，上级工会应当给予支持和帮助。

企业违反集体合同，侵犯职工劳动权益的，工会可以依法要求企业承担责任；因履行集体合同发生争议，经协商解决不成的，工会可以向劳动争议仲裁机构提请仲裁，仲裁机构不予受理或者对仲裁裁决不服的，可以向人民法院提起诉讼。

第二十一条　企业、事业单位处分职工，工会认为不适当的，有权提出意见。

企业单方面解除职工劳动合同时，应当事先将理由通知工会，工会认为企业违反法律、法规和有关合同，要求重新研究处理时，企业应当研究工会的意见，并将处理结果书面通知工会。

职工认为企业侵犯其劳动权益而申请劳动争议仲裁或者向人民法院提起诉讼的，工会应当给予支持和帮助。

第二十二条　企业、事业单位违反劳动法律、法规规定，有下列侵犯职工劳动权益情形，工会应当代表职工与企业、事业单位交涉，要求企业、事业单位采取措施予以改正；企业、事业单位应当予以研究处理，并向工会做出答复；企业、事业单位拒不改正的，工会可以请求当地人民政府依法做出处理：

（一）克扣职工工资的；

（二）不提供劳动安全卫生条件的；

（三）随意延长劳动时间的；

（四）侵犯女职工和未成年工特殊权益的；

（五）其他严重侵犯职工劳动权益的。

第二十三条　工会依照国家规定对新建、扩建企业和技术改造工程中的劳动条件和安全卫生设施与主体工程同时设计、同时施工、同时投产使用进行监督。对工会提出的意见，企业或者主管部门应当认真处理，并将处理结果书面通知工会。

第二十四条　工会发现企业违章指挥、强令工人冒险作业，或者生产过程中发现明显重大事故隐患和职业危害，有权提出解决的建议，企业应当及时研究答复；发现危及职工生命安全的情况时，工会有权向企业建议组织职工撤离危险现场，企业必须及时做出处理决定。

第二十五条　工会有权对企业、事业单位侵犯职工合法权益的问题进行调查，有关单位应当予以协助。

第二十六条　职工因工伤亡事故和其他严重危害职工健康问题的调查处理，必须有工会参加。工会应当向有关部门提出处理意见，并有权要求追究直接负责的主管人员和有关责任人员的责任。对工会提出的意见，应当及时研究，给予答复。

第二十七条　企业、事业单位发生停工、怠工事件，工会应当代表职工同企业、事业单位或者有关方面协商，反映职工的意见和要求并提出解决意见。对于职工的合理要求，企业、事业单位应当予以解决。工会协助企业、事业单位做好工作，尽快恢复生产、工作秩序。

第二十八条 工会参加企业的劳动争议调解工作。

地方劳动争议仲裁组织应当有同级工会代表参加。

第二十九条 县级以上各级总工会可以为所属工会和职工提供法律服务。

第三十条 工会协助企业、事业单位、机关办好职工集体福利事业，做好工资、劳动安全卫生和社会保险工作。

第三十一条 工会会同企业、事业单位教育职工以国家主人翁态度对待劳动，爱护国家和企业的财产，组织职工开展群众性的合理化建议、技术革新活动，进行业余文化技术学习和职工培训，组织职工开展文娱、体育活动。

第三十二条 根据政府委托，工会与有关部门共同做好劳动模范和先进生产（工作）者的评选、表彰、培养和管理工作。

第三十三条 国家机关在组织起草或者修改直接涉及职工切身利益的法律、法规、规章时，应当听取工会意见。

县级以上各级人民政府制订国民经济和社会发展计划，对涉及职工利益的重大问题，应当听取同级工会的意见。

县级以上各级人民政府及其有关部门研究制定劳动就业、工资、劳动安全卫生、社会保险等涉及职工切身利益的政策、措施时，应当吸收同级工会参加研究，听取工会意见。

第三十四条 县级以上地方各级人民政府可以召开会议或者采取适当方式，向同级工会通报政府的重要的工作部署和与工会工作有关的行政措施，研究解决工会反映的职工群众的意见和要求。

各级人民政府劳动行政部门应当会同同级工会和企业方面代表，建立劳动关系三方协商机制，共同研究解决劳动关系方面的重大问题。

第四章 基层工会组织

第三十五条 国有企业职工代表大会是企业实行民主管理的基本形式，是职工行使民主管理权力的机构，依照法律规定行使职权。

国有企业的工会委员会是职工代表大会的工作机构，负责职工代表大会的日常工作，检查、督促职工代表大会决议的执行。

第三十六条 集体企业的工会委员会，应当支持和组织职工参加民主管理和民主监督，维护职工选举和罢免管理人员、决定经营管理的重大问题的权力。

第三十七条 本法第三十五条、第三十六条规定以外的其他企业、事业单位的工会委员会，依照法律规定组织职工采取与企业、事业单位相适应的形式，参与企业、事业单位民主管理。

第三十八条　企业、事业单位研究经营管理和发展的重大问题应当听取工会的意见；召开讨论有关工资、福利、劳动安全卫生、社会保险等涉及职工切身利益的会议，必须有工会代表参加。

企业、事业单位应当支持工会依法开展工作，工会应当支持企业、事业单位依法行使经营管理权。

第三十九条　公司的董事会、监事会中职工代表的产生，依照公司法有关规定执行。

第四十条　基层工会委员会召开会议或者组织职工活动，应当在生产或者工作时间以外进行，需要占用生产或者工作时间的，应当事先征得企业、事业单位的同意。

基层工会的非专职委员占用生产或者工作时间参加会议或者从事工会工作，每月不超过三个工作日，其工资照发，其他待遇不受影响。

第四十一条　企业、事业单位、机关工会委员会的专职工作人员的工资、奖励、补贴，由所在单位支付。社会保险和其他福利待遇等，享受本单位职工同等待遇。

第五章　工会的经费和财产

第四十二条　工会经费的来源：

（一）工会会员缴纳的会费；

（二）建立工会组织的企业、事业单位、机关按每月全部职工工资总额的百分之二向工会拨缴的经费；

（三）工会所属的企业、事业单位上缴的收入；

（四）人民政府的补助；

（五）其他收入。

前款第二项规定的企业、事业单位拨缴的经费在税前列支。

工会经费主要用于为职工服务和工会活动。经费使用的具体办法由中华全国总工会制定。

第四十三条　企业、事业单位无正当理由拖延或者拒不拨缴工会经费，基层工会或者上级工会可以向当地人民法院申请支付令；拒不执行支付令的，工会可以依法申请人民法院强制执行。

第四十四条　工会应当根据经费独立原则，建立预算、决算和经费审查监督制度。

各级工会建立经费审查委员会。

各级工会经费收支情况应当由同级工会经费审查委员会审查，并且定期向会员大会或者会员代表大会报告，接受监督。工会会员大会或者会员代表大会有权对经费使用情况提出意见。

工会经费的使用应当依法接受国家的监督。

第四十五条 各级人民政府和企业、事业单位、机关应当为工会办公和开展活动，提供必要的设施和活动场所等物质条件。

第四十六条 工会的财产、经费和国家拨给工会使用的不动产，任何组织和个人不得侵占、挪用和任意调拨。

第四十七条 工会所属的为职工服务的企业、事业单位，其隶属关系不得随意改变。

第四十八条 县级以上各级工会的离休、退休人员的待遇，与国家机关工作人员同等对待。

第六章　法律责任

第四十九条 工会对违反本法规定侵犯其合法权益的，有权提请人民政府或者有关部门予以处理，或者向人民法院提起诉讼。

第五十条 违反本法第三条、第十一条规定，阻挠职工依法参加和组织工会或者阻挠上级工会帮助、指导职工筹建工会的，由劳动行政部门责令其改正；拒不改正的，由劳动行政部门提请县级以上人民政府处理；以暴力、威胁等手段阻挠造成严重后果，构成犯罪的，依法追究刑事责任。

第五十一条 违反本法规定，对依法履行职责的工会工作人员无正当理由调动工作岗位，进行打击报复的，由劳动行政部门责令改正、恢复原工作；造成损失的，给予赔偿。

对依法履行职责的工会工作人员进行侮辱、诽谤或者进行人身伤害，构成犯罪的，依法追究刑事责任；尚未构成犯罪的，由公安机关依照治安管理处罚法的规定处罚。

第五十二条 违反本法规定，有下列情形之一的，由劳动行政部门责令恢复其工作，并补发被解除劳动合同期间应得的报酬，或者责令给予本人年收入二倍的赔偿：

（一）职工因参加工会活动而被解除劳动合同的；

（二）工会工作人员因履行本法规定的职责而被解除劳动合同的。

第五十三条 违反本法规定，有下列情形之一的，由县级以上人民政府责令改正，依法处理：

（一）妨碍工会组织职工通过职工代表大会和其他形式依法行使民主权利的；

（二）非法撤销、合并工会组织的；

（三）妨碍工会参加职工因工伤亡事故以及其他侵犯职工合法权益问题的调查处理的；

（四）无正当理由拒绝进行平等协商的。

第五十四条　违反本法第四十六条规定，侵占工会经费和财产拒不返还的，工会可以向人民法院提起诉讼，要求返还，并赔偿损失。

第五十五条　工会工作人员违反本法规定，损害职工或者工会权益的，由同级工会或者上级工会责令改正，或者予以处分；情节严重的，依照《中国工会章程》予以罢免；造成损失的，应当承担赔偿责任；构成犯罪的，依法追究刑事责任。

第七章　附　　则

第五十六条　中华全国总工会会同有关国家机关制定机关工会实施本法的具体办法。

第五十七条　本法自公布之日起施行。1950 年 6 月 29 日中央人民政府颁布的《中华人民共和国工会法》同时废止。

社会保险费征缴暂行条例

（1999年1月14日国务院第13次常务会议通过，1999年1月22日国务院令第259号发布，自发布之日起施行。根据2019年3月24日《国务院关于废止和修改部分行政法规的决定》修订了《社会保险费征缴暂行条例》）

第一章 总 则

第一条 为了加强和规范社会保险费征缴工作，保障社会保险金的发放，制定本条例。

第二条 基本养老保险费、基本医疗保险费、失业保险费（以下统称“社会保险费”）的征收、缴纳，适用本条例。

本条例所称缴费单位、缴费个人，是指依照有关法律、行政法规和国务院的规定，应当缴纳社会保险费的单位和个人。

第三条 基本养老保险费的征缴范围：国有企业、城镇集体企业、外商投资企业、城镇私营企业和其他城镇企业及其职工，实行企业化管理的事业单位及其职工。

基本医疗保险费的征缴范围：国有企业、城镇集体企业、外商投资企业、城镇私营企业和其他城镇企业及其职工，国家机关及其工作人员，事业单位及其职工，民办非企业单位及其职工，社会团体及其专职人员。

失业保险费的征缴范围：国有企业、城镇集体企业、外商投资企业、城镇私营企业和其他城镇企业及其职工，事业单位及其职工。

省、自治区、直辖市人民政府根据当地实际情况，可以规定将城镇个体工商户纳入基本养老保险、基本医疗保险的范围，并可以规定将社会团体及其专职人员、民办非企业单位及其职工以及有雇工的城镇个体工商户及其雇工纳入失业保险的范围。

社会保险费的费基、费率依照有关法律、行政法规和国务院的规定执行。

第四条 缴费单位、缴费个人应当按时足额缴纳社会保险费。

征缴的社会保险费纳入社会保险基金，专款专用，任何单位和个人不得挪用。

第五条 国务院劳动保障行政部门负责全国的社会保险费征缴管理和监督检查工作。县级以上地方各级人民政府劳动保障行政部门负责本行政区域内的社会保险费征缴管理和监督检查工作。

第六条　社会保险费实行三项社会保险费集中、统一征收。社会保险费的征收机构由省、自治区、直辖市人民政府规定，可以由税务机关征收，也可以由劳动保障行政部门按照国务院规定设立的社会保险经办机构（以下简称社会保险经办机构）征收。

第二章　征缴管理

第七条　缴费单位必须向当地社会保险经办机构办理社会保险登记，参加社会保险。

登记事项包括：单位名称、住所、经营地点、单位类型、法定代表人或者负责人、开户银行账号以及国务院劳动保障行政部门规定的其他事项。

第八条　企业在办理登记注册时，同步办理社会保险登记。

前款规定以外的缴费单位应当自成立之日起30日内，向当地社会保险经办机构申请办理社会保险登记。

第九条　缴费单位的社会保险登记事项发生变更或者缴费单位依法终止的，应当自变更或者终止之日起30日内，到社会保险经办机构办理变更或者注销社会保险登记手续。

第十条　缴费单位必须按月向社会保险经办机构申报应缴纳的社会保险费数额，经社会保险经办机构核定后，在规定的期限内缴纳社会保险费。

缴费单位不按规定申报应缴纳的社会保险费数额的，由社会保险经办机构暂按该单位上月缴费数额的百分之一百一十确定应缴数额；没有上月缴费数额的，由社会保险经办机构暂按该单位的经营状况、职工人数等有关情况确定应缴数额。缴费单位补办申报手续并按核定数额缴纳社会保险费后，由社会保险经办机构按照规定结算。

第十一条　省、自治区、直辖市人民政府规定由税务机关征收社会保险费的，社会保险经办机构应当及时向税务机关提供缴费单位社会保险登记、变更登记、注销登记以及缴费申报的情况。

第十二条　缴费单位和缴费个人应当以货币形式全额缴纳社会保险费。

缴费个人应当缴纳的社会保险费，由所在单位从其本人工资中代扣代缴。

社会保险费不得减免。

第十三条　缴费单位未按规定缴纳和代扣代缴社会保险费的，由劳动保障行政部门或者税务机关责令限期缴纳；逾期仍不缴纳的，除补缴欠缴数额外，从欠缴之日起，按日加收千分之二的滞纳金。滞纳金并入社会保险基金。

第十四条 征收的社会保险费存入财政部门在国有商业银行开设的社会保障基金财政专户。

社会保险基金按照不同险种的统筹范围，分别建立基本养老保险基金、基本医疗保险基金、失业保险基金。各项社会保险基金分别单独核算。

社会保险基金不计征税、费。

第十五条 省、自治区、直辖市人民政府规定由税务机关征收社会保险费的，税务机关应当及时向社会保险经办机构提供缴费单位和缴费个人的缴费情况；社会保险经办机构应当将有关情况汇总，报劳动保障行政部门。

第十六条 社会保险经办机构应当建立缴费记录，其中基本养老保险、基本医疗保险并应当按照规定记录个人账户。社会保险经办机构负责保存缴费记录，并保证其完整、安全。社会保险经办机构应当至少每年向缴费个人发送一次基本养老保险、基本医疗保险个人账户通知单。

缴费单位、缴费个人有权按照规定查询缴费记录。

第三章 监督检查

第十七条 缴费单位应当每年向本单位职工公布本单位全年社会保险费缴纳情况，接受职工监督。

社会保险经办机构应当定期向社会公告社会保险费征收情况，接受社会监督。

第十八条 按照省、自治区、直辖市人民政府关于社会保险费征缴机构的规定，劳动保障行政部门或者税务机关依法对单位缴费情况进行检查时，被检查的单位应当提供与缴纳社会保险费有关的用人情况、工资表、财务报表等资料，如实反映情况，不得拒绝检查，不得谎报、瞒报。劳动保障行政部门或者税务机关可以记录、录音、录像、照相和复制有关资料；但是，应当为缴费单位保密。

劳动保障行政部门、税务机关的工作人员在行使前款所列职权时，应当出示执行公务证件。

第十九条 劳动保障行政部门或者税务机关调查社会保险费征缴违法案件时，有关部门、单位应当给予支持、协助。

第二十条 社会保险经办机构受劳动保障行政部门的委托，可以进行与社会保险费征缴有关的检查、调查工作。

第二十一条 任何组织和个人对有关社会保险费征缴的违法行为，有权举报。劳动保障行政部门或者税务机关对举报应当及时调查，按照规定处理，并为举报人保密。

第二十二条 社会保险基金实行收支两条线管理，由财政部门依法进行监督。

审计部门依法对社会保险基金的收支情况进行监督。

第四章　罚　　则

第二十三条　缴费单位未按照规定办理社会保险登记、变更登记或者注销登记，或者未按照规定申报应缴纳的社会保险费数额的，由劳动保障行政部门责令限期改正；情节严重的，对直接负责的主管人员和其他直接责任人员可以处1000元以上5000元以下的罚款；情节特别严重的，对直接负责的主管人员和其他直接责任人员可以处5000元以上10000元以下的罚款。

第二十四条　缴费单位违反有关财务、会计、统计的法律、行政法规和国家有关规定，伪造、变造、故意毁灭有关账册、材料，或者不设账册，致使社会保险费缴费基数无法确定的，除依照有关法律、行政法规的规定给予行政处罚、纪律处分、刑事处罚外，依照本条例第十条的规定征缴；迟延缴纳的，由劳动保障行政部门或者税务机关依照第十三条的规定决定加收滞纳金，并对直接负责的主管人员和其他直接责任人员处5000元以上20000元以下的罚款。

第二十五条　缴费单位和缴费个人对劳动保障行政部门或者税务机关的处罚决定不服的，可以依法申请复议；对复议决定不服的，可以依法提起诉讼。

第二十六条　缴费单位逾期拒不缴纳社会保险费、滞纳金的，由劳动保障行政部门或者税务机关申请人民法院依法强制征缴。

第二十七条　劳动保障行政部门、社会保险经办机构或者税务机关的工作人员滥用职权、徇私舞弊、玩忽职守，致使社会保险费流失的，由劳动保障行政部门或者税务机关追回流失的社会保险费；构成犯罪的，依法追究刑事责任；尚不构成犯罪的，依法给予行政处分。

第二十八条　任何单位、个人挪用社会保险基金的，追回被挪用的社会保险基金；有违法所得的，没收违法所得，并入社会保险基金；构成犯罪的，依法追究刑事责任；尚不构成犯罪的，对直接负责的主管人员和其他直接责任人员依法给予行政处分。

第五章　附　　则

第二十九条　省、自治区、直辖市人民政府根据本地实际情况，可以决定本条例适用于本行政区域内工伤保险费和生育保险费的征收、缴纳。

第三十条　税务机关、社会保险经办机构征收社会保险费，不得从社会保险基金中提取任何费用，所需经费列入预算，由财政拨付。

第三十一条　本条例自发布之日起施行。

中华人民共和国劳动保障监察条例

中华人民共和国国务院令（第423号）

《劳动保障监察条例》已经在2004年10月26日国务院第68次常务会议通过，现予公布，自2004年12月1日起施行。

总理　温家宝

二〇〇四年十一月一日

劳动保障监察条例

第一章　总　　则

第一条　为了贯彻实施劳动和社会保障（以下称劳动保障）法律、法规和规章，规范劳动保障监察工作，维护劳动者的合法权益，根据劳动法和有关法律，制定本条例。

第二条　对企业和个体工商户（以下称用人单位）进行劳动保障监察，适用本条例。

对职业介绍机构、职业技能培训机构和职业技能考核鉴定机构进行劳动保障监察，依照本条例执行。

第三条　国务院劳动保障行政部门主管全国的劳动保障监察工作。县级以上地方各级人民政府劳动保障行政部门主管本行政区域内的劳动保障监察工作。

县级以上各级人民政府有关部门根据各自职责，支持、协助劳动保障行政部门的劳动保障监察工作。

第四条　县级、设区的市级人民政府劳动保障行政部门可以委托符合监察执法条件的组织实施劳动保障监察。

劳动保障行政部门和受委托实施劳动保障监察的组织中的劳动保障监察员应当经过相应的考核或者考试录用。

劳动保障监察证件由国务院劳动保障行政部门监制。

第五条　县级以上地方各级人民政府应当加强劳动保障监察工作。劳动保障监察所需经费列入本级财政预算。

第六条　用人单位应当遵守劳动保障法律、法规和规章，接受并配合劳动保障监察。

第七条　各级工会依法维护劳动者的合法权益，对用人单位遵守劳动保障法律、法规和规章的情况进行监督。

劳动保障行政部门在劳动保障监察工作中应当注意听取工会组织的意见和建议。

第八条　劳动保障监察遵循公正、公开、高效、便民的原则。

实施劳动保障监察，坚持教育与处罚相结合，接受社会监督。

第九条　任何组织或者个人对违反劳动保障法律、法规或者规章的行为，有权向劳动保障行政部门举报。

劳动者认为用人单位侵犯其劳动保障合法权益的，有权向劳动保障行政部门投诉。

劳动保障行政部门应当为举报人保密；对举报属实，为查处重大违反劳动保障法律、法规或者规章的行为提供主要线索和证据的举报人，给予奖励。

第二章　劳动保障监察职责

第十条　劳动保障行政部门实施劳动保障监察，履行下列职责：

（一）宣传劳动保障法律、法规和规章，督促用人单位贯彻执行；

（二）检查用人单位遵守劳动保障法律、法规和规章的情况；

（三）受理对违反劳动保障法律、法规或者规章的行为的举报、投诉；

（四）依法纠正和查处违反劳动保障法律、法规或者规章的行为。

第十一条　劳动保障行政部门对下列事项实施劳动保障监察：

（一）用人单位制定内部劳动保障规章制度的情况；

（二）用人单位与劳动者订立劳动合同的情况；

（三）用人单位遵守禁止使用童工规定的情况；

（四）用人单位遵守女职工和未成年工特殊劳动保护规定的情况；

（五）用人单位遵守工作时间和休息休假规定的情况；

（六）用人单位支付劳动者工资和执行最低工资标准的情况；

（七）用人单位参加各项社会保险和缴纳社会保险费的情况；

（八）职业介绍机构、职业技能培训机构和职业技能考核鉴定机构遵守国家有关职业介绍、职业技能培训和职业技能考核鉴定的规定的情况；

（九）法律、法规规定的其他劳动保障监察事项。

第十二条　劳动保障监察员依法履行劳动保障监察职责，受法律保护。

劳动保障监察员应当忠于职守，秉公执法，勤政廉洁，保守秘密。

任何组织或者个人对劳动保障监察员的违法违纪行为，有权向劳动保障行政部门或者有关机关检举、控告。

第三章　劳动保障监察的实施

第十三条　对用人单位的劳动保障监察，由用人单位用工所在地的县级或者设区的市级劳动保障行政部门管辖。

上级劳动保障行政部门根据工作需要，可以调查处理下级劳动保障行政部门管辖的案件。劳动保障行政部门对劳动保障监察管辖发生争议的，报请共同的上一级劳动保障行政部门指定管辖。

省、自治区、直辖市人民政府可以对劳动保障监察的管辖制定具体办法。

第十四条　劳动保障监察以日常巡视检查、审查用人单位按照要求报送的书面材料以及接受举报投诉等形式进行。

劳动保障行政部门认为用人单位有违反劳动保障法律、法规或者规章的行为，需要进行调查处理的，应当及时立案。

劳动保障行政部门或者受委托实施劳动保障监察的组织应当设立举报、投诉信箱和电话。

对因违反劳动保障法律、法规或者规章的行为引起的群体性事件，劳动保障行政部门应当根据应急预案，迅速会同有关部门处理。

第十五条　劳动保障行政部门实施劳动保障监察，有权采取下列调查、检查措施：

（一）进入用人单位的劳动场所进行检查；

（二）就调查、检查事项询问有关人员；

（三）要求用人单位提供与调查、检查事项相关的文件资料，并做出解释和说明，必要时可以发出调查询问书；

（四）采取记录、录音、录像、照相或者复制等方式收集有关情况和资料；

（五）委托会计师事务所对用人单位工资支付、缴纳社会保险费的情况进行审计；

（六）法律、法规规定可以由劳动保障行政部门采取的其他调查、检查措施。

劳动保障行政部门对事实清楚、证据确凿、可以当场处理的违反劳动保障法律、法规或者规章的行为有权当场予以纠正。

第十六条　劳动保障监察员进行调查、检查，不得少于 2 人，并应当佩戴劳动保障监察标志、出示劳动保障监察证件。

劳动保障监察员办理的劳动保障监察事项与本人或者其近亲属有直接利害关系的，应当回避。

第十七条　劳动保障行政部门对违反劳动保障法律、法规或者规章的行为的调查，应当自立案之日起 60 个工作日内完成；对情况复杂的，经劳动保障行政部门负责人批准，可以延长 30 个工作日。

第十八条　劳动保障行政部门对违反劳动保障法律、法规或者规章的行为，根据调查、检查的结果，做出以下处理：

（一）对依法应当受到行政处罚的，依法做出行政处罚决定；

（二）对应当改正未改正的，依法责令改正或者做出相应的行政处理决定；

（三）对情节轻微且已改正的，撤销立案。

发现违法案件不属于劳动保障监察事项的，应当及时移送有关部门处理；涉嫌犯罪的，应当依法移送司法机关。

第十九条　劳动保障行政部门对违反劳动保障法律、法规或者规章的行为做出行政处罚或者行政处理决定前，应当听取用人单位的陈述、申辩；做出行政处罚或者行政处理决定，应当告知用人单位依法享有申请行政复议或者提起行政诉讼的权利。

第二十条　违反劳动保障法律、法规或者规章的行为在 2 年内未被劳动保障行政部门发现，也未被举报、投诉的，劳动保障行政部门不再查处。

前款规定的期限，自违反劳动保障法律、法规或者规章的行为发生之日起计算；违反劳动保障法律、法规或者规章的行为有连续或者继续状态的，自行为终了之日起计算。

第二十一条　用人单位违反劳动保障法律、法规或者规章，对劳动者造成损害的，依法承担赔偿责任。劳动者与用人单位就赔偿发生争议的，依照国家有关劳动争议处理的规定处理。

对应当通过劳动争议处理程序解决的事项或者已经按照劳动争议处理程序申请调解、仲裁或者已经提起诉讼的事项，劳动保障行政部门应当告知投诉人依照劳动争议处理或者诉讼的程序办理。

第二十二条　劳动保障行政部门应当建立用人单位劳动保障守法诚信档案。用人单位有重大违反劳动保障法律、法规或者规章的行为的，由有关的劳动保障行政部门向社会公布。

第四章 法律责任

第二十三条 用人单位有下列行为之一的，由劳动保障行政部门责令改正，按照受侵害的劳动者每人1000元以上5000元以下的标准计算，处以罚款：

（一）安排女职工从事矿山井下劳动、国家规定的第四级体力劳动强度的劳动或者其他禁忌从事的劳动的；

（二）安排女职工在经期从事高处、低温、冷水作业或者国家规定的第三级体力劳动强度的劳动的；

（三）安排女职工在怀孕期间从事国家规定的第三级体力劳动强度的劳动或者孕期禁忌从事的劳动的；

（四）安排怀孕7个月以上的女职工夜班劳动或者延长其工作时间的；

（五）女职工生育享受产假少于90天的；

（六）安排女职工在哺乳未满1周岁的婴儿期间从事国家规定的第三级体力劳动强度的劳动或者哺乳期禁忌从事的其他劳动，以及延长其工作时间或者安排其夜班劳动的；

（七）安排未成年工从事矿山井下、有毒有害、国家规定的第四级体力劳动强度的劳动或者其他禁忌从事的劳动的；

（八）未对未成年工定期进行健康检查的。

第二十四条 用人单位与劳动者建立劳动关系不依法订立劳动合同的，由劳动保障行政部门责令改正。

第二十五条 用人单位违反劳动保障法律、法规或者规章延长劳动者工作时间的，由劳动保障行政部门给予警告，责令限期改正，并可以按照受侵害的劳动者每人100元以上500元以下的标准计算，处以罚款。

第二十六条 用人单位有下列行为之一的，由劳动保障行政部门分别责令限期支付劳动者的工资报酬、劳动者工资低于当地最低工资标准的差额或者解除劳动合同的经济补偿；逾期不支付的，责令用人单位按照应付金额50%以上1倍以下的标准计算，向劳动者加付赔偿金：

（一）克扣或者无故拖欠劳动者工资报酬的；

（二）支付劳动者的工资低于当地最低工资标准的；

（三）解除劳动合同未依法给予劳动者经济补偿的。

第二十七条 用人单位向社会保险经办机构申报应缴纳的社会保险费数额时，瞒报工资总额或者职工人数的，由劳动保障行政部门责令改正，并处瞒报工资数额

1 倍以上 3 倍以下的罚款。

骗取社会保险待遇或者骗取社会保险基金支出的，由劳动保障行政部门责令退还，并处骗取金额 1 倍以上 3 倍以下的罚款；构成犯罪的，依法追究刑事责任。

第二十八条 职业介绍机构、职业技能培训机构或者职业技能考核鉴定机构违反国家有关职业介绍、职业技能培训或者职业技能考核鉴定的规定的，由劳动保障行政部门责令改正，没收违法所得，并处 1 万元以上 5 万元以下的罚款；情节严重的，吊销许可证。

未经劳动保障行政部门许可，从事职业介绍、职业技能培训或者职业技能考核鉴定的组织或者个人，由劳动保障行政部门、工商行政管理部门依照国家有关无照经营查处取缔的规定查处取缔。

第二十九条 用人单位违反《中华人民共和国工会法》，有下列行为之一的，由劳动保障行政部门责令改正：

（一）阻挠劳动者依法参加和组织工会，或者阻挠上级工会帮助、指导劳动者筹建工会的；

（二）无正当理由调动依法履行职责的工会工作人员的工作岗位，进行打击报复的；

（三）劳动者因参加工会活动而被解除劳动合同的；

（四）工会工作人员因依法履行职责被解除劳动合同的。

第三十条 有下列行为之一的，由劳动保障行政部门责令改正；对有第（一）项、第（二）项或者第（三）项规定的行为的，处 2000 元以上 2 万元以下的罚款：

（一）无理抗拒、阻挠劳动保障行政部门依照本条例的规定实施劳动保障监察的；

（二）不按照劳动保障行政部门的要求报送书面材料，隐瞒事实真相，出具伪证或者隐匿、毁灭证据的；

（三）经劳动保障行政部门责令改正拒不改正，或者拒不履行劳动保障行政部门的行政处理决定的；

（四）打击报复举报人、投诉人的。

违反前款规定，构成违反治安管理行为的，由公安机关依法给予治安管理处罚；构成犯罪的，依法追究刑事责任。

第三十一条 劳动保障监察员滥用职权、玩忽职守、徇私舞弊或者泄露在履行职责过程中知悉的商业秘密的，依法给予行政处分；构成犯罪的，依法追究刑事责任。

劳动保障行政部门和劳动保障监察员违法行使职权，侵犯用人单位或者劳动者的合法权益的，依法承担赔偿责任。

第三十二条 属于本条例规定的劳动保障监察事项，法律、其他行政法规对处罚另有规定的，从其规定。

第五章 附 则

第三十三条 对无营业执照或者已被依法吊销营业执照，有劳动用工行为的，由劳动保障行政部门依照本条例实施劳动保障监察，并及时通报工商行政管理部门予以查处取缔。

第三十四条 国家机关、事业单位、社会团体执行劳动保障法律、法规和规章的情况，由劳动保障行政部门根据其职责，依照本条例实施劳动保障监察。

第三十五条 劳动安全卫生的监督检查，由卫生部门、安全生产监督管理部门、特种设备安全监督管理部门等有关部门依照有关法律、行政法规的规定执行。

第三十六条 本条例自2004年12月1日起施行。

二、劳动法律法规及文件清单部分

1.《中华人民共和国劳动法》（1994 年 7 月 5 日第八届全国人民代表大会常务委员会第八次会议通过，1994 年 7 月 5 日中华人民共和国主席令第二十八号公布，自 1995 年 1 月 1 日起施行）

2. 劳动部关于印发《关于贯彻执行〈中华人民共和国劳动法〉若干问题的意见》的通知（劳部发〔1995〕309 号）

3. 劳动部办公厅对《关于临时工等问题的请示》的复函（劳办发〔1996〕238 号）

4.《中华人民共和国工会法》（1992 年 4 月 3 日第七届全国人民代表大会第五次会议通过 根据 2001 年 10 月 27 日第九届全国人民代表大会常务委员会第二十四次会议《关于修改〈中华人民共和国工会法〉的决定》修正）

5.《关于非全日制用工若干问题的意见》（劳社部发〔2003〕12 号）

6.《劳动保障监察条例》（国务院令第 423 号）

7.《关于实施〈劳动保障监察条例〉若干规定》（中华人民共和国劳动和社会保障部令第 25 号）

8.《关于确立劳动关系有关事项的通知》（劳社部发〔2005〕12 号）

9. 中华人民共和国劳动合同法（中华人民共和国主席令第七十三号《全国人民代表大会常务委员会关于修改〈中华人民共和国劳动合同法〉的决定》已由中华人民共和国第十一届全国人民代表大会常务委员会第三十次会议于 2012 年 12 月 28 日通过，自 2013 年 7 月 1 日起施行）

10.《中华人民共和国劳动合同法实施条例》（中华人民共和国国务院令第 535 号）

11.《劳动争议调解仲裁法》（中华人民共和国主席令第八十号，由中华人民共和国第十届全国人民代表大会常务委员会第三十一次会议于 2007 年 12 月 29 日通过，自 2008 年 5 月 1 日起施行）

12.《女职工劳动保护特别规定》（中华人民共和国国务院令第 619 号）

13.《劳务派遣暂行规定》（人力资源和社会保障部令第 22 号）

14.《人力资源和社会保障部 最高人民法院关于加强劳动人事争议仲裁与诉讼衔接机制建设的意见》(人社部发〔2017〕70 号)

15.《最高人民法院关于审理劳动争议案件适用法律若干问题的解释(一)》(法释〔2001〕14 号)

16.《最高人民法院关于审理劳动争议案件适用法律若干问题的解释(二)》(法释〔2006〕6 号)

17.《最高人民法院关于审理劳动争议案件适用法律若干问题的解释(三)》(法释〔2010〕12 号)

18.《最高人民法院关于审理劳动争议案件适用法律若干问题的解释(四)》(法释〔2013〕4 号)

19.《人力资源和社会保障部关于做好新型冠状病毒感染肺炎疫情防控期间稳定劳动关系支持企业复工复产的意见》

三、工资法律法规及文件清单部分

1.《关于工资总额组成的规定》(一九八九年九月三十日国务院批准，一九九〇年一月一日国家统计局令第一号发布)

2.《国家统计局关于认真贯彻执行《关于工资总额组成的规定》的通知》(统制字〔1990〕1号)

3.《关于印发劳动统计问题解答的通知》(制司字〔1992〕39号)

4.《工资支付暂行规定》(劳部发〔1994〕489号)

5.《关于房改补贴统计方法的通知》(统制字〔1992〕80号)

6. 国家统计局办公室《关于印发1998年年报劳动统计新增指标解释及问题解答的通知》(工财字〔1999〕27号)

7.《关于印发2002年劳动统计年报新增指标解释及问题解答的通知》(国统办字〔2002〕20号)

8.《国家统计局关于印发2004年劳动统计年报新增指标解释及问题解答的通知》(国统办字〔2004〕48号)

9.《最低工资规定》(劳动和社会保障部令第21号)

10.《劳动和社会保障部社会保险事业管理中心关于规范社会保险缴费基数有关问题的通知》(劳社险中心函〔2006〕60号)

11.《中央企业工资总额管理办法》(国务院国有资产监督管理委员会令第39号)

12. 关于印发修订《企业会计准则第9号——职工薪酬》的通知(财会〔2014〕8号)

参考文献

［1］李欣，彭浪川，区华芳编著．个人所得税一本通．中国税务出版社，2019年5月第1版．

［2］全国税务师职业资格考试教材编写组编．涉税服务相关法律．中国税务出版社，2020年5月第1版．

［3］全国税务师职业资格考试教材编写组编．涉税服务实务．中国税务出版社，2020年5月第1版．

［4］侯记斌主编，中华网校组编．经济法基础经典题解（2019年度全国会计专业技术资格考试）．高等教育出版社，2019年5月第1版．

［5］降低社会保险费率操作实务编写组编著．降低社会保险费率操作实务．中国民主法制出版社，2019年6月第1版．

［6］财税优学堂编写组编著．非税收入及社保基金学习指南．中国市场出版社，2019年2月第1版．

［7］谭建淋主编，曾娟红，杨美莲副主编．社会保险知识读本．经济科学出版社，2020年3月第1版．

［8］臧建文著，“五险一金”征缴的制度困境：基于交易成本视角．中国财政经济出版社，2020年4月第1版。

［9］马一舟，王周飞．税务机关征收社会保险回顾与前瞻［J］．税务研究，2017（12）．

［10］朱为群，李菁菁．税务部门统一征收社会保险费的效率和公平探讨［J］．税务研究，2017（12）．

［11］张斌，刘柏惠．社会保险费征收体制改革研究［J］．税务研究，2017（12）．

［12］李波，苗丹．我国社会保险费征管机构选择［J］．税务研究，2017（12）．

［13］董克用，施文凯．税收征收体制下职工平均工资在基本养老保险缴费基

数政策中的适应性研究［J］. 税务研究，2019（1）.

［14］秦立建，胡波，苏春江. 对社会保险费征管的公共政策外部性理论审视［J］. 税务研究，2019（1）.

［15］张智. 社会保险费征管中存在的问题及对策［J］. 税务研究，2019（4）.

［16］李春根，夏珺. 企业社会保险费缴费基数形成逻辑、本质与政策调整［J］. 税务研究，2019（6）.

［17］杨翠迎，鲁於，汪润泉. 社会保险费的适度性、降费空间及统征统管［J］. 税务研究，2019（6）.

［18］王桦宇，李想. 税务机关征收社会保险费的误区及其澄清［J］. 税务研究，2019（6）.

［19］郑秉文. 社会保险费降费与规范征收：基于公共政策分析思考［J］. 税务研究，2019（6）.

［20］张腾，王莹. 金税三期背景下社会保险费的征缴［J］. 天津商务职业学院学报，2020，8（01）：11－16.

［21］曹秀芹. 社会保险费率降低对个人及企业的影响分析研究［J］. 中国中小企业，2020（02）：83－84.

［22］中国人力资源社会保障编辑部. 单位已缴纳社会保险费，并非必然存在劳动关系［J］. 中国人力资源社会保障，2020（01）：58.

［23］陈艳. 用人单位未缴纳社会保险费的法律风险分析［J］. 中国卫生人才，2020（01）：35－37.

［24］王迪. 新时期下税务机关征收社会保险费的问题与对策［J］. 纳税，2020，14（01）：24.

［25］刘国良. 社会保险费追缴时效问题研究［J］. 税务与经济，2019（05）：81－89.

［26］胡海，王海涛. 对我国社会保险费征管制度的立法探讨［J］. 税收经济研究，2019，24（04）：69－76＋95.

［27］李玲. 降低社会保险费率与社保基金收入的关系［J］. 东方企业文化，2019（S2）：197.

［28］刘玉艳. 关于派遣用工社会保险费检查有关问题的法律视角［J］. 财会学习，2019（20）：199＋201.

［29］陆雪. 社会保险费税务征收模式的法律制度研究［D］. 华东政法大学，2019.

［30］王泊云. 杨陵区农村居民社会保险费征缴困境及对策研究［D］. 西北农

林科技大学，2019.

[31] 杨宜勇，吴香雪．养老保险制度体系改革与税收扶持机制研究［J］．税务研究，2018（1）：25－30.

[32] 杨宜勇，韩鑫彤．关于中国建立社会保障税的政策构想［J］．税务研究，2018（9）：60－66.

[33] 魏升民，向景，马光荣．基于养老保险中央调剂金的测算及其潜在影响［J］．税收经济研究，2018（6）.

[34] 周凤珍，武玲玲，张鹏．基于工资水平差别化的企业年金个人所得税政策探讨［J］．税务研究，2019（3）：46－50.

[35] 董克用，张燕婷，施文凯．税务征收体制下的基本养老保险个人缴费基数：问题、机制与对策［J］．税务研究，2020（05）：19－24.

[36] 朱小玉，杨宜勇．社会保险费率国际比较：全球水平、内在差异与经验借鉴［J］．税务研究，2020（05）：25－31.

[37] 刘明扬．中德社会保险制度与征管比较［J］．税务研究，2020（05）：32－36.

[38] 王乾，王明世．税务征收体制下的社会保险费征管制度建设研究［J］．税务研究，2020（05）：37－42.

[39] 吴笑晗，周媛．社会保险“费改税”的思考：基于疫情影响下就业形势［J］．税务研究，2020（06）：37－40.

[40] 李颖硕．企业社会保险费降费政策效应和问题分析［J］．税务研究，2020（06）.

[41] 高新宇，齐艺．对社会保险费征收模式改革的评价与建议［J］．税务研究，2020（06）.